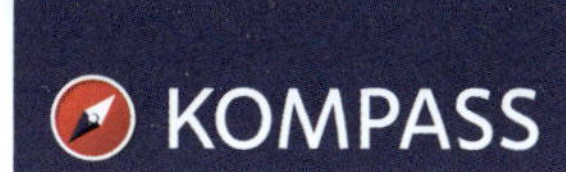

Endlich Aufs Wasser

ÖSTERREICH

44 SUP-TOUREN ZUM NACHPADDELN

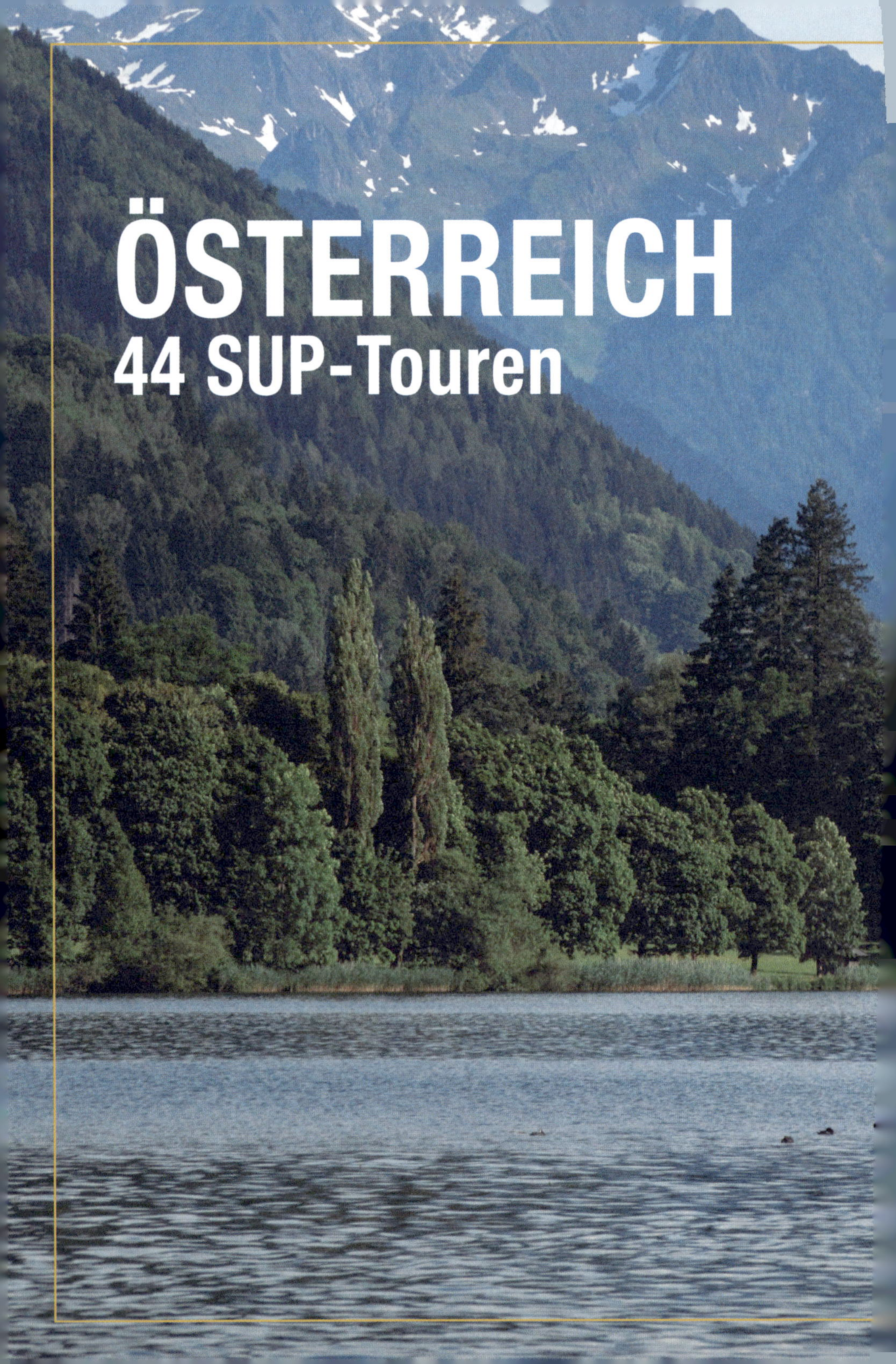
ÖSTERREICH
44 SUP-Touren

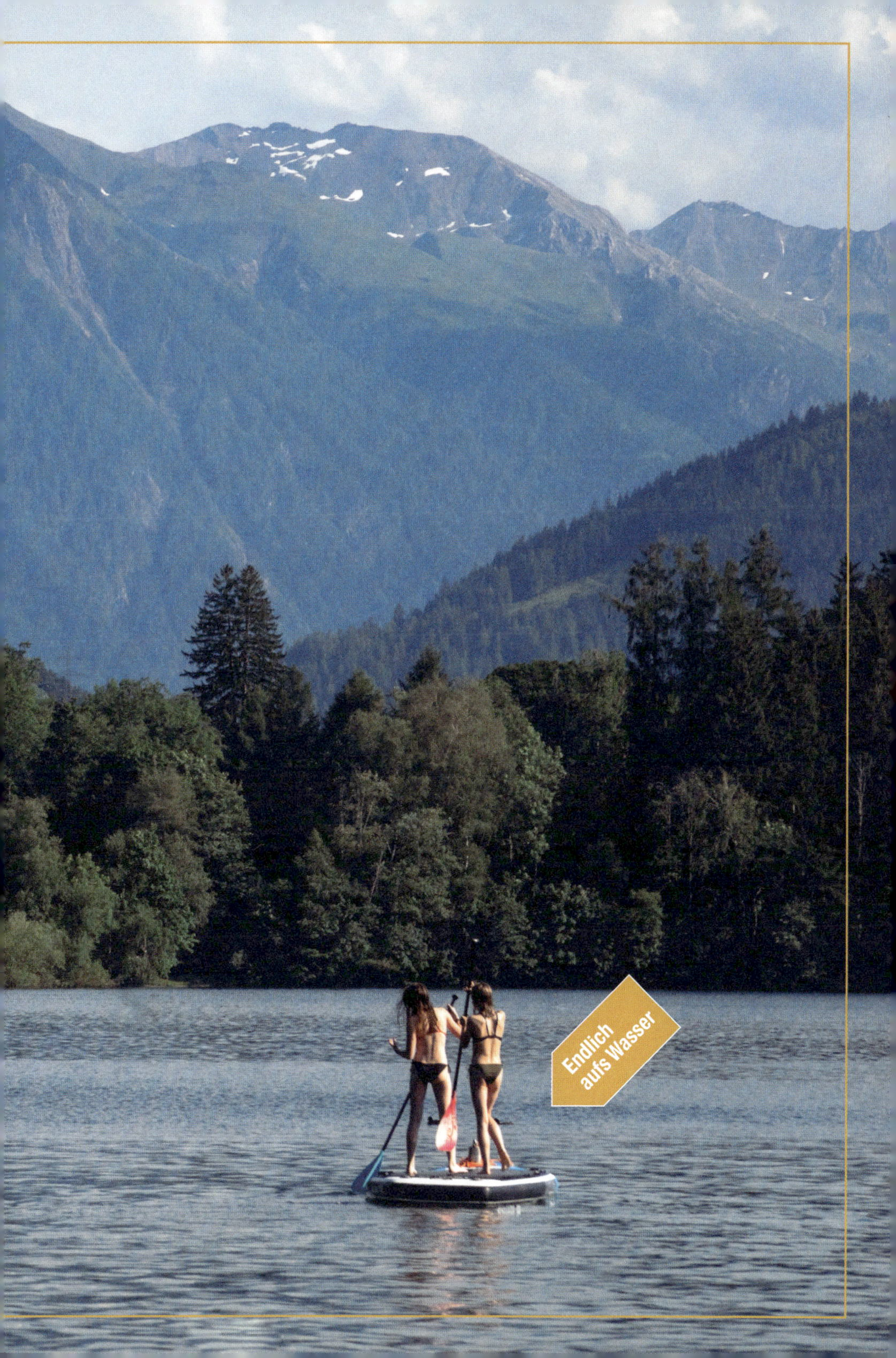
Endlich
aufs Wasser

Inhalt

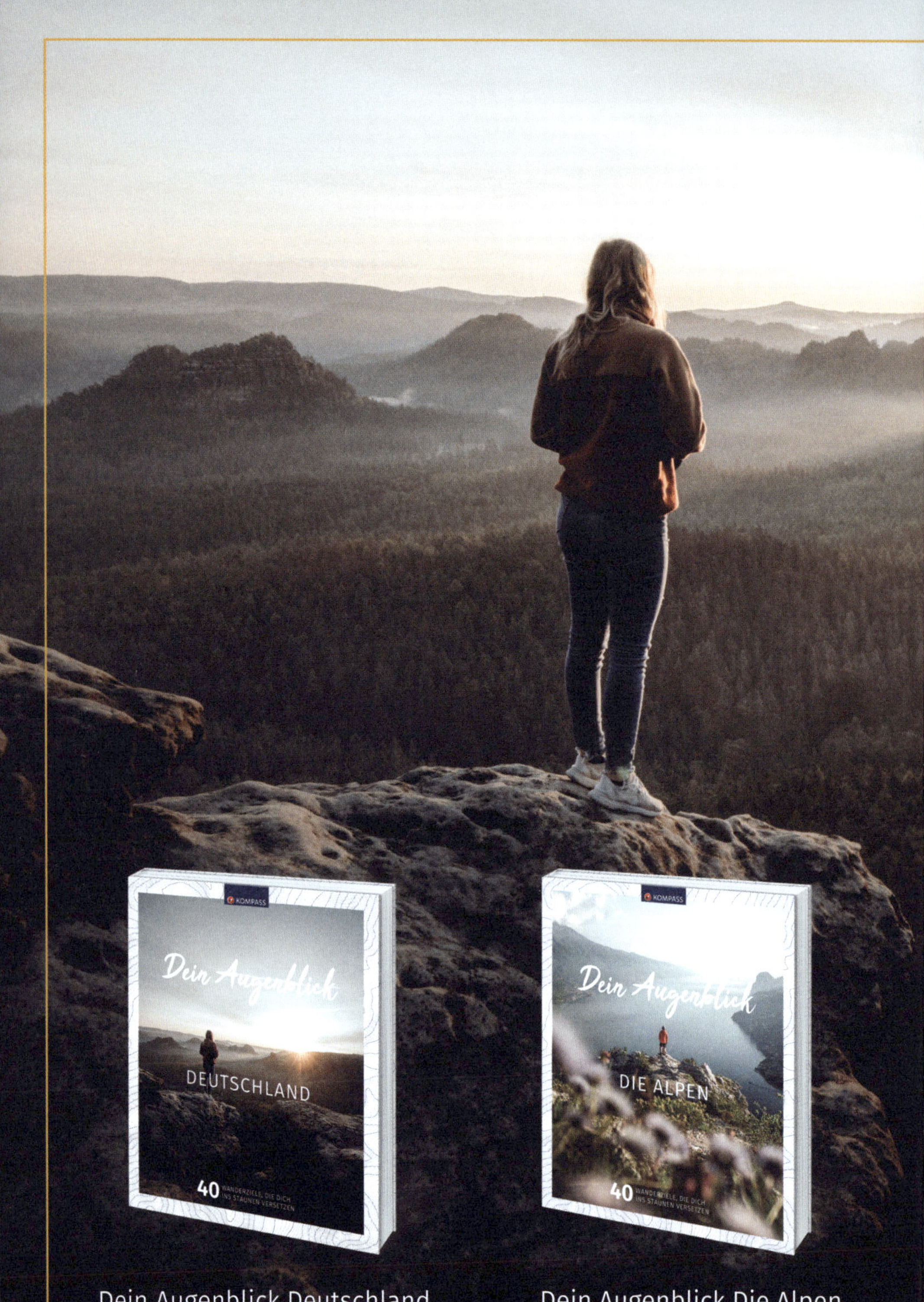

Dein Augenblick Deutschland

Dein Augenblick Die Alpen

Wer wir sind

Wegweisend: der KOMPASS-Verlag

KOMPASS-Produkte sind für Entdecker, Abenteurer und Menschen mit Tatendrang. Ob spontan aufbrechen oder mit einem klaren Ziel vor Augen, ankommen will jeder und jede. Dafür machen wir seit 1953 Outdoor-Produkte.

Tourenübersicht

TOUREN 1–11

TOUREN 12–22

Tourenübersicht

TOUREN 23–33

TOUREN 34–44

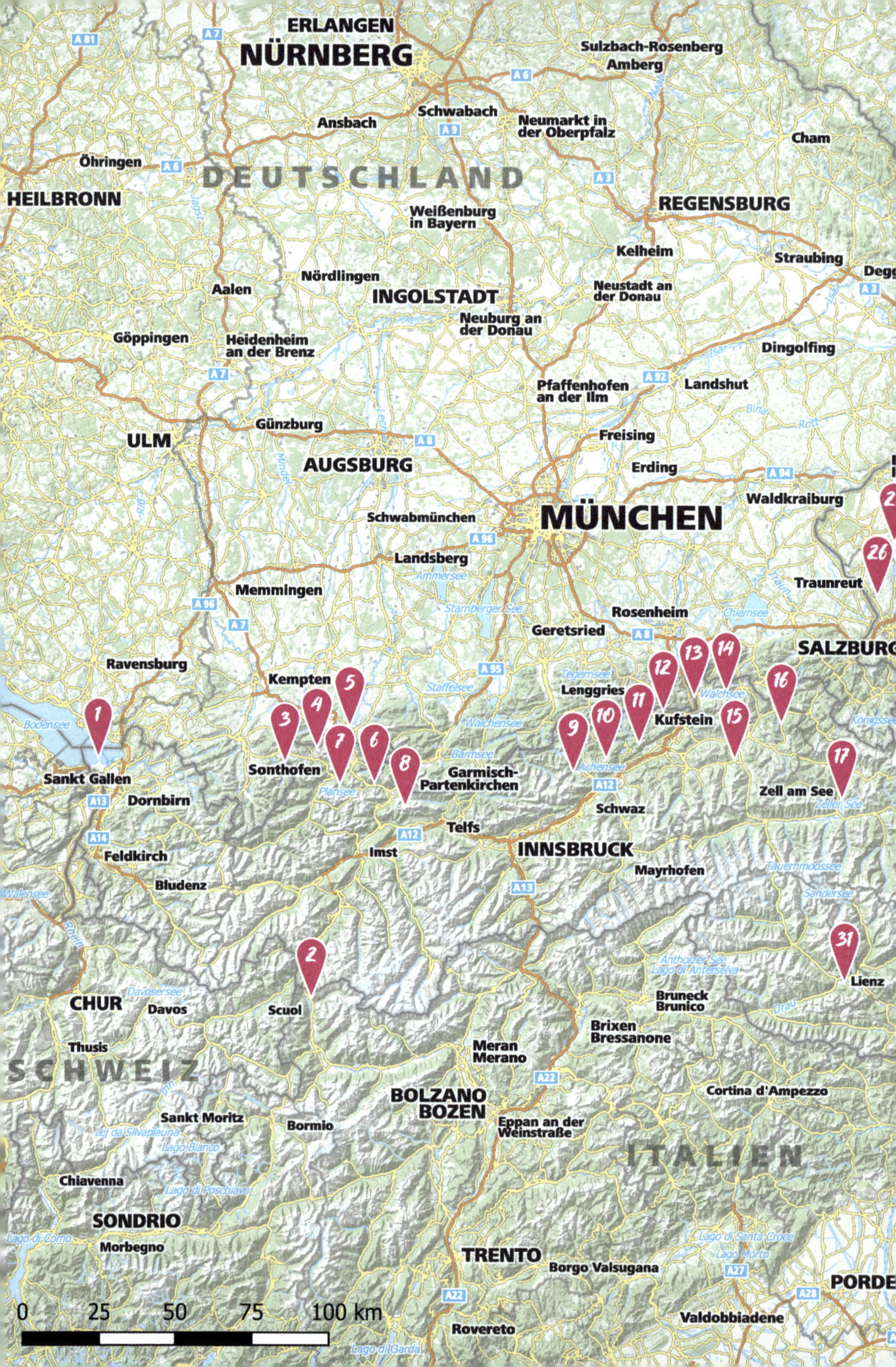

ERLANGEN
NÜRNBERG
Sulzbach-Rosenberg
Amberg
A 81
A 7
A 6
Schwabach
Ansbach
A 9
Neumarkt in der Oberpfalz
Cham
Öhringen
A 6
DEUTSCHLAND
HEILBRONN
A 3
REGENSBURG
Weißenburg in Bayern
Kelheim
Straubing
Deggendorf
Aalen
Nördlingen
INGOLSTADT
Neustadt an der Donau
A 3
Göppingen
Heidenheim an der Brenz
Neuburg an der Donau
Dingolfing
A 7
Pfaffenhofen an der Ilm
A 92
Landshut
Isar
Bina
Rott
ULM
Günzburg
A 8
Freising
AUGSBURG
Erding
A 94
Waldkraiburg
Schwabmünchen
MÜNCHEN
A 96
Landsberg
Ammersee
Traunreut
Memmingen
A 96
Starnberger See
A 7
Rosenheim
Chiemsee
Traun
Geretsried
A 8
SALZBURG
Ravensburg
Kempten
Tegernsee
Lenggries
Staffelsee
A 95
Walchsee
Bodensee
Walchensee
Kufstein
Königssee
Barmsee
Achensee
Sankt Gallen
Sonthofen
Garmisch-Partenkirchen
Plansee
A 12
Zell am See
Zeller See
A 13
Dornbirn
Schwaz
Telfs
A 12
A 14
Imst
INNSBRUCK
Feldkirch
Mayrhofen
Tauernmoossee
Bludenz
Walensee
A 13
Sandersee
Rhein
Antholzer See
Lago di Anterselva
Lienz
Davosersee
Drau
CHUR
Davos
Scuol
Bruneck
Brunico
Brixen
Bressanone
Thusis
Meran
Merano
SCHWEIZ
Inn
A 22
Cortina d'Ampezzo
BOLZANO
BOZEN
Sankt Moritz
Bormio
Eppan an der Weinstraße
Lej da Silvaplauna
Lago Bianco
ITALIEN
Chiavenna
Lago di Poschiavo
SONDRIO
Lago di Santa Croce
Lago di Como
Morbegno
Lago Morto
TRENTO
Borgo Valsugana
A 27
PORDENONE
A 22
A 28
0
25
50
75
100 km
Valdobbiadene
Rovereto
Lago di Garda
1
2
3
4
5
6
7
8
9
10
11
12
13
14
15
16
17
26
31

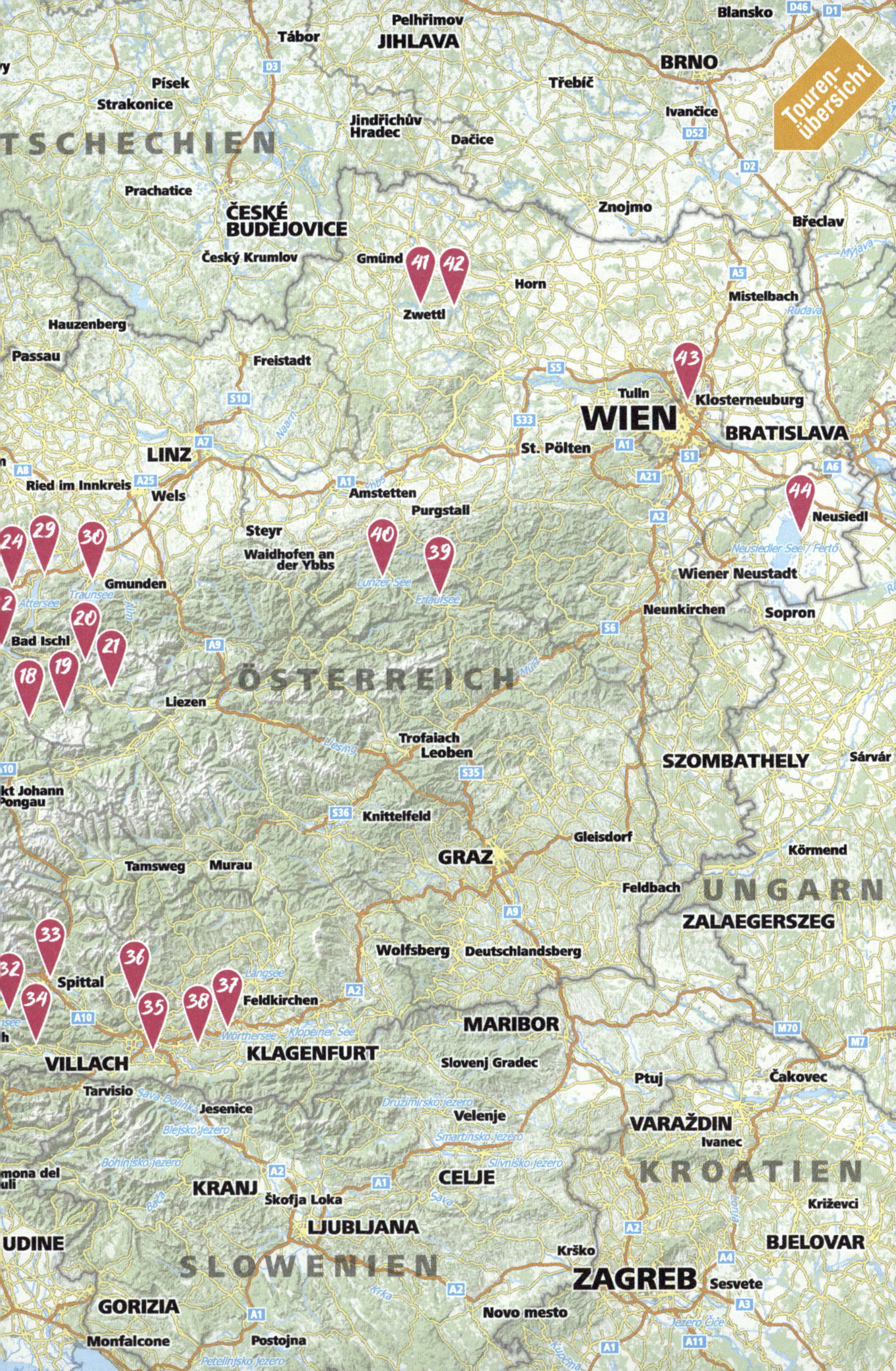

Touren-übersicht
TSCHECHIEN
ÖSTERREICH
UNGARN
KROATIEN
SLOWENIEN
Pelhřimov
JIHLAVA
Tábor
Blansko
BRNO
Písek
Strakonice
Třebíč
Jindřichův Hradec
Dačice
Ivančice
Prachatice
ČESKÉ BUDĚJOVICE
Znojmo
Břeclav
Český Krumlov
Gmünd
Horn
Zwettl
Mistelbach
Hauzenberg
Passau
Freistadt
Tulln
Klosterneuburg
WIEN
BRATISLAVA
LINZ
St. Pölten
Ried im Innkreis
Wels
Amstetten
Purgstall
Neusiedl
Steyr
Waidhofen an der Ybbs
Lunzer See
Erlaufsee
Neusiedler See / Fertő
Wiener Neustadt
Gmunden
Traunsee
Attersee
Neunkirchen
Sopron
Bad Ischl
Liezen
Trofaiach
Leoben
SZOMBATHELY
Sárvár
Knittelfeld
Gleisdorf
Körmend
Tamsweg
Murau
GRAZ
Feldbach
ZALAEGERSZEG
Wolfsberg
Deutschlandsberg
Spittal
Feldkirchen
MARIBOR
Wörthersee
Klopeiner See
VILLACH
KLAGENFURT
Slovenj Gradec
Ptuj
Čakovec
Tarvisio
Jesenice
Velenje
VARAŽDIN
Ivanec
KRANJ
Škofja Loka
CELJE
Križevci
LJUBLJANA
UDINE
Krško
BJELOVAR
ZAGREB
Sesvete
GORIZIA
Novo mesto
Monfalcone
Postojna
41
42
43
44
40
39
24
29
30
20
21
18
19
33
32
34
36
35
38
37

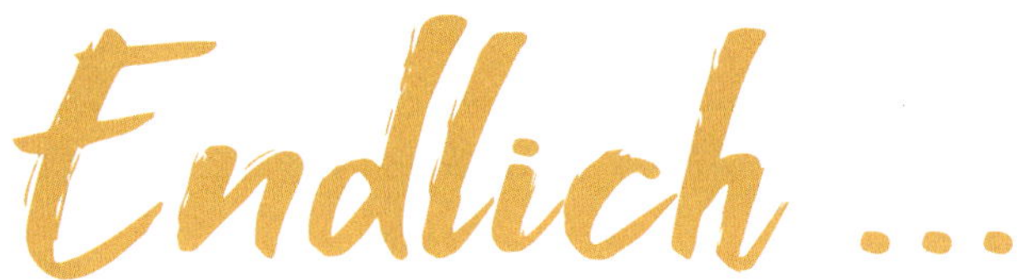

Endlich ...

geht es los!

44 SUP-TOUREN ZUM NACHPADDELN

Weite Wasserlandschaften, charmante Naturseen und die viel besungene Donau. Ausblicke auf majestätische Gebirgskulissen, sattgrüne Wälder und imposante Bauwerke. Ob inmitten der Alpen oder unweit der Großstadt, das Land der Berge und Dome verfügt über ein unvergleichliches Angebot an Seen und Gewässern mit spektakulären Panoramen. Ein wahr gewordener Traum für Wassersportler und Wassersportlerinnen. Kaum woanders liegen unberührte Natur und lebendige Kulturlandschaft so nah beieinander. Finde deinen Lieblingsspot in Österreich und paddel dich durch die Bundesländer. Mit deinem SUP-Board kommst du in Österreich voll auf deine Kosten und es bieten sich dir zahlreiche Möglichkeiten.

Raus aus der Stadt und rein ins Abenteuer: Unternimm eine ausgiebige Runde über das „Wiener Meer", den Neusiedler See, und lass dich von der Sonne verwöhnen. Oder treibe gemütlich über den überschaubaren Urisee und genieße dabei ein einzigartiges Bergpanorama, wie es dir nur in Tirol begegnet. Du bist auf der Suche nach etwas Anspruchsvollem? Dann schnapp dir dein SUP-Board und ab mit dir an den Weißensee. Über eine Strecke von 22 Kilometern entlang Wiesen und Felder kannst du dich hier verausgaben und zwischendurch im 25 Grad warmen Wasser planschen.

Wir haben für dich die wichtigsten Infos, Tipps & Hacks zusammengetragen, damit dem perfekten Paddelvergnügen nichts mehr im Wege steht. Mit „Endlich Aufs Wasser Österreich" nehmen wir dich mit zu den schönsten SUP-Touren des Landes. Ob Anfänger oder bereits fortgeschritten – in diesem Buch findest du die passenden Touren für dich und dein Board! Pack deine sieben Sachen und deine Liebsten ein und dann heißt es endlich aufs Wasser!

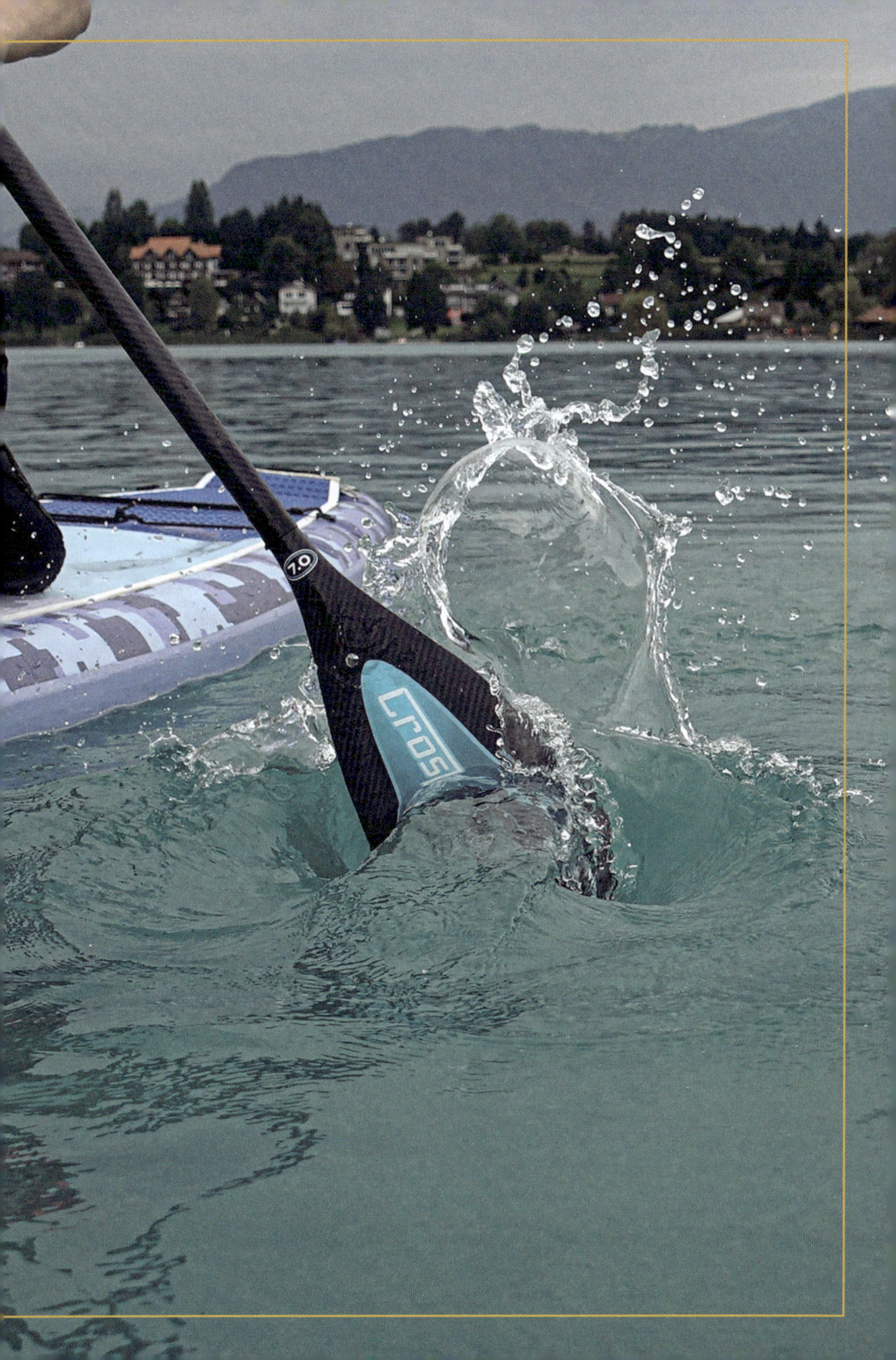
7.0
Cros

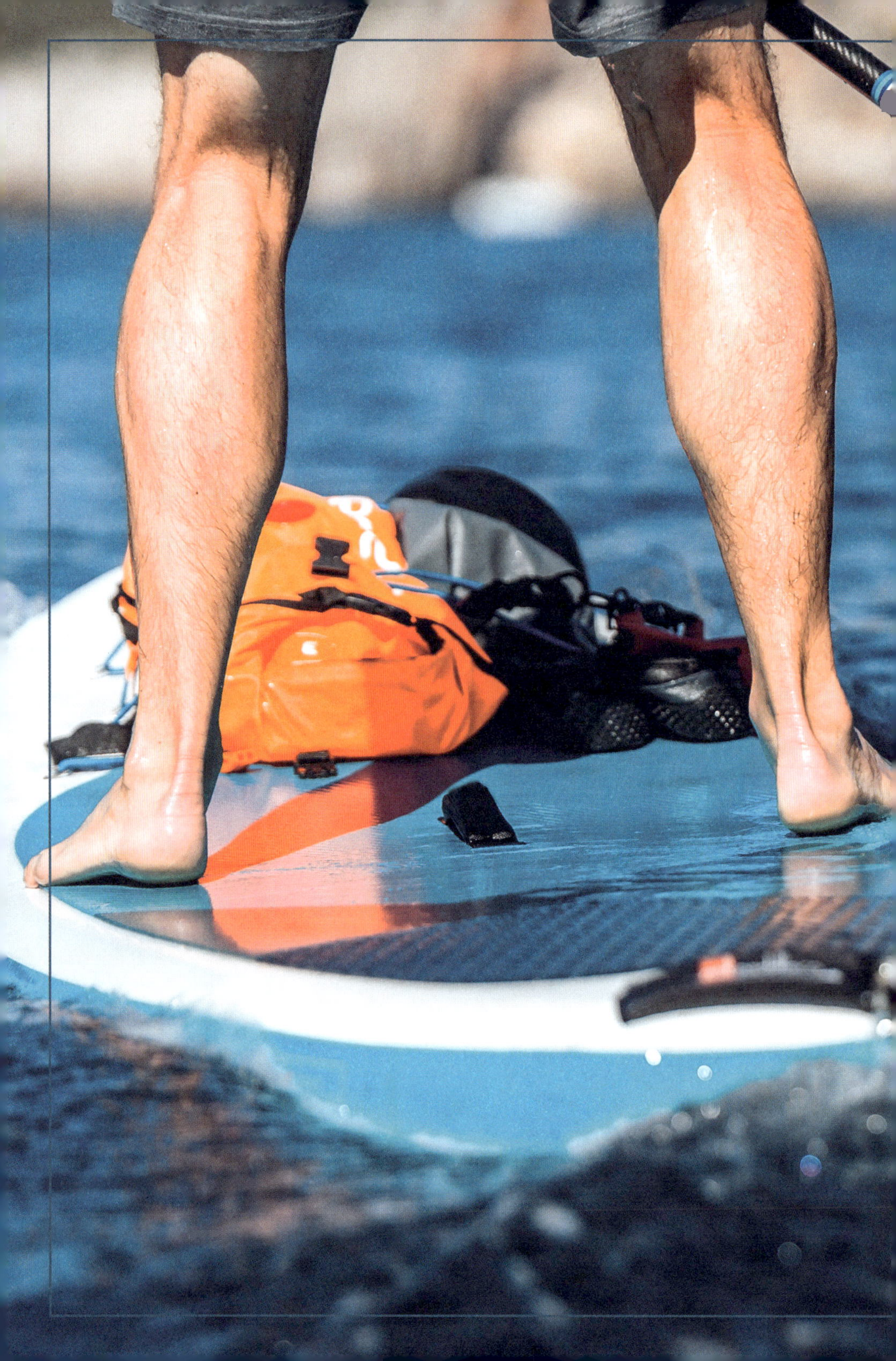

Pack-tipps

Endlich alle 7 Sachen zusammen

Deine Packliste

MATERIALCHECK

Für sorgenfreie SUP-Touren im kühlen Nass reicht einzig und allein das SUP-Board nicht aus. Hitze an heißen Sommertagen oder ein plötzlicher Wettereinbruch, windanfällige Seen oder unruhige Gewässer – man muss auf alles vorbereitet sein und sollte entsprechend vorsorgen. Dafür benötigt es nicht nur Paddel-Können und Balance, sondern auch ausreichend Planung und die richtigen Tools im Gepäck:

- ◯ Passe deine Kleidung an Wetter, Jahreszeit und Tourlänge an!
- ◯ Natürlich: SUP (mit Halteleine), Paddle und Luftpumpe
- ◯ Drybag: Achte darauf, dass die Tasche wirklich wasserfest ist!
- ◯ Erste-Hilfe-Set
- ◯ Handy (in wasserfester Hülle)
- ◯ Wechselkleidung für unterschiedliche Wetterlagen
- ◯ Schwimmweste
- ◯ Sonnenschutz (Brille, Hut, Sonnencreme, Shirt)
- ◯ Kälteschutz (ggf. auch Neoprenanzug und Neoprenschuhe)
- ◯ Proviant
- ◯ Ausreichend Wasser
- ◯ Kompass & Tourenkarte

Endlich gern gesehen

Verhaltenskodex

SUP-TOURING

Immer mehr Menschen lassen sich von der Faszination des SUPens in den Bann ziehen. Es werden jährlich mehr, sodass manche Hotspots einen enormen Andrang erleben. Je mehr wir auf Flüssen und Seen unterwegs sind, desto mehr Schaden trägt die Natur davon – außer wir gehen sanft mit der sensiblen Umgebung um. „Take nothing but pictures, leave nothing but footprints“: Beherzige dieses Motto, dann steht deinem umweltschonenden SUP-Erlebnis nichts mehr im Weg. Um im Einklang mit der Umgebung unterwegs zu sein, haben wir wichtige Tipps und einfache Grundregeln zusammengefasst.

Und das kannst du machen ...

Dos & Don'ts

01 Befolge Bestimmungen: Informiere dich über Regelungen vor Ort in Nationalparks und Schutzgebieten und halte dich an die Hinweise auf Informationstafeln.

02 Bleib da, wo es erlaubt ist: Auch wenn manche entlegenen Gewässer noch so verlockend sind, bewege dich mit deinem SUP-Board nur auf solchen Seen und Gewässern, wo SUPen ausdrücklich erlaubt ist. Informiere dich vorher entsprechend und melde dich an, wenn dies verlangt wird.

03 Respektvoller Umgang untereinander: Begegne anderen Wassersportlern stets freundlich und respektvoll. Auch wenn man sich manchmal in die Quere kommt, sollte man aufeinander Rücksicht nehmen.

04 Vermeide unnötigen Lärm: Achte auf Ruhezonen und bewege dich möglichst leise in der Natur.

05 Respektiere den Lebensraum der Tiere und Pflanzen: Weiche Tieren unaufgeregt aus und halte Distanz bei Begegnungen. Achte darauf, Pflanzen möglichst unberührt zu lassen.

06 Halte die Umwelt sauber: Hinterlasse keinen Abfall. Versuche dich bei Notdurft von Gewässern fernzuhalten und nimm Klopapier wieder mit nach Hause.

08 Mache kein offenes Feuer und campiere richtig: Nutze nur ausgewiesene Feuerstellen und beachte die aktuelle Waldbrandgefahr. Wenn du im Freien übernachtest, tu das nur an Plätzen, wo dies erlaubt ist.

SAFE-SUP

SICHERHEIT AUF DEM SUP-BOARD

Auch wenn du schon SUP-Erfahrung hast, solltest du gewisse Sicherheitsaspekte auf dem Wasser nicht außer Acht lassen. Gerade wenn man sicherer wird und Neues ausprobieren möchte, ist es wichtig, nicht übermütig zu werden.

Wetter: Starker Wind und stürmisches Wetter können auf dem Wasser gefährlich werden. Besonders bei einem plötzlichen Wetterumschwung ist Vorsicht geboten! Informiere dich in jedem Fall im Vorfeld ausreichend über die Wetter- und Windlage und achte auf lokale Warnsysteme wie Signalleuchten oder Fahnen. Auch auf deine Schwimmweste solltest du nicht verzichten!

Stay Together: Längere Touren oder auf größeren Gewässern solltest du nicht alleine paddeln. Bleibt in der Gruppe und gebt aufeinander Acht.

Safety First: Das Wetter ist traumhaft und alle sind bereit für einen Tag auf dem Wasser, aber du fühlst dich nicht gut? Achte auf dich und schätze deine Verfassung richtig ein. Übermut oder falsche Selbsteinschätzung können ein gefährliches Ende nehmen. Sicherheit geht immer vor!

Bleib an der Leine: Die Leash ist deine Verbindung mit dem Board und sollte daher immer getragen werden. Solltest du ins Wasser stürzen, kann das SUP-Board so nicht abtreiben und du dich im Notfall darauf retten. Auch hier sei noch einmal die Wichtigkeit einer Schwimmweste erwähnt. In gefährlichen Situationen kann es schnell zur Erschöpfung kommen, sodass du dich aus eigener Kraft kaum über Wasser halten kannst.

Notruf bei Unfällen: Bei aller Vorsicht können Unfälle niemals völlig ausgeschlossen werden. Im Falle einer Verletzung gilt es zuallererst Ruhe zu bewahren und die Lage rasch und richtig einzuschätzen. Sichere den Verletzten, leiste Erste Hilfe und wähle den Notruf (europaweite Notrufnummer 112).

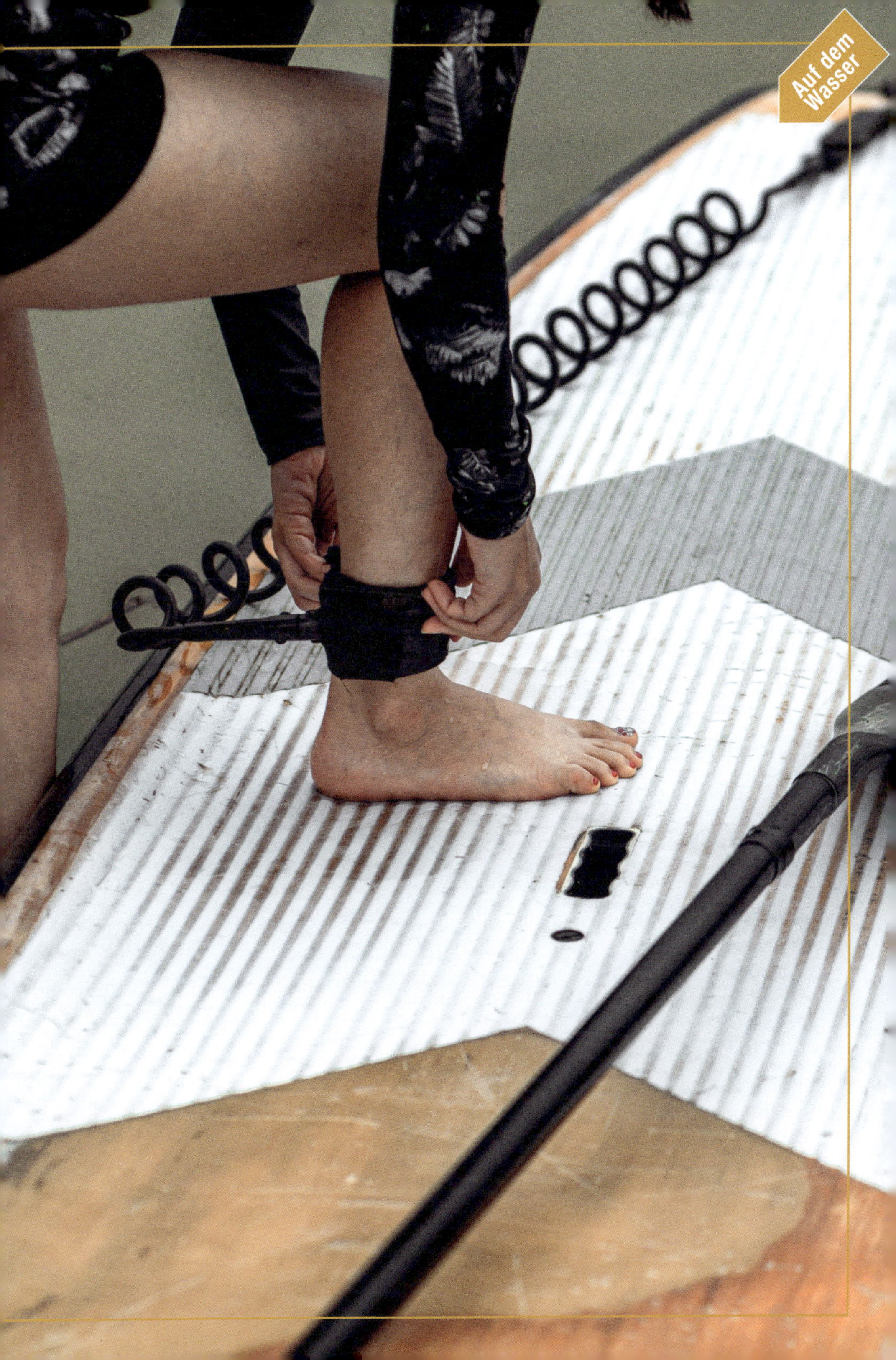

Grundwissen

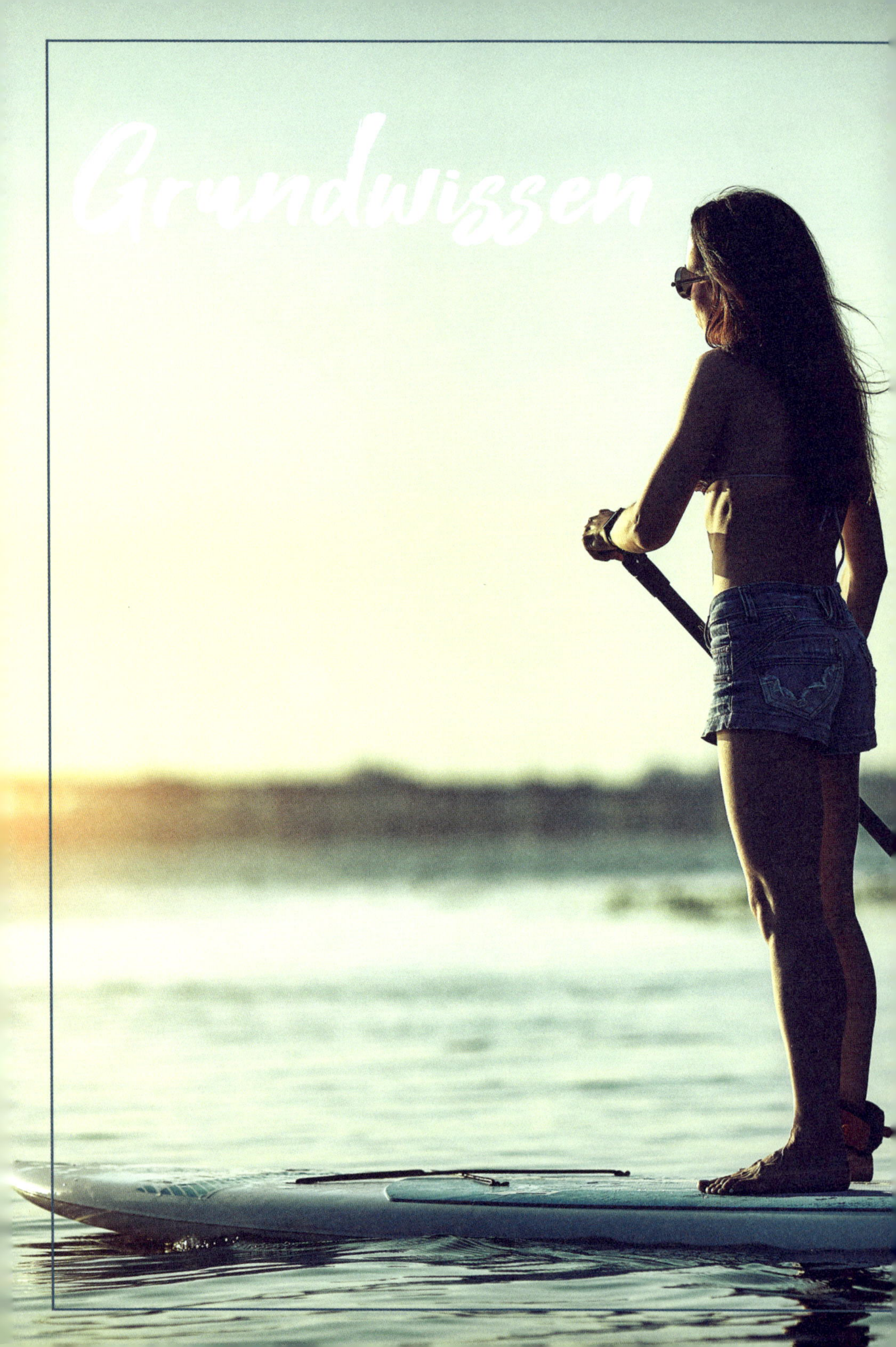

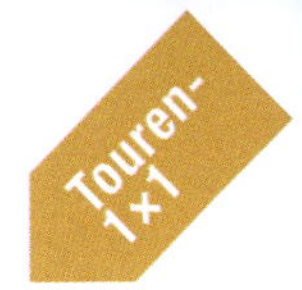

Stand-Up-Paddling

TOUREN-1x1 & LEXIKON

Die Klassifizierung der Touren ist als Richtwert zu verstehen. Schätze dein Können und deine Kräfte realistisch ein und richte deine Tourenauswahl danach aus.

LEICHT: Meist kurze, wenig windanfällige Touren ohne besondere Gefahrenstellen in gesicherten Gewässern. In der Regel ist hier auch kein reger Bootsverkehr zu erwarten. Diese Touren sind für AnfängerInnen, Kinder sowie fitte, ältere Personen geeignet und setzen keine großartige SUP-Erfahrung voraus.

MITTEL: Anspruchsvollere Touren und Gewässer mit teils windanfälligen Abschnitten. Die Touren sind überwiegend länger und setzen SUP-Erfahrung, Sicherheit im Paddeln und eine gute Grundkondition voraus. Es ist möglich, dass abschnittsweise auch Motorbootverkehr herrscht.

SCHWER: Herausfordernde Touren mit windanfälligen Stellen. Motorboote können den Weg kreuzen und Wellengang auslösen. Insbesondere unterscheiden sich diese Touren in der Länge zu den anderen Schwierigkeitsgraden. Eine ausgezeichnete Kondition, SUP-Erfahrung und eine gute körperliche Verfassung sind Grundvoraussetzung!

Paddelzeiten: Die angeführten Zeitangaben verstehen sich als Richtwerte für die reine Paddelzeit. Die tatsächlichen Zeiten können je nach Windlage, Paddelgeschwindigkeit und Tourenvariante variieren.

SUP-Saison: Grundsätzlich könnt ihr ganzjährig SUPen, sofern das Gewässer nicht zugefroren ist. Die beste Zeit dafür sind jedoch die Sommermonate, wenn es lange hell ist, tendenziell weniger Wetterschwankungen zu erwarten sind und die Außentemperaturen wärmer sind. Informiert euch in jedem Fall über Öffnungszeiten und regionale Bestimmungen. Außerdem solltet ihr stets den Wetterbericht beachten. Bedenkt unbedingt, dass im Herbst, Winter und Frühling die Wassertemperatur geringer ist und passt eure Kleidung an die wetterabhängigen Begebenheiten an. Für erste SUP-Versuche solltet ihr jedoch eher die wärmeren Monate wählen, da die Wahrscheinlichkeit ins Wasser zu fallen dann um einiges höher ist.

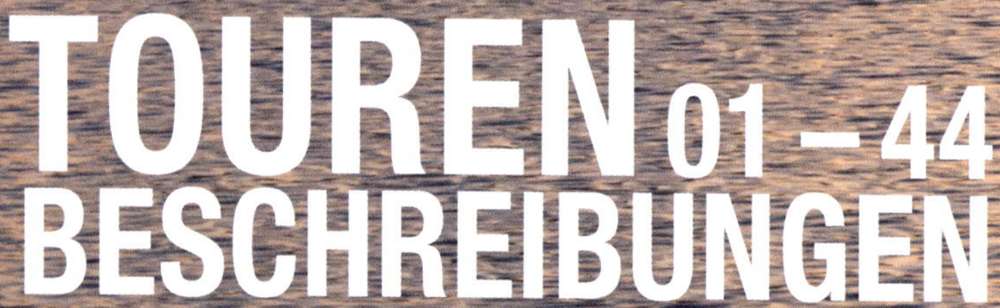

TOUREN 01 – 44
BESCHREIBUNGEN

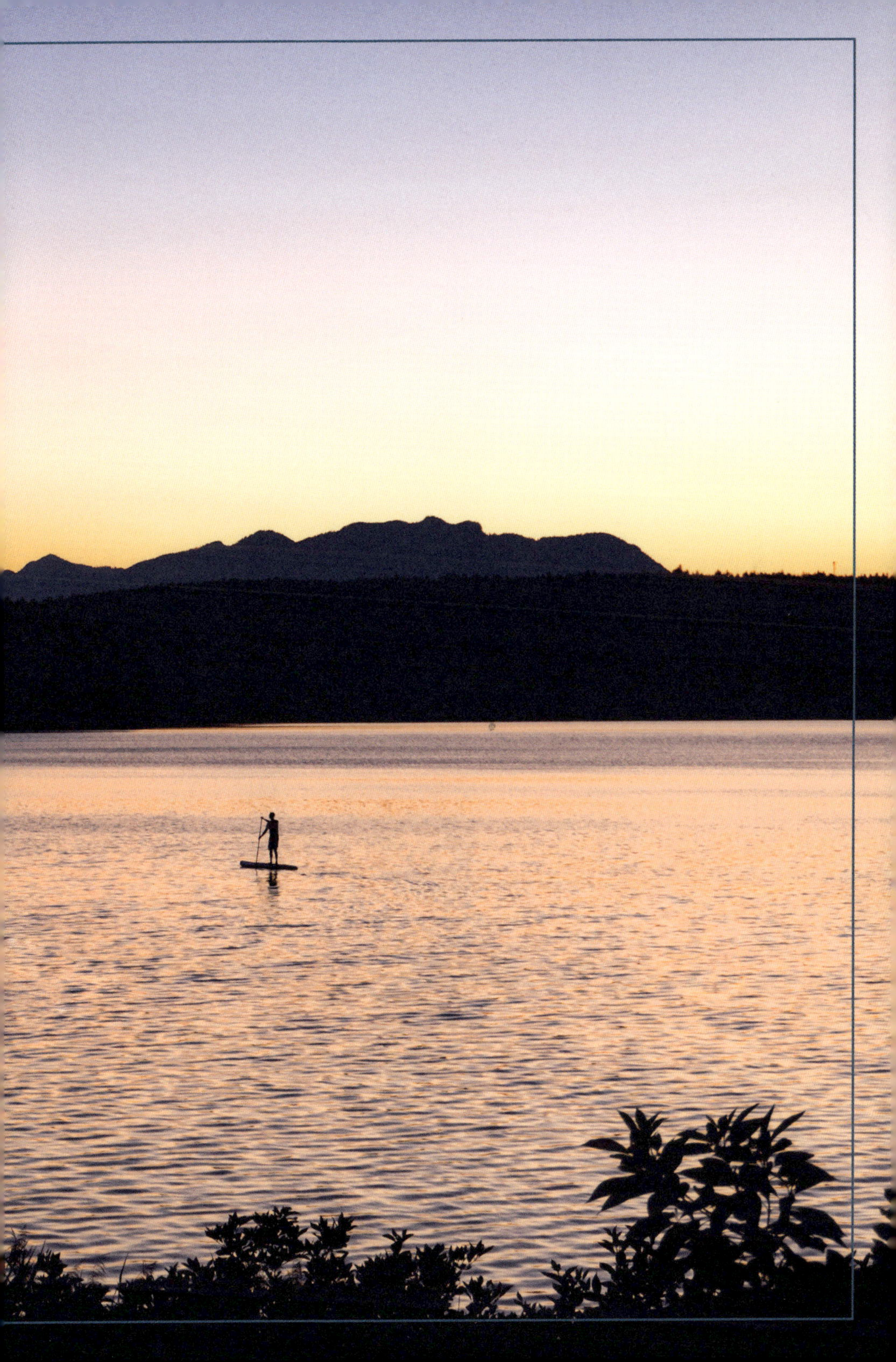

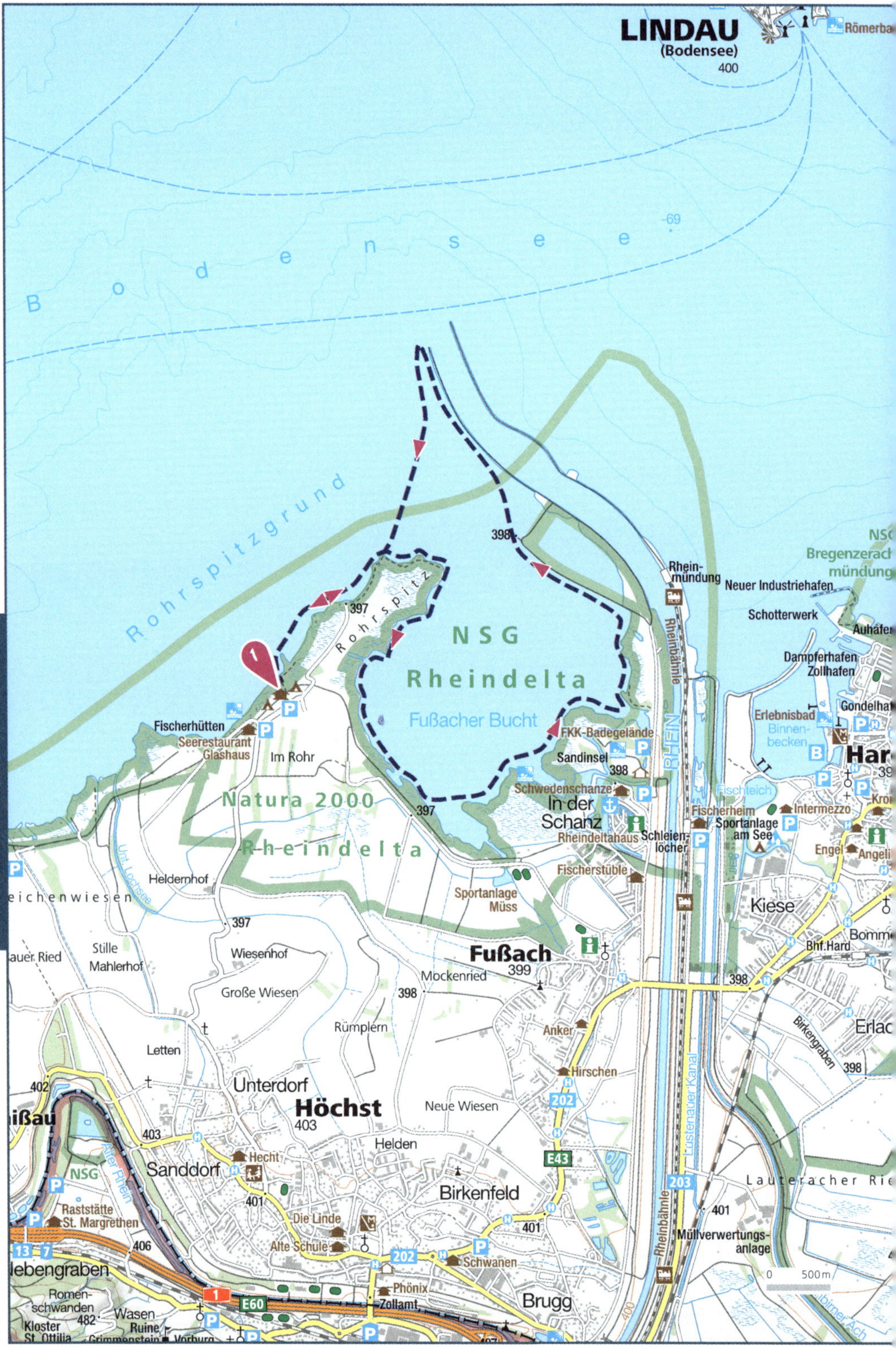

LINDAU
(Bodensee)
400
Römerba
Bodensee
-69
Rohrspitzgrund
Rohrspitz
397
398
NSG
Rheindelta
Fußacher Bucht
Rhein-
mündung
Neuer Industriehafen
Schotterwerk
NSG
Bregenzerach-
mündung
Auhafen
Dampferhafen
Zollhafen
Gondelha
Erlebnisbad
Binnen-
becken
Har
Fischerhütten
Seerestaurant
Glashaus
Im Rohr
Natura 2000
Rheindelta
FKK-Badegelände
Sandinsel
398
Schwedenschanze
In der
Schanz
Rheindeltahaus
Schleien-
löcher
Fischerheim
Sportanlage
am See
Intermezzo
Fischteich
Engel
Angeli
Kro
Fischerstüble
Rheinbähnle
RHEIN
Heldernhof
Sportanlage
Müss
eichenwiesen
Unt. Lochsee
397
Wiesenhof
Stille
Mahlerhof
auer Ried
Große Wiesen
Fußach
399
Mockenried
398
Kiese
Bhf. Hard
Bomme
398
Birkengraben
Erlac
Rümplern
Anker
Letten
Hirschen
398
402
Unterdorf
Höchst
403
Neue Wiesen
202
ißau
403
Sanddorf
Helden
Hecht
E43
Alter Rhein
NSG
Lustenauer Kanal
Lauteracher Ri
Birkenfeld
203
Raststätte
St. Margrethen
401
Die Linde
401
401
Alte Schule
Müllverwertungs-
anlage
406
13
7
lebengraben
202
Schwanen
0 500 m
Romen-
schwanden
1
Phönix
E60
Zollamt
Brugg
482
Wasen
Kloster
St. Ottilia
Ruine
Grimmenstein
Vorburg
400
Dornbirner Ach

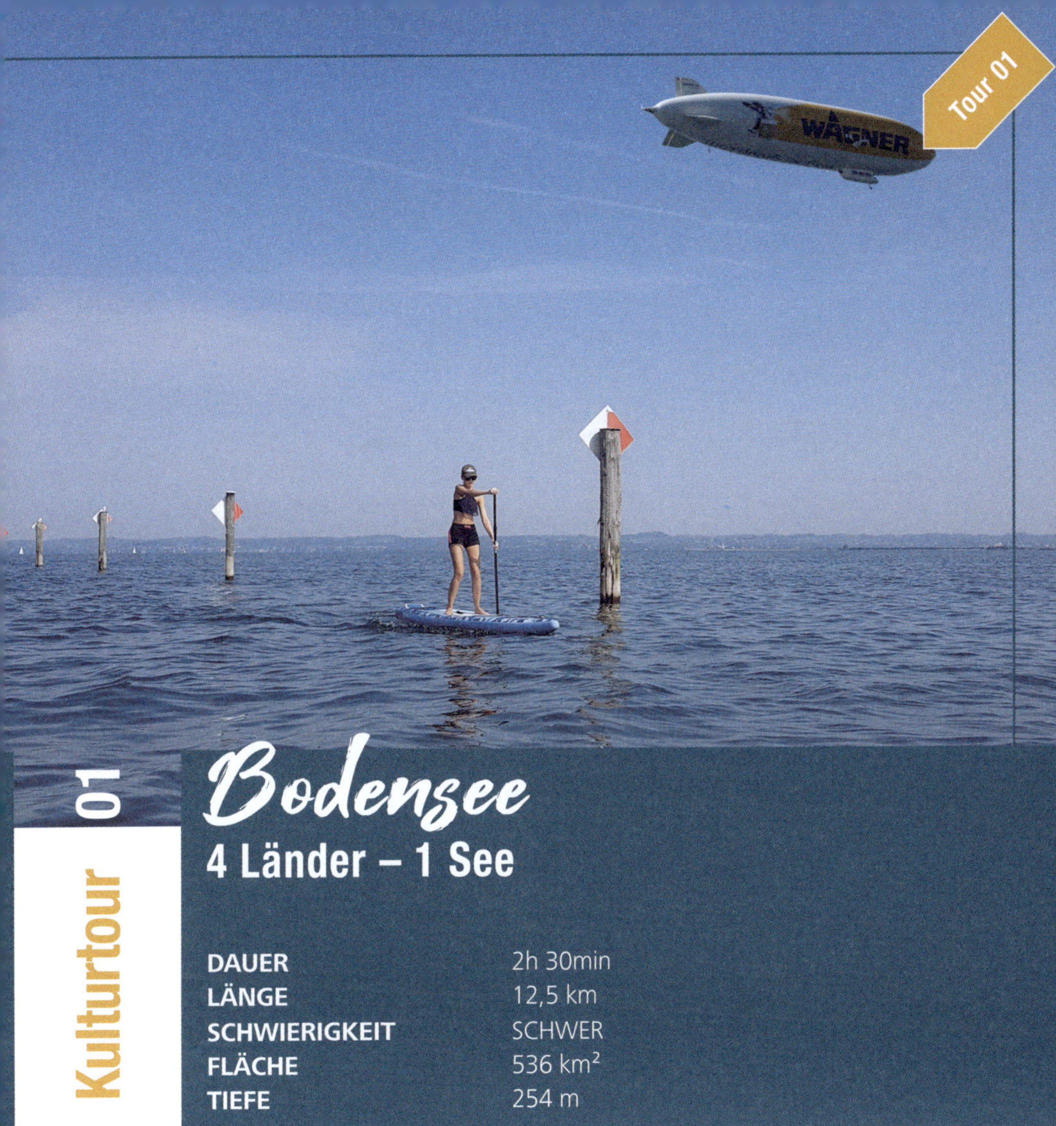

01 Kulturtour

Bodensee

4 Länder – 1 See

DAUER	2h 30min
LÄNGE	12,5 km
SCHWIERIGKEIT	SCHWER
FLÄCHE	536 km²
TIEFE	254 m

Das erwartet dich ...

Am Bodensee, der kultur-, sport-, und wassertechnisch eine absolute Goldgrube ist, sind die Möglichkeiten für eine SUP-Tour unendlich. Ihn unter einmal zu umpaddeln und sämtliche Sehenswürdigkeiten unter einen Hut zu bekommen ist aufgrund seiner Größe von satten 536 km² quasi ein Ding der Unmöglichkeit. Wir stellen euch also zwei unserer absoluten Lieblingstouren am Bodensee vor, bei denen sicherlich etwas für jeden dabei ist.

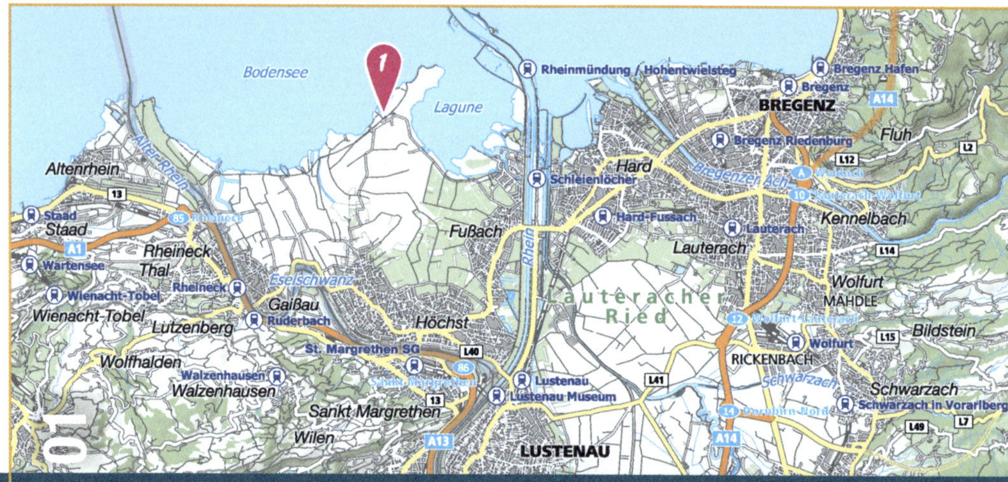

Kulturtour 01

Start & Ziel & Anreise

Den Bodensee teilen sich gleich 4 Länder: Österreich, Deutschland, die Schweiz und Liechtenstein. Seezugänge gibt es massenweise, Strandbäder und Campingplätze findet man so weit das Auge reicht. Aufpassen muss man bei der Anreise; österreichische und schweizerische Autobahnen haben eine Vignettenpflicht und die Strafen für fehlende Pickerl sind mit 120 Euro bzw. 200 SFR nicht billig. Je nachdem wo man seine Tour also startet, ist eine Information im Vorhinein sicherlich eine gute Idee.

Tourenbeschreibung

Bevor wir uns auf den Bodensee begeben müssen wir als allererstes sicherstellen, dass wir uns sämtlicher Regeln, die wir als Paddler am Bodensee befolgen müssen, bewusst sind. Grundsätzlich gelten alle geläufigen Regeln für das Stand-Up-Paddeln: Wetter checken, Vorrangregeln beachten und eine Leash tragen. Zusätzlich muss man am Bodensee eine Schwimmweste laut EN ISO 12402-5 tragen, wenn man mehr als 300 Meter vom Ufer entfernt paddelt. Außerdem besteht für SUPs eine Kennzeichnungspflicht, Name und Kontaktdaten des Eigentümers müssen am Board vermerkt sein. Ordnungswidrigkeiten werden mit entsprechenden Geldbußen geahndet.

Um den Startort unserer Tour zu erreichen fahren wir über Bregenz zum halbinselartigen Naturschutzgebiet Rohrspitz, wo wir unser Board beim Campingplatz Salzmann ins Wasser lassen. Von dort aus paddeln wir nach rechts und einfach so lange der Küste entlang, bis wir das Naturschutzgebiet einmal ausgepaddelt haben. Der Rohrspitz steht als Ganzes unter Naturschutz und gehört gemeinsam mit dem Rheinspitz zum Bodenseer Rheindelta. Er ist ein ca. 2000 Hektar großes Schutzgebiet mit verschiedenen Ökosystemen wie Auwäldern, Schilfflächen und Feuchtwiesen.

Respekt mit der Natur ist hier also allergrößte Priorität. Wer möchte kann seine Tour natürlich noch verlängern und bis zur Mündung des Rheins in den Bodensee paddeln, die ist ein absolutes Highlight für geübtere Paddler und dank ihrem betonierten Damm gut erkennbar. Dort fließt das Wasser des Rheins quasi übergangslos in den See. Danach drehen wir um und paddeln gut 3 Kilometer wieder Richtung Süden zurück zu unserem Ausgangspunkt.

Wer noch Zeit und Lust hat kann eine weitere Tour am deutschen Teil des Bodensees, nämlich in Konstanz, starten. Wir erreichen das Strandbad Horn über die Mainaustraße und biegen zuerst in die Staader Straße und dann gleich rechts ab in die Jakobsstraße, an deren Ende wir auch schon den Parkplatz erreichen. Mit dem Bus kommt man gemütlich per Linie 5 direkt vor den Eingang. Von dort aus (außerhalb der Schwimmzone einsteigen) paddeln wir nach links und entlang der Küste bis zur Bucht von Konstanz. Nach circa einer Stunde sind wir an unserem Ziel angelangt – der berühmten Blumeninsel Mainau. Wer an Mainau denkt, der muss unwillkürlich auch an Blütenpracht denken.

Noch heute residiert die schwedische Adelsfamilie Bernadotte in der Schlossanlage, die Insel selbst ist aber für die Öffentlichkeit zugänglich. Wir drehen eine Runde um die drittgrößte Insel am Bodensee und genießen dabei den Blick auf die Blumenfelder. Wieder entlang den schönen Ufern des Bodensees geht es für uns zurück zu unserem Startpunkt, dem Strandbad Horn, wo wir den restlichen Tag noch gemütlich verbringen.

Ein weiterer Geheimtipp (oder auch nicht so geheim) ist eine Tour entlang des wunderschönen Hochrhein. Diese Touren sind aufgrund der verschärften Strömungsverhältnisse aber eher etwas für erfahrenere Paddler. Für alle anderen gibt es am Hochrhein viele geführte Touren, die sicheren Spaß garantieren und jedem Zugang zur tollen Landschaft des Rheins ermöglichen.

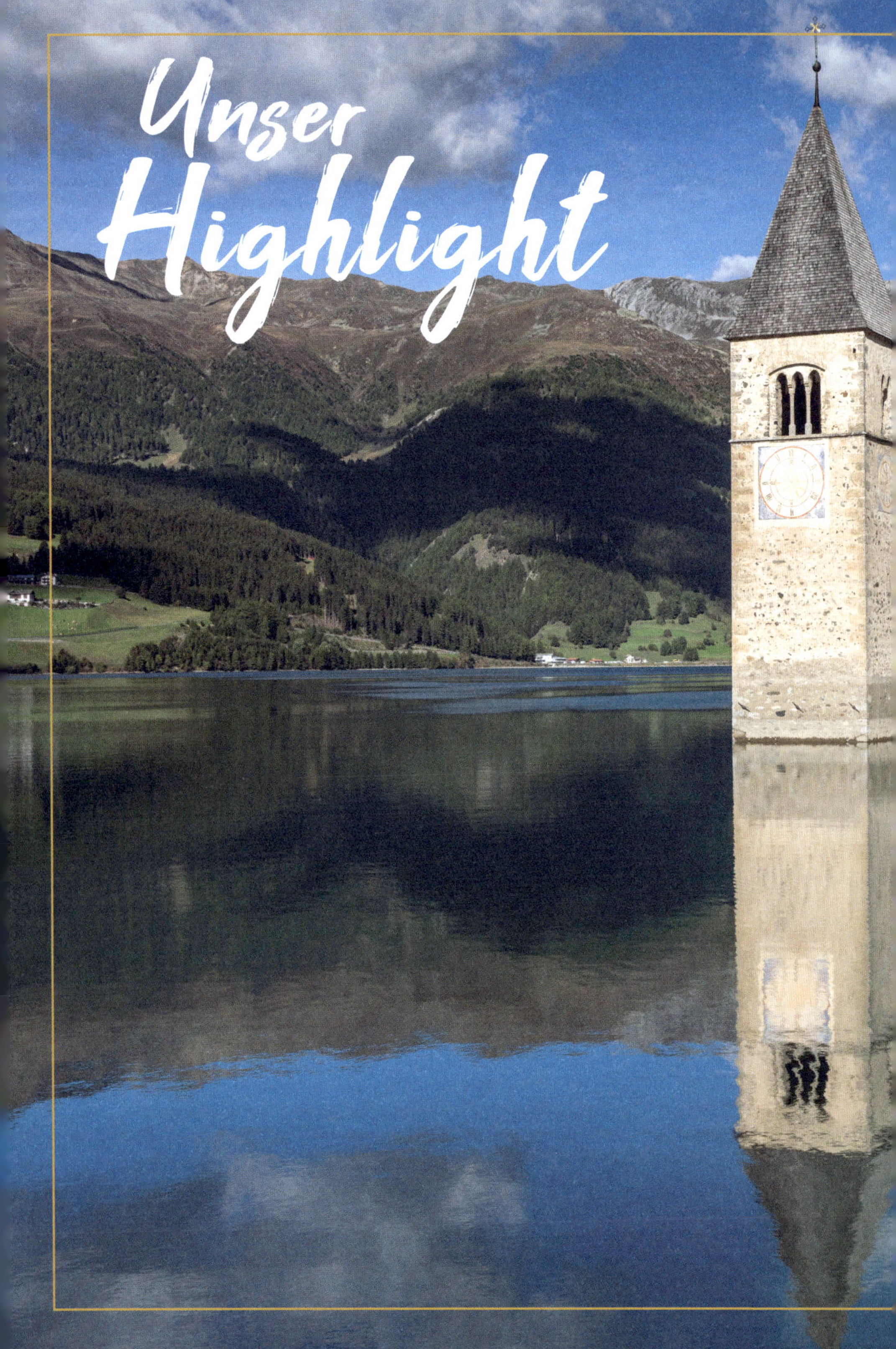
Unser
Highlight

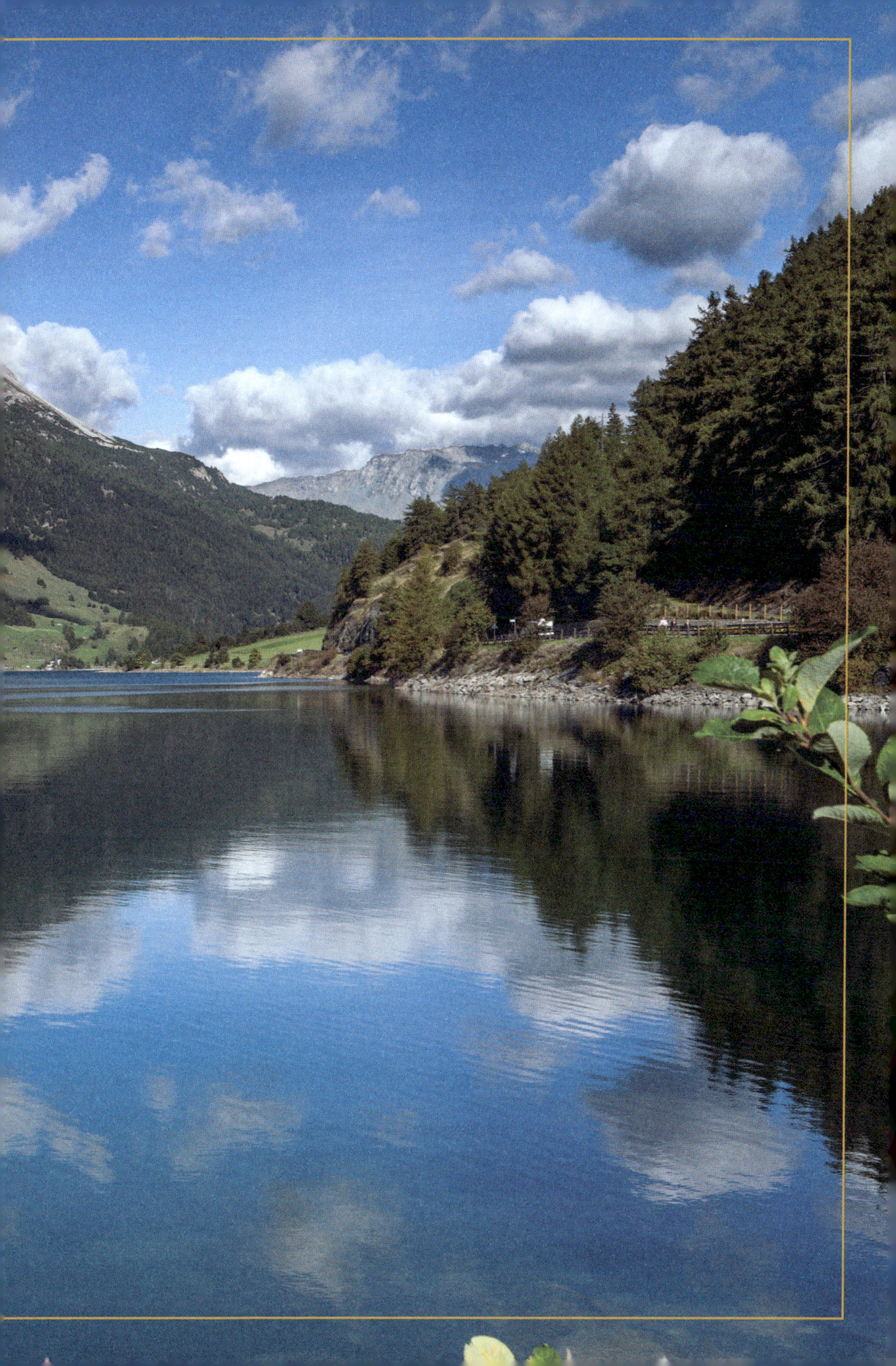

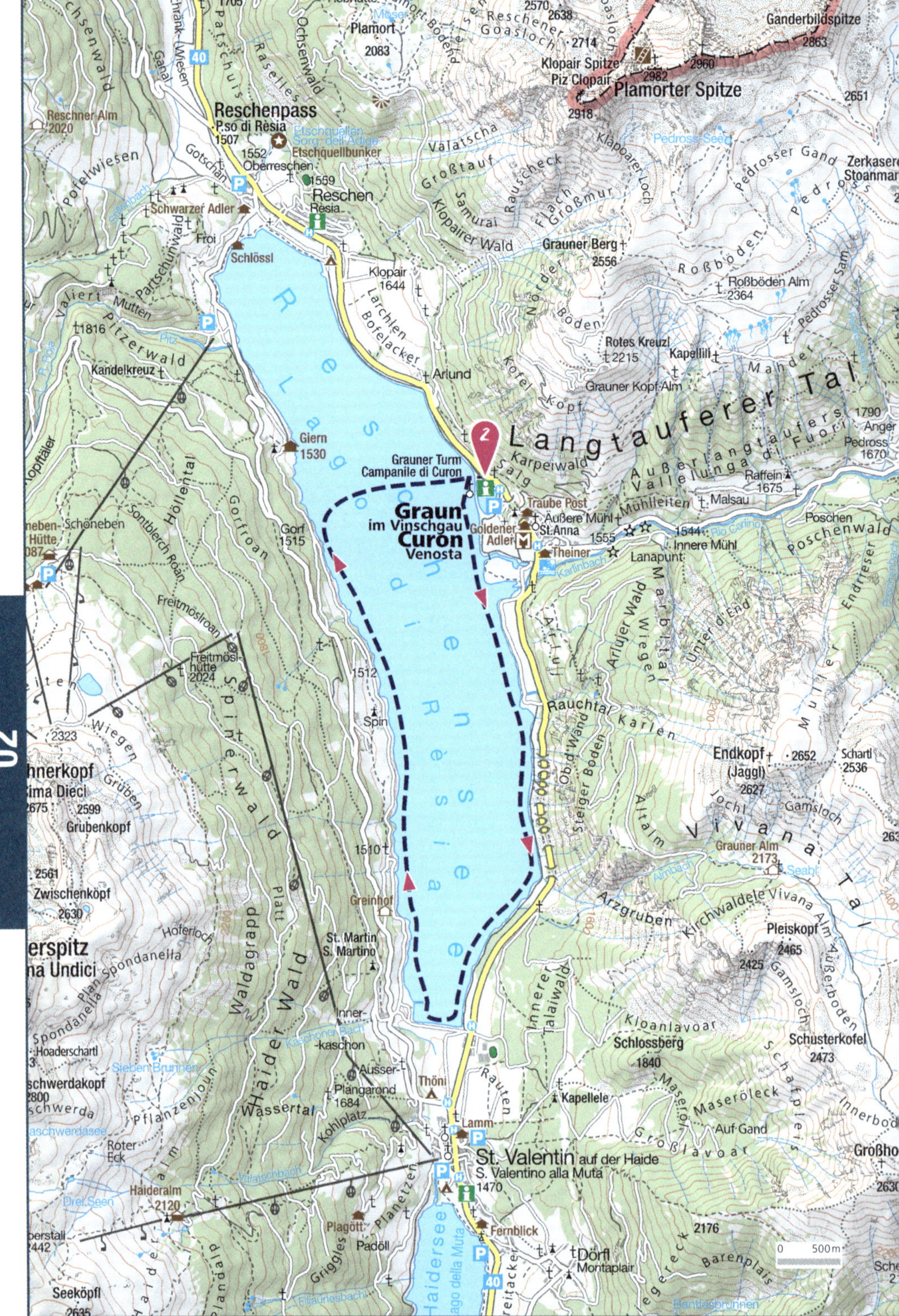

Reschenpass
P.so di Resia
1507
Etschquellen
Sorg. dell'Adige
Etschquellbunker
Oberreschen
1552
1559
Reschen
Resia
Plamort
2083
Roßhütte
Reschener Goasloch
2570
2638
2714
Klopair Spitze
Piz Clopair
2982
2960
Plamorter Spitze
2918
Ganderbildspitze
2863
2651
Pedross-Seen
Pedrosser Gand
Zerkaser
Stoanmar
Reschner Alm
2020
Pofelwiesen
Gotschan
Schwarzer Adler
Froi
Schlössl
Valatscha
Großtauf
Rauscheck
Klapoarer Loch
Flach Großmur
Samurai
Klopairer Wald
Grauner Berg
2556
Roßböden
Roßböden Alm
2364
Pedrosser Sam
Klopair
1644
Larchlen
Bofelacker
Arlund
Nörder Böden
Rotes Kreuzl
2215
Kapellili
Mahder
Grauner Kopf-Alm
Kofel Kopf
Langtauferer Tal
Außerlangtaufers
Vallelunga
Vallelunga di Fuori
1790
Anger
Pedross
1670
Raffein
1675
Malsau
Poschen
Poschenwald
Karpeiwald
Salg
Mühlleiten
Reschensee
Lago di Resia
Giern
1530
Grauner Turm
Campanile di Curon
Graun
im Vinschgau
Curon
Venosta
Traube Post
Äußere Mühl
St. Anna
Goldener Adler
Theiner
1555
1544
Innere Mühl
Lanapunt
Karlinbach
Rio Carlino
Endreser
Unter d'End
Valierl
Mutten
Partschunwald
1816
Pitzerwald
Kandelkreuz
Schöneben
Sontblerch Roan
Höllental
Gorf
1515
Gorfroan
Freitmösl-roan
Freitmösl-hütte
2024
Spinnerwald
1512
Spin
Marbltal
Wiegen
Arlujer Wald
Arlui
Rauchtal
Karlen
Obid Wand
Steiger Boden
Altalm
Endkopf
(Jaggl)
2627
2652
Schartl
2536
Jochl
Gamsloch
Vivana Tal
Grauner Alm
2173
Seabl
Almbach
2323
Wiegen
Gruben
Cima Dieci
2675
2599
Grubenkopf
2561
Zwischenkopf
2630
1510
Greinhof
Arzgruben
Kirchwaldele
Vivana Alm
Pleiskopf
2465
2425
Gamsloch
Außerboden
Hoferloch
Spondanella
Plan Spondanella
Waldagrapp
Platt
Haider Wald
St. Martin
S. Martino
Innerer Talaiwald
Inner-kaschon
Kaschoner Bach
Kloanlavoar
Schlossberg
1840
Schusterkofel
2473
Hoaderschartl
Sieben Brunnen
Außer-
Plangarond
1684
Thöni
Rauten
Kapellele
Maseröl
Maseröleck
Schafpleis
Innerbod
Pflanzenjoch
Wassertal
Kohlplatz
Lamm
Roter Eck
Großlavoar
Auf Gand
Großho
St. Valentin auf der Haide
S. Valentino alla Muta
1470
Valatschbach
Haideralm
2120
Drei Seen
Plagött
Planetzen
Padöll
Fernblick
2176
Griggles
Haidersee
Lago della Muta
Dörfl
Montaplair
Bärenplais
Seeköpfl
2635
Eljaunesbach
Bantlasbrunnen
0
500m
40

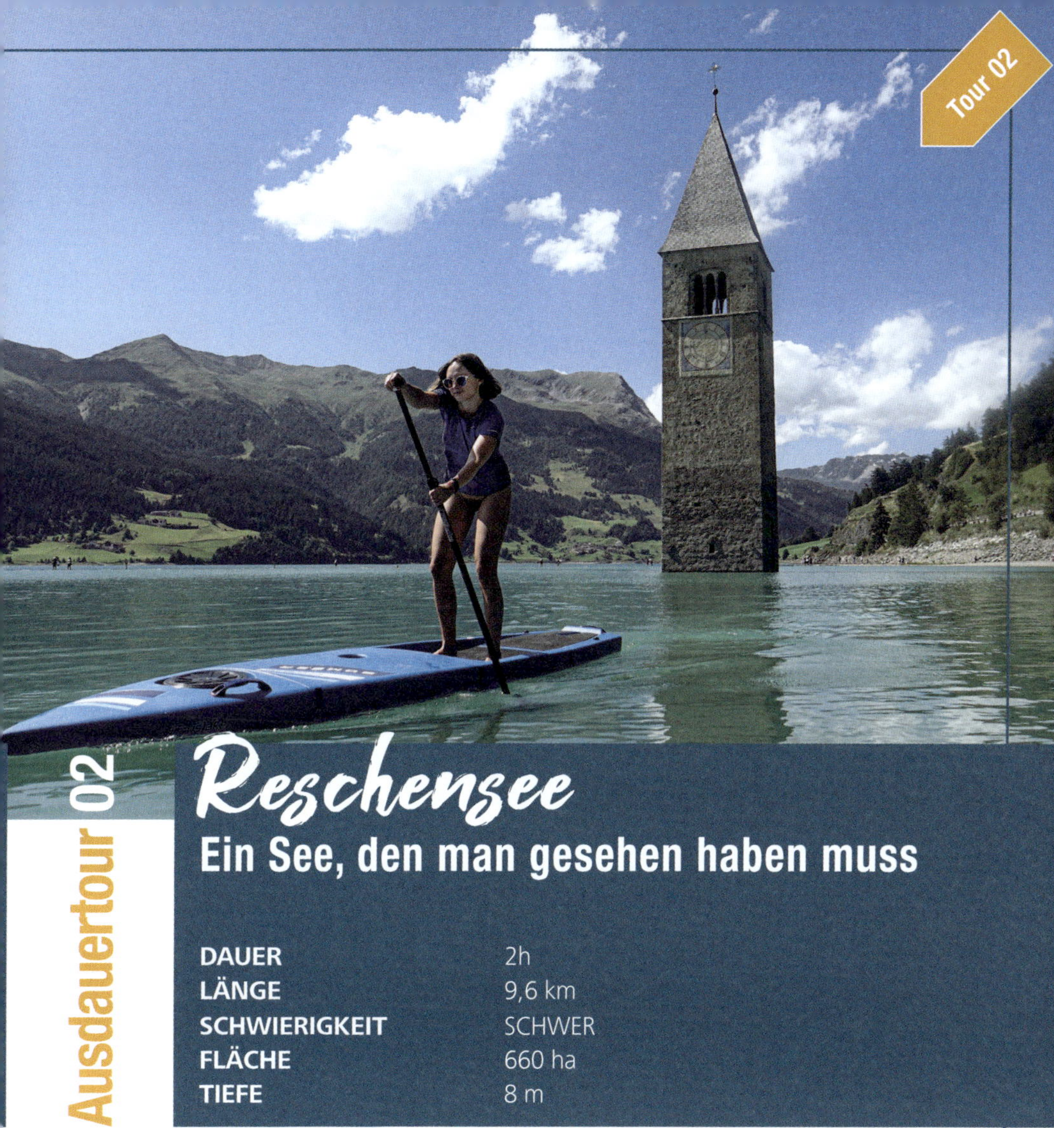

Tour 02

Ausdauertour 02

Reschensee

Ein See, den man gesehen haben muss

DAUER	2h
LÄNGE	9,6 km
SCHWIERIGKEIT	SCHWER
FLÄCHE	660 ha
TIEFE	8 m

Das erwartet dich ...

Eine ausdauernde Tour über Teile des Südtiroler Reschensees, die aufgrund ihrer Länge und Bedingungen eine gewisse Sicherheit am SUP-Board erfordert, aber durch zahlreiche Sehenswürdigkeiten begeistert und garantiert keine Langeweile aufkommen lässt. Besonders Downwinder und dynamische Paddler kommen hier voll auf ihre Kosten

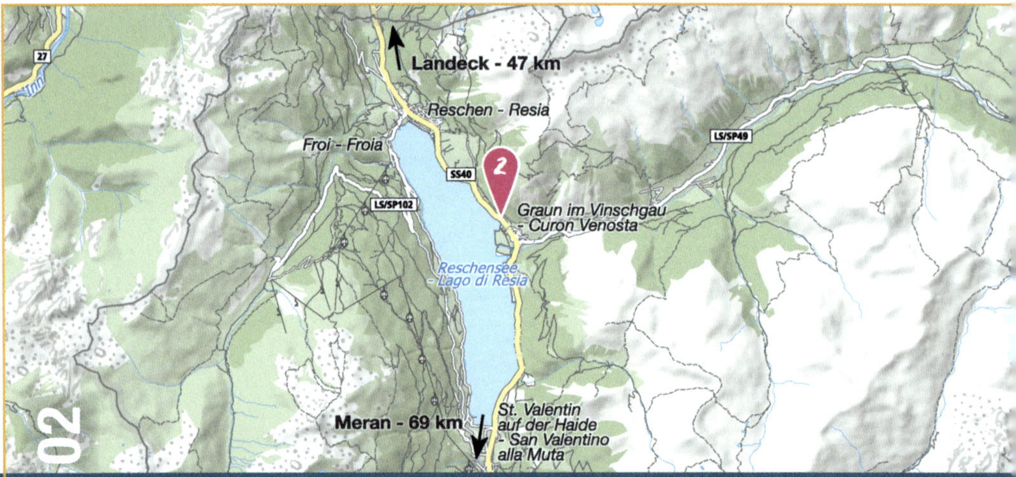

Start & Ziel & Anreise

Von Tirol kommend über den Reschenpass über die italienische Grenze und entlang der Reschenpass-Panoramastraße, bis wir am Parkplatz Reschensee am Kirchturm ankommen. Jede angebrochene Stunde kostet 1 Euro, die Tageskarte 10 Euro. Ein Imbissstand und Toiletten stehen zur Verfügung. Alternativ gibt es noch im Norden Parkmöglichkeiten, allesamt kostenpflichtig. Mit der Buslinie 273 von Nauders bis zur Haltestelle Graun/See.

Tourenbeschreibung

Vom Parkplatz Reschensee beim Kirchturm (die Parkplätze stehen nur sehr limitiert zur Verfügung, es empfiehlt sich also lieber früher als später aufzubrechen) können wir unser Board nur wenige 100 Meter entfernt in der Bucht, die den Kirchturm fast einmal umrundet, ins Wasser lassen. So schön Südtirols größter See auch ist und wie wunderbar er sich sowohl im Sommer als auch Winter genießen lässt, zum Baden eignet er sich das ganze Jahr über eher nicht. Mit einer durchschnittlichen Temperatur von 16 °C bleibt der Reschensee auch in den Sommermonaten eher frisch. Während wir paddeln, müssen wir auf das Ausflugsschiff Hubertus achten, das von Juli bis September seine Runden um den See dreht.

Wir starten unsere Tour direkt beim Kirchturm von Alt-Graun. Hier sollte man sich unbedingt die Zeit nehmen und einmal rund um den Turm herumpaddeln.

Fast schon surreal wirkt es auf uns, dass ein quasi vollständig intakter Steinturm aus dem 14. Jahrhundert mehrere Meter aus dem Wasser ragt. Doch so beliebt die Kuriosität auch bei Touristen ist, die Entstehungsgeschichte des Lago di Resia ist eine ziemlich tragische. Denn als 1950 die italienische Regierung beschloss, einen neuen Stausee anzulegen, wurden die beiden Dörfer Graun und Teile von Reschen für die Stromerzeugung geflutet. Die Einwohner wurden zwangsenteignet und zur Um- oder Aussiedlung gezwungen, die Häuser und Höfe gesprengt. Insgesamt 677 Hektar Land fielen den Fluten zum Opfer, nur der heute denkmalgeschützte Kirchturm blieb übrig.

Nachdem wir unsere Umrundung vollendet haben wenden wir uns Richtung Süden und paddeln aus der kleinen, windgeschützten Bucht hinaus auf den offenen See. Vorbei an einer kleinen Bucht, wo sich die Kiteschule befindet (dort kann man sich ein SUP-Board ausleihen) und man sich verstärkt vor lernenden Surfern in Acht nehmen sollte, und entlang den steil abfallenden Felswänden des Endkopfs paddeln wir eine knappe Stunde, bis wir am südlichen Ende des Sees beim Staudamm angekommen sind. Doch so auffallend ist der 470 Meter lange und 30 Meter hohe Damm gar nicht, denn je nach Wasserstand kann man nicht viel mehr als die Straße, die darüberführt, oder die dahinterliegenden Wiesen sehen. Entlang des Westufers machen wir uns wieder auf den Weg in Richtung Norden und entscheiden uns an einem der vielen flachen Steinstrände eine wohlverdiente Pause zu machen. Frisch gestärkt machen wir uns dann auf den restlichen Weg zurück und queren den See auf Höhe des Kirchturms. Hier sollte man gut achtgeben, denn der Wind kann durchaus stur sein und verlangt uns noch einiges an Kraft ab. Wer besonders motiviert ist und noch nicht genug hat, kann natürlich auch noch den restlichen See abpaddeln. Dafür sollte man eine zusätzliche Stunde einplanen.

Autoren Tipp

Besonders bei dieser fordernden Tour empfiehlt es sich, ein spezielles Downwind-Board zu verwenden und mit dem von Süden kommenden Föhn zu arbeiten. Um uns richtig auszupowern paddeln wir Richtung Süden gegen den am Nachmittag aufkommenden Wind und lassen uns beim Zurückfahren vom selbigen tragen. So haben wir ideale Bedingungen für das Downwinden. Für eher gemütliche Touren eignet sich der Vormittag besser.

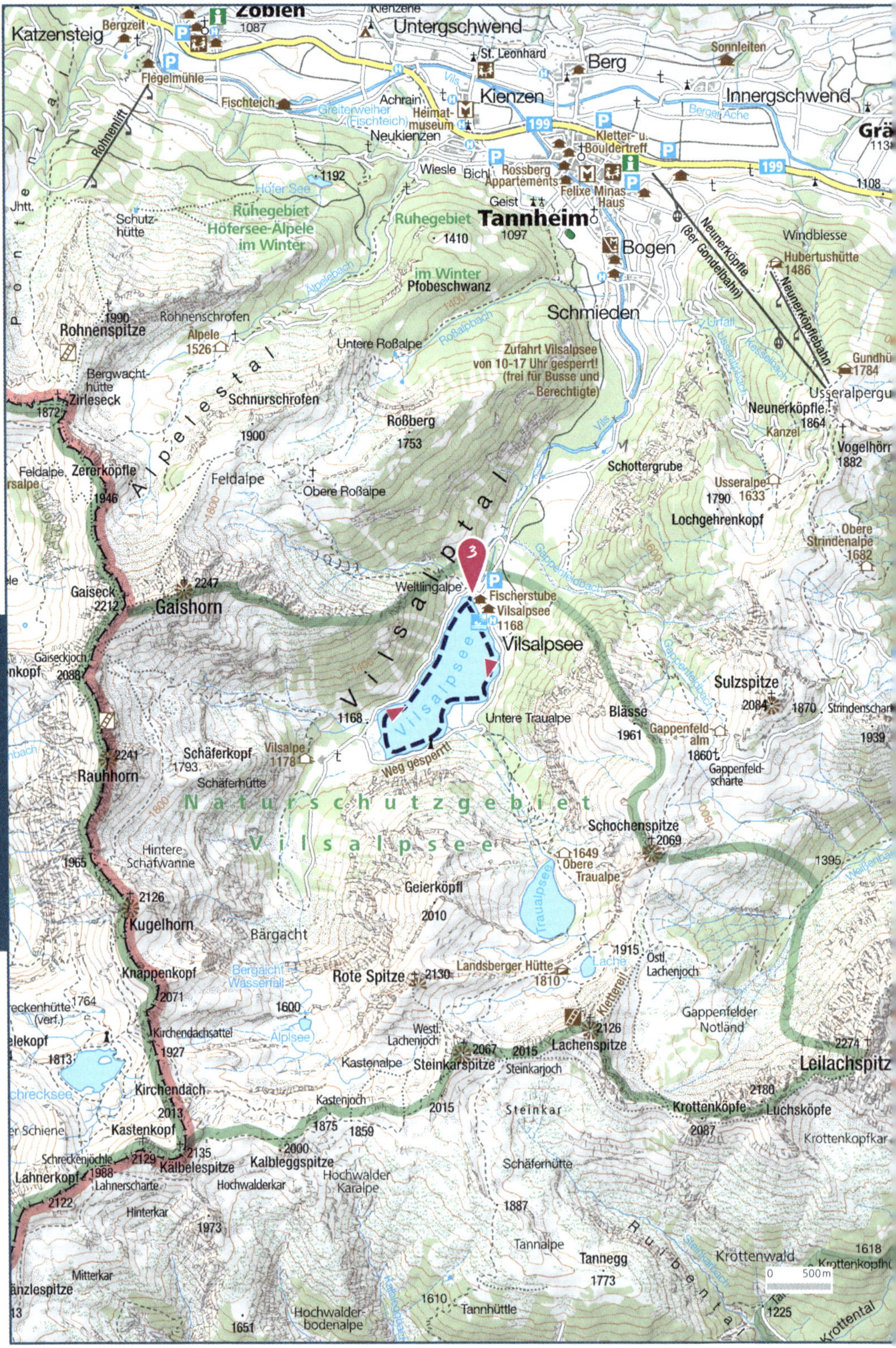

Zöblen 1087
Katzensteig
Bergzeit
Kienzerle
Untergschwend
St. Leonhard
Berg
Sonnleiten
Flegelmühle
Vils
Achrain
Kienzen
Innergschwend
Fischteich
Greiterweiher (Fischteich)
Heimat-museum
Berger Ache
Grä
Rohnenlift
Neukienzen
199
Kletter- u. Bouldertreff
1192
Wiesle
Bichl
Rossberg Appartements
Felixe Minas Haus
199
1108
Höfer See
Geist
Ruhegebiet Höfersee-Älpele im Winter
Ruhegebiet im Winter
Tannheim 1097
Schutz-hütte
1410
Neunerköpfle (8er Gondelbahn)
Windblesse
Jhtt.
Älpelebach
Bogen
Hubertushütte 1486
Pfobeschwanz
Neunerköpflebahn
1990
Rohnenschrofen
Schmieden
Rohnenspitze
Älpele 1526
Untere Roßalpe
Roßalpbach
Urfall
Zufahrt Vilsalpsee von 10-17 Uhr gesperrt! (frei für Busse und Berechtigte)
Usseralpbach
Kesselbach
Gundhü 1784
Bergwacht-hütte
Älpelestal
Zirleseck
Schnurschrofen
Usseralpergu
1872
Roßberg 1753
Neunerköpfle 1864
Kanzel
1900
Vogelhörn 1882
Feldalpe
Zererköpfle
Feldalpe
Obere Roßalpe
Schottergrube
1946
Vilsalptal
Usseralpe 1633
1790
Lochgehrenkopf
Obere Strindenalpe 1682
3
Gappenfeldbach
2247
Weltlingalpe
Fischerstube
Gaiseck 2212
Gaishorn
Vilsalpsee 1168
Vilsalpsee
Gaiseckjoch
nkopf 2088
Sulzspitze 2084
1870
Strindenschar
1168
Untere Traualpe
Blässe 1961
Gappenfeld-alm
1939
Schäferkopf 1793
Vilsalpe 1178
1860
Gappenfeld-scharte
2241
Rauhhorn
Schäferhütte
Weg gesperrt!
Naturschutzgebiet Vilsalpsee
Schochenspitze 2069
1800
Hintere Schafwanne
1649 Obere Traualpe
1395
1965
Traualpsee
Geierköpfl
2126
2010
Kugelhorn
Bärgacht
1915
Östl. Lachenjoch
Knappenkopf
Bergaicht-Wasserfall
Rote Spitze 2130
Landsberger Hütte 1810
Lache
Klettersteig
2071
1600
Gappenfelder Notländ
reckenhütte 1764 (verf.)
Kirchendachsattel
2126
Westl. Lachenjoch
Alpsee
elekopf
1927
2067
2015
Lachenspitze
2274
1813
Kastenalpe
Steinkarspitze
Steinkarjoch
Leilachspitz
Kirchendach
2180
chrecksee
Kastenjoch
2015
Steinkar
Krottenköpfe
Luchsköpfe
2013
1875
1859
2087
r Schiene
Kastenkopf
2000
Krottenkopfkar
Schreckenjöchle
2135
2129
Kalbelespitze
Kalbleggspitze
Hochwalder Karalpe
Schäferhütte
Lahnerkopf 1988
Lahnerscharte
Hochwalderkar
2122
1887
Hinterkar
1973
Ruibental
Tannalpe
Krottenwald
1618
Krottenkopfh
Tannegg 1773
Mitterkar
änzlespitze
0 500 m
1610
Tannhüttle
1225
13
Hochwalder-bodenalpe
1651
Krottental

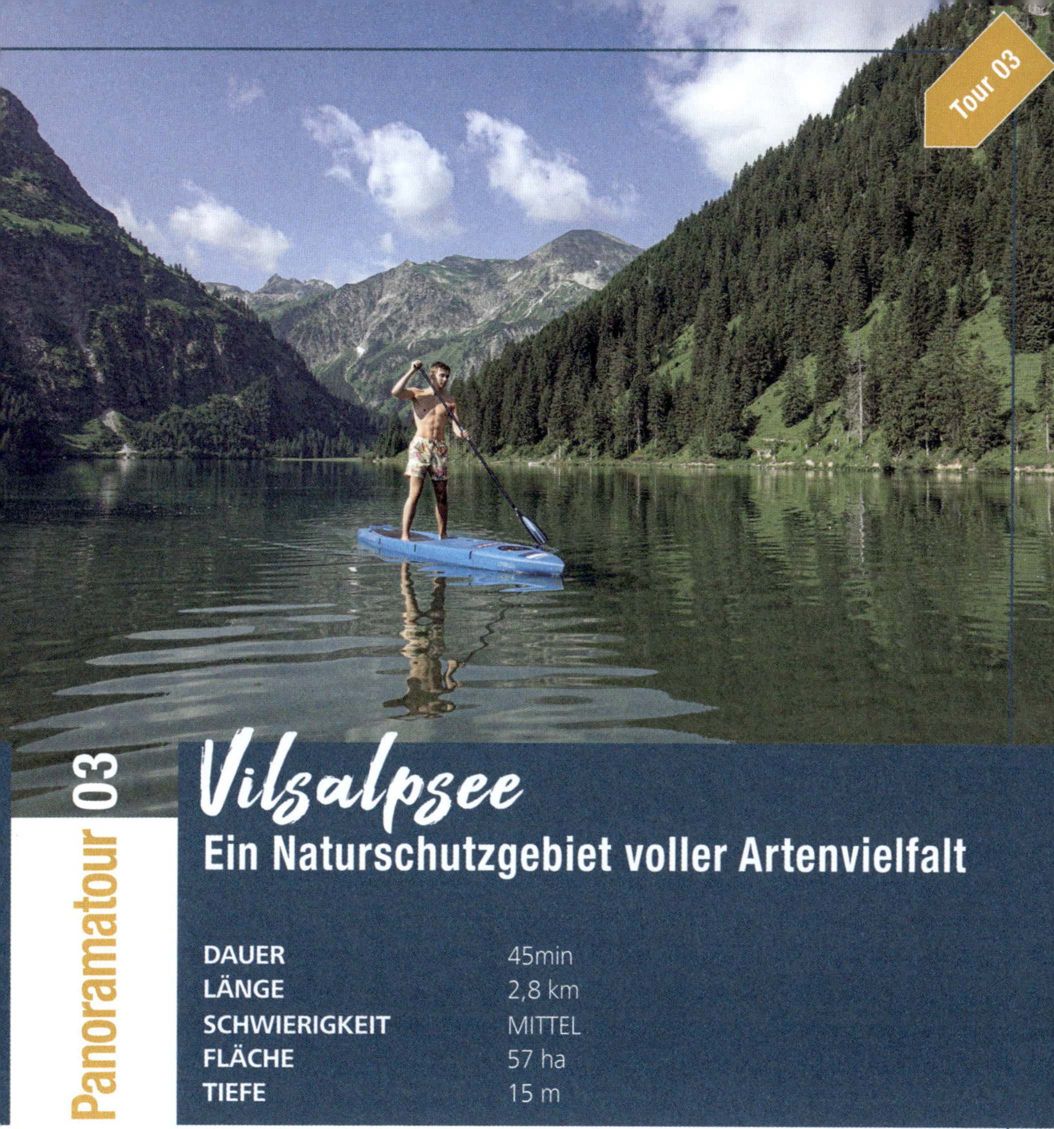

Panoramatour 03

Vilsalpsee

Ein Naturschutzgebiet voller Artenvielfalt

DAUER	45min
LÄNGE	2,8 km
SCHWIERIGKEIT	MITTEL
FLÄCHE	57 ha
TIEFE	15 m

Das erwartet dich ...

Der Vilsalpsee gilt als eines der schönsten Ausflugsgebiete im Tannheimer Tal, welches mit einer Vielzahl an Freizeitaktivitäten lockt. Egal ob Stand-Up-Paddeln, Wandern, Radfahren oder einfach ein entspannter Tag am See, am Vilsalpsee ist für jeden etwas dabei. Mit seinem kristallklaren Wasser und einem atemberaubendem Bergpanorama hat er die idealen Voraussetzungen für eine idyllische Paddeltour.

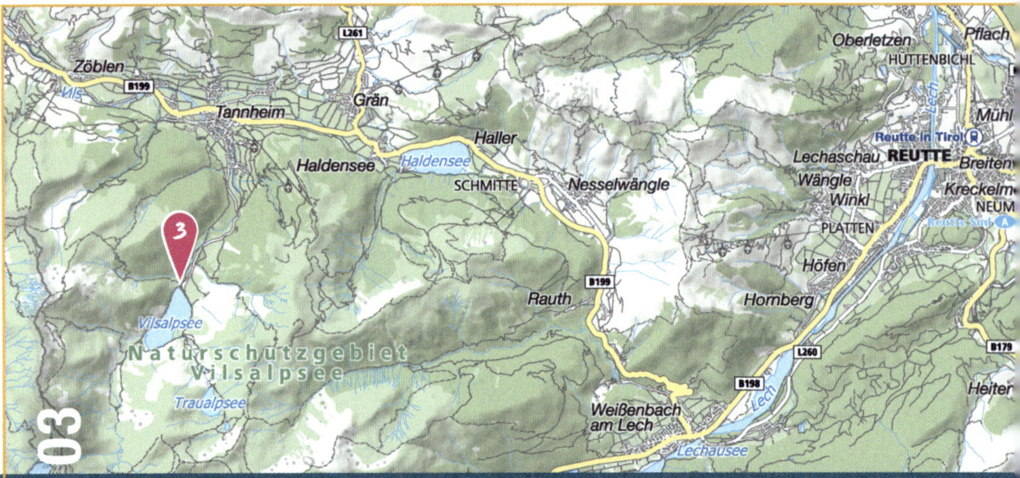

Panoramatour 03

Start & Ziel & Anreise

Der Vilsalpsee liegt im Tannheimer Tal und ist über die Tannheimer Straße von Norden erreichbar. Im Norden befindet sich ebenfalls der einzige Parkplatz beim Restaurant Fischerstube. Die Parktarife betragen bis 2 Stunden 2 Euro, jede weitere Stunde kostet 1 Euro und das Tagesmaximum liegt bei 7 Euro. Die Vilsalpseestraße darf nur bis 10 Uhr vormittags und wieder ab 17 Uhr mit dem Privatauto befahren werden, zwischen 10 und 17 Uhr muss man entweder zu Fuß zum See gehen (ca. 40 Min) oder mit dem Bus bis zur Haltestelle Tannheim Vilsalpsee fahren.

Tourenbeschreibung

Nachdem wir mit dem Pendelbus beim Vilsalpsee angekommen sind und unser Board zum Wasser getragen haben, können wir unsere Tour vom Nordufer aus auch schon starten und paddeln entlang des Ostufers nahezu bis zum Südende des Sees. Im kristallklaren Wasser spiegeln sich die Gipfel der Sulzspitze und der Blässe. Der Naturschutz wird am Vilsalpsee großgeschrieben. Mitten im gleichnamigen Naturschutzgebiet im Tannheimer Tal umgeben von den Vilsalpseebergen, einer Untergruppe der Allgäuer Alpen, gehört das gesamte Gebiet inklusive drei kleiner Bergseen dazu. Dadurch sollen die vielen seltenen Pflanzen- und Tierarten der Gegend geschützt werden, darunter einige gefährdete Orchideen wie die Grüne Hohlzunge, das Breitblättrige Knabenkraut oder das Brandknabenkraut.

Aufgrund des Tierschutzes und der seltenen Pflanzenwelt und vor allem im südlichen Teil des Sees umfahren wir das dort naturgeschützte Moor mit ausreichendem Abstand und gleiten lautlos über das kristallklare Wasser. Unter uns sehen wir bis zum Grund des Sees. Das Wasser ist so klar, dass man den Unterwasserrasen sehen kann, der sich aus Laichkraut und Armleuchteralgen gebildet hat. Mit etwas Glück schwimmt auch vielleicht eine Bachforelle oder ein Seesaibling vorbei. Eine Seltenheit, die es am Vilsalpsee gibt, sind die kleinen Wasserfälle, die frisches Wasser in den See bringen und für eine auch im Sommer eher kühlere Durchschnittstemperatur von ca. 20 °C sorgen. Vereinzelt gibt es Stege und ein Rundwanderweg ist auch vorhanden, Möglichkeiten an Land zu gehen gibt es also genügend.

Auch um die kulinarische und sanitäre Versorgung muss man sich am Vilsalpsee keine Sorgen machen: Am Nordufer gibt es das Restaurant Fischerstube und die Jausenstation Vilsalpe. Und so führt uns unsere letzte kurze Etappe entlang des Ostufers wieder zurück zum Ausgangspunkt, wo wir unsere kleine, aber feine Tour nach einer guten halben Stunde auch schon wieder beenden und den Tag bei einer wohlverdienten Jause ausklingen lassen.

Autoren Tipp

Für das extra romantische Etwas reisen wir mit dem Bummelzug „Alpenexpress" an, der in den Sommermonaten ein leichtes Erreichen des Vilsalpsees ermöglicht. Er hält nur wenige Hundert Meter entfernt vom See und ist deshalb auch top geeignet, um uns mit einem aufblasbaren SUP-Board im Gepäck zu unserem Startpunkt zu bringen.

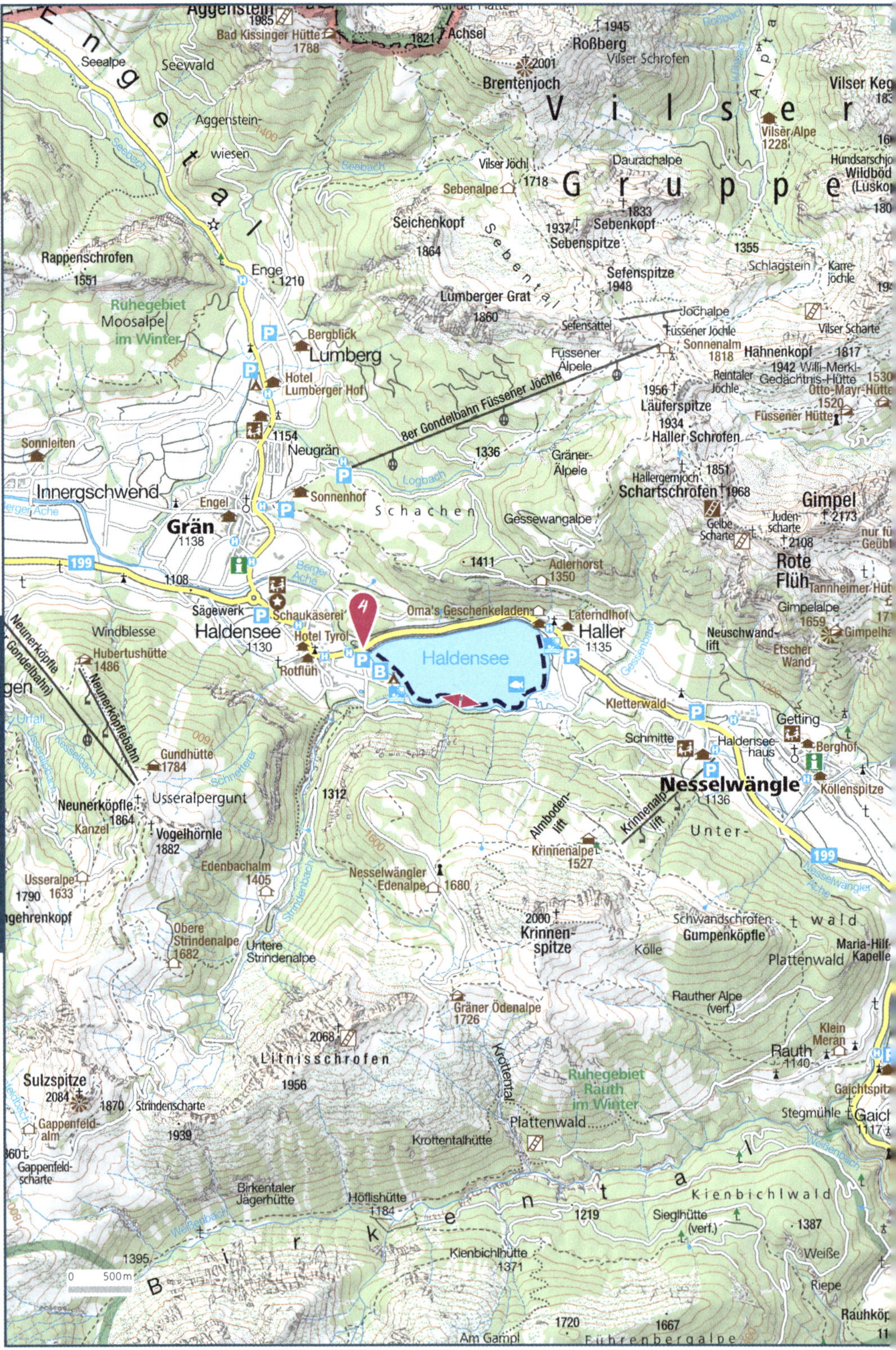

Aggenstein
1985
Bad Kissinger Hütte
1788
1821 Achsel
1945
Roßberg
Vilser Schrofen
2001
Brentenjoch
Vilser Gruppe
Vilser Alpe
1228
Seealpe
Seewald
Engetal
Aggenstein-
wiesen
Seebach
Vilser Jöchl
1718
Sebenalpe
Daurachalpe
1833
Sebenkopf
1937
Sebenspitze
Seichenkopf
1864
Sebental
1355
Schlagstein
Karrejöchle
Sefenspitze
1948
Rappenschrofen
1551
Enge
1210
Lumberger Grat
1860
Jochalpe
Sefensattel
Füssener Jöchle
Sonnenalm
1818
Hahnenkopf
1817
Vilser Scharte
Ruhegebiet
Moosalpe
im Winter
Bergblick
Lumberg
Hotel
Lumberger Hof
Füssener
Älpele
1956
Reintaler
Jöchle
1942 Willi-Merkl-
Gedächtnis-Hütte
Otto-Mayr-Hütte
1520
Füssener Hütte
Läuferspitze
1934
Haller Schrofen
Ber Gondelbahn Füssener Jöchle
Sonnleiten
1154
Neugrän
1336
Gräner-
Älpele
Hallergernjoch
1851
Schartschrofen
1968
Innergschwend
Engel
Sonnenhof
Logbach
Schachen
Gessewangalpe
Gimpel
2173
Judenscharte
Gelbe Scharte
2108
Grän
1138
199
1108
Berger Ache
1411
Adlerhorst
1350
Rote
Flüh
Tannheimer Hütte
Sägewerk
Schaukäserei
Oma's Geschenkeladen
Laterndlhof
Haller
1135
Gimpelalpe
1659
Gimpelhaus
Neuschwand-
lift
Etscher
Wand
Windblesse
Haldensee
1130
Hotel Tyrol
Rotflüh
Haldensee
Hubertushütte
1486
Neunerköpfle
Gondelbahn
Neunerköpflebahn
Kletterwald
Getting
Schmitte
Haldensee-
haus
Berghof
Gundhütte
1784
Usseralpergunt
Neunerköpfle
1864
Kanzel
Vogelhörnle
1882
1312
Nesselwängle
1136
Köllenspitze
Almboden-
lift
Krinnenalp-
lift
Unter-
Krinnenalpe
1527
Edenbachalm
1405
Nesselwängler
Edenalpe
1680
Usseralpe
1790
1633
Gehrenkopf
Obere
Strindenalpe
1682
Untere
Strindenalpe
Strindenbach
2000
Krinnen-
spitze
Schwandschrofen
Gumpenköpfle
wald
Maria-Hilf-
Kapelle
Kölle
Plattenwald
Rauther Alpe
(verf.)
Gräner Ödenalpe
1726
2068
Litnisschrofen
1956
Krottental
Klein
Meran
Rauth
1140
Ruhegebiet
Rauth
im Winter
Sulzspitze
2084
1870
Strindenscharte
Gappenfeld-
alm
Plattenwald
Stegmühle
Gaichtspitze
1117
1939
Krottentalhütte
Gappenfeld-
scharte
Birkentaler
Jägerhütte
Höflishütte
1184
1219
Sieglhütte
(verf.)
Kienbichlwald
1387
Weißenbach
Birkental
1395
Kienbichlhütte
1371
Weiße
Riepe
0 500 m
1720
1667
Am Gampl
Führenbergalpe
Rauhköpf

Tour 04

Panoramatour 04

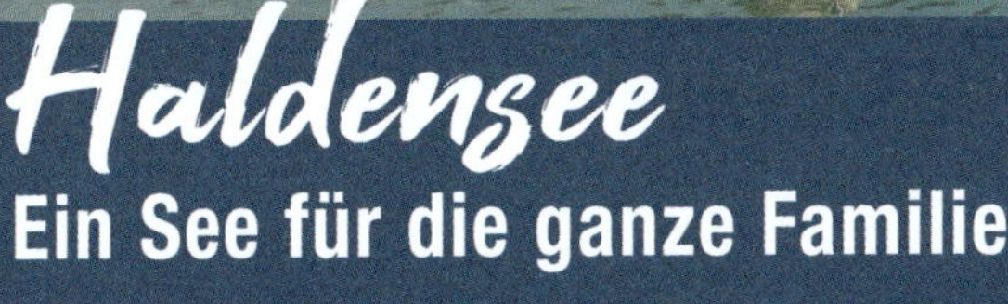

Haldensee

Ein See für die ganze Familie

DAUER	45min
LÄNGE	3,5 km
SCHWIERIGKEIT	LEICHT
FLÄCHE	73 ha
TIEFE	28 m

Das erwartet dich ...

Der Haldensee bietet eine traumhaft schöne Naturlandschaft inmitten des Tannheimer Tals, umgeben von Wäldern, Wiesen und Bergen. Der See hat Trinkwasserqualität und ladet damit nicht nur zum Paddeln, sondern auch zum Schwimmen und für Ausflüge mit der ganzen Familie ein. Weiters sticht der See durch das dazugehörige Freibad mit Wasserrutsche heraus. Die über 500 m² große Wasserfläche des Freibads wird sogar umweltschonend mittels Solaranlage auf eine angenehme Badetemperatur erwärmt.

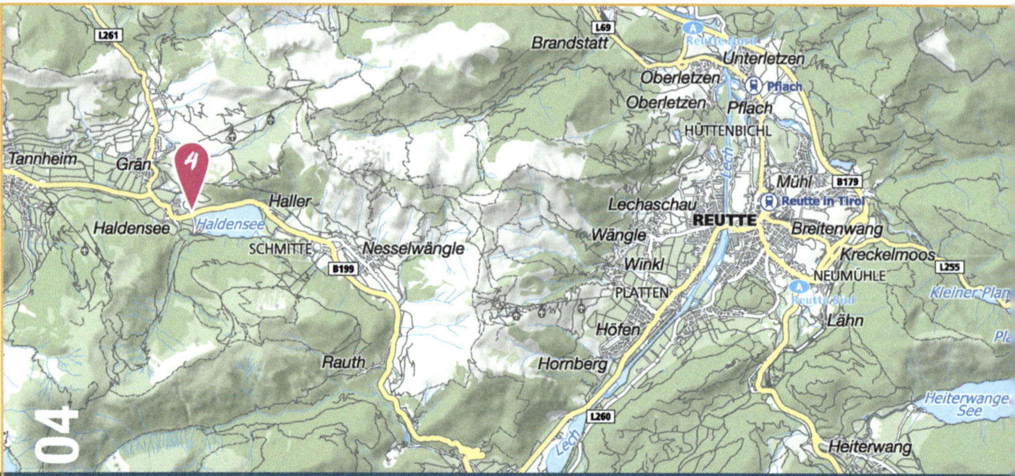

Start & Ziel & Anreise

Erreichbar über die Tannheimer Straße (B 199), welche entlang des Nordufers verläuft. Es gibt eine Vielzahl an öffentlichen Parkplätzen, wie dem großen Parkplatz am Westende des Sees. Die Parktarife für diesen Parkplatz sind mit 1 Euro für die ersten zwei Stunden und 50 Cent für jede weitere Stunde mit dem Tagesmaximum von 5 Euro auch preiswert. Der Parkplatz bietet genügend Parkmöglichkeit auch an schönen Sommertagen. Wer lieber mit den öffentlichen Verkehrsmitteln fährt nimmt die Linie 120 bis zur Haltestelle Haldensee/Seeparkplatz.

Tourenbeschreibung

Ein Einstieg ist beim Haldensee an mehreren Stellen problemlos möglich. Es gibt sowohl ein kostenpflichtiges Strandbad als auch eine frei zugängliche Wiese direkt am Westufer, von wo aus wir unsere Seenumrundung starten. Wir lassen unser Board direkt hinter dem Parkplatz ins Wasser und paddeln entlang des Südufers nach Osten. Dabei kommen wir am Naturcamping Haldensee vorbei, wo auch Campingliebhaber voll auf ihre Kosten kommen. Dort gibt es zudem ein Freibad, das mithilfe einer Solaranlage geheizt wird, eine Wasserrutsche und mehr. Munter paddeln wir weiter, bis wir vor uns die kleine schwimmende Holzinsel auf der Ostseite des Sees erblicken. Die eignet sich hervorragend für eine kleine Pause und um die Sonne eine Weile lang zu genießen. Auch einen Sprung ins Wasser machen wir, denn der Haldensee ist in den Sommermonaten ein sehr beliebter Badesee. Ca. 22 °C hat der See im Sommer durchschnittlich und kann durchaus eine Höchsttemperatur von 26 °C erreichen.

Nach unserer Pause geht es für uns auch schon wieder entlang dem Südufer Richtung Startpunkt. Das Nordufer ist für uns eher uninteressant, da die stark befahrene Tannheimer Straße direkt daran vorbeiführt und es keine Möglichkeiten gibt, an Land zu gehen. Am restlichen See ist die Idylle aber ungestört und wir können in aller Ruhe unsere Runde drehen. Lediglich auf das kleine Naturschutzgebiet müssen wir achten. Nützlicherweise sind die einzelnen Schutzgebiete mittels Tafeln gekennzeichnet und sollten gemieden werden.

In der Distanz können wir im Norden einen knapp 2000 Meter hohen Gipfel erkennen, der aufgrund seiner Alleinlage und den rundherum liegenden tief eingeschnittenen Tälern den Namen Einstein bekommen hat. An den Haldensee grenzen nur zwei Orte (das liegt daran, dass der See die gesamte Breite des Talbodens einnimmt), die gleichnamige Gemeinde Haldensee im Westen und Haller im Westen. Um die Versorgung muss man sich also nicht sorgen, man findet neben lauschigen Hotels (beim Hotel Via Salina kann man sich ein SUP ausleihen!) auch zahlreiche Restaurants und Cafés.

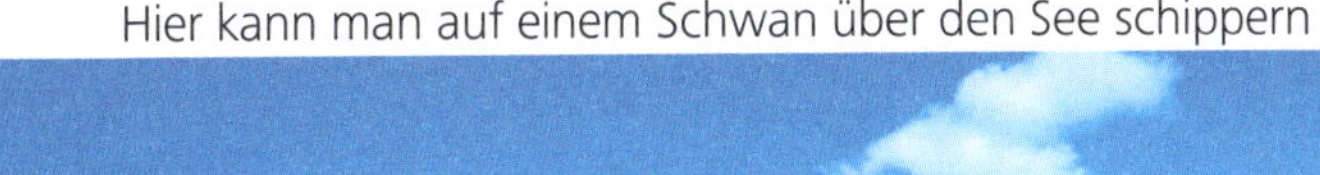

Hier kann man auf einem Schwan über den See schippern

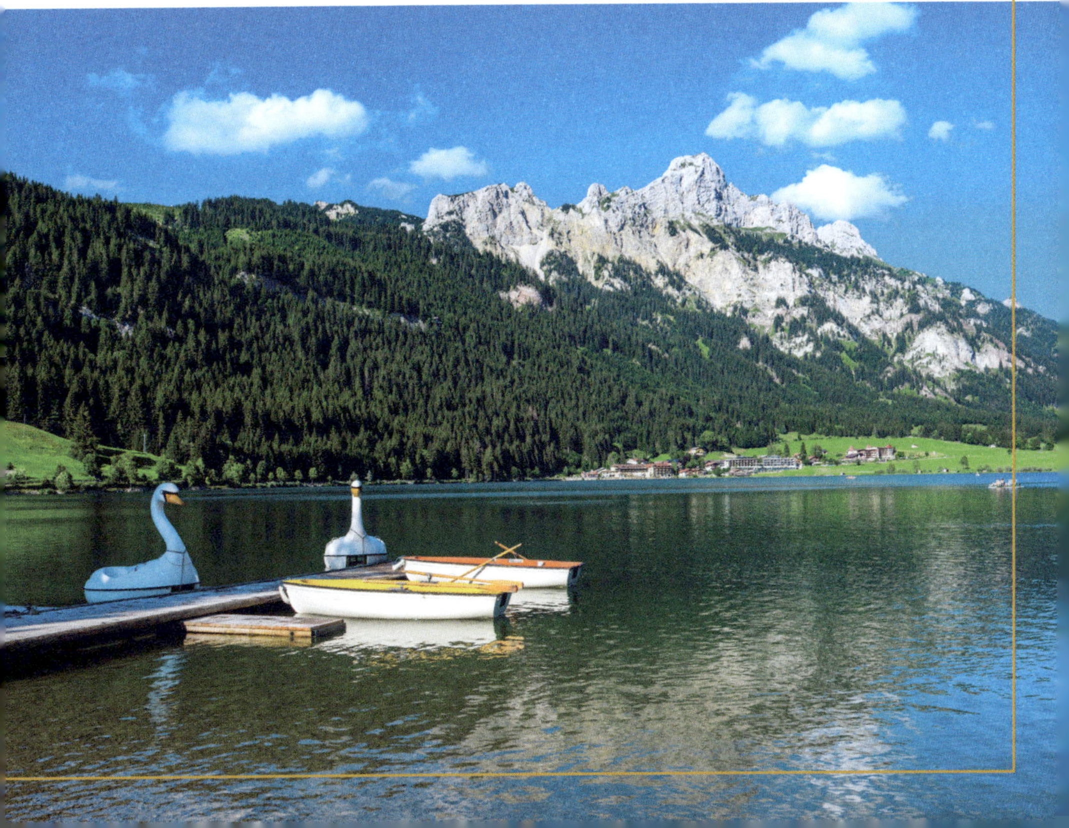

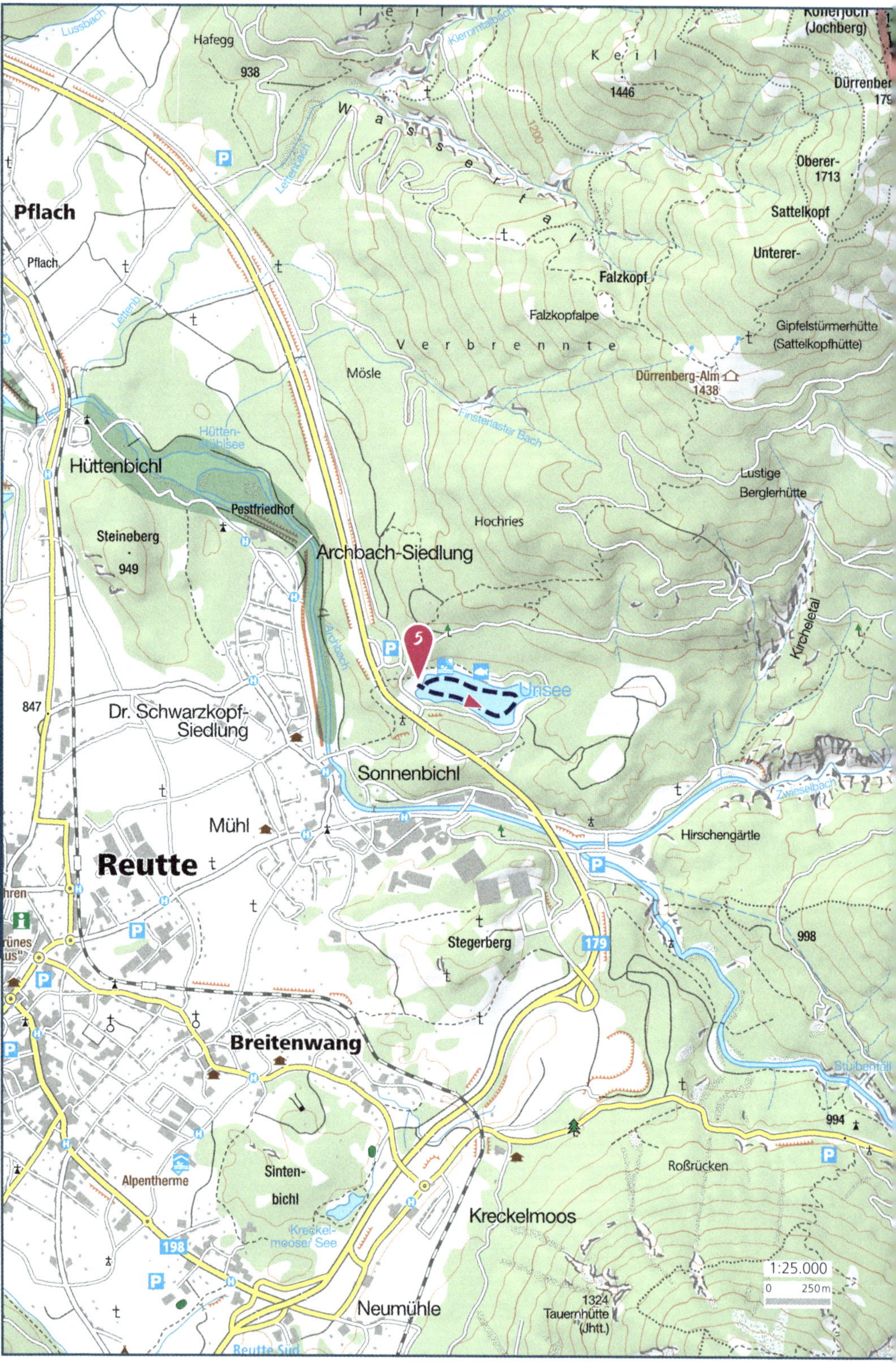

05

Kollerjoch
(Jochberg)
Hafegg
938
Keil
1446
Dürrenber
Wassertal
Oberer-
1713
Sattelkopf
Unterer-
Pflach
Pflach
Falzkopf
Falzkopfalpe
Gipfelstürmerhütte
(Sattelkopfhütte)
Verbrennte
Mösle
Dürrenberg-Alm
1438
Finsterlaster Bach
Hütten-
mühlsee
Hüttenbichl
Lustige
Berglerhütte
Pestfriedhof
Hochries
Steineberg
949
Archbach-Siedlung
Kircheletal
Archbach
5
Ursee
847
Dr. Schwarzkopf-
Siedlung
Sonnenbichl
Zwieselbach
Mühl
Hirschengärtle
Reutte
179
Stegerberg
998
Breitenwang
Stuibenfall
994
Alpentherme
Sinten-
bichl
Roßrücken
Kreckel-
mooser See
Kreckelmoos
198
1:25.000
0 250 m
1324
Tauernhütte
(Jhtt.)
Neumühle
Reutte Süd

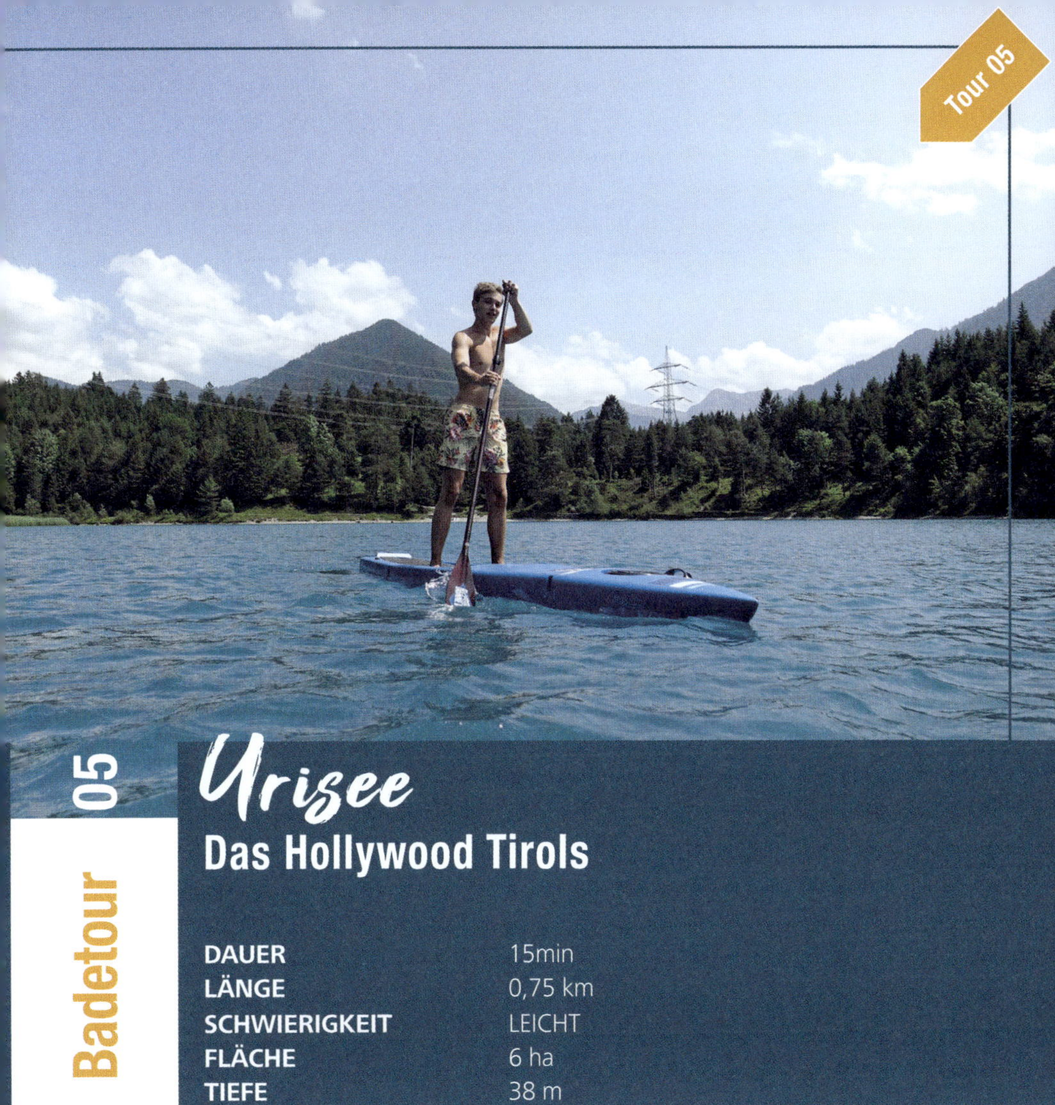

Tour 05

05 Badetour

Urisee

Das Hollywood Tirols

DAUER	15min
LÄNGE	0,75 km
SCHWIERIGKEIT	LEICHT
FLÄCHE	6 ha
TIEFE	38 m

Das erwartet dich ...

Klein aber oho, der Urisee ist ein kleiner Bergsee inmitten von Reutte, der sich durch sein türkises, karibisch wirkendes Wasser und die familienfreundliche Infrastruktur auszeichnet. Er ist ein typischer Badesee, der sich auch einwandfrei zum Stand-up-Paddeln nutzen lässt. Umgeben von Schilffelder und vereinzelten Seerosen sowie einem wunderschönem Bergpanorama ist der See ein ideales Ausflugsziel für die ganze Familie.

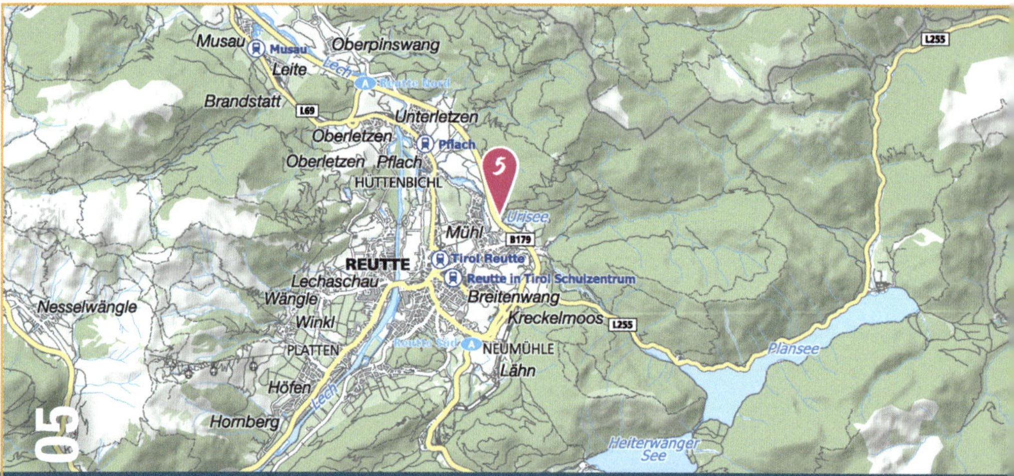

Start & Ziel & Anreise

Am einfachsten ist der Urisee über den Fernpass erreichbar, von welchem man auf die Uriseestraße kommt, diese führt direkt zu dem kostenlosen Parkplatz an der Westseite des Sees, ca. 3 Minuten Fußweg vom Parkplatz zum See. An schönen Tagen sollte man früh genug kommen, da die Parkfläche begrenzt ist. Mit öffentlichen Verkehrsmitteln lässt sich der Urisee nicht erreichen, der nächste Bus hält ca. eine Stunde Fußweg entfernt.

Tourenbeschreibung

Karibisch blaues Wasser ist das allererste, das uns auffällt, als wir unser Board vom Parkplatz zum Westufer tragen. Der niedliche Urisee ist definitiv kein Ziel für alle, die nach ausgedehnten, fordernden SUP-Touren suchen. Dafür ist der Badespaß am Urisee garantiert. Über den See verteilt gibt es ein paar kleine Holzflöße, auf denen man wunderbar eine Pause einlegen kann. Zeit genug haben wir ja, denn der See lässt sich innerhalb von 15 Minuten gemütlich umrunden.

Obwohl der See nicht wirklich berühmt ist, ist er doch bei Einheimischen überaus beliebt. Im Sommer kann es am überschaubaren Urisee also schon einmal ganz schön zugehen. Ein nettes Plätzchen lässt sich aber immer finden, denn rund um den See verteilt finden wir natürliche Liegewiesen mit Sonnen- und Schattenplätzen, wo man mangels Eingriff in die Natur ein Fleckchen unberührter Natur ganz für sich allein hat. Wanderer sitzen auch gerne auf den Holzstegen und lassen ihre müden Füße ins 23 °C warme Wasser baumeln.

Der kleine Urisee mag zwar auf den ersten Blick recht unscheinbar wirken, er hat es aber ganz schön in sich. Es gibt viele kleine Details, die den See in Reutte zu dem liebenswerten Ort machen, der er ist. Zum Beispiel ist ein absoluter Hingucker das URISEE-Schild, das im Norden des Sees im Design des weltbekannten Hollywood Sign auf den Hollywood Hills stolz den Namen des Sees buchstabiert und dem See einen unglaublichen Charme verleiht.

Der Urisee ist ein überaus beliebter Tauchersee. Die Unterwasserlandschaft, die auch wir teilweise von unserem Board aus beobachten können, ist eine ganz einzigartige, denn es scheint, als würde es einen Wald unter Wasser geben, überzogen mit einer dicken Schicht aus Schleimalgen. Das und die phänomenale Sichtweite von bis zu 20 Metern unter Wasser machen den See zu einem echten Taucherparadies.

Eine weitere Besonderheit des Urisees ist, dass er aufgrund fehlender Zu- und Abflüsse sehr großen Schwankungen ausgesetzt ist. Bis zu 4 Meter kann der Wasserstand des Sees schwanken.

Wer dort eine Runde mit dem SUP-Board drehen möchte, sollte aber sein eigenes mitnehmen. Einen Verleih gibt es dort nämlich nicht, sanitäre Anlagen inklusive Duschen und einen Kiosk gibt es aber am Nordufer.

Autoren Tipp

Um den ganzen Tag voll auszunützen, wandern wir am Vormittag hinauf auf die Dürrenbergalm, machen dort bei der Jausenstation eine Pause und wandern dann wieder zurück zum Urisee, wo wir das SUP-Board aus dem Auto holen und es einfach mal dazu verwenden, die perfekte Stelle für einen Salto vom Board ins kühle Nass zu finden. Familienspaß garantiert!

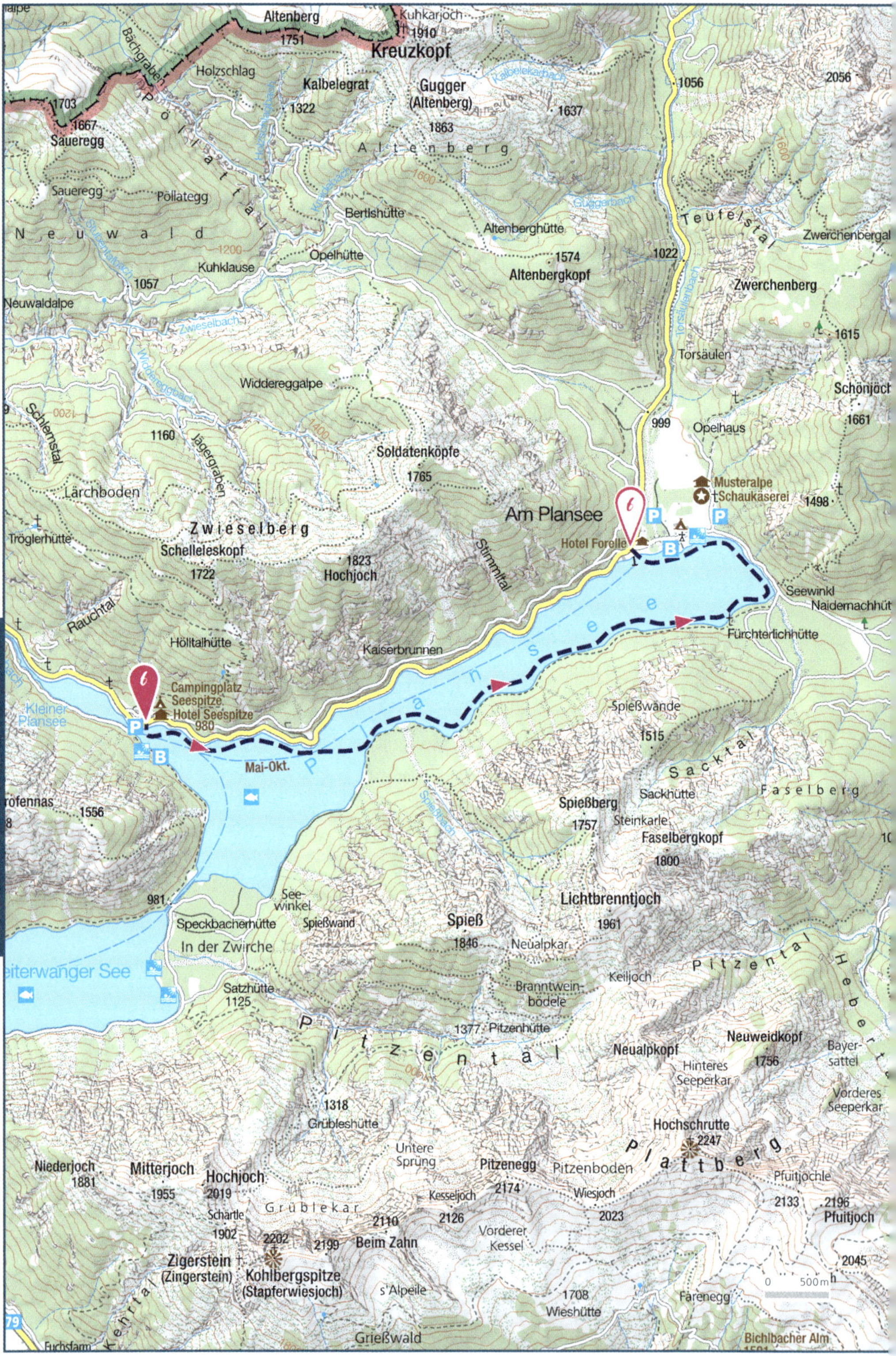

Altenberg
1751
Kuhkarjoch
1910
Kreuzkopf
Bachgraben
Holzschlag
Kalbelegrat
Gugger
(Altenberg)
Kalbelekerbach
1056
2056
1703
1667
Saueregg
1322
1863
1637
Pöllattal
Altenberg
Saueregg
Pöllategg
Guggerbach
Bertlishütte
Teufelstal
Neuwald
Altenberghütte
Zwerchenbergalpe
1574
1022
Opelhütte
Altenbergkopf
Kuhklause
1057
Zwerchenberg
Neuwaldalpe
Zwieselbach
Torsäulenbach
1615
Torsäulen
Widdereggalpe
Widdereggbach
Schönjoch
Schlierestal
999
Opelhaus
1160
1661
Jägergraben
Soldatenköpfe
1765
Musteralpe
Schaukäserei
Lärchboden
Am Plansee
1498
Tröglerhütte
Zwieselberg
Hotel Forelle
Schelleleskopf
1823
1722
Hochjoch
Stimmital
Seewinkl
Naidernachhütte
Rauchtal
Plansee
Hölltalhütte
Fürchterlichhütte
Kaiserbrunnen
Campingplatz
Seespitze
Kleiner Plansee
Hotel Seespitze
980
Spießwände
1515
Mai-Okt.
Sacktal
Faselberg
Sackhütte
Frofennas
1556
Spießberg
Steinkarle
1757
Faselbergkopf
1800
981
Seewinkel
Lichtbrenntjoch
Speckbacherhütte
Spießwand
Spieß
1961
1846
Neualpkar
In der Zwirche
Heiterwanger See
Pitzental
Keiljoch
Satzhütte
1125
Branntweinbödele
Neuweidkopf
1377
Pitzenhütte
Pitzental
Neualpkopf
Bayersattel
Hinteres Seeperkar
1756
Vorderes Seeperkar
1318
Grübleshütte
Hochschrutte
2247
Untere Sprüng
Niederjoch
Mitterjoch
Hochjoch
Pitzenegg
Pitzenboden
Plattberg
Pfuitjochle
1881
1955
2019
Kesseljoch
2174
Wiesjoch
2133
2196
Schartle
Grüblekar
2110
2126
2023
Pfuitjoch
1902
2202
2199
Beim Zahn
Vorderer Kessel
2045
Zigerstein
(Zingerstein)
Kohlbergspitze
(Stapferwiesjoch)
s'Alpeile
0
500 m
1708
Färenegg
Wieshütte
Kehrtal
Fuchsfarm
Grießwald
Bichlbacher Alm

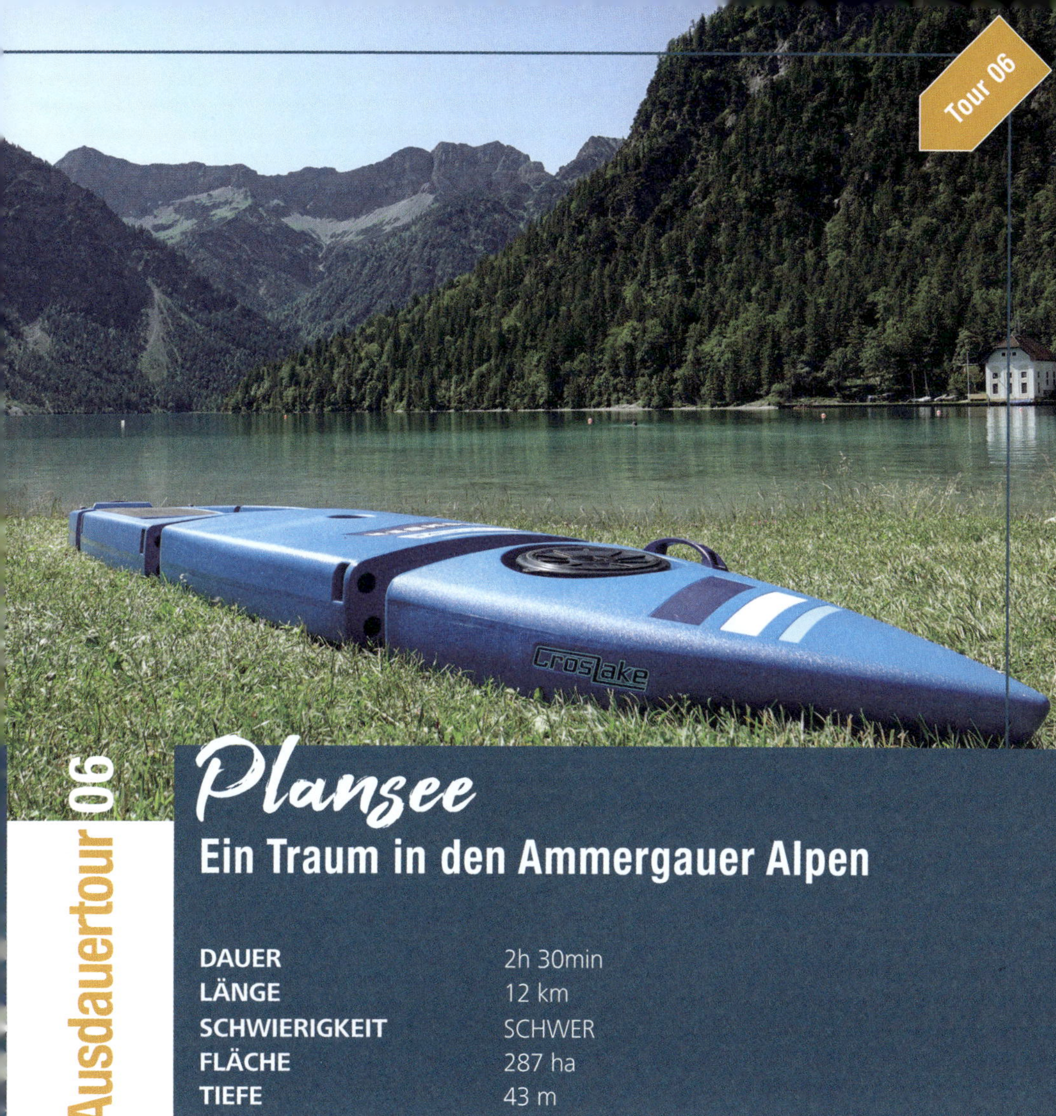

Ausdauertour 06

Plansee

Ein Traum in den Ammergauer Alpen

DAUER	2h 30min
LÄNGE	12 km
SCHWIERIGKEIT	SCHWER
FLÄCHE	287 ha
TIEFE	43 m

Das erwartet dich ...

Eine fordernde Tour rund um den Plansee, der mit knapp 3 km² einer der größten und schönsten Bergseen Tirols ist. Auf knapp 1.000 Schwierigkeitn finden sowohl Segler als auch Taucher und Schwimmer hier ein wahres Naturparadies. Auch das Stand-Up-Paddeln gehört mittlerweile zum regulären Wassersportbetrieb und so wollen auch wir uns selbst ein Bild vom Alleskönner-See machen.

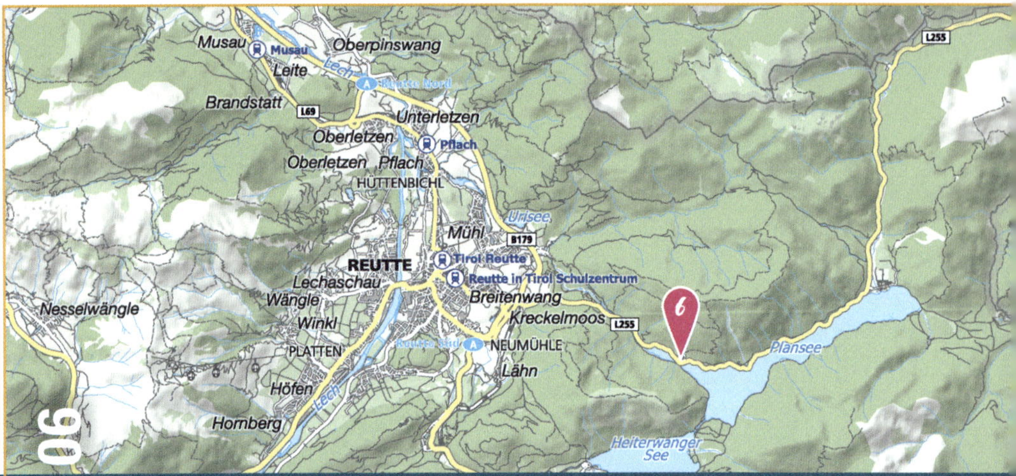

Start & Ziel & Anreise

Anfahrt über die Fernpassstraße, bis wir bei Reutte-Süd abfahren und in die L255 Planseestraße einbiegen. Sie bringt uns direkt zum Nordwestufer des Plansees, wo wir gleich zu den direkt am See gelegenen Parkplätzen kommen. Sie sind gebührenpflichtig (pro Auto und Tag 3 Euro), Automaten findet man entlang der Straße und an schönen Tagen sind die Parkplätze schnell vergeben. Mit dem Bus per Regionallinie 3 bis Haltestelle Hotel Seespitze, das sich nur wenige Hundert Meter vom Seezugang befindet.

Tourenbeschreibung

Wir starten unsere Tour beim Sandstrand Plansee und wenden uns für unsere erste Etappe gleich nach links. Wir paddeln entlang dem Nordufer ca. 20 Minuten, bevor der See einen Schlenker nach links macht. Dort paddeln wir einmal quer über den See und gelangen so zum Südufer, das um einiges naturbelassener ist als das Nordufer. Dort führt nämlich die Plansee-Straße entlang.

Unsere nächste Etappe dauert circa eine Stunde und führt uns vorbei an bewaldeten Ufern, die in Kombination mit dem glasklaren, dunkelblauen Wasser eine echte Traumkulisse bilden. Wer eine Pause machen möchte, was bei einer so langen Tour auch durchaus ratsam ist, der hat genügend Möglichkeiten, sich kleine, abgelegene Uferbereiche zu suchen und dort ganz alleine den See zu genießen. Hin und wieder kommt eines der beiden Linienschiffe in unser Sichtfeld, Elektroboote und Segler gibt es am Plansee auch.

Nach ca. 6 Kilometern kommen wir bei unserem Ziel an, dem Plansee-Strandbad. Dort können wir über den Steg an Land gehen und uns auf der großen Liegewiese eine wohlverdiente Pause gönnen. Wer einen Sprung ins Wasser wagen möchte, sollte sich aufgrund der eher kühlen Durchschnittstemperatur von 18° C eher einen warmen Sommertag aussuchen. Unsere Pause kosten wir aus, denn danach geht es für uns wieder dieselbe Strecke zurück zum Ausgangspunkt, allerdings unter verschärften Umständen. Den Wind am Plansee darf man nämlich, ähnlich wie am Achensee, nicht unterschätzen. Besonders die letzten Kilometer können dank den aus Reutte kommenden starken Nordwestwinden ganz schön anstrengend sein und uns doppelt so viel Kraft abverlangen.

Also lieber am Ufer halten und eine Pause machen und an Land gehen, bevor man die Kraft verliert.

Wer danach noch motiviert genug ist, macht noch einen Abstecher in den Kleinen Plansee, den man unweit vom Sandstrand innerhalb von ein paar Minuten erreichen kann, indem man unter der Holzbrücke durchpaddelt.

Karibisch blau glitzert das Wasser und lenkt schon fast vom typischen Nachmittagswind am See ab

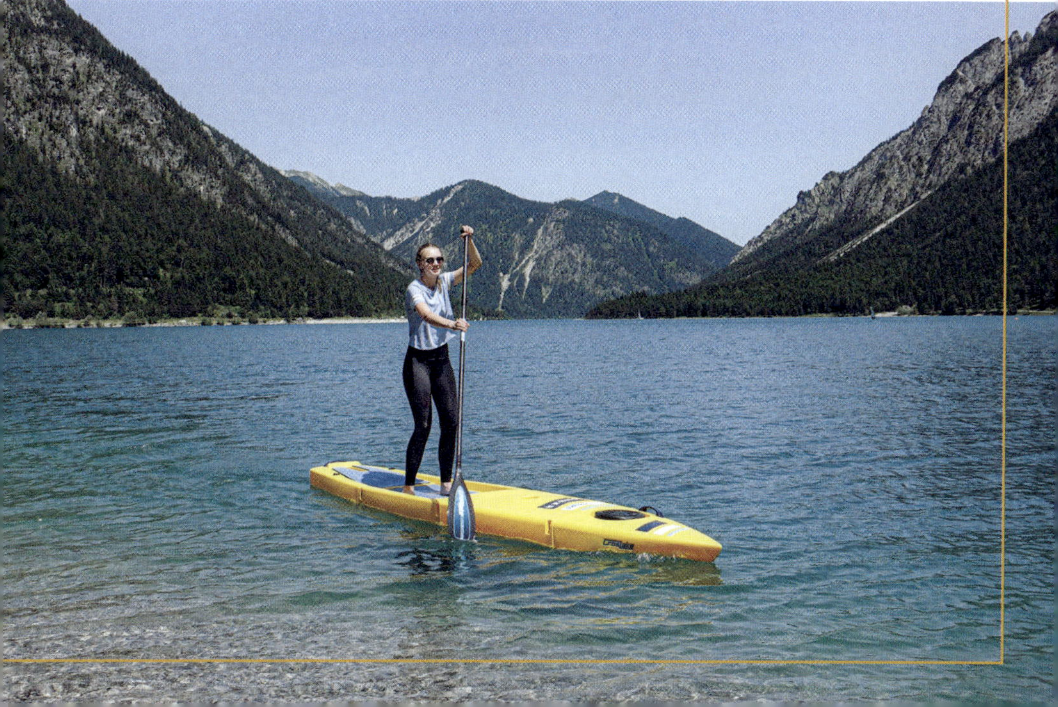

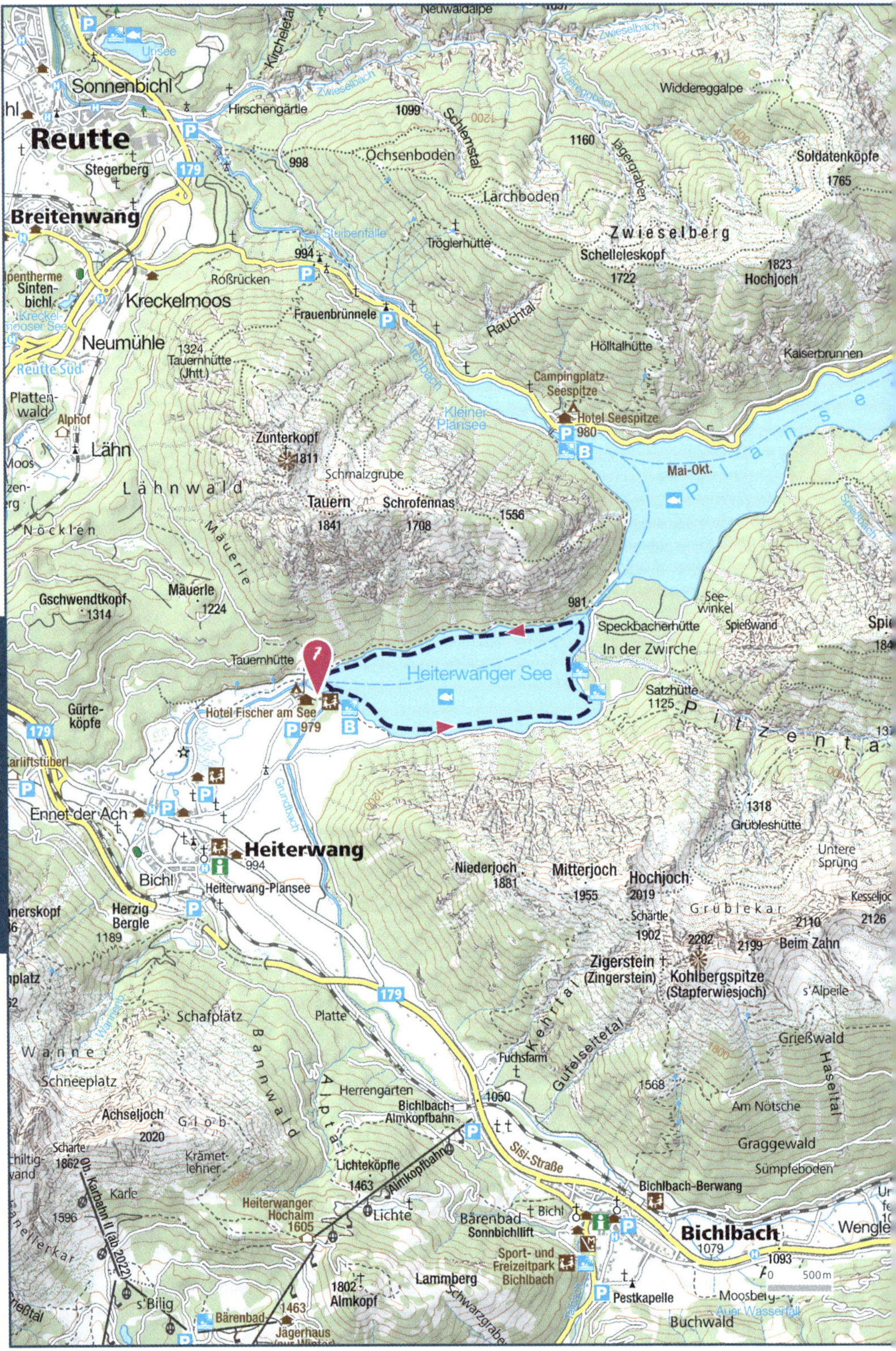

Neuwaldalpe
Urisee
Kirchletal
Sonnenbichl
Zwieselbach
Hirschengärtle
1099
Schlierestal
Widdereggalpe
Reutte
Stegerberg
179
998
Öchsenboden
1160
Jägergraben
Soldatenköpfe
1765
Lärchboden
Breitenwang
Stuibenfälle
Tröglerhütte
Zwieselberg
Schelleleskopf
1722
1823
Hochjoch
994
Roßrücken
Alpentherme
Sintenbichl
Kreckelmoos
Kreckelmooser See
Frauenbrünnele
Rauchtal
Neumühle
1324
Tauernhütte (Jhtt)
Hölltalhütte
Kaiserbrunnen
Reutte Süd
Archbach
Campingplatz Seespitze
Plattenwald
Alphof
Kleiner Plansee
Hotel Seespitze
980
Zunterkopf
1811
Lähn
Moos
Plansee
Schmalzgrube
Mai–Okt.
Lähnwald
Tauern
1841
Schrofennas
1708
1556
Nöcklen
Mäuerle
Mäuerle
1224
Gschwendtkopf
1314
981
Seewinkel
Speckbacherhütte
Spießwand
In der Zwirche
Tauernhütte
7
Heiterwanger See
Gürteköpfe
Hotel Fischer am See
979
Satzhütte
1125
Pitzental
179
Karlifststüberl
Grundbach
Ennet der Ach
1318
Grübleshütte
Heiterwang
994
Untere Sprüng
Niederjoch
1881
Mitterjoch
1955
Hochjoch
2019
Bichl
Heiterwang-Plansee
Schartle
1902
Grüblekar
2110
2126
2202
2199
Beim Zahn
Herzig Bergle
1189
Zigerstein (Zingerstein)
Kohlbergspitze (Stapferwiesjoch)
s'Alpeile
179
Schafplätz
Platte
Bannwald
Kehrtal
Gufelseitetal
Grießwald
Haseltal
Wanne
Alptal
Fuchsfarm
Schneeplatz
1568
Am Nötsche
Herrengärten
1050
Achseljoch
2020
Glöb
Bichlbach-Almkopfbahn
Graggewald
Scharte
1862
Krämetlehner
Sisi-Straße
Sümpfeboden
Lichteköpfle
1463
Almkopfbahn
Bichlbach-Berwang
Karle
Heiterwanger Hochalm
1605
Lichte
Bärenbad
Sonnbichllift
Bichl
Bichlbach
1079
1093
Wengle
1596
Sport- und Freizeitpark Bichlbach
Lammberg
1802
Almkopf
Pestkapelle
Moosberg
Auer Wasserfall
s'Bilig
Bärenbad
1463
Jägerhaus
Schwarzgraben
Buchwald
0 500 m

07

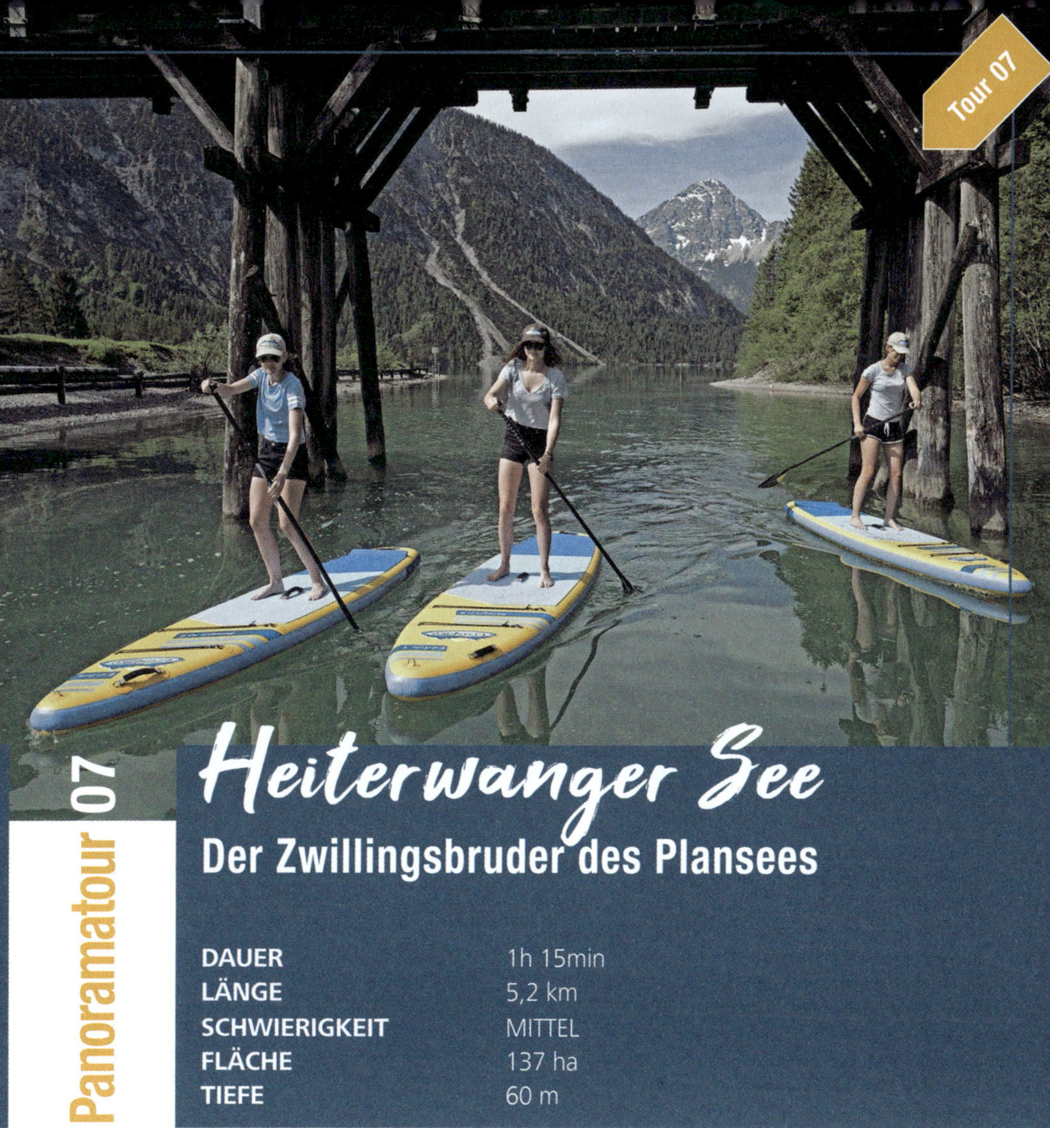

Panoramatour 07

Heiterwanger See

Der Zwillingsbruder des Plansees

DAUER	1h 15min
LÄNGE	5,2 km
SCHWIERIGKEIT	MITTEL
FLÄCHE	137 ha
TIEFE	60 m

Das erwartet dich ...

Eine landschaftlich atemberaubende Tour um den Heiterwanger See in Reutte, der oft in den Schatten seines großen Bruders gerät, obwohl er das eigentlich gar nicht verdient hat. Wir umrunden den Heiterwanger See und schenken ihm dabei die Aufmerksamkeit, die ihm gebührt. Besonders für eher unerfahrene Paddler ist der Heiterwanger See ein ideales Ziel, man kommt in den Genuss von genialer Tiroler Berglandschaft, ohne sich dabei gegen den am Plansee so berühmt berüchtigten Wind wehren zu müssen.

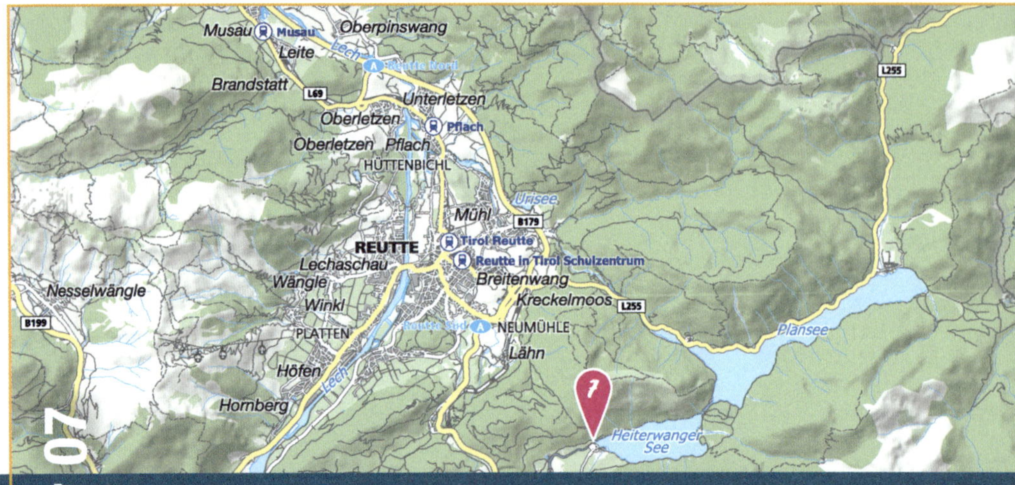

Start & Ziel & Anreise

Anfahrt über die Fernpassstraße bis nach Heiterwang, dort in die Unterdorf-Straße einbiegen und ihr folgen, bis man zum einzigen, großen Parkplatz beim Hotel Fischer am See gelangt. Der Parkplatz ist gebührenpflichtig, zum See kommt man aber kostenfrei. Mit der Regionalbuslinie 2 bis Haltestelle Heiterwang/Fischer am See.

Tourenbeschreibung

Wir tragen unser Board nur wenige Hundert Meter vom Parkplatz bis zum Ufer. Mit einer großen Liegewiese, einem Restaurant, einem Campingplatz und Spielplatz fehlt es dem Heiterwanger See nicht an Infrastruktur. Sogar einen SUP-Verleih gibt es, wer also ein Board braucht, kann sich eines bei der SUP-Station Heiterwang ausleihen.

Nun geht es auch schon los und wir paddeln ein paar Meter auf den See hinaus, bevor wir uns nach rechts wenden und Richtung Osten entlang dem Südufer paddeln. Mit etwas Glück sehen wir unter unserem Board den ein oder anderen Fisch durchschwimmen. Schon lange ist der Naturbadesee bekannt für seinen Fischreichtum und schon Kaiser Maximilian I. kam hierher um zu fischen und zu jagen. Dank seinem klaren, ca. 18 °C kühlen Wasser und einer Top Unterwassersichtweite ist der Heiterwanger See auch eine beliebte

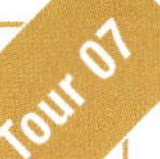

Tauchdestination. Das darf man aber nur an gekennzeichneten Stellen und nur nach dem Erwerb einer Tageskarte.

Nach circa einer halben Stunde gemütlichem Paddeln kommen wir auch schon am Ostufer des Sees an. Dort gibt es einen langen Kiesstrand, der nicht nur gerne von Wanderern genützt wird, um die Füße zu kühlen, sondern auch für uns eine tolle Möglichkeit für eine Halbzeitpause bietet. Die Sonne scheint uns auf die Nase, der Blick auf die umliegenden, bewaldeten Ammergauer Alpen ist phänomenal. So lässt sich das Leben leben!

Nach einer wohlverdienten Pause paddeln wir weiter, bis wir schon bald beim 300 Meter langen Verbindungskanal ankommen. Er führt zum benachbarten Plansee, der mit einer Fläche von knapp 3 km^2 um einiges größer als der Heiterwanger See ist. Wir wollen uns heute aber auf den Heiterwanger See konzentrieren, also paddeln wir daran vorbei weiter zum Nordufer. Besonders bei der Wasserstraße müssen wir gut auf die beiden Linienschiffe achten, die MS Wilhelm und die MS Margarethe, die im Sommer ihre Runden um die beiden Seen drehen und gleichzeitig die höchstgelegenen kommerziellen Schifffahrtslinien in ganz Österreich sind.

Weiter entlang dem Nordufer führt uns unser Weg entlang eines quasi unendlichen Steinstrands. Die Tour ist also auch super für Familien mit Kindern geeignet, Pausen kann man jederzeit einlegen. Nach einer guten Stunde paddeln erreichen wir dann wieder das Westufer, wo wir gemütlich an Land gehen und nach Belieben noch ins Hotel Fischer am See einkehren und auf der Terrasse den Ausblick auf den See genießen.

Autoren Tipp

Obwohl die beiden Seen unglaublich schön sind und man es sich nicht nehmen lassen sollte, sich für jeden der beiden ausreichend Zeit mit einer eigenen Tour zu nehmen, ist es doch immer eine Überlegung wert, unsere Heiterwanger See-Tour klassisch mit dem Plansee zu verbinden. Das kann ganz schön anstrengend werden, aber der windstille, 300 Meter lange Wasserkanal, der die beiden Seen verbindet, ist absolut sehenswert.

Grubkopf
Am Stein
1906
Gartner Joch
Rappenschrofen
Unter-
Puiten
Gries
Lermoos
Happy Camp
Widum
Sieben
Family Jet
Bränd
Lermoo
994
Mähbergjoch
1926
Pleistal
Bleispitze
(Pleisspitze)
2225
Sättelejoch
Gartner Berg
2041
Gartner Alm
1399
Grähnkopf
1211
1602
Kramerhütte
Brotzeitbaum
Schläge
Grähntal
Tieftal
Grubig I (So/Wi)
179
Hochmoos-Express
(nur Wi.)
Hochmoos
Hochjoch
Mitterjöcher
Sommerbergjöchle
2001
1800
Wolfratshauser Hütte
1751
Grubig brunnen
1334
Brettlalm
(Gschwandkreuz)
Sommerberg
1653
Lermooser Skihtt.
Gipfelhaus Grubigstein
2028
Grubig II (So/Wi)
(nur Winter)
Lermooser Wald
Schwarzriesboden
Lermoostunnel
3186m
Alpschrofen
Gartner Wand
2377
2303
Westgipfel
2353
2273
Ostgipfel
Grubigstein
2233
(nur Winter)
Bergrestaurant Grubigalm
(nur Winter)
1705
Biberwier
989
Neuwirtswände
Alpina
Siedlung Sonnbichl
Rochuskapelle
G r u b i g
Weißwand
Rauhes Tal
Wurmtal
Pirchboden
1600
Hohler Stein
Wild-Ruhegebiet
(20.11.-20.04.)
Blindseeböden
Loisachquellen
Rauhe
Gass
MyTirol
Roßköpfletal
Vilalp
8
Mittersee
Dachsbichl
1158
Waldhaus Talblick
Vordere Pirchbodenalm
Matzles Loch
Hintersoom
1092
Brunst
Fernpass
1635
Latschenölbrennerei
Afrigall (verf.)
Zugspitzblick
1216
Blindsee
Radschuhbichl
1136
1082
Kohlstatt
Weißensee
Kiosk
Hiendleswald
1332
179
Sisi-Straße
Praxmarerhütte
Ringtal
Brandtweintal
Ring
Bremstattkopf
1641
Sunnalm
1620
Pleiswald
Schanzlsee
Blindseegrube
Römerstraße
1073
1019
1000
Alter Fern
Rauhes Tal
Taxemahd
1884
Samerangersee
Beim Wasser
Berglesboden
Marienbergjoch
Hotel Fernstein
Fernsteinsee
948
Ruine Sigmundsburg
Brandhütte
Maiswald
Tajeköpfe
Zonboden
Unterer Schafkopf
1947
Fernstein
Nassereither Alm
(Muthenau Alm)
1739
Kaswasserbach
Roter Schrofen
s'Bergle
Handschuhspitze
(nur für Geübte)
2319
Brandwald
(verf.)
Wannig
2493
Schafalm
Buchhorn
Schnahnggekopf
1825
Gampenköpfle
1711
Sisi-Straße
Tegestal
935
Zigerries
Sollberg
Pleisenschrofen
Oberer Geierkopf
1869
Rauher Kopf
Rastland
St. Wendelin
Brunnwaldkopf
1506
Brunnwald
Riffeltal
St. Wendelin-Grotte
Nassereith
838
Sparchet
Brunstwald
Knappenwald
1200
0 500 m
Abbrand
Aschland

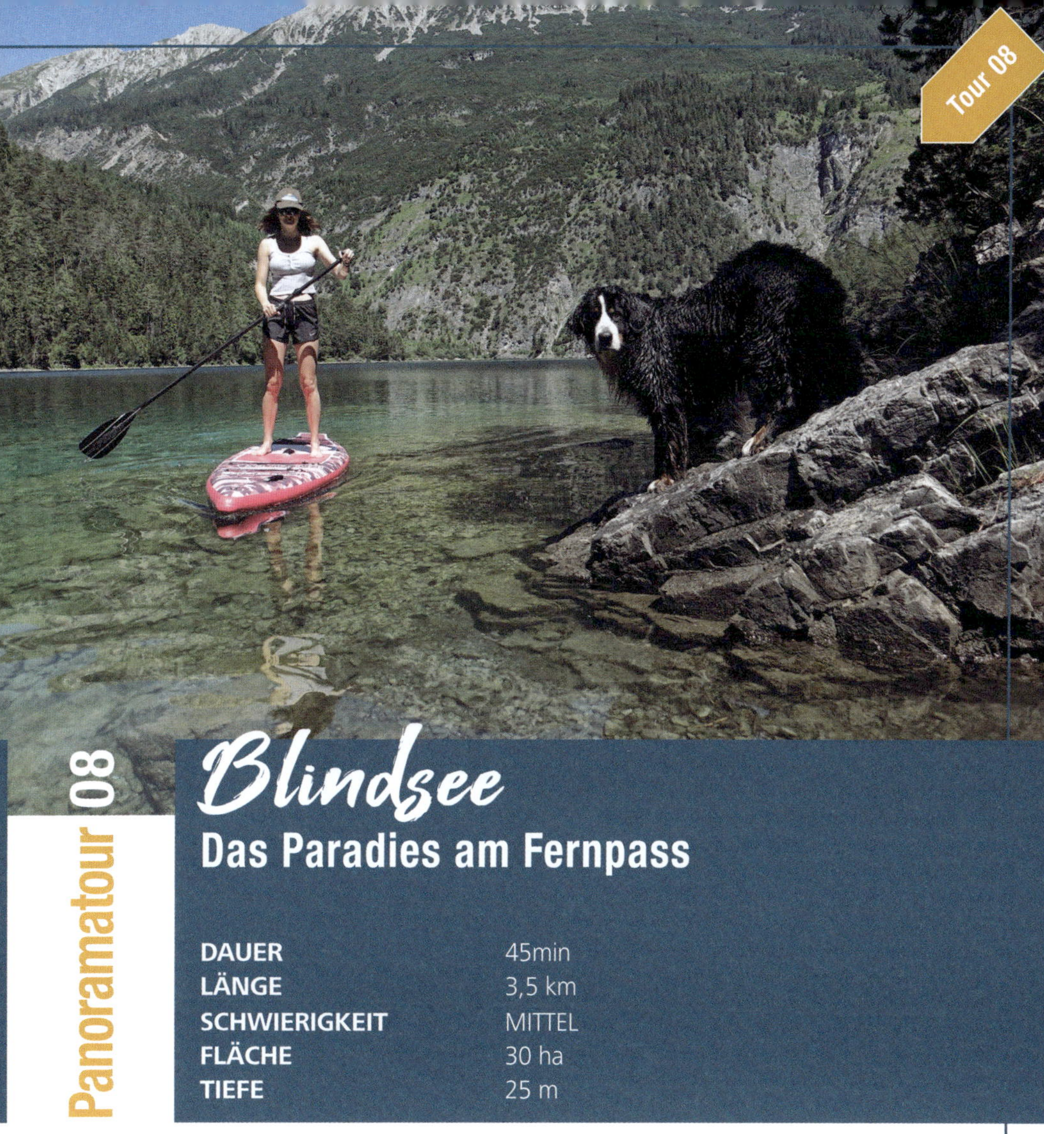

Panoramatour 08

Blindsee

Das Paradies am Fernpass

DAUER	45min
LÄNGE	3,5 km
SCHWIERIGKEIT	MITTEL
FLÄCHE	30 ha
TIEFE	25 m

Das erwartet dich ...

Der Blindsee, eingebettet in die hügelige Bergsturzlandschaft des Fernpasses, verzaubert seine Besucher mit großen Felsblöcken, die aus dem Wasser ragen und ertrunkenen Bäumen, die umpaddelt werden können. Vom Wind geschützt laden kleine Buchten und versteckte Uferbereiche zum Verweilen ein. Näher kann man der Natur nicht sein.

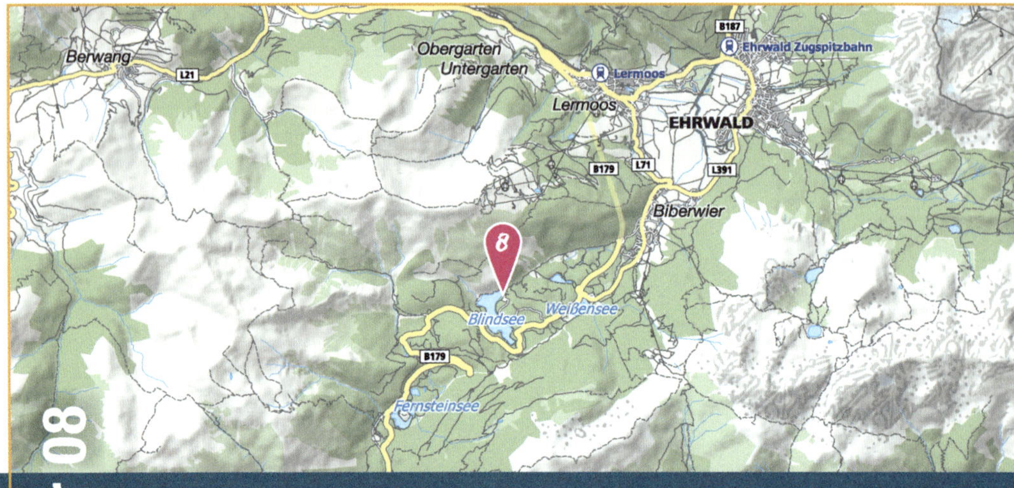

Panoramatour 08

Start & Ziel & Anreise

Der Blindsee liegt an der Fernpassstraße (B 179), die den Bezirk Reutte an den zentralen Teil Tirols anbindet. So ist der See aus südlicher Richtung, z. B. vom Inntal kommend sowie von Norden über die A7 vorbei an Ulm und Kempten gut erreichbar. Zum Parkplatz beim Blindsee kommt man über die beschrankte Mautstraße, die zwischen dem Rasthaus Zugspitzblick und der Abfahrt Biberwier von der Fernpassstraße abzweigt. Per Bus, Linie 501, fährt man von Leermoos-Unterdorf bis nach Fernpass-Blindsee eine Viertelstunde.

Tourenbeschreibung

Die gute Nachricht vorweg: Vom einzigen Parkplatz am See sind es nur 150 Meter bis zu einer breiten, flachen Bucht, an der man sein Board bequem ins Wasser tragen kann. Die schlechte Nachricht: Die Anzahl der Parkplätze ist beschränkt und sobald der Platz voll ist, bleibt der Schranken geschlossen. Es heißt also: Der frühe Paddler erwischt einen Parkplatz. Andere Parkmöglichkeiten gibt es nicht. Entlang der Zufahrtsstraße zum See herrscht absolutes Parkverbot. Auch links und rechts der viel frequentierten Fernpassstraße wird jedes Parkvergehen rigoros geahndet. Außerdem bevor man die 15 Euro für Maut und Parken bezahlt, holt man beim Hotel MOHR Life Resort noch eine Genehmigung zum Paddeln, die pro Person 15 Euro kostet. Trotz aller Gebühren ist Selbstversorgung angesagt, gastronomische oder sanitäre Einrichtungen gibt es nicht. Ein Paddel-Board sollte man sich auch selbst mitnehmen, ausleihen kann man es nirgends.

Der Blindsee ist aufgrund seiner Seehöhe von 1093 m ein Bergsee und daher natürlich eher kalt. Seine Lage in einer tiefen Geländemulde und seine geringe Wassertiefe von nur 25 Metern erlaubt jedoch während sommerlicher Schönwetterperioden an den Rändern eine Erwärmung der Wassertemperatur auf bis zu 24 Grad. Im klaren Wasser zeigen sich Forellen, Reinanken, Barsche, Karpfen und Saiblinge, die unter dem Board durchschwimmen. Auch am prinzipiell gut windgeschützten See kann es teilweise zu Fallwinden kommen, deren Intensität sich aber meist mit sinkendem Sonnenstand wieder verringern. Das saubere Wasser garantiert enorme Sichtweiten, bei guten Bedingungen bis zu 30 Meter. So gesehen trägt der Blindsee seinen Namen also zu Unrecht.

Nachdem wir das Board vom Parkplatz zur Bucht am Bootshaus gebracht haben, paddeln wir entlang den steil in den See einfallenden Kalkfelsen. Wer möchte hat hier großartige Möglichkeiten, von den Felswänden ins tiefe Wasser zu springen. Da man tief in den See hinuntersieht, kann man vor einem Sprung gut die nötige Wassertiefe prüfen.

Wer sich bei waghalsigen Sprüngen verausgabt hat, kann westlich der Steilwände am kiesigen Blindsee Beach an Land gehen und sich dort in der Sonne wieder aufwärmen. Nach der Rast paddeln wir zur am Ostufer gelegenen Halbinsel, die sich mit ihren solitär stehenden Bäumen ideal für das Stand-Up-Foto des Sommers eignet.

Weiter geht es gegen Süden wieder auf die andere Uferseite, wo in einer Bucht ein rundlicher Felsen aus dem Wasser steht, um den wir mit dem Board toll eine Runde drehen können. Am letzten Stück bis hin zum Südende des Sees öffnet sich der Blick durch eine Mulde im bewaldeten Ostufer und gibt den Blick auf die Zugspitze frei. Am späteren Nachmittag, wenn die Sonne etwas tiefer steht, kann man hier spektakuläre Fotos mit Paddler, See, Wald und Berge im Hintergrund machen.

Je nach Belieben lässt sich die Tour an vielen Stellen für eine Rast unterbrechen. Die Ufer verfügen über zahlreiche wunderschöne Plätze, die dazu einladen, die Landschaft zu genießen und selbst Mitgebrachtes zu verzehren. Aufgrund fehlender Entsorgungsoptionen ist aber jeder dazu angehalten, sämtliche Reste wieder mitzunehmen, sonst verkommt das Naturparadies schnell zu einer Müllhalde.

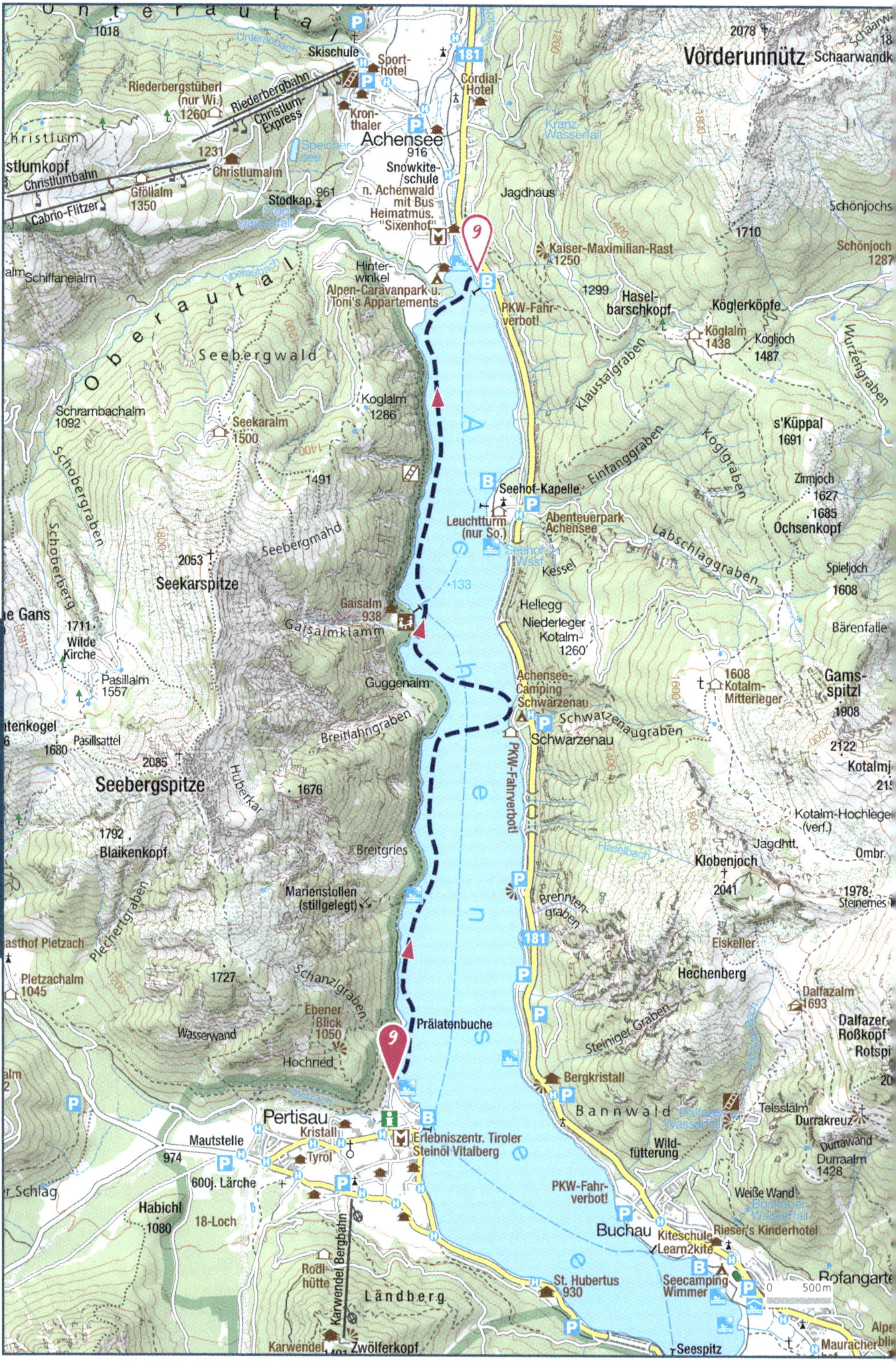

Unterautal
Skischule
Sporthotel
Cordial-Hotel
Riederbergstüberl (nur Wi.) 1260
Riederbergbahn
Christlum-Express
Kronthaler
Achensee 916
Christlumkopf
Christlumbahn
1231 Christlumalm
Gföllalm 1350
Cabrio-Flitzer
Snowkiteschule
n. Achenwald mit Bus
Heimatmus. "Sixenhof"
Stodkap. 961
Jagdhaus
Vorderunnütz
2078
Schaarwandk
Schönjochs
Schönjoch 1287
1710
Kaiser-Maximilian-Rast 1250
Hinterwinkel
Alpen-Caravanpark u. Toni's Appartements
Schiffaneialm
Oberautal
PKW-Fahrverbot!
1299
Haselbarschkopf
Köglerköpfe
Köglalm 1438
Kogljoch 1487
Seebergwald
Koglalm 1286
Schrambachalm 1092
Seekaralm 1500
Klaustalgraben
Wurzengraben
s'Küppal 1691
Achensee
1491
Seehof-Kapelle
Einfanggraben
Köglgraben
Zirmjoch 1627
1685
Ochsenkopf
Leuchtturm (nur So.)
Abenteuerpark Achensee
Seehof-Wsst.
Schobergraben
Schoberberg
Seebergmahd
2053
Seekarspitze
Kessel
Labschlaggraben
133
Spieljoch 1608
Gaisalm 938
Gaisalmklamm
Hellegg
Niederleger Kotalm 1260
Bärenfalle
Gans
1711
Wilde Kirche
Pasillalm 1557
Guggenalm
Achensee-Camping Schwarzenau
1608 Kotalm-Mitterleger
Gamsspitzl 1908
Schwarzenaugraben
Schwarzenau
2122
Kotalmj
Breitlahngraben
Pasillsattel
1680
2085
Seebergspitze
Huberkar
1676
PKW-Fahrverbot!
Kotalm-Hochleger (verf.)
Jagdhtt.
Ombr.
Klobenjoch 2041
1792
Blaikenkopf
Breitgries
Haselbach
Marienstollen (stillgelegt)
Brenntengraben
181
1978
Steinernes
Gasthof Pletzach
Plechertgraben
Eiskeller
Hechenberg
Pletzachalm 1045
1727
Schanzlgraben
Dalfazalm 1693
Ebener Blick 1050
Prälatenbuche
Dalfazer Roßkopf
Rotspi
Wasserwand
Steiniger Graben
Hochried
Bergkristall
Pertisau
Kristall
Erlebniszentr. Tiroler Steinöl Vitalberg
Bannwald
Dalfazer Wasserfall
Teisslalm
Durrakreuz
Mautstelle
974
Tyrol
Wildfütterung
Durrawand
Durraalm 1428
600j. Lärche
Schlag
Habichl 1080
18-Loch
PKW-Fahrverbot!
Weiße Wand
Buchauer Wasserfall
Buchau
Kiteschule Learn2kite
Rieser's Kinderhotel
Rodlhütte
Karwendel Bergbahn
Ländberg
St. Hubertus 930
Seecamping Wimmer
Rofangarte
0 500 m
Karwendel
Zwölferkopf
Seespitz
Mauracher
Alpe

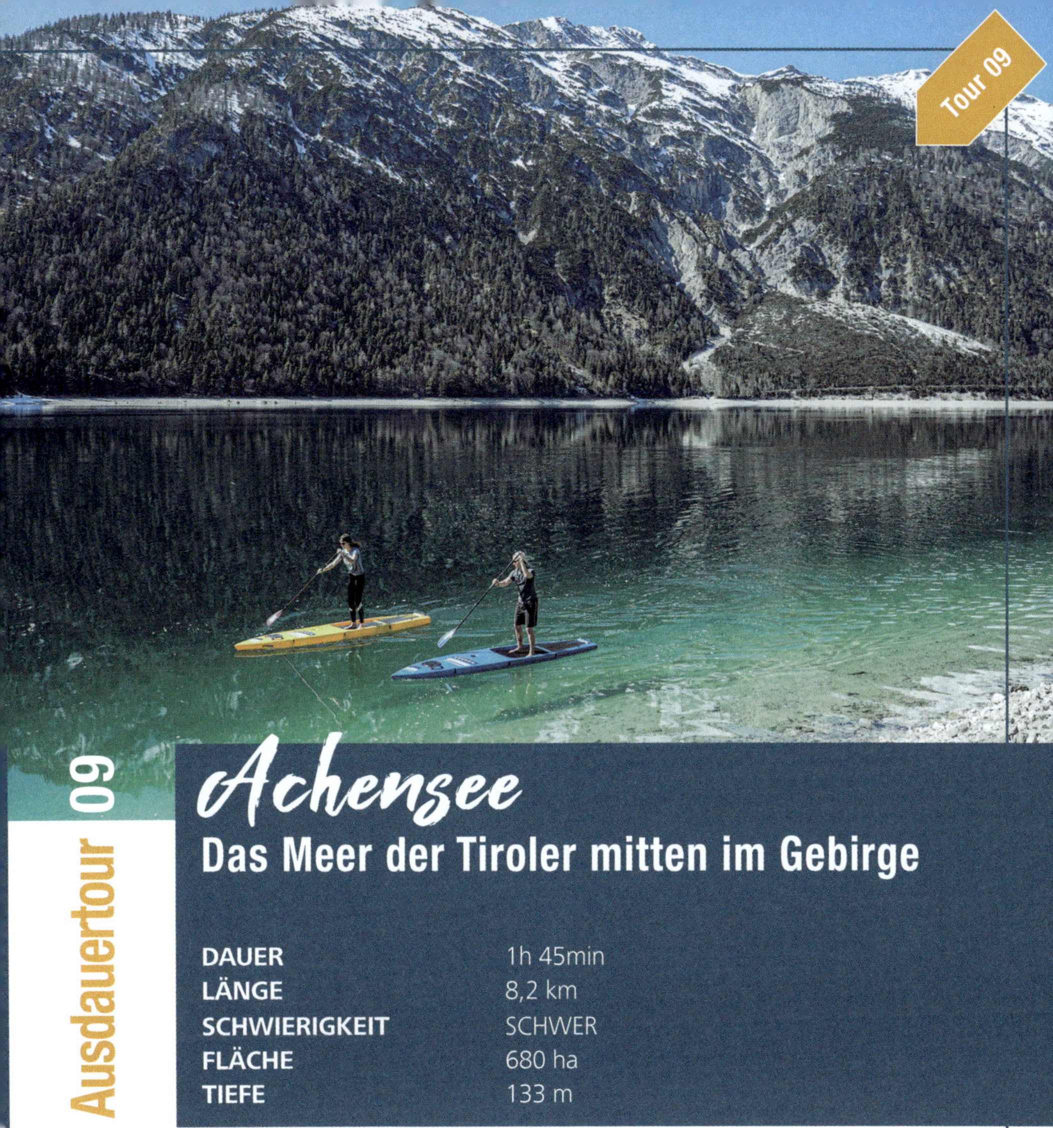

Ausdauertour 09

Achensee

Das Meer der Tiroler mitten im Gebirge

DAUER	1h 45min
LÄNGE	8,2 km
SCHWIERIGKEIT	SCHWER
FLÄCHE	680 ha
TIEFE	133 m

Das erwartet dich ...

Der Achensee ist mit seinen 9,4 Kilometern Länge der größte See Tirols. Er lädt Paddler zu ausgedehnten Touren in fantastischer Bergkulisse ein und verzaubert durch seine einzigartige Lage zwischen Rofan- und Karwendelgebirge. Wie durch einen norwegischen Fjord führt uns unsere Tour vorbei an steilen Berghängen und langen Ufern, an denen es eine umfangreiche touristische Infrastruktur gibt die zur Einkehr einlädt und allerlei kulinarische Spezialitäten bietet.

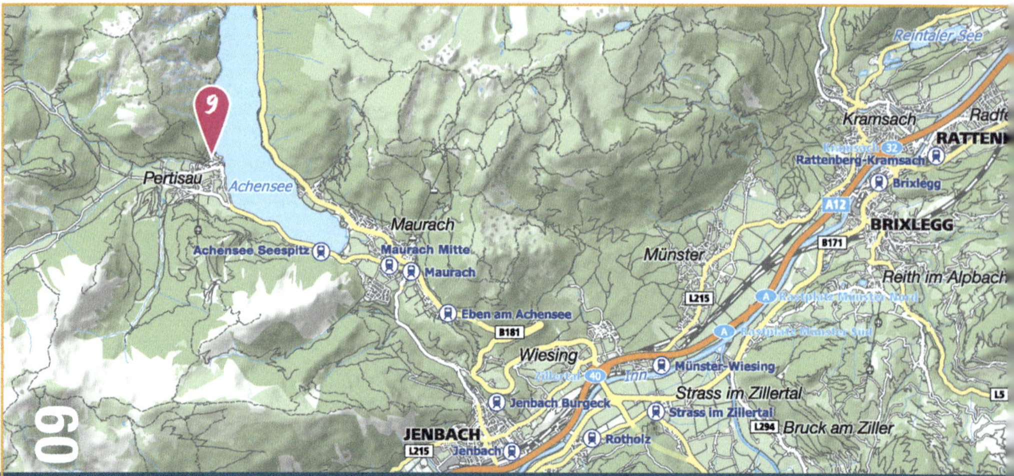

Ausdauertour 09

Start & Ziel & Anreise

Der Achensee liegt nördlich von Jenbach in Tirol, 380 Meter über dem Inntal. Er ist von Süden aus über die Inntal-Autobahn, bei der Abfahrt Wiesing gut erreichbar. Von Bayern aus kommst du über Bad Tölz, vorbei am Sylvensteinsee, oder über den Tegernsee an das Nordufer des Achensees bei Achenkirch. Eine originelle Anreise mit öffentlichen Verkehrsmitteln gibt es mit der historischen Achensee-Zahnradbahn, die von Jenbach bis an das Ufer des Sees fährt.

Tourenbeschreibung

Der Achensee verfügt über zahlreiche Zugänge zum Wasser. An der Ostseite des Sees gibt es beim Atoll in Eben einen Parkplatz hinter einer großen Liegewiese, über die wir zum Südende des Sees kommen. Hier gibt es einen großen Flachwasserbereich, an dem sich das Wasser rasch mit der Sonne erwärmt und sogar zum Schwimmen einlädt. Im Gegensatz dazu ist der Großteil des Achensees mit einer Tiefe von bis zu 133 Metern auch im Sommer mit seinen 19 °C bitterkalt. Weiter nördlich nach dem Restaurant Bergkristall wurde unter der Achensee-Straße ein sehr großer Parkplatz errichtet, von dem man über kleine Wege durch den Wald zum Uferweg kommt, der über nette, wenn auch steinige Uferabschnitte verfügt. Am Leuchtturm Achenseehof, der eine Jausenstation beinhaltet, parken wir an einer Liegewiese, von der aus wir einen großartigen Blick auf die Berge des Naturparks Karwendel genießen. Wer hier sein Board zu Wasser bringt, muss auf die Anlegestelle der Linienschifffahrt achten und wie immer einen ausreichenden Abstand zu den Schiffen einhalten. Am Nordende des Sees liegt Achenkirch. Hier ist der Zugang zum See zwischen dem Campingplatz und dem Gasthaus Scholastika möglich. Beim Bootsverleih Nord können SUPs gemietet werden. Die Bucht am Nordende des Sees ist ein guter Einstieg aufs Wasser für Paddler, denen die große Wasserfläche des tiefen und kalten Sees anfangs etwas unheimlich ist. Pertisau am Westufer ist mit seiner belebten Seepromenade und einer Vielzahl an Restaurants, Cafés und Hotels das touristische Highlight am Achensee. Das ist der perfekte Ort, um einen fantastischen Paddeltag bei einem Abendessen am Seeufer ausklingen zu lassen.

Der Achensee bietet viele landschaftlich beeindruckende Touren, bei denen du den ganzen Tag am Wasser verbringen kannst. Wir beschließen aber, unsere Tour in Pertisau zu starten und paddeln gegen Norden zum Schwemmfächer Schwarzenau, wo wir nach einer knappen Stunde am Campingplatz eine Erfrischung bekommen. Dann queren wir den See wieder und kehren bei der Gaisalm zum Mittagessen ein. Gestärkt paddeln wir entlang des Westufers bis Achenkirch die restlichen drei unserer acht Kilometer ans Nordende des Sees. Naturgenießer, die gerne fernab anderer Menschen bleiben wollen, finden entlang des Westufers zahlreiche Uferbereiche, die nur mit dem Board über das Wasser erreichbar sind und uns einen ruhigen Ort garantieren, an dem wir die Seele so richtig baumeln lassen können. In Achenkirch angekommen gibt es zwei Möglichkeiten: Entweder wir lassen uns von dem am Nachmittag meist aufkommenden bayrischen Wind achteinhalb Kilometer wieder zurück nach Pertisau blasen oder wir steigen an der Anlegestelle Scholastika ins Linienschiff und lassen uns zurück zum Startpunkt schippern.

Der Wind ist am Achensee ein großes Thema, denn besonders an Nachmittagen im Sommer kann es im Achenseetal sehr stürmisch werden. So mancher Paddler hatte dann wegen der entstehenden Wellen schon seine liebe Not, wieder nach Hause zu kommen. Wer etwas unsicher am Board ist, sollte dann lieber in Ufernähe bleiben. Leash und Schwimmweste sind hier Pflicht. Wer aber schon sicher am Board steht kann den Nachmittagswind für einen Downwinder nutzen und von Achenkirch im Norden bis ans Südende bei Eben düsen.

10

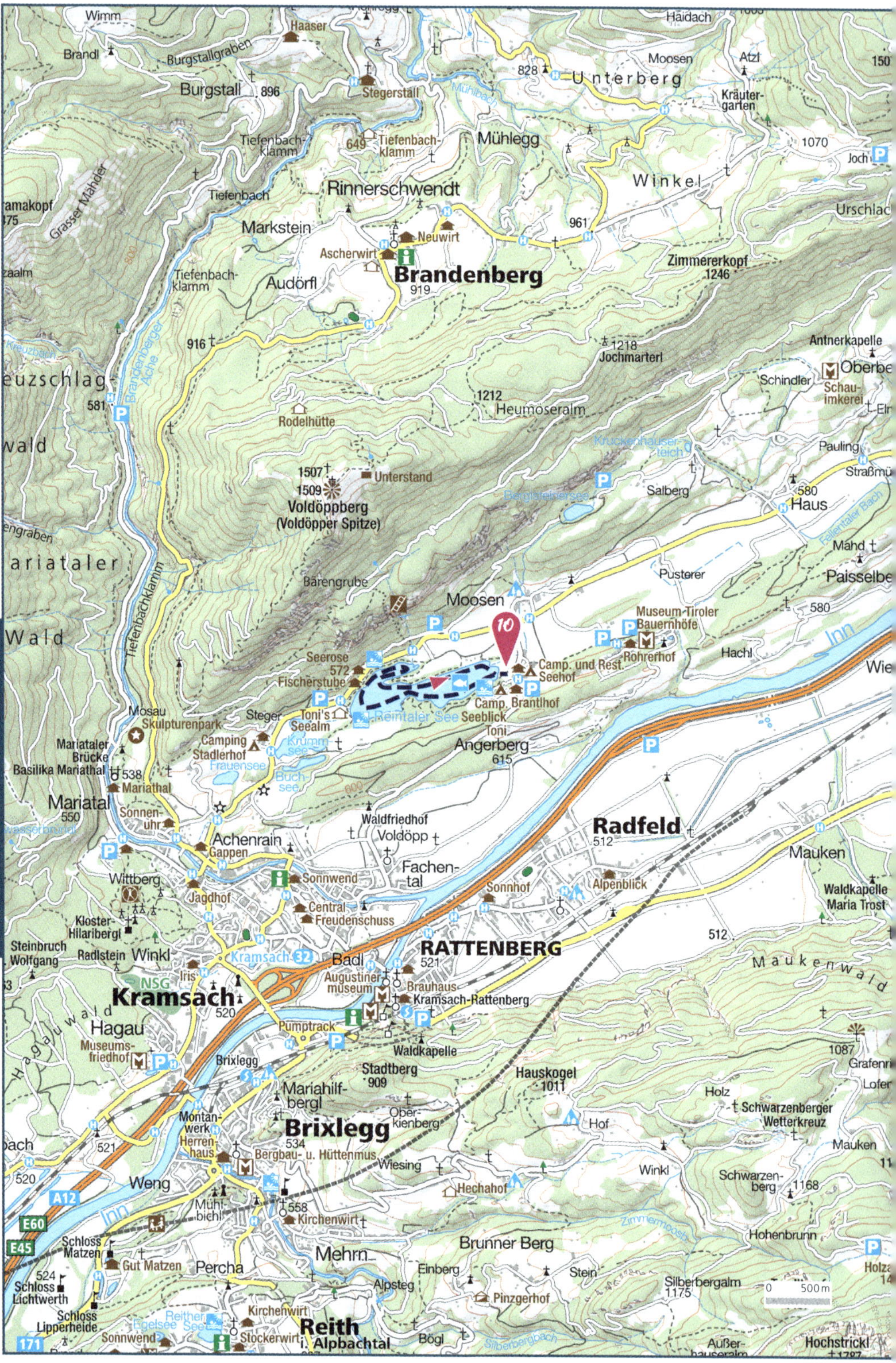

Wimm
Haaser
Haidach
Brandl
Burgstallgraben
Moosen
Atzl
828
Unterberg
Burgstall 896
Stegerstall
Mühlbach
Kräutergarten
Tiefenbachklamm
649
Tiefenbachklamm
Mühlegg
1070
Joch
Winkel
Tiefenbach
Rinnerschwendt
amakopf
475
Grasser Mähder
Markstein
Neuwirt
961
Urschlac
Ascherwirt
Zimmererkopf 1246
zaalm
Tiefenbachklamm
Audörfl
Brandenberg
919
916
1218
Jochmarterl
Antnerkapelle
Kreuzbach
Brandenberger Ache
euzschlag
Schindler
Oberbe
Schauimkerei
1212
Heumoseralm
581
Rodelhütte
wald
Kruckenhauserteich
Pauling
Straßmü
1507
1509
Unterstand
Voldöppberg (Voldöpper Spitze)
Bergsteigersee
Salberg
580
Haus
engraben
Fallentaler Bach
ariataler
Mahd
Pusterer
Paisselbe
Bärengrube
Tiefenbachklamm
Moosen
580
Museum Tiroler Bauernhöfe
Wald
Rohrerhof
Hachl
Inn
Wie
Seerose
572
Fischerstube
Camp. und Rest. Seehof
Camp. Brantlhof
Mosau
Skulpturenpark
Steger
Toni's Seealm
Reintaler See
Seeblick
Toni
Mariataler Brücke
Camping Stadlerhof
Krummsee
Angerberg
615
Basilika Mariathal
538
Frauensee
Buchsee
Mariathal
Mariatal
550
Sonnenuhr
Waldfriedhof
wasserrutsch
Achenrain
Voldöpp
Radfeld
512
Gappen
Fachental
Mauken
Wittberg
Sonnwend
Sonnhof
Alpenblick
Waldkapelle Maria Trost
Jagdhof
Central
Freudenschuss
Kloster-Hilariberg
Steinbruch Wolfgang
512
Radlstein
Winkl
Kramsach
32
Badl
RATTENBERG
521
Maukenwald
Iris
Augustinermuseum
Brauhaus
NSG
Kramsach
520
Kramsach-Rattenberg
Hagauwald
Hagau
Pumptrack
Museumsfriedhof
Waldkapelle
1087
Brixlegg
Stadtberg
909
Hauskogel
1011
Grafenri
Lofer
Mariahilfbergl
Holz
Schwarzenberger Wetterkreuz
Oberkienberg
Hof
Montanwerk
Herrenhaus
Brixlegg
534
521
bach
Mauken
Bergbau- u. Hüttenmus.
Wiesing
Winkl
520
Weng
Hechahof
Schwarzenberg
1168
A12
Inn
Mühlbichl
558
Kirchenwirt
Zimmermoosb.
E60
Hohenbrunn
E45
Schloss Matzen
Brunner Berg
Gut Matzen
Percha
Mehrn
Einberg
Stein
524
Schloss Lichtwerth
Alpsteg
Silberbergalm 1175
0 500 m
Pinzgerhof
Kirchenwirt
Schloss Lipperheide
Egelsee
Reither See
Reith i. Alpbachtal
Sonnwend
Stockerwirt
Bögl
Silberbergbach
Außerhauseralm
Hochstrickl 1787
171

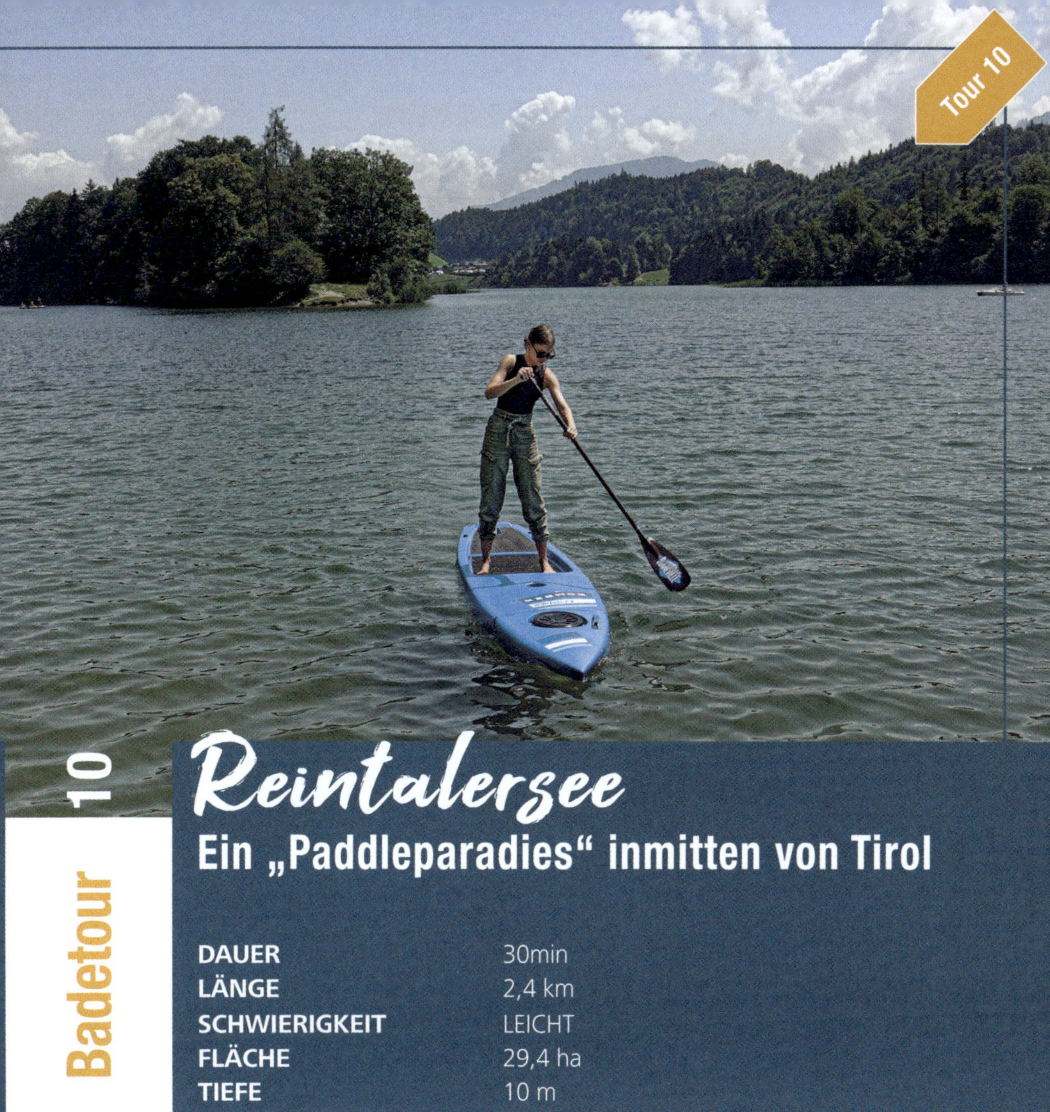

Badetour 10

Reintalersee

Ein „Paddleparadies“ inmitten von Tirol

DAUER	30min
LÄNGE	2,4 km
SCHWIERIGKEIT	LEICHT
FLÄCHE	29,4 ha
TIEFE	10 m

Das erwartet dich ...

Der Reintalersee im Tiroler Alpbachtal eignet sich mit seinen durchschnittlich 25 °C perfekt für SUP-Anfänger. Weil es rund um den See die verschiedensten Freizeitangebote gibt, ist man hier im Sommer aber garantiert nicht alleine. Im Gegenzug dafür lohnt der Reintalersee mit smaragdgrünem Wasser, einem wunderschönen Bergpanorama mit Ausblick auf die Voldöpperspitze und garantierter Entspannung für die ganze Familie.

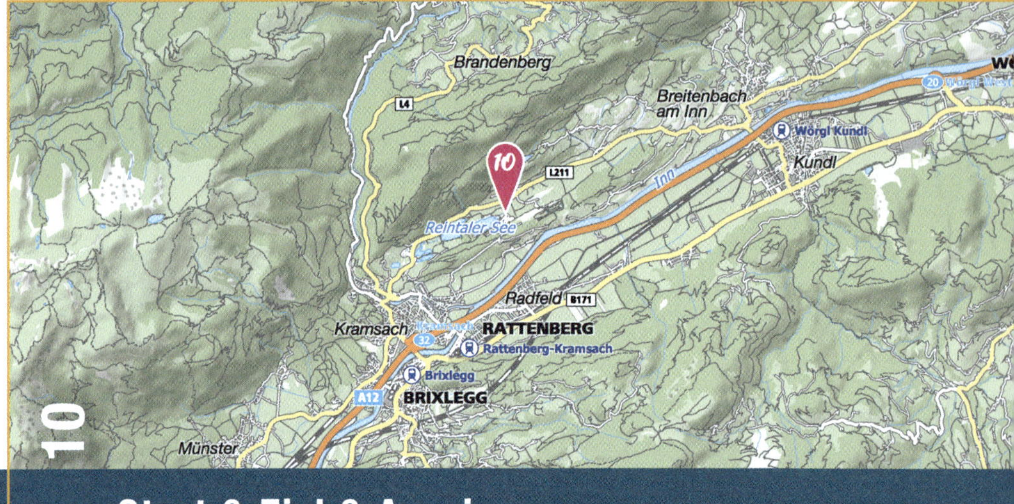

Badetour 10

Start & Ziel & Anreise

Mit dem Auto über die Inntal-Autobahn, Ausfahrt Kramsach, die Seen Straße entlang bis zum Campingplatz-Parkplatz Ostende, wo wir für ein Tagesparkticket 5 Euro zahlen. Alternativ gibt es noch den Reintalersee-Parkplatz am Westende. Mit dem Regionalbus 4113 bis zur Haltestelle Kramsach/Parkplatz West. Wer eine Alpbachtal Card besitzt fährt gratis.

Tourenbeschreibung

Wir starten unsere Tour beim Camping Seeblick Toni. Besonders für Campingfans bietet sich eine Tour um den Reintalersee an, denn es gibt am Westende gleich drei Plätze, das Camping Seeblick Toni, das Camping & Appartements Seehof (beide mit direktem Seezugang) und das Camping Stadlerhof mit Freibad sind nur wenige Minuten vom See entfernt. Den Einstieg ins Wasser gewähren uns zusätzlich zahlreiche Stege und Liegewiesen rund um den See. Wer seine Tour also nicht so wie wir im Osten starten möchte, kann das mit gutem Gewissen auch woanders machen.

Wir aber paddeln los Richtung Westen, dem Südufer entlang. Bei schönem Wetter fällt während unserer Tour auf, dass der See scheinbar verschiedene Wasserfarben hat. Das liegt daran, dass man den Reintalersee prinzipiell in drei Becken unterteilt, die alle unterschiedlich tief sind und eine Maximaltiefe von 10,3 Metern erreichen: das Ostbecken, das Nordbecken und das Westbecken. Wir wollen alle drei erkunden und so rudern wir munter bis ans Westende, wo die Seen Straße entlangführt und wir eine kurze Pause machen. Wer möchte, kann bei der Fischerstube eine Stärkung zu sich nehmen und sich dann mit neu gewonnener Energie an den Rest der Tour wagen. Wir wenden uns dem Norden zu und umrunden das Nordbecken.

Am Reintalersee kommt jeder auf seine Kosten. Immer wieder erblicken wir durch die bewaldeten Ufer den Rundwanderweg, der sich durch das grüne Dickicht windet und für Kletterer gibt es den Klettersteig Reintalersee. Auch Fans der Freikörperkultur haben hier einen Platz und so gibt es auch für FKK-Liebhaber einen eigenen Strand, der sich auf einer Halbinsel befindet und an dem wir vorbeipaddeln. Hin und wieder kommen wir an einem Tretboot vorbei, denn beim Restaurant am Westende gibt es einen Bootsverleih. Auf Linienschiffe oder dergleichen müssen wir dafür nicht achten. Wer Glück hat, erblickt im Wasser eine der vielen Fischarten wie Barsche, Welse, Hechte, Karpfen oder andere, die auch (mit entsprechender Genehmigung) geangelt werden können. Unsere letzte Etappe führt uns ca. 10 Minuten entlang dem Nordufer wieder zurück zu unserem Startpunkt.

Der Reintalersee ist mit seiner Fläche von knapp 30 Hektar im Vergleich zu seinen vier Geschwistern (dem Krummsee, dem Buchsee, dem Frauensee und dem Berglsteinersee) der größte der Kramsacher Seen. Umrundet haben wir ihn aber trotzdem in einer guten halben Stunde, die Tour eignet sich daher also bestens für SUP-Anfänger sowie für Familien mit Kindern. Immer wieder gibt es Möglichkeiten, einen freiwilligen (oder auch unfreiwilligen) Sprung ins kühle Nass zu wagen, denn bei durchschnittlich 25 °C (was den Reintalersee zu einem der wärmsten Badeseen Tirols macht) traut sich jede Landratte ins Wasser.

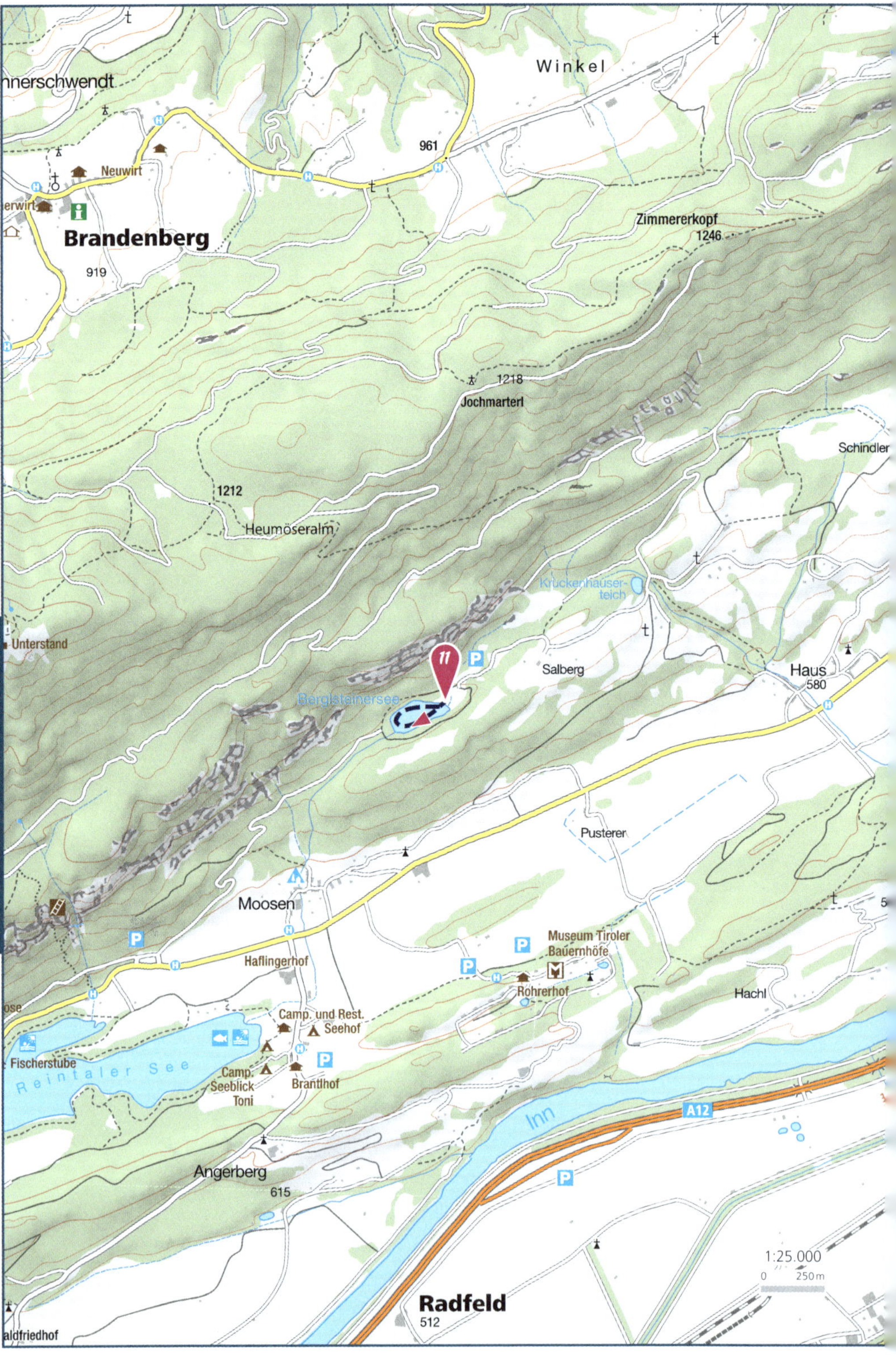

nnerschwendt
Winkel
Neuwirt
961
erwirt
Brandenberg
919
Zimmererkopf
1246
1218
Jochmarterl
1212
Heumöseralm
Schindler
Kruckenhauser-
teich
Unterstand
11
Salberg
Haus
580
Berglsteinersee
Pusterer
Moosen
Museum Tiroler
Bauernhöfe
Haflingerhof
Rohrerhof
Hachl
ose
Camp. und Rest.
Seehof
Fischerstube
Reintaler See
Camp.
Seeblick
Toni
Brantlhof
Inn
A12
Angerberg
615
1:25.000
0 250 m
Radfeld
512
aldfriedhof

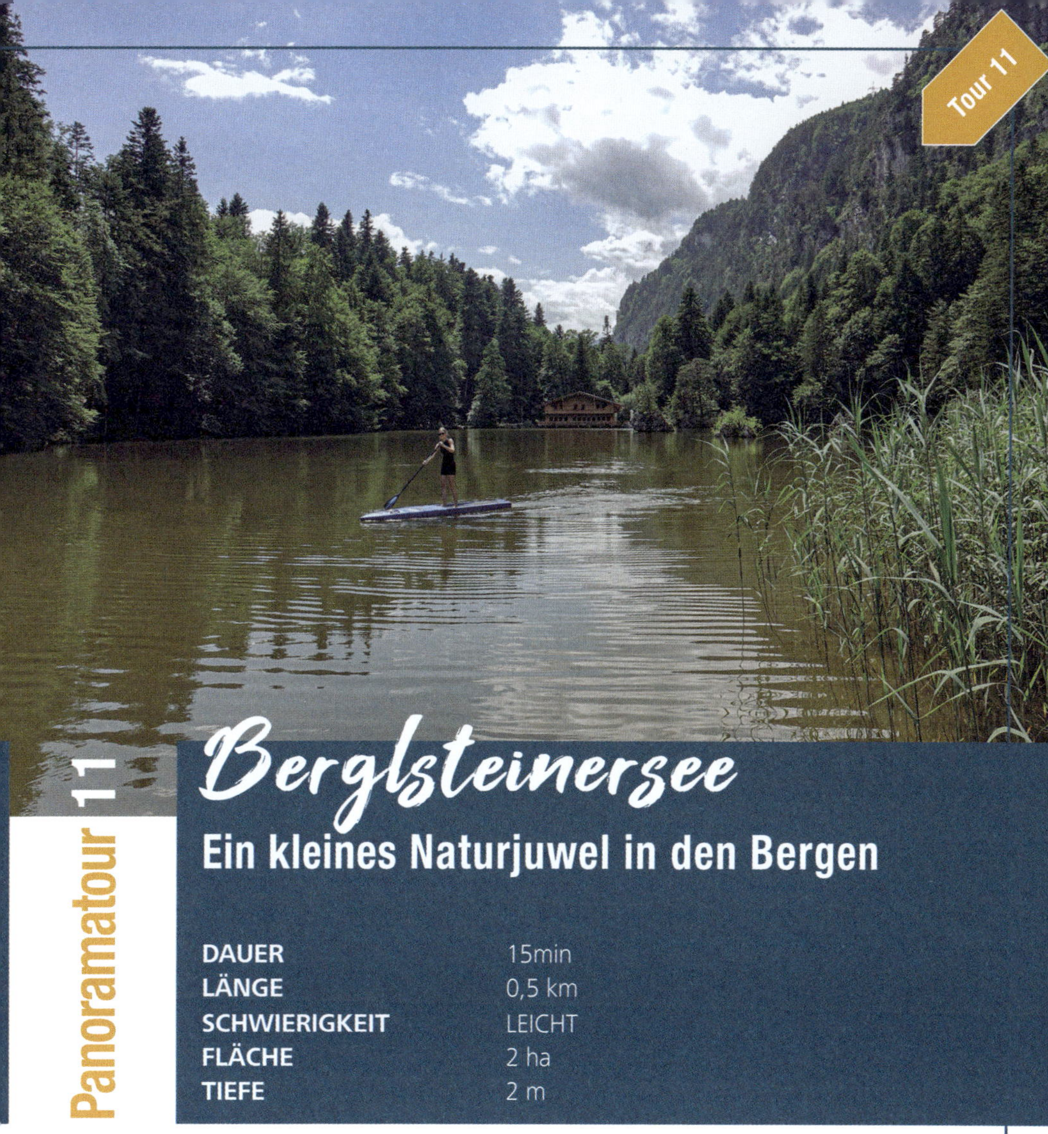

Panoramatour 11

Berglsteinersee

Ein kleines Naturjuwel in den Bergen

DAUER	15min
LÄNGE	0,5 km
SCHWIERIGKEIT	LEICHT
FLÄCHE	2 ha
TIEFE	2 m

Das erwartet dich ...

Eine ultimativ idyllische Umrundung des Berglsteinersees in den Brandenberger Alpen. Versteckt zwischen Kramsach und Breitenbach am Fuße der Ruinen des Schlosses Gückenbühl liegt der quasi geheime Bergsee in einem Bergkessel auf 713 m Höhe. Im Vergleich zu seinem größeren und bekannteren Nachbarn, dem Reintalersee, findet man beim Berglsteinersee eine echte Naturruheoase, wo man die Seele so richtig baumeln lassen kann.

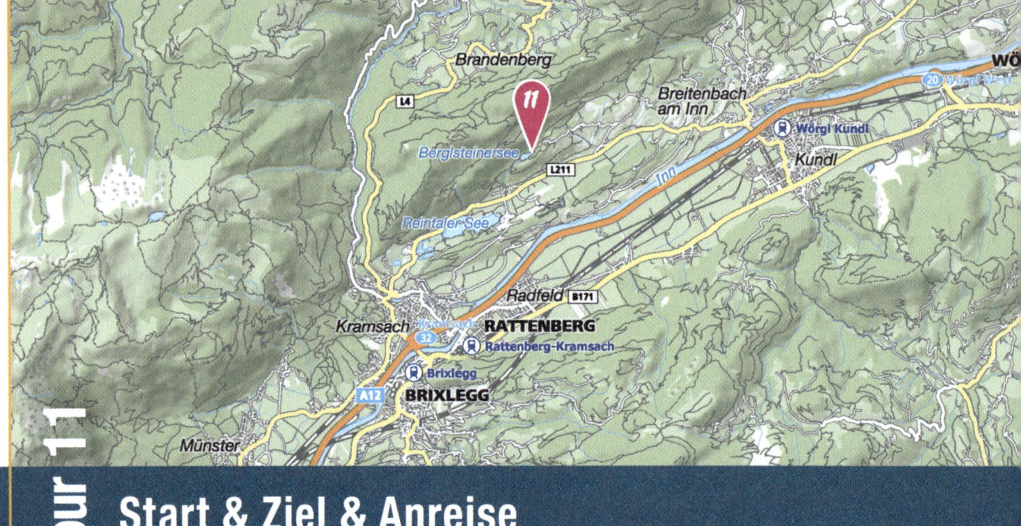

Panoramatour 11

Start & Ziel & Anreise

Anfahrt über die Seen Straße, bei der Ortschaft Haus von der Seen Straße abfahren und Richtung Norden, in die Oberberg-Straße abbiegen und über die etwas versteckte, einspurige Zufahrtsstraße Richtung Oberberg. Der kostenfreie Parkplatz befindet sich ca. 200 Meter vor dem See. Öffentliche Verkehrsmittel führen leider nicht in die unmittelbare Nähe des Sees, wer darauf besteht kann bis zum Reintalersee fahren.

Tourenbeschreibung

Wir starten unsere Tour am Steg beim Ostende (nahe dem kostenfreien Parkplatz) mit flachem Einstieg, wo es auch eine kleine, aber feine Liegewiese gibt. Ausdauersportler sind hier definitiv nicht am richtigen Ort, wer aber nach einer Gelegenheit sucht, unberührte Natur zu genießen und einmal tief durchzuatmen, liegt genau richtig. Im Vergleich zu seinem großen Bruder, dem Reintalersee, ist hier beträchtlich weniger los, es kann also gut sein, dass man mit ein bisschen Glück das Wasser quasi für sich alleine hat. Wir umpaddeln den See einmal, das dauert nur eine Viertelstunde, doch sobald wir unser Board ins Wasser gelassen haben, vergessen wir sowieso jegliches Raum- und Zeitgefühl. Weil der 1928 zum Denkmal erklärte See aber zu einem großen Teil unter strengem Naturschutz steht, müssen wir uns dringend von dem geschützten Südostende fernhalten. Dort wo ein Schilfgürtel und mit ihm mehrere heimische Vogelarten ein Zuhause gefunden haben, herrscht ein strenges Paddelverbot.

Der Berglsteinersee ist ein sehr kleiner See mit einer maximalen Tiefe von nur 2 Metern. Bei schönem Wetter sieht man bis zum Grund des Sees, der stellenweise mit Laub bedeckt ist und deshalb besonders im Herbst eine unglaubliche Stimmung garantiert. Dadurch hat das Wasser aber klarerweise einen eher trüben Farbton. Es gibt rund um den See mehrere Quellen und Bäche, der größte davon fließt in den Reintalersee ab. Trotz seiner eher niedrigen Tiefe erreicht der See nur eine durchschnittliche Temperatur von 21 °C.

Ein besonders verwunschenes Flair geben dem See die aus dem Wasser ragenden Baumstämme und Felsen, die sich gemeinsam mit der vielfältigen Flora und Fauna des Sees hervorragend für Liebhaber der Fotografie als Motiv eignen. Doch nicht nur das: Um einen der winzigen Felseninseln rankt sich eine düstere Sage, nämlich die vom versteinerten Liebespaar. Einst soll ein Ritter das Schloss Gückenbühl bewohnt haben, dessen schöne Tochter einen braven, aber armen Jäger liebte. Doch das tolerierte der Schlossherr nicht, also ließ er den jungen Mann mit Hunden aus der Burg vertreiben.

Der Vertriebene stürzte auf seiner Flucht in den See und ertrank. Vom Schicksal ihres Geliebten tief getroffen stieg das Burgfräulein oft zum See, und als es eines Tages schwermütig in den See blickte, erschien darin das totenblasse Antlitz des Jägers, der sie zu sich rief. So warf sich die Geliebte in die Wellen und die beiden wurden, im Tod vereint, in zwei kleine Felsinseln verwandelt und ragen seither aus dem stillen Wasser des Bergsees. Diese Sage scheint mehr als glaubwürdig, wenn man erst einmal in die romantische See- und Gebirgslandschaft eingetaucht ist.

Wer es sich so richtig gut gehen lassen möchte, macht noch eine optionale Pause beim Restaurant Berglsteinersee mit Seeterrasse am Westende, das auch das einzige am See ist und allerlei Schmankerln bietet.

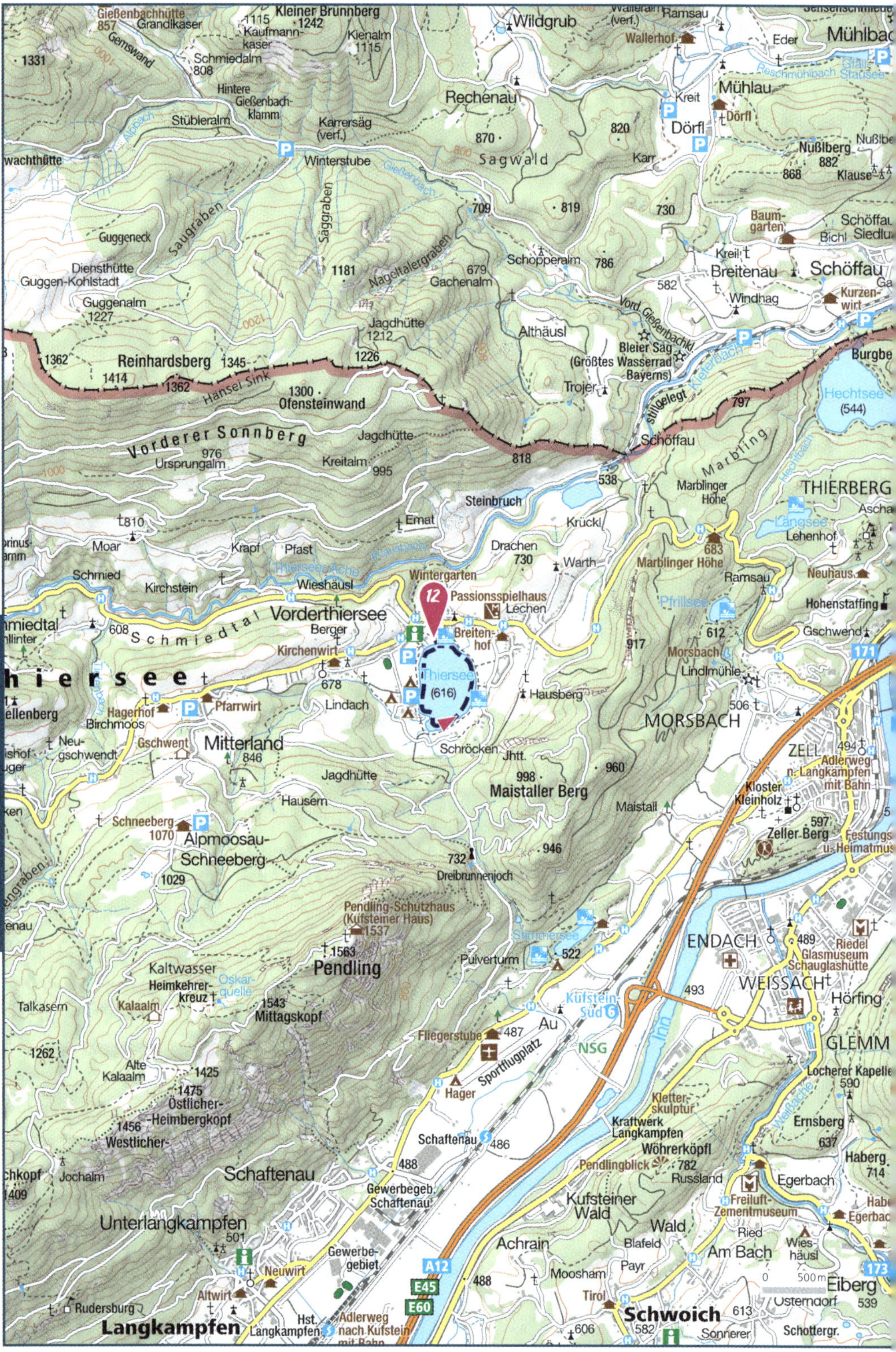

12

Gießenbachhütte
857
Grandlkaser
1115
Kleiner Brunnberg
1242
Kaufmann-
kaser
Kienalm
1115
Wildgrub
Wallerhof
Ramsau
Eder
Mühlbach
1331
Gemswand
Schmiedalm
808
Rechenau
Mühlau
Dörfl
Kreit
Hintere
Gießenbach-
klamm
Stüberalm
Karrersäg
(verf.)
870
820
Nußlberg
882
868
Klause
Winterstube
Sagwald
Karr
Saugraben
Saggraben
709
819
730
Baum-
garten
Schöffau
Bichl
Guggeneck
Nageltalergraben
Schopperalm
786
Kreil
Breitenau
Schöffau
Diensthütte
Guggen-Kohlstadt
1181
679
Gachenalm
582
Windhag
Kurzen-
wirt
Guggenalm
1227
Jagdhütte
1212
Althäusl
Vord. Gießenbach
Bleier Säg
(Größtes Wasserrad
Bayerns)
1362
Reinhardsberg
1345
1226
Burgberg
1414
1362
Hansel Sink
1300
Ofensteinwand
Trojer
stillgelegt
Kieferbach
Hechtsee
(544)
797
Vorderer Sonnberg
Jagdhütte
976
Ursprungalm
Kreitalm
995
818
Schöffau
Marbling
1000
538
Marblinger
Höhe
THIERBERG
Steinbruch
Längsee
Lehenhof
810
Emat
Krückl
683
Marblinger Höhe
Moar
Krapf
Pfast
Drachen
730
Warth
Neuhaus
Ramsau
Thierseer Ache
Schmied
Kirchstein
Wieshäusl
Wintergarten
Pfrillsee
Hohenstaffing
Passionsspielhaus
Lechen
Vorderthiersee
608
Schmiedtal
Berger
Breiten-
hof
917
612
Gschwend
Kirchenwirt
Morsbach
171
Thiersee
(616)
Lindmühle
678
Thiersee
Hausberg
506
Hagerhof
Pfarrwirt
Lindach
MORSBACH
Birchmoos
Gschwent
Mitterland
846
Neu-
gschwendt
Schröcken
Jhtt.
494
ZELL
Adlerweg
n. Langkampfen
mit Bahn
998
Maistaller Berg
960
Jagdhütte
Kloster
Kleinholz
Hausern
Maistall
Schneeberg
1070
Alpmoosau-
Schneeberg
597
Zeller Berg
Festungs
u. Heimatmus.
732
946
1029
Dreibrunnenjoch
Pendling-Schutzhaus
(Kufsteiner Haus)
1537
Stimmersee
ENDACH
489
Riedel
Glasmuseum
Schauglashütte
1563
Pendling
522
Kaltwasser
Heimkehrer-
kreuz
Oskar-
quelle
Pulverturm
WEISSACH
Talkasern
Kalaalm
1543
Mittagskopf
Kufstein
Süd 6
493
Hörfing
Inn
GLEMM
1262
Fliegerstube
487
Au
NSG
Alte
Kalaalm
1425
Sportflugplatz
Locherer Kapelle
590
1475
Östlicher-
Heimbergkopf
Hager
Kletter-
skulptur
Weißache
Ernsberg
1456
Westlicher-
Kraftwerk
Langkampfen
637
Schaftenau
486
Wöhrerköpfl
Haberg
714
Jochalm
Pendlingblick
782
1409
488
Schaftenau
Russland
Egerbach
Gewerbegeb.
Schaftenau
Freiluft-
Zementmuseum
Kufsteiner
Wald
Egerbach
Unterlangkampfen
Wald
Ried
501
Blafeld
Wies-
häusl
Achrain
Am Bach
Neuwirt
Gewerbe-
gebiet
A12
Payr
173
Moosham
0
500 m
Eiberg
Altwirt
E45
488
Tirol
613
Osterndorf
539
Rudersburg
E60
Hst.
Adlerweg
nach Kufstein
mit Bahn
Schwoich
Langkampfen
Langkampfen
606
582
Sonnerer
Schottergr.

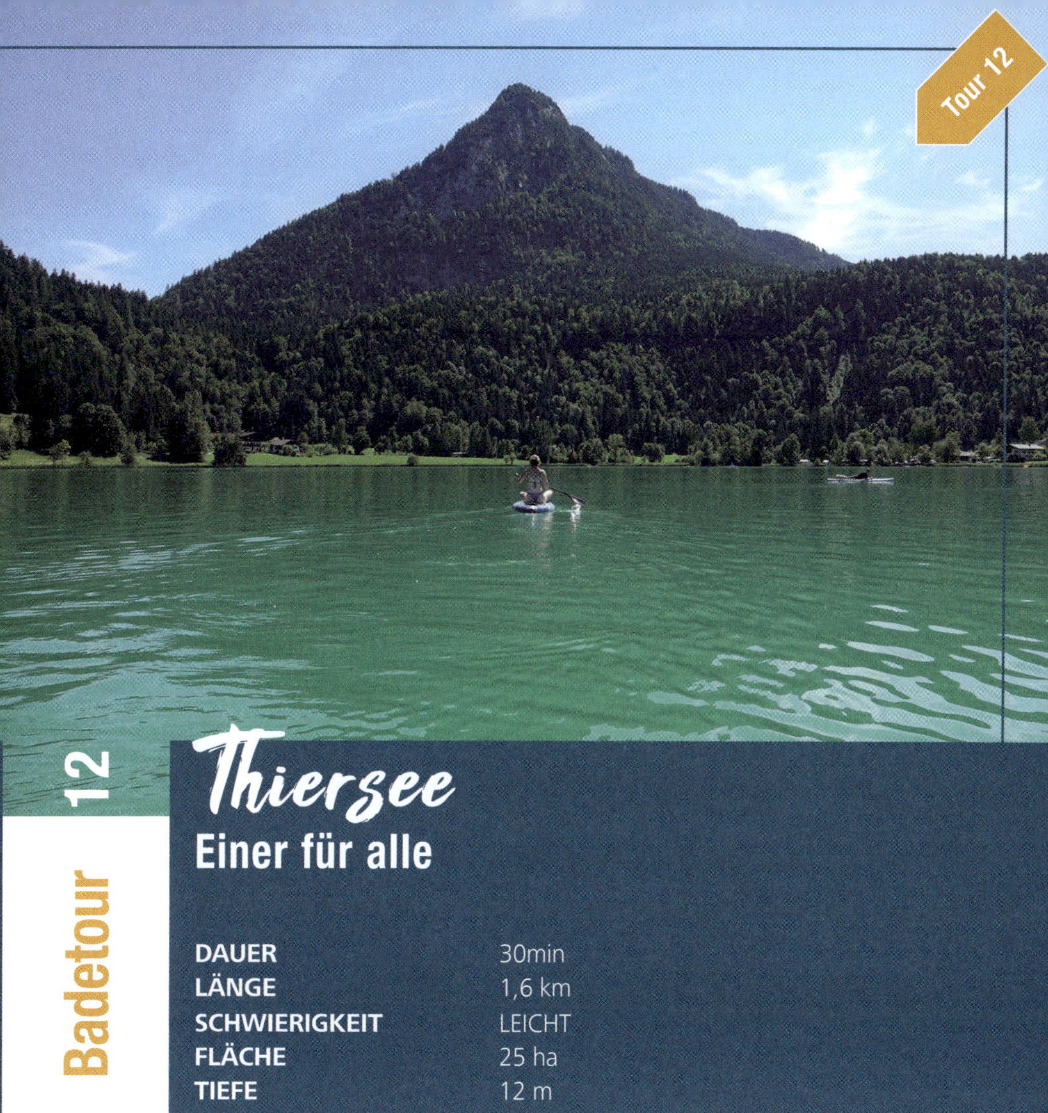

Badetour 12

Thiersee

Einer für alle

DAUER	30min
LÄNGE	1,6 km
SCHWIERIGKEIT	LEICHT
FLÄCHE	25 ha
TIEFE	12 m

Das erwartet dich ...

Ein idyllischer Natursee, der im Sommer bei allen Altersgruppen äußerst beliebt ist und sich besonders für Familien und Badebegeisterte eignet. Inmitten der Brandenberger Alpen am Hochplateau des Thierseetals liegt der grün glitzernde Thiersee, der mit einem Kontrast aus weiten Hügeln und Blick auf den mächtigen Kletterberg Pendling ein echtes Paradies für SUP-Freunde ist.

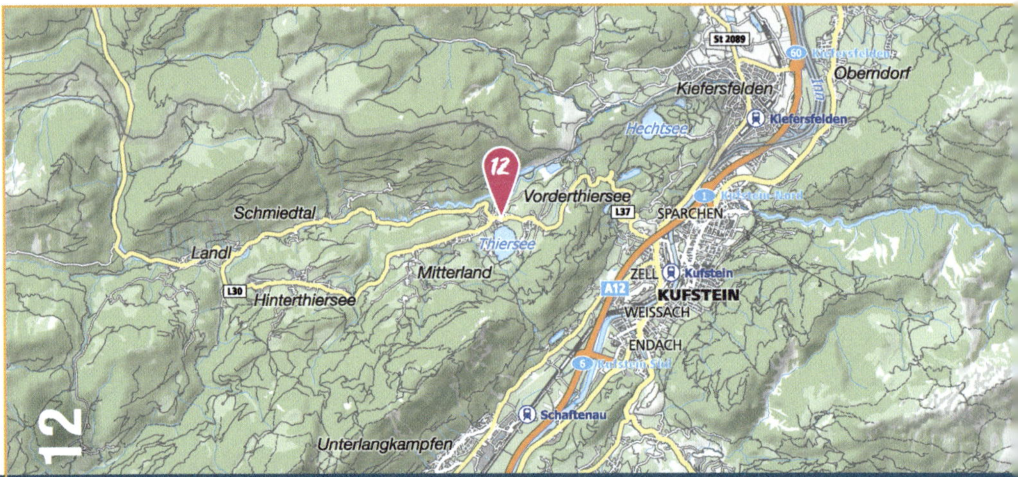

Start & Ziel & Anreise

Anfahrt über die Inntal-Autobahn, Ausfahrt Kufstein-Nord und nach Thiersee zum Parkplatz Passionsspielhaus-Thiersee. Ein Parkticket für den ganzen Tag kostet 3 Euro, die Parkplätze sind sehr limitiert und deshalb recht schnell voll. Es lohnt sich also, eher früher als später aufzubrechen. Wer möchte, kann auch die Regionalbuslinie 4046 von Kufstein nach Thiersee (Haltestelle Thiersee-Passionsspielhaus) nehmen.

Tourenbeschreibung

Wir starten unsere Tour in der Badeanlage Thiersee. Eine Tageskarte für Erwachsene kostet 4 Euro, im Gegenzug dafür bekommen wir Zugang zur Badeanlage, die mit einer gepflegten Liegewiese, sanitären Anlagen, einem Sprungturm und einer Wasserrutsche begeistert. Einen SUP-Verleih gibt es leider nicht, Tret-, Ruder- und Delphinboote können dort aber ausgeliehen werden. Außerdem verfügt der Badestrand über einen großzügigen Eltern-Kind-Bereich mit Spielplatz und eignet sich deshalb super für einen Ausflug mit der Familie.

Nachdem wir unser Board ins Wasser gelassen und uns ein paar Meter vom lebhaften Schwimmbereich des Strandbads entfernt haben, paddeln wir nach links,entlang dem Ostufer des Sees. Hier im Norden, wo wir unsere Tour starten, befindet sich hinter einem schmalen Röhrichtstreifen eine Seerosen-Gesellschaft mit der gefährdeten und unter Naturschutz stehenden Weißen Seerose. Zu diesem Teil des Ufers halten wir, wenn auch unglaublich romantisch, also einen großzügigen Abstand, um die Natur nicht zu gefährden. Auf der gegenüberliegenden Seite fällt unser Blick auf den Pendling, der sich im Süden des Sees eröffnet und im Vergleich zu der eher hügeligen Landschaft am Hochplateau des Thierseetals und dem schillernden grünen Wasser einen beeindruckenden Kontrast bietet. Wir paddeln weiter Richtung Süden und kommen am Badeplatz Ostufer vorbei. Wir wenden uns nach Westen, wo wir in Richtung der beiden Campingplätze Hiasenhof und Rueppenhof paddeln. Der Thiersee ist also auch für Urlauber ein beliebtes Ausflugsziel.

Im Vergleich zu vielen anderen Tiroler Seen ist der Thiersee ein sehr warmer. Wer also das Bedürfnis verspürt, sich im kühlen Nass zu erfrischen, kann das überall am See machen, ohne sofort zu einem Eiszapfen zu erstarren. Denn dank der eher geringen Tiefe von 12 Metern erwärmt sich der See in den Sommermonaten auf bis zu 24 °C und ist deshalb der beliebteste der vier Badeseen am Hochplateau. Gespeist wird der See von mehreren im Süden einfließenden kleinen Bächen, welche der Grund für die hervorragende Wasserqualität sind, in dem sich allerlei typische Süßwasserfische wie der Hecht, Zander, Seeforelle etc. tummeln. Der Thiersee kann außerdem per Rundwanderweg in einer gemütlichen Stunde umrundet werden.

Nachdem wir uns im angenehmen Wasser abgekühlt haben geht es auf nach Norden, wo wir das Passionsspielhaus der Gemeinde Thiersee in seiner vollen Pracht bewundern können und nach einer knappen halben Stunde auch schon am Ende unserer Tour angekommen sind. Wer also anspruchsvolle, lange Touren sucht, ist am Thiersee eher am falschen Platz. Wer aber nach einer gemütlichen, landschaftlich genialen Tour sucht, die sich auch gut mit Kindern bewältigen lässt, kommt hier dafür voll auf seine Kosten. Und wer Lust hat kann sich nach einem aufregenden Tag am Wasser im Restaurant MioMondo im Strandbad kulinarisch mit Pizza und Sonstigem verwöhnen und den Tag gemütlich ausklingen lassen.

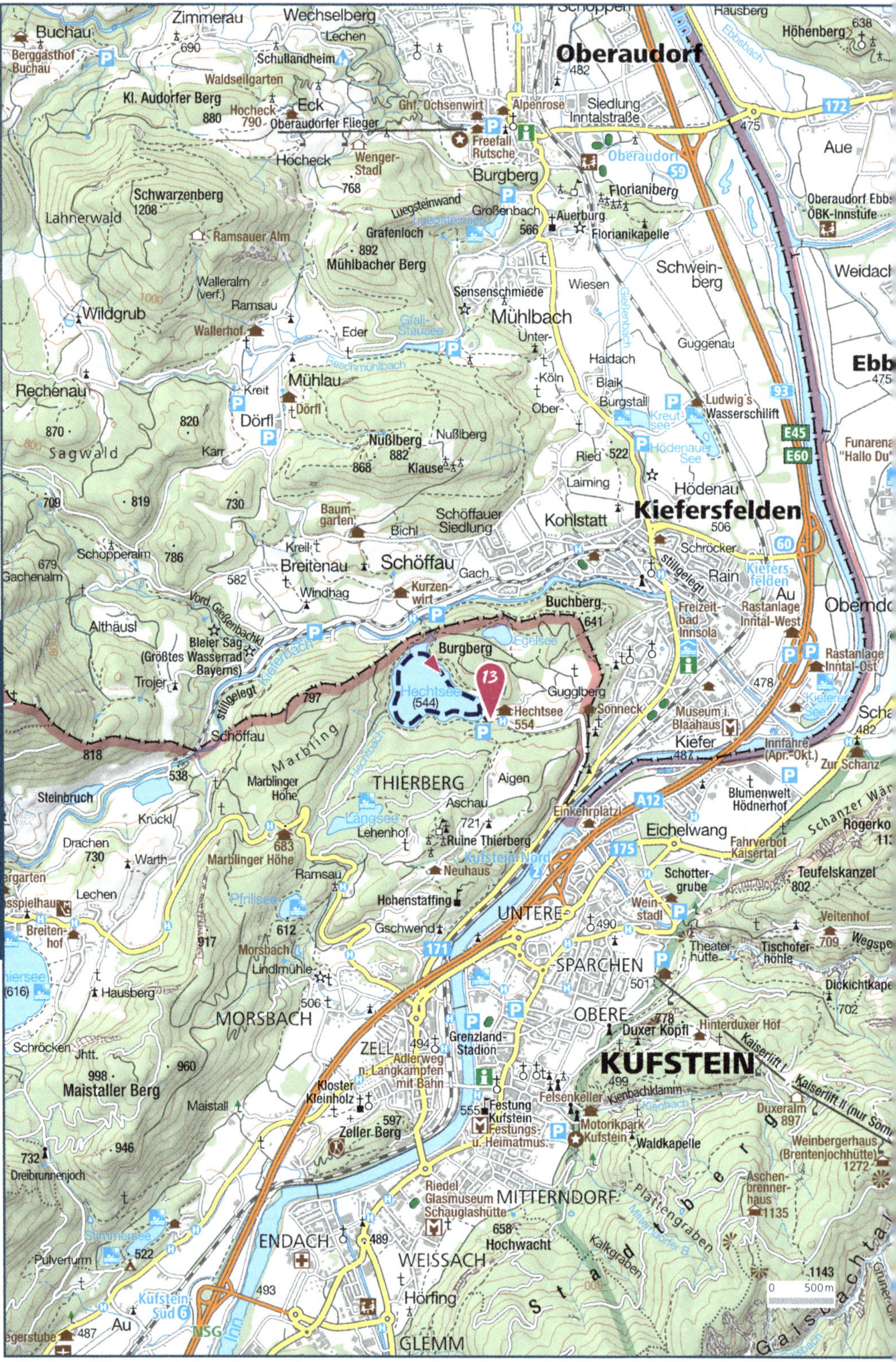

Zimmerau
Wechselberg
Schoppen
Hausberg
Höhenberg 638
Buchau
Berggasthof Buchau
690
Lechen
Schullandheim
Oberaudorf
482
Ebbsbach
Waldseilgarten
Kl. Audorfer Berg
880
Hocheck 790
Eck
Oberaudorfer Flieger
Ghf. Ochsenwirt
Alpenrose
Siedlung Inntalstraße
475
172
Aue
Freefall Rutsche
Hocheck
Wenger-Stadl
Oberaudorf
59
Burgberg
768
Schwarzenberg 1208
Lahnerwald
Luegsteinwand
Luegsteinsee
Großenbach
Florianiberg
Auerburg
566
Florianikapelle
Oberaudorf Ebbs ÖBK-Innstufe
Ramsauer Alm
Grafenloch
892
Mühlbacher Berg
Schwein-berg
Weidach
Walleralm (verf.)
Ramsau
1000
Wiesen
Sensenschmiede
Mühlbach
Gießenbach
Wildgrub
Wallerhof
Eder
Gfall-Stausee
Unter-
Guggenau
Haidach
Ebb
475
Reschmühlbach
-Köln
Blaik
Mühlau
Kreit
Rechenau
Dörfl
Ober-
Burgstall
Kreut-see
Ludwig's Wasserschilift
93
E45
Dörfl
Nußlberg
Funarena "Hallo Du"
870
820
Nußlberg 882
Ried 522
Hödenauer See
E60
800
Sagwald
Karr
868
Klause
Laiming
Hödenau
709
819
730
Baum-garten
Schöffauer Siedlung
Kohlstatt
Kiefersfelden
506
Schopperalm
786
Bichl
Schröcker
679
Kreil
60
Gachenalm
Breitenau
Schöffau
Gach
Rain
Kiefers-felden
582
Windhag
Kurzen-wirt
stillgelegt
Au
Oberndo
Vord. Gießenbachkl.
Buchberg
641
Freizeit-bad Innsola
Rastanlage Inntal-West
Althäusl
Bleier Säg (Größtes Wasserrad Bayerns)
Kieferbach
Burgberg
Egelsee
Rastanlage Inntal-Ost
Trojer
stillgelegt
Hechtsee (544)
13
Gugglberg
478
797
Hechtsee
554
Sonneck
Museum i. Blaahaus
Kieferer See
Scha
Schöffau
482
818
Marbling
Kiefer
487
Innfähre (Apr.-Okt.)
Zur Schanz
538
Hechtbach
Steinbruch
Marblinger Höhe
THIERBERG
Aigen
Blumenwelt Hödnerhof
Schanzer Wä
Kröckl
Aschau
Längsee
Einkehrplatzl
A12
Rogerko
Drachen
730
Lehenhof
721
Ruine Thierberg
Eichelwang
Fahrverbot Kaisertal
683
Warth
Kufstein-Nord
2
175
Marblinger Höhe
Neuhaus
Teufelskanzel 802
ergarten
Ramsau
Schotter-grube
Lechen
Hohenstaffing
ssspielhau
Pfrillsee
Wein-stadl
Veitenhof
Breiten-hof
612
UNTERE
917
Gschwend
490
Theater-hütte
Tischofer-höhle
709
Wegspe
Morsbach
171
hiersee (616)
Lindmühle
SPARCHEN
501
Dickichtkape
Hausberg
506
702
MORSBACH
OBERE
778
Duxer Köpfl
Hinterduxer Hof
Schröcken
Jhtt.
494
Grenzland-Stadion
ZELL
Adlerweg n. Langkampfen mit Bahn
KUFSTEIN
Kaiserlift I
998
960
Maistaller Berg
Kloster Kleinholz
499
Kaiserlift II (nur Som
Felsenkeller
Kienbachklamm
Kienbach
Maistall
555
Festung Kufstein
Festungs- u. Heimatmus.
Motorikpark Kufstein
Duxeralm 897
597
Zeller Berg
Waldkapelle
Weinbergerhaus (Brentenjochhütte) 1272
732
946
Dreibrunnenjoch
Riedel Glasmuseum Schauglashütte
MITTERNDORF
Plattengraben
Aschen-brenner-haus 1135
Stimmersee
658
Hochwacht
Mitterndorfer B.
Kalkgraben
522
ENDACH
489
Pulverturm
WEISSACH
1143
Kufstein-Süd 6
493
Stadtberg
Hörfing
0 500 m
Gaisbachtal
Au
487
NSG
Inn
egerstube
GLEMM

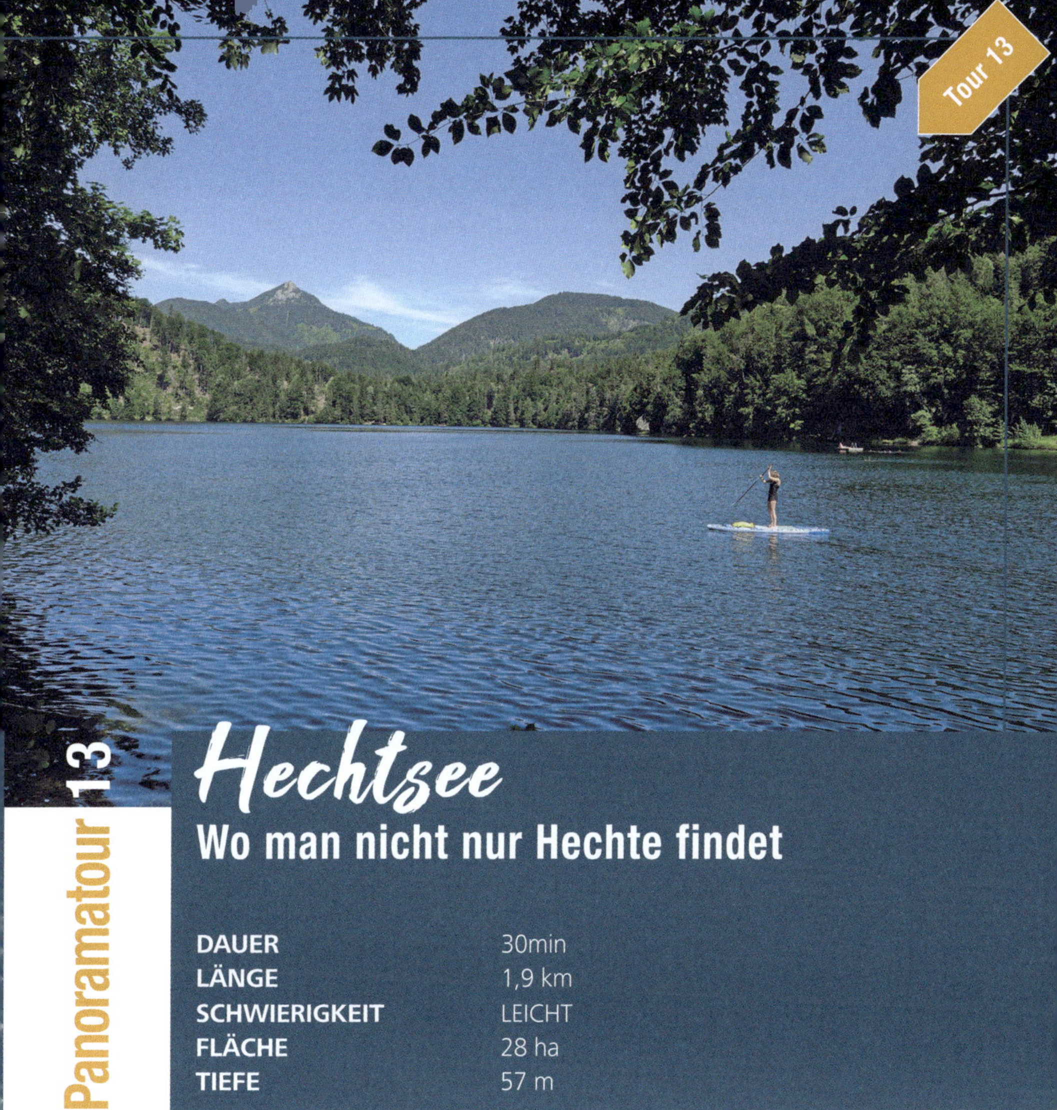

Hechtsee

Wo man nicht nur Hechte findet

DAUER	30min
LÄNGE	1,9 km
SCHWIERIGKEIT	LEICHT
FLÄCHE	28 ha
TIEFE	57 m

Das erwartet dich ...

Eine fast schon märchenhafte Tour rund um den Hechtsee. Umgeben von dichtem Wald, dessen Bäume sich durstig Richtung See beugen und mit Blick auf das tiefblaue Wasser ist es hier absolut unmöglich, nicht zur Ruhe zu kommen.

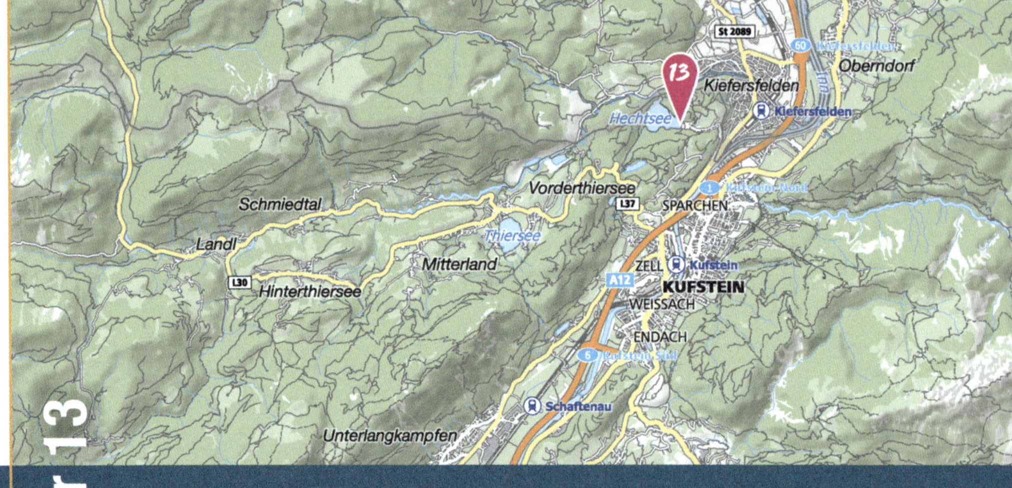

Panoramatour 13

Start & Ziel & Anreise

Von der A12 Inntal-Autobahn kommend die Ausfahrt Kufstein-Nord und Richtung Zentrum, bis wir in die Salurner Straße kommen. Beim Kreisverkehr die erste Ausfahrt über den Inn, bis wir links in die steile und etwas enge Auffahrt zum Hechtsee einbiegen und der Straße folgen, bis wir zum kostenfreien Parkplatz Hechtsee gelangen. Mit dem Hechtseebus (26. Juni bis 12 September bei schönem Wetter an Samstagen und Sonntagen sowie täglich in den Sommerferien) kommt man von Kufstein aus kostenlos zum See.

Tourenbeschreibung

Am Naheliegendsten ist natürlich der große und gepflegte Seezugang der Seearena Hechtsee, von wo aus wir die Tour natürlich auch problemlos starten können. Die Badeanstalt bietet sanitäre Anlagen, ein SB-Restaurant und ist barrierefrei. Ein Tagesticket für Erwachsene kostet 4,80 Euro. Für all jene Paddler, die sich die Eintrittgebühr sparen möchten, gibt es eine kostenlose, aber dafür weniger gemütliche Ausweichmöglichkeit ein paar Meter entfernt vom Seebad.

Wer dann einmal am Wasser ist, bleibt dort für die Dauer der Tour auch. Möglichkeiten an Land zu gehen gibt es nur wenige, da der See rundum dicht bewaldet ist und nur für den Rundwanderweg Platz macht, der direkt am Hechtsee entlangführt. Was aber auch einen Vorteil hat, denn bis auf ein paar Wanderer und Spaziergänger gibt es nur wenig, das den Blick auf die unberührte Natur stört.

Wir starten unsere Tour ca. 50 Meter links von der Seearena Hechtsee, wo wir unser Board zu einem kleinen Bootszugang tragen und dort ins Wasser lassen. Wir paddeln direkt los entlang dem südlichen Ufer des Sees und weg von der Badeanstalt. Es dauert nicht lange, bis wir voll und ganz in die idyllische Ruhe, die den ganzen See umgibt, eintauchen. Fast schon märchenhaft wirkt die Kombination aus tiefblauem Wasser und saftigen grünen Wäldern. Wer genau hinschaut erblickt im klaren, kühlen Nass sogar den einen oder anderen Fisch: Hechte, Zander, Karpfen und vieles mehr tummeln sich hier und können (mit Angelschein) geangelt werden. Mit einer Fläche von 28 Hektar ist der Hechtsee der größte der vier Seen – Egelsee, Längsee, Pfrillsee und Hechtsee –, die sich rund um den Thierberg in Kufstein knapp an der deutsch-österreichischen Grenze befinden. Obwohl der See eine Wassertiefe von knapp 60 Metern erreicht, kann er sich im Sommer bis auf angenehme 24 °C erwärmen.

Wir rudern weiter entlang dem Ufer und halten Ausschau nach Hechta, der Nixe, die dem Hechtsee der Sage nach seinen Namen gegeben hat und die immer noch in den Tiefen des Sees hausen soll. Weil wir aber kein Glück haben, paddeln wir munter weiter, vorbei am Westufer und Richtung Schilffront im Norden des Sees. Wie immer gilt aber auch hier: Abstand vom Schilf! Auch wenn er nicht naturgeschützt ist, ist er doch ein wichtiger Lebensraum vieler Vogelarten, die hier brüten und Schutz suchen. Wer den ultimativen Panoramablick haben möchte, sollte noch einen Abstecher machen und in die Mitte paddeln, denn von dort aus haben wir einen fantastischen Blick auf den gesamten See und die umliegenden Berge. Besonders am Vormittag, wenn der Wind noch nicht weht und man die Ruhe des Sees in vollen Zügen genießen kann, kann man am SUP-Board praktisch ungestört meditieren oder Yoga machen.

Nachdem wir die Landschaft ausgiebig betrachtet haben, machen wir uns auf den Rückweg entlang dem Nordufer. Wir machen unsere letzten Paddelschläge vorbei am Strandbad und kommen schließlich zurück zu unserem Anfangsort, dem Bootszugang. Wem nach der Tour der Magen knurrt, kann sich im beliebten Hechtsee Restaurant mit grandiosem Blick auf den See mit frischem Fisch, Pizza oder Eis verwöhnen lassen.

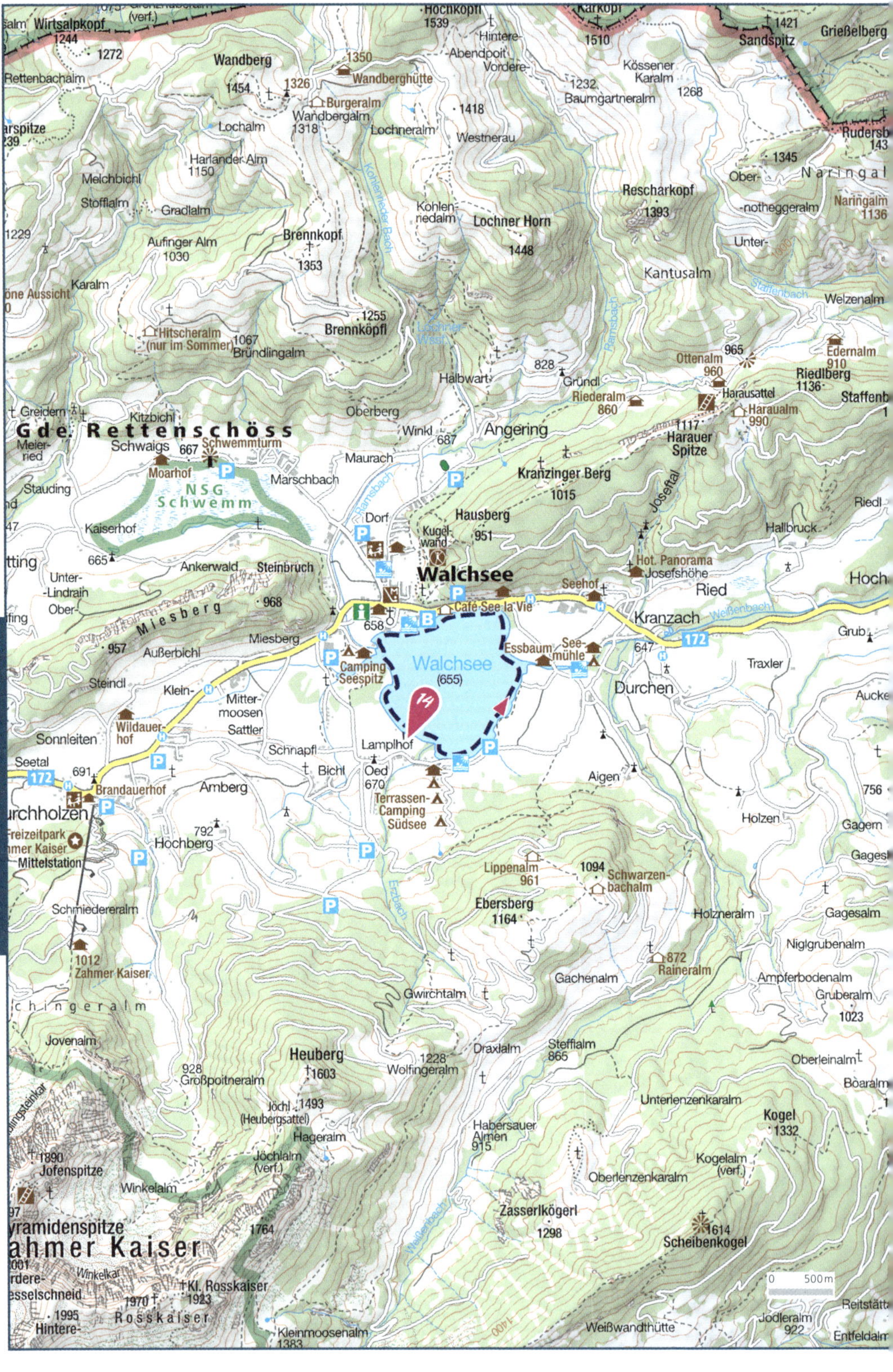

14

Wirtsalpkopf
1244
1272
Wandberg
1350
Wandberghütte
1454
1326
Burgeralm
Wandbergalm
1318
Hochkopf
1539
Hintere-
Abendpoit
Vordere-
1418
Lochneralm
Westnerau
1510
Kössener
Karalm
1232
Baumgartneralm
1268
1421
Sandspitz
Grießelberg
Rettenbachalm
Lochalm
Harlander Alm
1150
Melchbichl
Stofflalm
Gradlalm
1229
Aufinger Alm
1030
Brennkopf
1353
Kohlenriedbach
Kohlen-
riedalm
Lochner Horn
1448
Rescharkopf
1393
1345
Ober-
-notheggeralm
Unter-
Naringal
Naringalm
1136
Kantusalm
Staffenbach
Welzenalm
Karalm
Hitscheralm
(nur im Sommer)
1067
Bründlingalm
1255
Brennköpfl
Lochner
Wald
Halbwart
828
Gründl
Ramsbach
965
Ottenalm
960
Edernalm
910
Riedlberg
1136
Harausattel
Staffenb
Riederalm
860
Haraualm
990
1117
Harauer
Spitze
Greidern
Kitzbichl
Gde. Rettenschöss
Meier-
ried
Schwaigs
667
Schwemmturm
Oberberg
Winkl
687
Angering
Maurach
Kranzinger Berg
1015
Moarhof
NSG
Schwemm
Marschbach
Stauding
Ramsbach
Josefstal
Riedl
Kaiserhof
Dorf
Kugel-
wand
Hausberg
951
Hallbruck
665
Ankerwald
Steinbruch
Walchsee
Hot. Panorama
Josefshöhe
Unter-
-Lindrain
Ober-
968
Seehof
Ried
Hoch
Miesberg
658
Café See la Vie
Kranzach
Weißenbach
Miesberg
957
Außerbichl
Essbaum
See-
mühle
647
172
Grub
Camping
Seespitz
Walchsee
(655)
Traxler
Steindl
Klein-
Mitter-
moosen
Durchen
Aucke
Wildauer-
hof
Sattler
Sonnleiten
Schnapfl
Lamplhof
Seetal
172
691
Bichl
Oed
670
Aigen
756
Brandauerhof
Amberg
Terrassen-
Camping
Südsee
Holzen
Gagern
Durchholzen
Freizeitpark
Zahmer Kaiser
Mittelstation
792
Hochberg
Gages
Lippenalm
961
1094
Schwarzen-
bachalm
Schmiedereralm
Ebersberg
1164
Holzneralm
Gagesalm
Erlbach
Niglgrubenalm
1012
Zahmer Kaiser
872
Raineralm
Gachenalm
Ampferbodenalm
Gruberalm
Gwirchtalm
1023
Jovenalm
Heuberg
1603
1228
Wolfingeralm
Draxlalm
Stefflalm
865
Oberleinalm
Boaralm
928
Großpoitneralm
Jöchl 1493
(Heubergsattel)
Unterlenzenkaralm
Kogel
1332
Hageralm
Habersauer
Almen
915
1890
Jofenspitze
Jöchlalm
(verf.)
Kogelalm
(verf.)
Winkelalm
Oberlenzenkaralm
Pyramidenspitze
1764
Zasserlkögerl
1298
1614
Scheibenkogel
Zahmer Kaiser
Winkelkar
Weißenbach
Vordere-
Kesselschneid
1970
Kl. Rosskaiser
1923
0 500 m
1995
Hintere-
Rosskaiser
Kleinmoosenalm
1383
Weißwandthütte
Jodleralm
922
Reitstätt
Entfeldalm

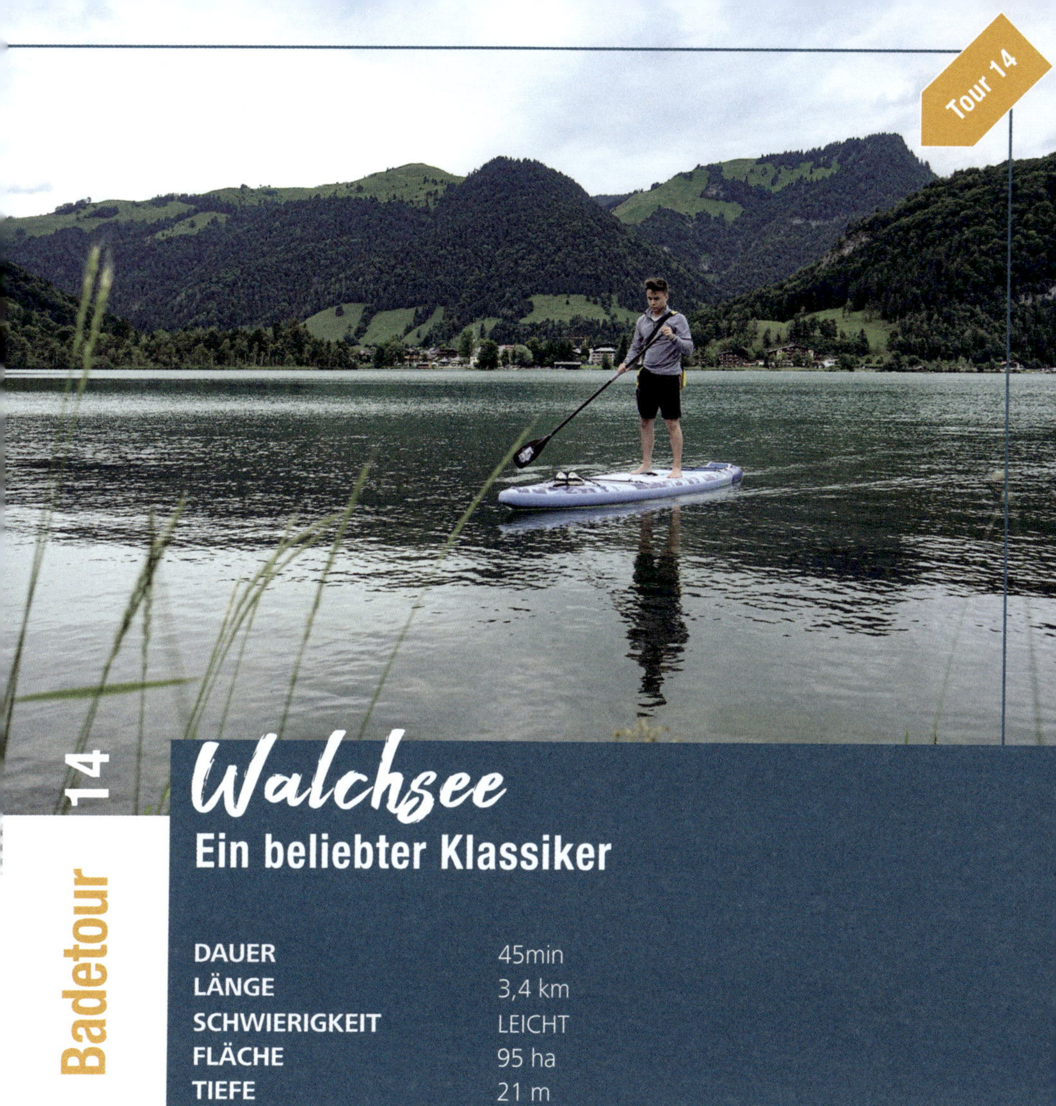

Tour 14

14 Badetour

Walchsee

Ein beliebter Klassiker

DAUER	45min
LÄNGE	3,4 km
SCHWIERIGKEIT	LEICHT
FLÄCHE	95 ha
TIEFE	21 m

Das erwartet dich ...

Unweit der Abhänge des Zahmen Kaisers und umgeben von der gleichnamigen Gemeinde findet sich in der Tiroler Region Kaiserwinkl ein echter Hotspot für alle Wassersportler. Besonders für SUP-Anfänger bietet er ein ideales Ausflugsziel: Denn wer hier seine ersten Paddelschläge wagt, ist dank der Durchschnittstemperatur von 24 °C bestens gegen eventuelle Gleichgewichts-Flächeen gewappnet.

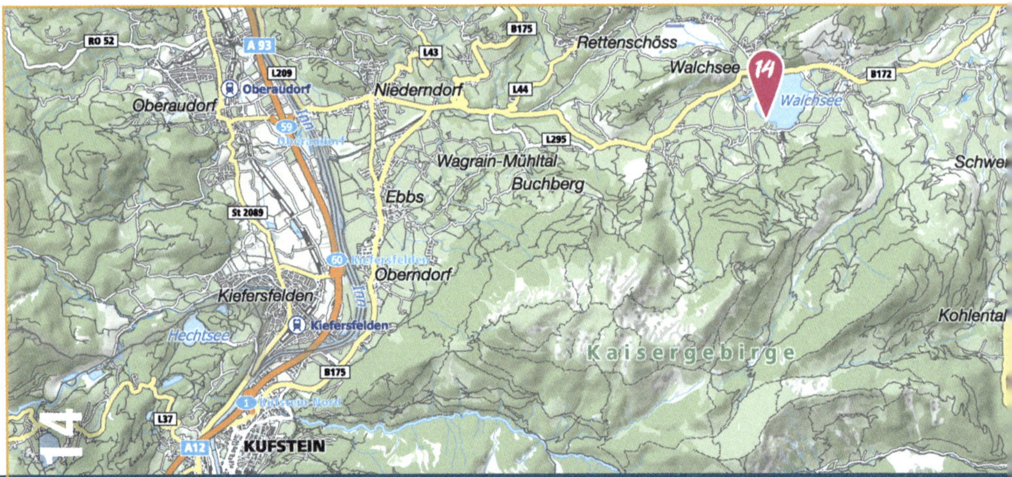

Start & Ziel & Anreise

Ausgangspunkt der Tour ist der Seeparkplatz am südwestlichen Ufer des Walchsees. Erreichbar sowohl von Osten als auch Westen, indem wir von der B 172 kommend in die Seestraße einbiegen und entlangfahren, bis wir beim großen Wiesenparkplatz angelangt sind. Hier kann man den ganzen Tag kostenpflichtig parken, wer keinen Parkplatz findet, kann auf einen der alternativen Parkplätze ausweichen, die man rund um den See findet.

Tourenbeschreibung

Da der Walchsee nicht wirklich als Geheimtipp gilt, gibt es rund um den See eine Vielzahl an Zugängen zum Wasser. Je nach Belieben kann man seine Tour also von Campingplätzen oder Badestränden aus starten. Wer nach kostenfreien Zugängen zum Wasser sucht, bleibt aber leider erfolgslos. Auch für unseren Parkplatz am südlichen Ende des Sees müssen wir eine Tagesgebühr von 5 Euro entrichten. Im Gegenzug dafür bekommen wir Parkplatz und Zutritt zum Seestrand, der gepflegt ist und sanitäre Anlagen direkt im Haus dahinter bietet. Wer aber das volle Strandbarerlebnis sucht und auch kulinarisch versorgt werden möchte, sollte eher den Badestrand Ostufer & Beachbar aufsuchen.

Der Walchsee, ganzer Stolz der gleichnamigen Gemeinde, die den See auch in Form einer blauen Welle in ihrem Dorfwappen verewigt hat, ist aufgrund seiner Durchschnittstemperatur von 24 °C einer der wärmsten Badeseen Tirols. Beson-

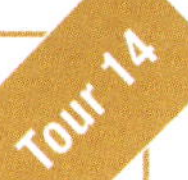

ders beliebt ist der 12 Meter tiefe Walchsee (übrigens nicht zu verwechseln mit seinem bayrischen Nachbarn, dem Walchensee) jedoch für seine hervorragende Wasserqualität, die sogar die Güteklasse IA (Trinkwasserqualität) erreicht.

Nachdem wir unsere Seenumrundung vom Seebad aus gestartet haben und ein paar Meter auf den See gepaddelt sind, wenden wir uns dem Ostufer des Sees zu und paddeln entlang des Südufers am Ferienpark Terrassencamping Süd-See vorbei. Wer gerne campt, kann auch von hier aus starten, denn da wir den See einmal als Ganzes umrunden, lässt sich die Tour von jedem der mehreren Seezugänge aus flexibel starten.

Wir müssen auch damit rechnen, dass man den See nicht ganz allein für sich alleine hat, denn an schönen Tagen geht es am Walchsee ganz schön lebhaft zu. Es tummeln sich zahlreiche Boote, Wasserskifahrer und Windsurfer, aber auch Hunde dürfen sich am eigens angelegten Hundestrand im kühlen Nass erfrischen. Auch wenn wir das bunte Treiben von unserem SUP-Board aus bestens beobachten können, lassen wir uns auf keinen Fall die grandiose Landschaft entgehen. Die ganze Tour über eröffnet sich ein großartiger Blick auf die umliegenden drei Berge, den Miesberg und den Kranzingerberg im Norden und den Heuberg im Süden.

Wir lassen den Campingplatz hinter uns und rudern vorbei am Badestrand Ostufer, der sich aufgrund seiner beliebten Wasserhüpfburgen ideal für Ausflüge mit Kindern eignet. Weiter geht es Richtung Norden, wo wir nach einer knappen halben Stunde auf das Nordufer des Walchsees stoßen, wo man sich je nach Belieben in einem der zahlreichen Hotels oder Gasthöfe kulinarisch verwöhnen lassen und eine Pause machen kann. Wer sich ein SUP-Board ausleihen möchte, kann das hier bei Karl2o - Wassersportzentrum Walchsee machen. Danach geht es weiter Richtung Westen, wo wir am Camping Seespitz vorbeipaddeln und dann am Ufer entlang wieder gen Süden navigieren, wo wir uns mit ein bisschen Glück schon vom typischen Nachmittagswind Richtung Ziel tragen lassen können.

Astberg
1267
Gaux
Unter-astberg
Schösser
Witt-berg
Wald-park
Rero-bichl
Oberndorf in Tirol
687
Blumberg
Hütting
Blattalm (nur Wi.)
Schrött-berg
Bichlhof 808
Kerschhackl-moos
Dorfwirt
161
Griesbach
Griesbach
nschwendt 1057
Stein
Winkel
Geiers-bichl
Holz
Waldhof
Adler
Fuchs-lueg
Berger
Anzen-berg
Rosen-hof
Wiesenschwang
(nur Winter)
Müllnera
Lindental
Boden
879
Grutten
Schnalt
Unteregg
Wimmau
Reither Ache
Brantl
Rumel
Bichlach
Hartstein-werk
Wölzer
Steinbergalm 1206
916
Fallbichl
Kohlhofen
Trattberg
780
ttenbergalm
41
Gadenrain
Grübl
Humer-bichl
Haslinger Bach
Sauereck
Haslach
Mittel-feld
876
Rettenberg
Zimmerau
Rain
Weiherbach
chariwandalm
Waching
Schmalau
Riesberg
Neuhäusl
Niederalm
1292
Hochalm
salm
07
Hörpfing
Hasenberg
Reitherl
Oberlehen
Großvogelsberg
Foidinger-
Veitlkapelle
Reither Streif
Reith bei Kitzbühel
762
Hasenberg-weiher
Stegen
Tischlerwirt
Gieringer-Weiher
Erb
Vogelsberger Weiher
Obernau-alm
Hallerndorf
Rummelsberg
Maut-stelle
Erber Kreuz
Filzen
Frieden-siedlung
Sineben
St. Pfandl
Gieringer Weiher
720
Höglernalm
Giering
827
Steuerberg
Höglern
Griesbach
Gasteig
Vordergrub
Walsenbach
Sekt.
Schreibichl
Hörla
Bauernhaus-museum
Pletzeralm 1270
Thainer
Rest. Ritterstem
Münichau
845
161
Lutzenberg
Wald am See
Adlerhütte 1266
769
Oberbarm
Golfplatz Kitzbühel-Schwarzsee-Reith
Schwarzsee NSG
Kitzbüheler Hornbahn Sekt. (SO+Wi)
Achrain
Römerweg
Bogenschießen Lakota
Filzerhof
15
Brugger-hof
Barmleiten
Obholz
Hennleiten
Lebenberg
Seebichl
883
Tennerhof
958
Fragenstätt
784
170
Gundhabing
008
Kitzbüheler Ache
Kitzbühel Bhf.
Seereit
Hst. Schwarzsee
Going
Schwedenkapelle
Seehof
Klausen
Klausen
807
Grün
Zenzerköpfl
1119
Ecking
KITZBÜHEL
761
Krampusmus.
Wötzing
Köglem
Zenzern
Stein
Hagstein
Kirchberg in Tirol
Staudach-stub'n
Klausenbach
Pipeline-Stollen
Kampen
Ganslernlift
A-ROSA
Golfpl. Kaps
Staudach
1122
Neuhausalm
Hahnenkamm
Hst. Hahnenkamm
Schl. Kaps
Zephir
Ganslern Alm (derzeit geschl.)
Seidlalm 1206
Ober-
Unt.-
Schattberg-siedlg.
Badhaus
Röhrmoos
Fleckalmbahn (SO+Wi)
Hermlehen
Zenzeralm
Seidlkopf 1391
-hausberg
Hausbergtal
Hahnenkammbahn
Winkl
Eisenbad
Tirolerhof
Hahnen-hof
Malern
Sand-bichl
Niedere Streifalm
Seidlalm-see
Schroll
Fleck Alm 1332
1014
Einsiedelei
161
Maierl-Alm 1225
Maierlbahn
Schattberg
Krin 1150
Brandseitenbach
Hocheck Hütte 1670
Steinegghtt.
Hochkitzbühel 1668
Gletscherwirt
776
Hahnenkamm
1712
Astenalm
Ehrenbach Wasserfall
Staudach
Krinberg
Malernalm
Obere Fleckalm
Ehrenbachalm
Ehrenbach
1246
Ochsalm
1600
Sonnbühel (nur Winter)
Pendl
Speichersee
Ehrenbachhöhe
1304
Ehrenbachkapelle (St. Wendelin)
Pirchneralm
Aurach bei Kitzbühel
Brand
Ochsalm 1470
1802
Ehrenbach-höhe
Tenn
Sonnenrast
Melkalm 1554
N 0 500 m
Kasseralm
Ehrenbachgraben 1444
Ober Blaufeldalm
1691
Hunger-

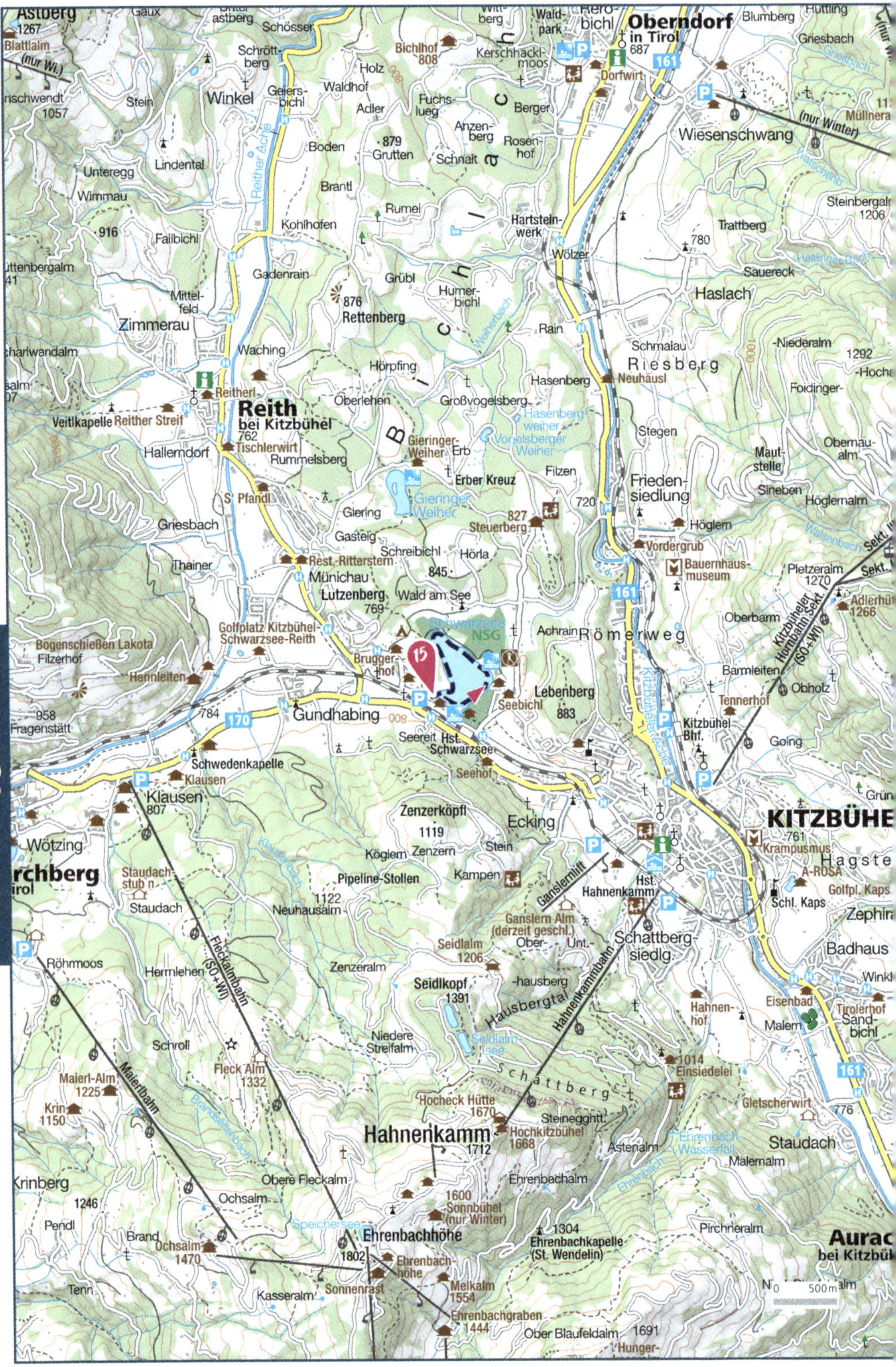

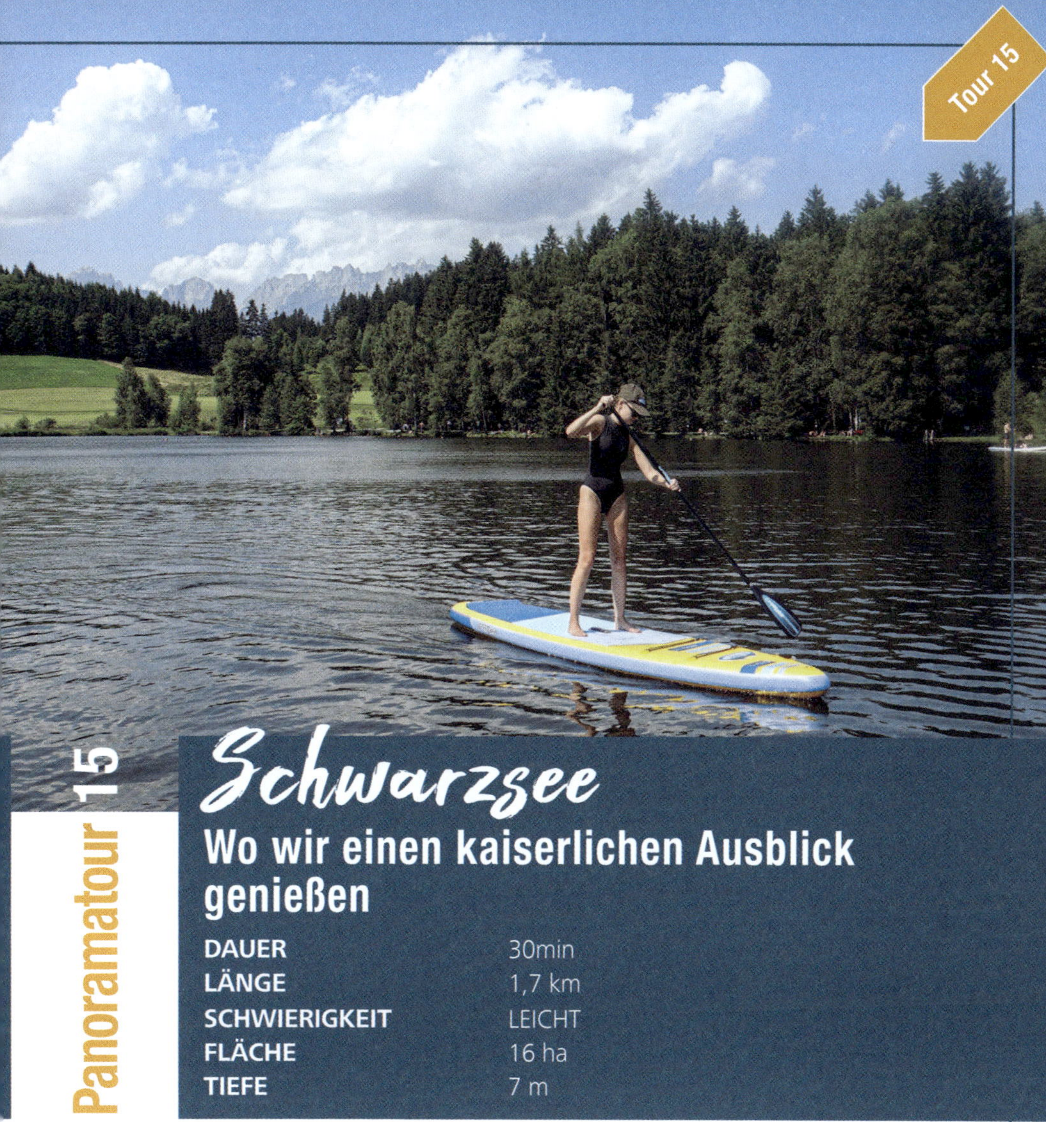

Panoramatour 15

Schwarzsee

Wo wir einen kaiserlichen Ausblick genießen

DAUER	30min
LÄNGE	1,7 km
SCHWIERIGKEIT	LEICHT
FLÄCHE	16 ha
TIEFE	7 m

Das erwartet dich ...

Eine idyllische Tour, bei der wir uns gleichzeitig neben den wohltuenden gesundheitlichen Vorteilen des Moorsees über ein einzigartiges Panorama erfreuen können, das den Blick auf die über 2000 Meter hohen Gipfel des Kaisergebirges in den Tiroler Alpen eröffnet. Ein so majestätisches Feeling hat man sonst nur selten.

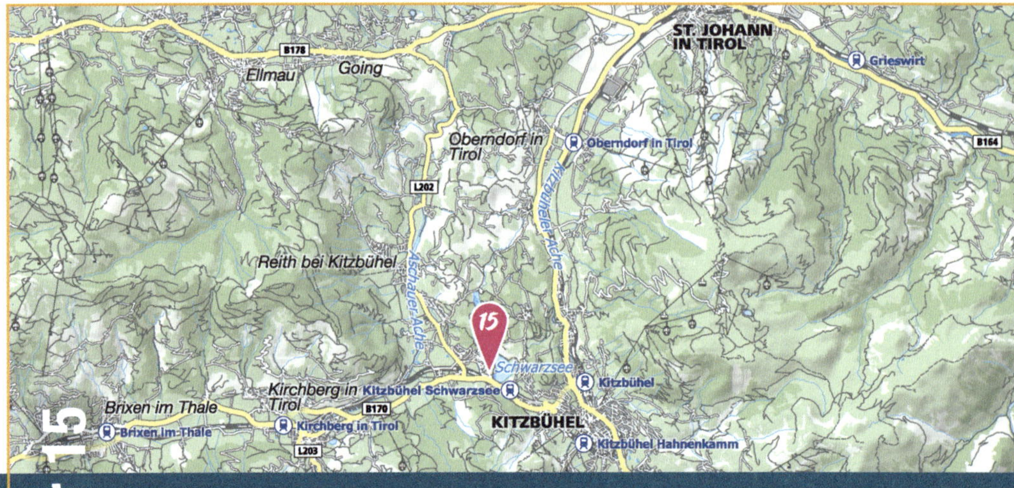

Start & Ziel & Anreise

Anfahrt über die Brixental-Straße in Kitzbühel, bis man beim Parkplatz P10 im Süden des Sees direkt beim Eingang zum Städtischen Strandbad Schwarzsee ankommt. Auch erreichbar per Postbus Linie 4002, der von 10.7. bis 12.9. von Kitzbühel aus täglich fährt. Das zweite Strandbad, auf das wir an heißen Tagen flink ausweichen können, befindet sich am Ostufer des Schwarzsees. Einen Gratiszugang zum See gibt es, dafür müssen wir aber ein paar Minuten Fußmarsch auf uns nehmen.

Tourenbeschreibung

Wir starten unsere kleine, aber feine Seeumrundung beim Städtischen Strandbad Schwarzsee, wo eine Tageskarte für Erwachsene 4,80 Euro kostet und man beim Bootsverleih Schwarzsee ein SUP-Board ausleihen kann. Wer mit seinen Füßen ins smaragdgrüne Wasser eintaucht, um sein Board ins Wasser zu lassen, der wird bald merken, dass der See eine angenehm warme Temperatur hat. Grund dafür ist sein hoher Moorgehalt, der im Frühling eine schnelle Erwärmung des Sees zulässt und im Sommer eine Maximaltemperatur von ca. 27 °C erreicht. Besonders für Familien und Badenixen ist der Schwarzsee deshalb ein sehr beliebtes Ausflugziel. Auch Heilungssuchende werden hier fündig, denn dem Gewässer werden mehrere gesundheitliche Vorteile nachgesagt.

Wir paddeln weg vom Strandbad entlang des Ostufers und richten unseren Blick direkt geradeaus, Richtung Kitzbüheler Horn. Hier sollte man sich es auf keinen

Fall entgehen lassen, ein spektakuläres Foto mit den Bergen im Hintergrund zu machen. Wir paddeln weiter bis zum Restaurant Schwarzsee und dem Nordufer entlang, wo wir bei klarem Wetter bis zum Wilden Kaiser sehen können. Weiter geht es entlang dem Nordufer bis zum Westende des Sees. Hier sind die Voraussetzungen für einen Sprung ins Wasser ideal, weil es an diesem Ende des Sees (speziell nachmittags kann es auch hier manchmal ziemlich windig werden) tendenziell ruhiger und windstiller ist.

Wer an Land gehen möchte sollte das unbedingt an einem gekennzeichneten Seezugang machen und wilde Zugangsstellen vermeiden. Der Schwarzsee steht prinzipiell unter Naturschutz und das Verlassen von Verkehrszonen, sprich das Betreten von Moorgebiet etc., das auch teilweise durch Bojen gekennzeichnet wird, ist strengstens verboten. Wir lassen das Moor also Moor sein und rudern mit einem gesunden Abstand wieder gen Süden Richtung Städtisches Strandbad und beenden dort nach einer knackigen halben Stunde unsere Tour. Wer jetzt Hunger oder Durst hat, ist am Schwarzsee bestens bedient: Rund um den See gibt es mehrere Lokale und Cafés sowieso einen Kiosk, wo man sich tagsüber stärken kann.

Mit dem Kitzbüheler Horn im Hintergrund kann man tolle Fotos machen

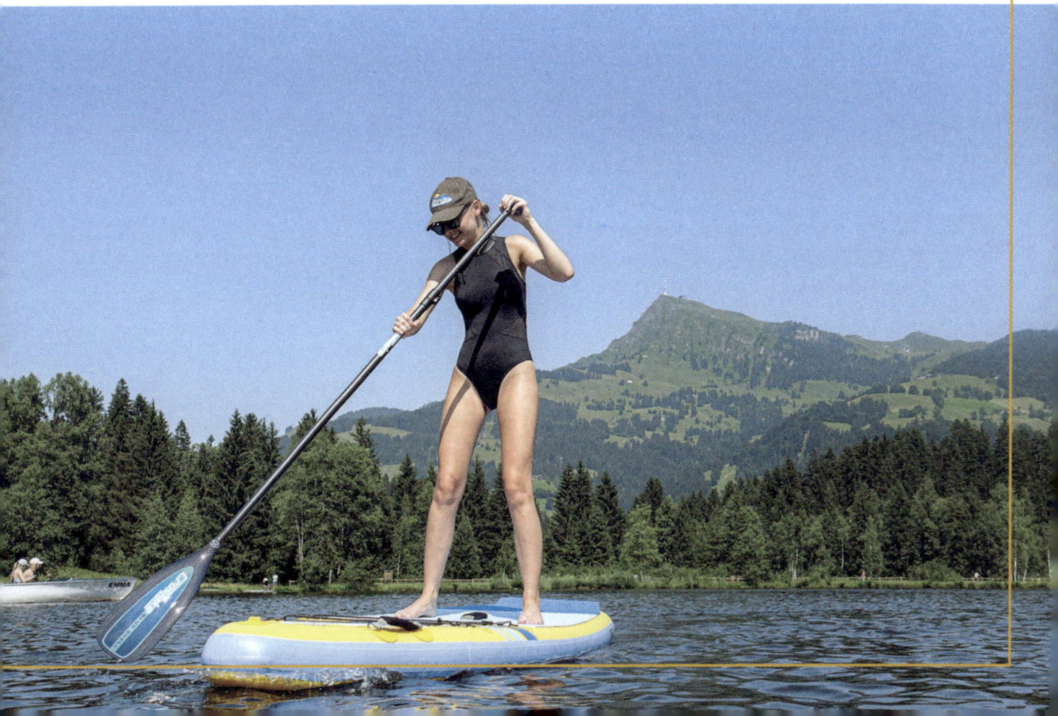

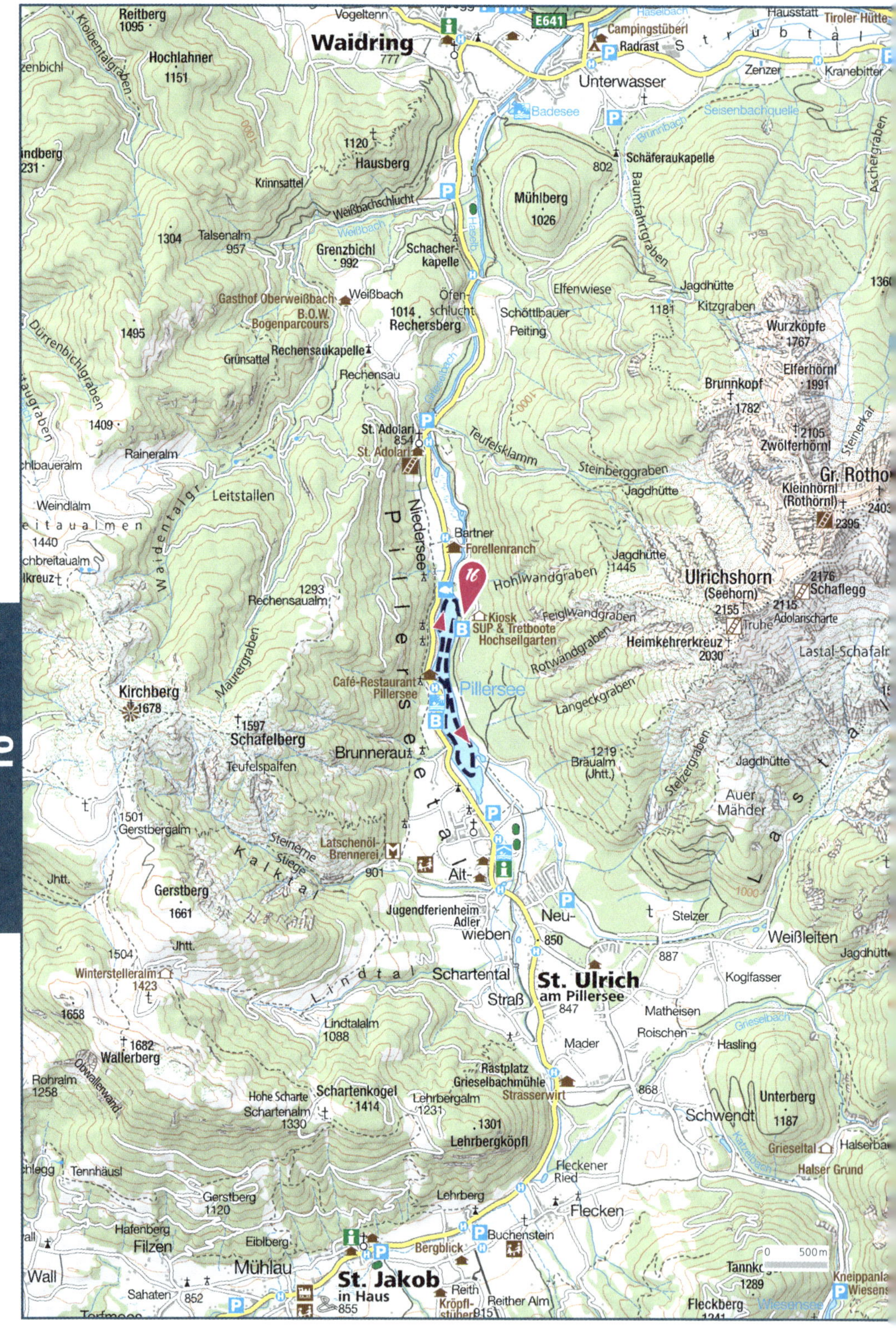
Reitberg
1095
Vogeltenn
E641
Haselbach
Hausstatt
Tiroler Hütte
Waidring
777
Campingstüberl
Radrast
S t r u b t a l
Hochlahner
1151
Unterwasser
Zenzer
Kranebitter
Badesee
Seisenbachquelle
Brunnbach
Aschergraben
1120
Hausberg
Schäferaukapelle
802
Krinnsattel
Weißbachschlucht
Mühlberg
1026
Baumfahrtgraben
1304
Talsenalm
957
Weißbach
Grenzbichl
992
Schacher-
kapelle
Haselb.
Gasthof Oberweißbach
B.O.W.
Bogenparcours
Weißbach
1014
Rechersberg
Öfen-
schlucht
Schöttlbauer
Peiting
Elfenwiese
1181
Jagdhütte
Kitzgraben
Wurzköpfe
1767
1495
Dürrenbichlgraben
Grünsattel
Rechensaukapelle
Rechensau
Grieselbach
Elferhörnl
1991
Brunnkopf
1782
2105
Zwölferhörnl
Steinerkar
1409
St. Adolari
854
St. Adolari
Teufelsklamm
Steinberggraben
Raineralm
Leitstallen
Jagdhütte
Gr. Rotho
Kleinhörnl
(Rothörnl)
2403
2395
Weindlalm
1440
Waidentalgr.
Niedersee
P i l l e r s e e t a l
Bartner
Forellenranch
Jagdhütte
1445
Ulrichshorn
(Seehorn)
2155
2176
Schaflegg
2115
Adolarischarte
16
Hohlwandgraben
1293
Rechensaualm
Kiosk
SUP & Tretboote
Hochseilgarten
Feiglwandgraben
Truhe
Heimkehrerkreuz
2030
Lastal-Schafalm
Rotwandgraben
Maurergraben
Café-Restaurant
Pillersee
Pillersee
Langeckgraben
Kirchberg
1678
1597
Schafelberg
Teufelspalfen
Brunnerau
1219
Bräualm
(Jhtt.)
Stelzergraben
Jagdhütte
Auer
Mähder
L a s t a l
1501
Gerstbergalm
Steinerne
Stiege
K a l k t a l
Latschenöl-
Brennerei
901
Alt-
Jhtt.
Gerstberg
1661
Jugendferienheim
Adler
Neu-
wieben
850
Stelzer
Weißleiten
Jagdhütte
1504
Jhtt.
887
Winterstelleralm
1423
L i n d t a l
Schartental
St. Ulrich
am Pillersee
847
Straß
Koglfasser
Matheisen
1658
Lindtalalm
1088
Roischen
Mader
Grieselbach
Hasling
1682
Wallerberg
Rastplatz
Grieselbachmühle
Strasserwirt
Rohralm
1258
Obwallenwand
Hohe Scharte
Schartenalm
1330
Schartenkogel
1414
Lehrbergalm
1231
868
Schwendt
Unterberg
1187
1301
Lehrbergköpfl
Grieseltal
Halserbach
Kohlenbach
Halser Grund
Tennhäusl
Gerstberg
1120
Fleckener
Ried
Lehrberg
Flecken
Hafenberg
Filzen
Eiblberg
Bergblick
Buchenstein
Wall
Mühlau
St. Jakob
in Haus
855
Sahaten
852
Reith
Kröpfl-
stüberl
815
Reither Alm
0
500 m
1289
Fleckberg
Wiesensee
Kneippanlage
Wiesensee

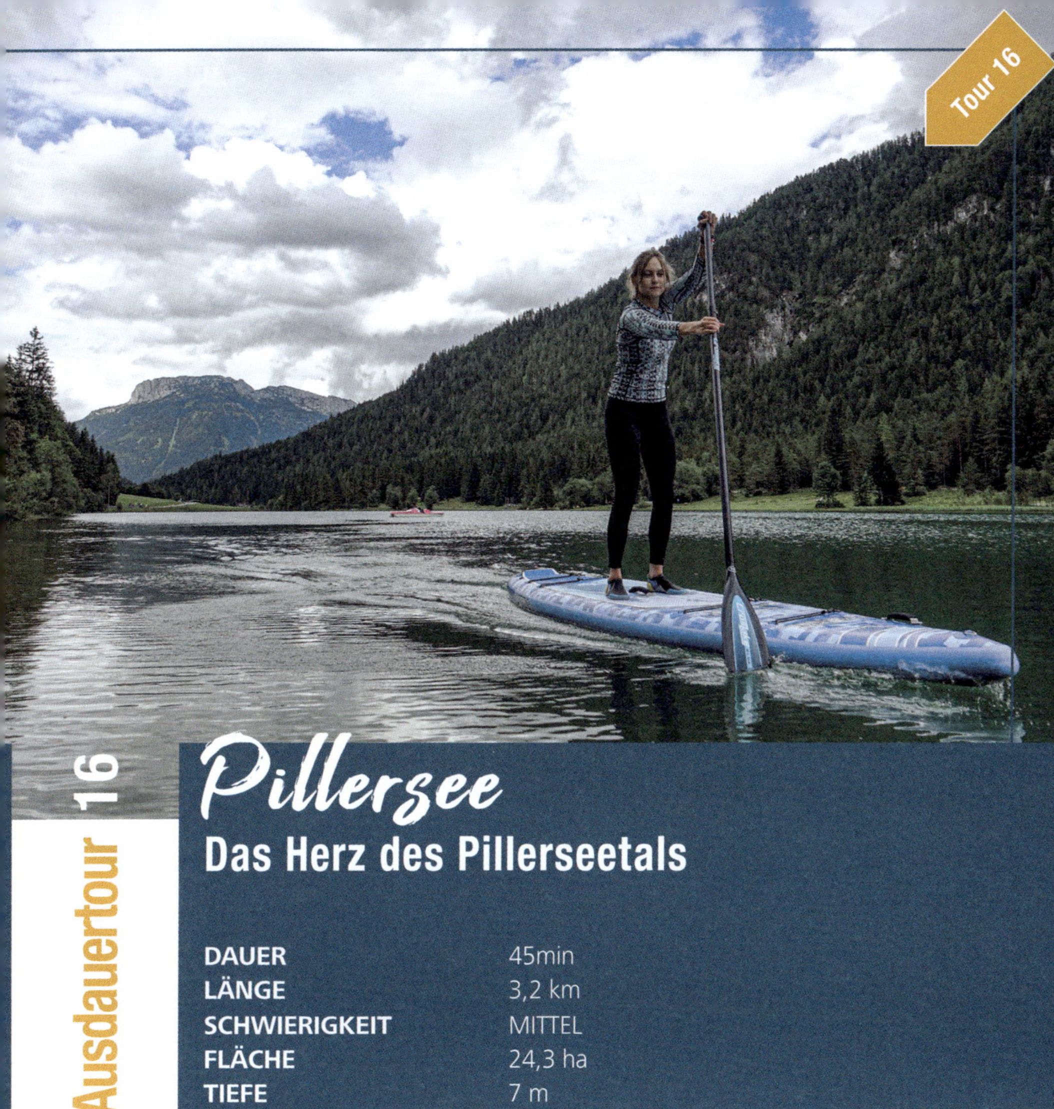

Ausdauertour 16

Pillersee

Das Herz des Pillerseetals

DAUER	45min
LÄNGE	3,2 km
SCHWIERIGKEIT	MITTEL
FLÄCHE	24,3 ha
TIEFE	7 m

Das erwartet dich ...

Der Pillersee in Kitzbühel ist der Namensgeber für das umliegende Tal und aufgrund seiner Lage direkt an der Grenze ein beliebtes Ausflugsziel für Tiroler als auch für Salzburger. Das smaragdgrüne Herz des Tals ist einer der eher frischeren Seen Tirols, doch sein ausgeprägter Charakter lockt uns trotzdem aufs Wasser.

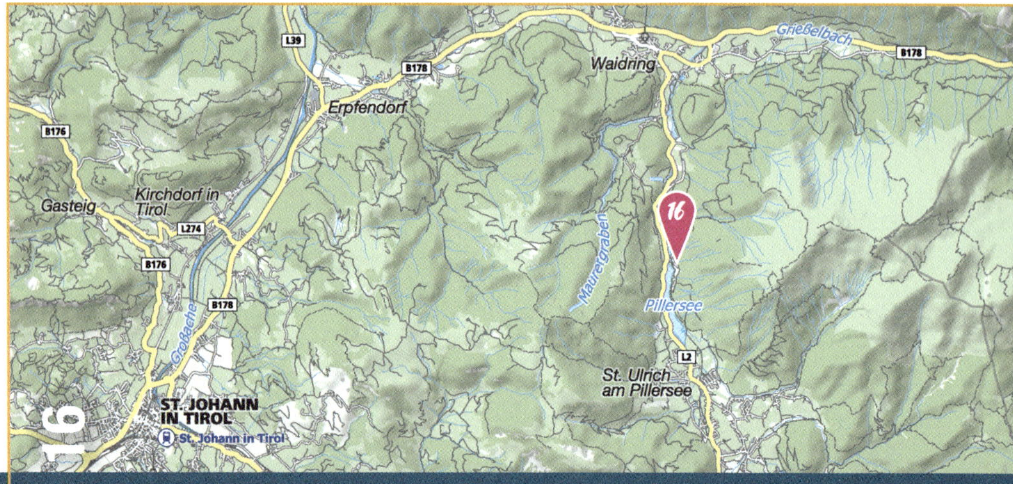

Ausdauertour 16

Start & Ziel & Anreise

Anfahrt via B 173 und B 178 ins Pillerseetal. Der gebührenpflichtige, große Waldparkplatz befindet sich im Norden des Sees, wo wir bei der Forellenranch einbiegen und eine Tagesgebühr von 3 Euro entrichten, für die wir einen Parkplatz und Zugang zum See bekommen. Anreise mit dem Bus per Regionalbus 8302 Richtung Waidring/Gondelbahn bis zur Haltestelle St. Ulrich a Pillersee/Angelteich.

Tourenbeschreibung

Wir beginnen unsere Tour im Norden des Sees und tragen unser Board vom Parkplatz die wenigen Meter hinunter bis zum See. Neben einer kleinen Liegewiese gibt es dort auch den SUP-Verleih SUP'n'Fun, einen Kiosk, sanitäre Anlagen und einen Spielplatz. Aufgrund der eher ernüchternden durchschnittlichen Wassertemperatur von nur 19 °C, die der See seiner Lage zwischen dem Schafelberg und den Loferer Steinbergen zu verdanken hat, sind am Pillersee nur an wirklich heißen Tagen des Sommers viele Schwimmer anzutreffen.

Wir drehen unser Board Richtung Süden und paddeln circa eine Viertelstunde dem Ufer entlang bis zum Südende des Sees. Dabei richtet sich unser Blick in den Süden, wo sich das Pillerseetal bis zum Horizont hin eröffnet. Dabei kommen wir am Haselbach vorbei, durch welchen der größte Teil des Abflusses erfolgt. Seinen Namen hat der See vom Wort „pillern", das im Volksmund ein Phänomen beschreibt, das meist im Frühjahr oder bei Unwettern auftritt, wo das Wasser des Sees anfängt, auf eine ganz und gar außergewöhnliche und typische Art und Weise zu brausen. Auch wenn es sich bei solchen Wetterbedingungen eher weniger empfiehlt, aufs Board zu steigen, sollte man das auf jeden Fall einmal erlebt haben.

Nach einer lockeren Viertelstunde erreichen wir auch schon das Südende und machen eine Kehrtwende, am anderen Ufer entlang wieder Richtung Norden zu paddeln. Wer eine Pause machen möchte sollte sich eher das Ostufer dafür aussuchen, denn dort gibt es mehrere Bänke und Seezugänge, die zu einer kleinen Verschnaufpause einladen.

Für eine längere Pause entscheiden wir uns nach ca. 2,5 Kilometern beim Seerestaurant Blattl, auf dessen Seeterrasse wir ein herrliches Panorama genießen. Die restlichen 20 Minuten bis zum Nordostufer paddeln wir mit unserer neu gewonnenen Energie ohne Anstrengung. Nach einer erfolgreichen Tour kann man bei warmen Temperaturen den Tag in Toni's Seestüberl ausklingen lassen.

Der Blick in das Pillerseetal scheint unendlich

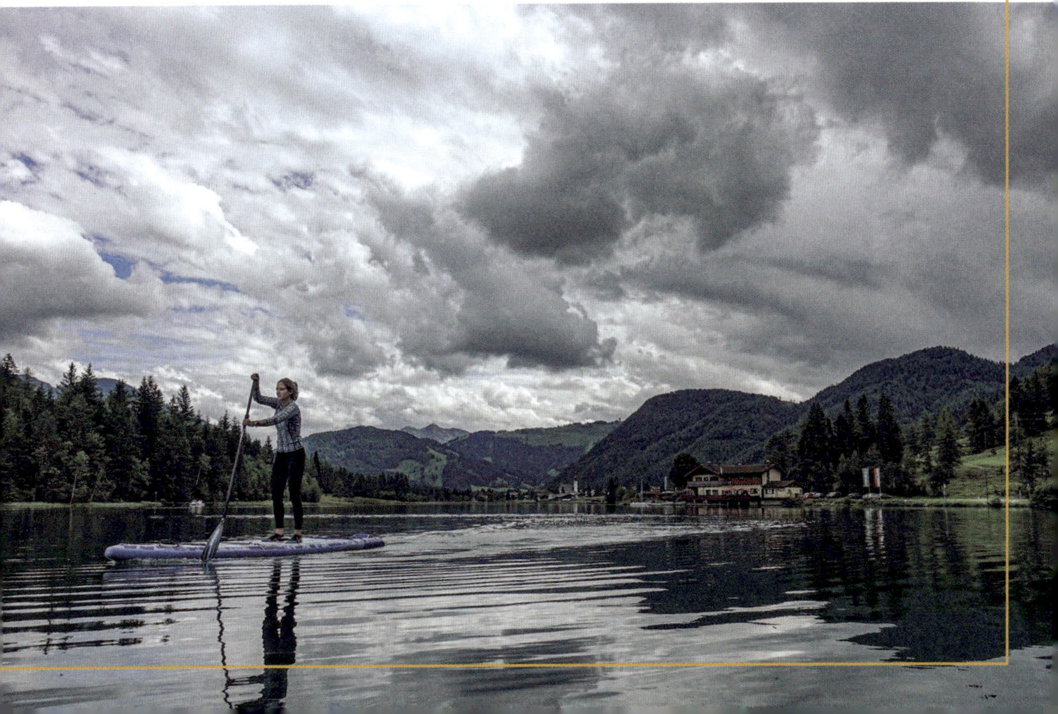

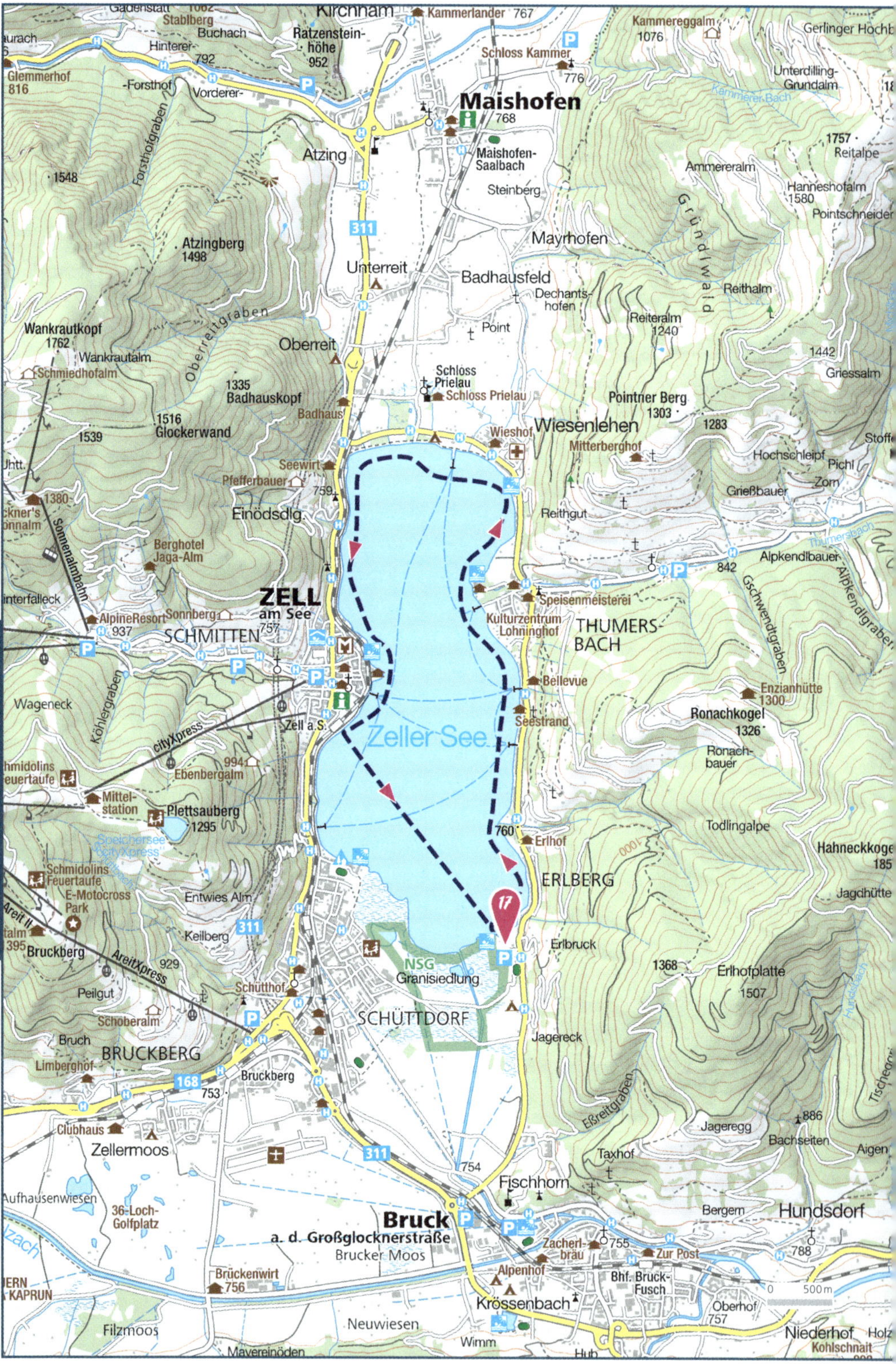

17

Maishofen
Maishofen-Saalbach
Kirchham
Kammerlander 767
Ratzenstein-höhe 952
Schloss Kammer
Kammereggalm 1076
Gerlinger Hochb
Unterdilling-Grundalm
Stablberg
Buchach
Hinterer-
Vorderer-
Forsthof
Glemmerhof 816
Atzing
Steinberg
Ammereralm
1757 Reitalpe
Hanneshofalm 1580
Pointschneider
Forsthofgraben
1548
Atzingberg 1498
Mayrhofen
Gründlwald
Unterreit
Badhausfeld
Dechantshofen
Reithalm
Point
Reiteralm 1240
Wankrautkopf 1762
Wankrautalm
Schmiedhofalm
Oberreitgraben
Oberreit
Schloss Prielau
1442
Griessalm
1335 Badhauskopf
Pointner Berg 1303
1283
1516 Glockerwand
1539
Badhaus
Wieshof
Wiesenlehen
Mitterberghof
Hochschleipf
Pichl
Seewirt
Pfefferbauer
759
Einödsdlg.
Grießbauer
Zorn
Reithgut
Thumersbach
1380
Sonnenalmbahn
Berghotel Jaga-Alm
842
Alpkendlbauer
Alpkendlgraben
Gschwendtgraben
Speisenmeisterei
Kulturzentrum Lohninghof
THUMERS-BACH
ZELL am See
757
AlpineResort
Sonnberg
937
SCHMITTEN
Bellevue
Enzianhütte 1300
Ronachkogel 1326
Seestrand
Wageneck
Zell a.S.
Zeller See
Ronachbauer
Köhlergraben
cityXpress
994
Ebenbergalm
Schmidolins Feuertaufe
Mittelstation
Plettsauberg 1295
Todlingalpe
760
Erlhof
Hahneckkoge 185
Speichersee
ERLBERG
Jagdhütte
E-Motocross Park
Entwies Alm
311
Keilberg
Bruckberg
NSG
Granisiedlung
Erlbruck
1368
Erlhofplatte 1507
AreitXpress
929
Peilgut
Schütthof
SCHÜTTDORF
Schoberalm
Bruch
BRUCKBERG
Jagereck
Limberghof
168
753
Bruckberg
Eßreitgraben
886
Clubhaus
Zellermoos
Jageregg
Bachseiten
Aigen
Taxhof
754
Fischhorn
Aufhausenwiesen
36-Loch-Golfplatz
Bruck a. d. Großglocknerstraße
Brucker Moos
Bergern
Hundsdorf
Zacherlbräu
755
Zur Post
788
Alpenhof
Bhf. Bruck-Fusch
Brückenwirt 756
Krössenbach
Oberhof 757
0 500 m
Filzmoos
Neuwiesen
Wimm
Niederhof
Kohlschnait
Mayereinöden

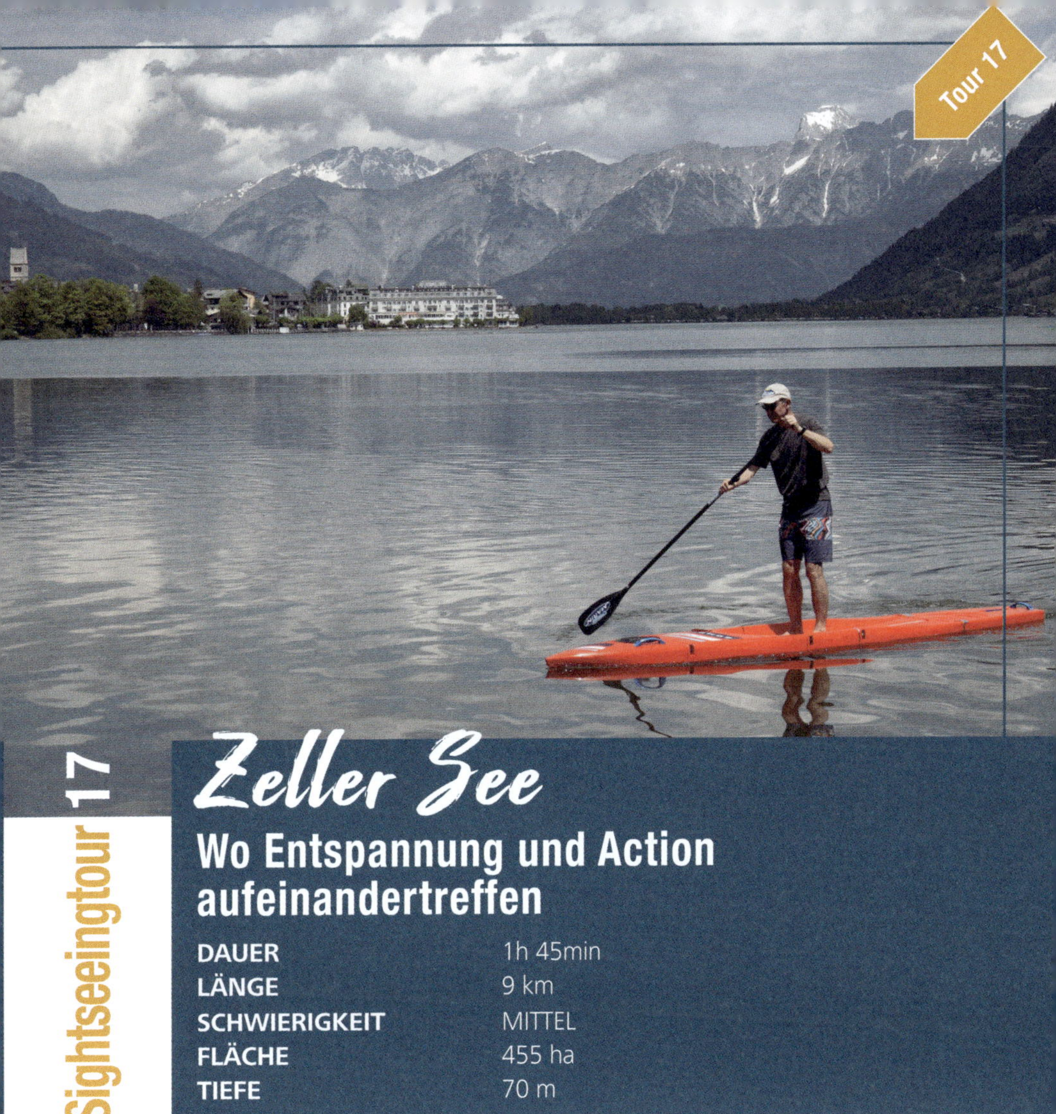

Sightseeingtour 17

Zeller See

Wo Entspannung und Action aufeinandertreffen

DAUER	1h 45min
LÄNGE	9 km
SCHWIERIGKEIT	MITTEL
FLÄCHE	455 ha
TIEFE	70 m

Das erwartet dich ...

Eine abwechslungsreiche Tour über den berühmten Zeller See, der sich zwar dank seiner schönen Uferpromenaden für Spaziergänge herrlich eignet, aber ein noch genialeres Ziel für alle Paddelliebhaber bietet. Auf unserem Weg quer über den See kommen wir sowohl an grünen Wiesen und weiter Landschaft vorbei als auch an den lebhaften Uferpromenaden in Zell am See, die mit ihrem absoluten Highlight, dem Grand-Hotel Zell am See, ein echter Touristenmagnet sind.

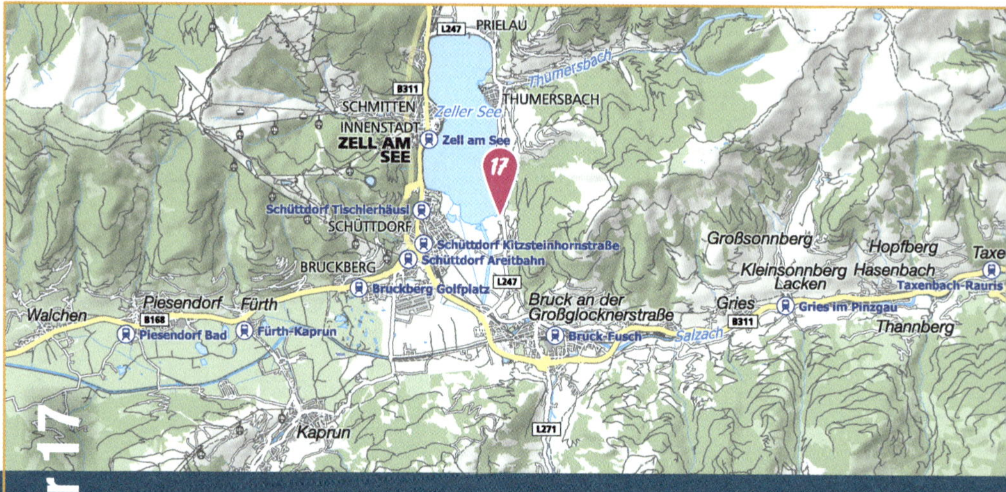

Sightseeingtour 17

Start & Ziel & Anreise

Anfahrt über die B 311 Pinzgauer Bundesstraße bis nach Bruck an der Großglocknerstraße, wo wir beim Kreisverkehr in die Thumersbacher Landesstraße einbiegen und der Straße folgen, bis wir nach einem knappen Kilometer links beim kostenfreien Parkplatz des Badeplatzes Erlberg ankommen. Mit dem Bus lässt sich das Strandbad leider nicht erreichen.

Tourenbeschreibung

Der Zeller See in der Salzburger Region Pinzgau ist längst kein Geheimtipp mehr. Im Sommer tummeln sich hier sowohl Touristen auf Sommerfrische als auch Einheimische, die einen Sprung ins durchschnittlich 23 °C kühle Nass machen wollen. Rund um den See gibt es deshalb zahlreiche Badeplätze, wie das Maishofener Strandbad, das Strandbad Zell am See oder das Strandbad Thumersbach, unter denen sich garantiert einer finden lässt, der alle Wünsche, die man potenziell haben könnte, erfüllt.

Wir aber starten unsere Tour beim südlichen Badeplatz Erlberg, der der Öffentlichkeit gratis zur Verfügung steht und eher als Geheimtipp gilt, weil er im Gegensatz zu den übrigen teilweise sehr touristischen Strandbädern eher versteckt liegt. Aufgrund seines eher flachen Wasserzugangs ist der Badeplatz Erlberg besonders bei Familien sehr beliebt. Eine große Liegewiese, einen Kinderspielplatz, Tischtennis und einen Tretboot-Verlieh gibt es auch. Ein SUP-Board bekommt man hier leider aber nicht, dafür liegt nur 1 Kilometer vom Strandbad entfernt das SUPcenter Zell am See, wo man sich ein Board für den Tag besorgen kann. Von dort aus lässt sich unsere Tour natürlich auch problemlos starten.

Egal wo wir also unseren Startpunkt wählen, unser erster Tourenabschnitt führt uns entlang des Ostufer, vorbei an großteils privaten Parzellen zum Ende des Zeller Sees. Speziell im Osten und Norden mangelt es nicht an solchen Seezugängen, zu denen wir lieber einen guten Abstand halten. Wer gerne ein Päuschen machen möchte, sollte eines der Strandbäder wählen. Wir legen unseren ersten Stopp also nach circa einer halben Stunde beim Strandbad Thumersbach ein. Dort können wir uns erfrischen und je nach Bedarf ausrasten, bis wir wieder mit neuer Energie aufs Board steigen und unsere Reise Richtung Norden fortsetzen. Wie auf so ziemlich jedem See müssen wir auch hier auf die Linienschifffahrt achten, denn die drehen regelmäßig ihre Runden um den gesamten Zeller See.

Wir paddeln das Nordende des Sees ab und drehen unser Board wieder gen Süden, um unser nächstes Ziel und Highlight der heutigen Tour anzusteuern: Zell am See. Vom Board aus haben wir einen genialen Blick auf die belebten Ufer der Ortschaft, die fast schon wie eine Halbinsel in den See hineinragt und das dortige Grand-Hotel Zell am See, das wie ein Schloss direkt am Ufer inmitten der sich ans Ufer drängelnden Nachbarhäuser stolz seinen Platz behauptet. Das Hotel ist ein tolles Fotomotiv, man sollte hier also unbedingt ein Erinnerungsfoto knipsen. Wer möchte kann noch ein paar Stunden im Strandbad Zell am See verweilen, bevor wir uns auf den Rückweg quer über den See machen und nach einer halben Stunde wieder beim Strandbad Erlberg ankommen, wo wir unsere schöne Tour nach knappen 2 Stunden beenden.

Autoren Tipp

Wer sicher genug am Brett steht, sollte sich unbedingt überlegen, diese Tour so zu planen, dass man erst nach Sonnenuntergang in Zell am See ankommt. Vom Wasser aus genießt man in der Dunkelheit einen spektakulären Blick auf die funkelnde Ortschaft und das berühmte Grand-Hotel. Natürlich gilt für alle Nachtpaddler: Genug warme Kleidung mitnehmen, um nicht auszukühlen, unbedingt eine Rettungsweste tragen und lieber nicht alleine paddeln, sonst kann die nächtliche Idylle schnell zum Alptraum werden!

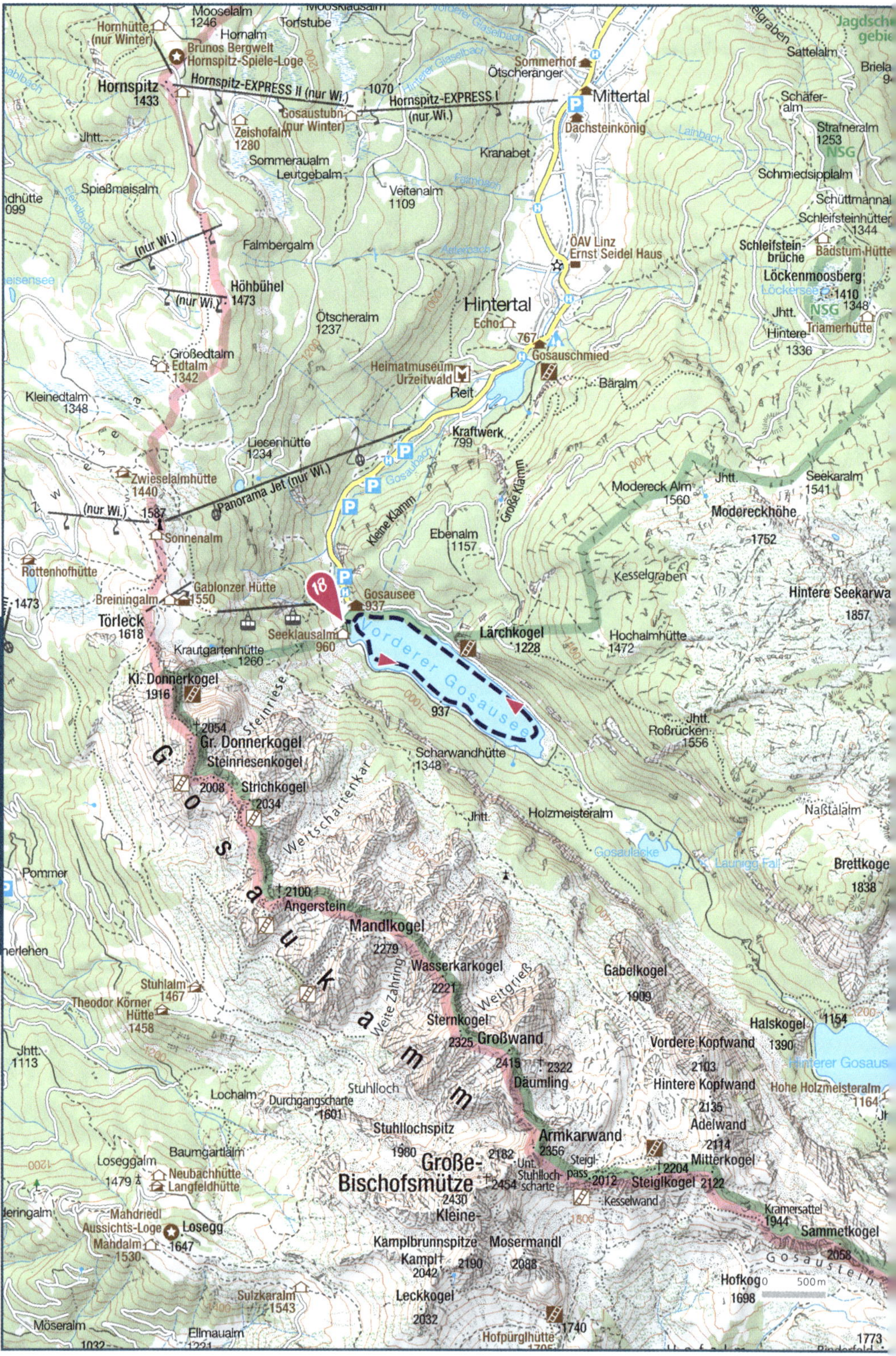

18

Mooselalm 1246
Hornhütte (nur Winter)
Hornalm
Torfstube
Brunos Bergwelt
Hornspitz-Spiele-Loge
Hornspitz 1433
Hornspitz-EXPRESS II (nur Wi.)
1070
Gosaustubn (nur Winter)
Hornspitz-EXPRESS I (nur Wi.)
Sommerhof
Ötscheranger
Mittertal
Dachsteinkönig
Sattelalm
Schäfer-alm
Straſneralm 1253
NSG
Schmiedsipplalm
Schüttmannal
Schleifsteinhütter 1344
Zeishofalm 1280
Jhtt.
Sommeraualm
Leutgebalm
Kranabet
Spießmaisalm
Veitenalm 1109
Falmbergalm
(nur Wi.)
ÖAV Linz
Ernst Seidel Haus
Schleifstein-brüche
Bädstum-Hütte
Löckenmoosberg
Löckersee
1410
1348
Höhbühel 1473
(nur Wi.)
Ötscheralm 1237
Hintertal
Echo
767
Triamerhütte
Hintere 1336
Großedtalm
Edtalm 1342
Heimatmuseum
Urzeitwald
Reit
Gosauschmied
Bäralm
Kleinedtalm 1348
Kraftwerk 799
Liecenhütte 1234
Zwieselalmhütte 1440
Panorama Jet (nur Wi.)
Große Klamm
Moderecк Alm 1560
Jhtt.
Seekaralm 1541
Moderecкhöhe
1752
(nur Wi.)
1587
Sonnenalm
Kleine Klamm
Ebenalm 1157
Rottenhofhütte
Kesselgraben
Hintere Seekarwa 1857
Gablonzer Hütte
Breiningalm 1550
1473
Törleck 1618
Gosausee 937
Seeklausalm 960
Lärchkogel 1228
Hochalmhütte 1472
Krautgartenhütte 1260
Vorderer Gosausee
Kl. Donnerkogel 1916
937
Jhtt.
Roßbrücken 1556
2054
Steinriese
Gr. Donnerkogel
Steinriesenkogel
Scharwandhütte 1348
Gosaukamm
2008
Strichkogel
2034
Weitschartenkar
Jhtt.
Holzmeisteralm
Naßtalalm
Gosaulacke
Laurigg Fall
Pommer
2100
Angerstein
Brettkogel 1838
Mandlkogel
2279
Wasserkarkogel
Gabelkogel
1909
Stuhlalm 1467
Theodor Körner Hütte 1458
2221
Weitgrieß
Weite Zahring
Sternkogel
2325
Großwand
Halskogel 1390
1154
Vordere Kopfwand
Hinterer Gosausee
Jhtt. 1113
2415
2322
Däumling
2103
Hintere Kopfwand
Hohe Holzmeisteralm 1164
Lochalm
Durchgangscharte 1601
Stuhlloch
2135
Adelwand
Stuhllochspitz
Armkarwand
2356
2114
Mitterkogel
Loseggalm 1479
Baumgartlalm
1980
Große-Bischofsmütze
2182
2454
Unt. Stuhlloch-scharte
Steigl-pass
2012
2204
Steiglkogel 2122
Neubachhütte
Langfeldhütte
2430
Kesselwand
Kleine-
Kramersattel 1944
Sammetkogel
Mahdriedl
Aussichts-Loge
Losegg
Mahdalm 1530
1647
Kamplbrunnspitze
Mosermandl
Kampl 2042
2190
2088
Gosaustein
2058
Hofkogel 1698
0 500 m
Sulzkaralm 1543
Leckkogel 2032
Möseralm
Ellmaualm
Hofpürglhütte
1740
1773

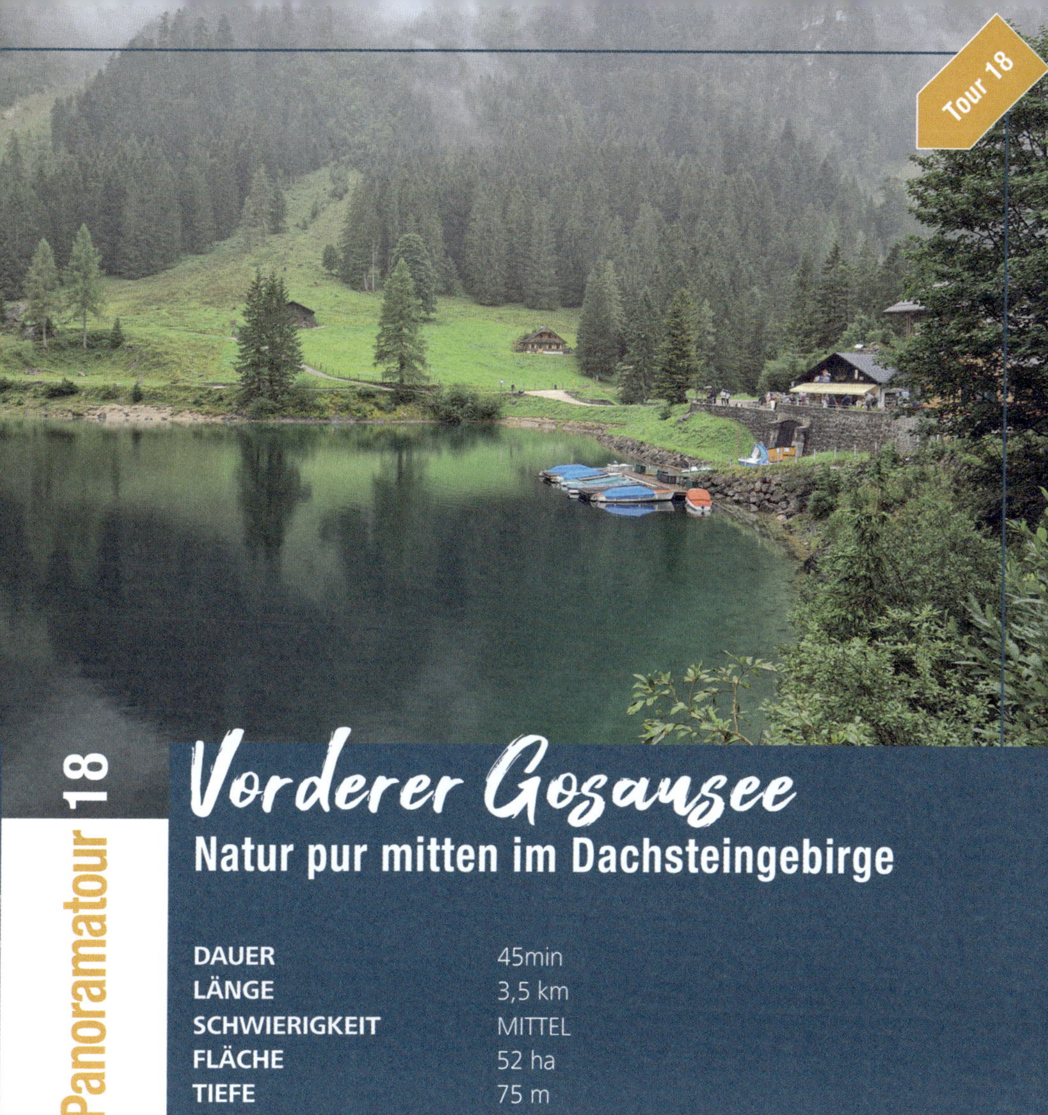

Tour 18

Panoramatour 18

Vorderer Gosausee

Natur pur mitten im Dachsteingebirge

DAUER	45min
LÄNGE	3,5 km
SCHWIERIGKEIT	MITTEL
FLÄCHE	52 ha
TIEFE	75 m

Das erwartet dich ...

Eine landschaftlich beeindruckende Tour rund um den Vorderen Gosausee, der dank seiner schönen Lage ein beliebtes Ausflugsziel im Dachsteinmassiv ist. Unweit vom Hallstätter See finden wir ein unberührtes Naturparadies mit satten grünen Wäldern und einer imposanten Bergkulisse, das wir uns garantiert nicht entgehen lassen.

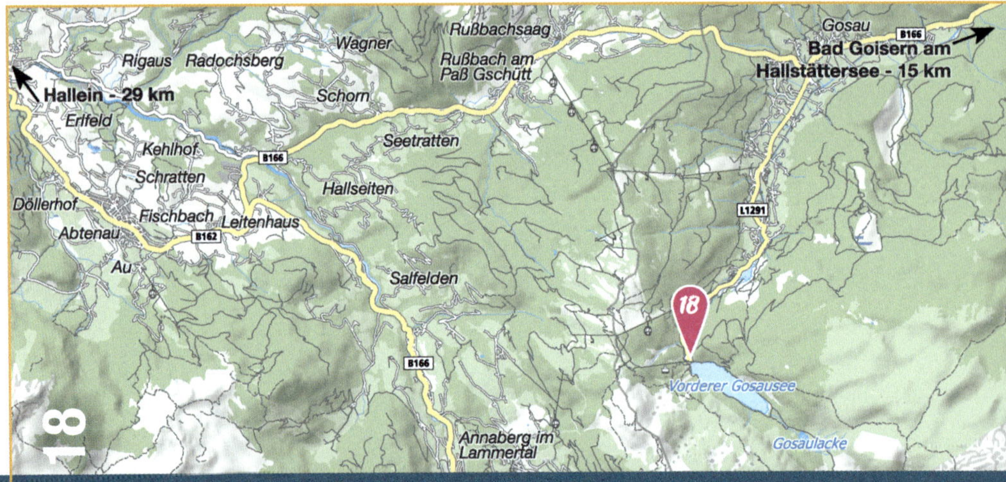

Panoramatour 18

Start & Ziel & Anreise

Anfahrt durch das Gosautal über die Gosauer Bezirksstraße, die auch gleichzeitig die einzige Zufahrtsstraße zum See darstellt. Der kostenfreie Parkplatz liegt direkt unter dem See und bietet normalerweise genügend Platz, an einem schönen Tag kann aber auch einmal ganz schön knapp werden. Mit dem Bus 542, der vom Nordende des Hallstätter Sees aus startet, kommt man in einer halben Stunde direkt zum See.

Tourenbeschreibung

Wir starten unsere Tour beim Nordufer des Sees und tragen unser Board links am kleinen Souvenirshop vorbei zum See. Dort können wir unser Board ideal ins Wasser lassen und direkt lospaddeln. Beim Bootsverleih können wir uns auch ein SUP-Board ausleihen.

Wir paddeln entlang des Westufers los und Richtung Süden. Wie ein Postkartenmotiv ist der Blick, der sich vor uns öffnet. In der Ferne, genau in der Mitte der am Horizont immer kleiner werdenden Berge erhebt sich der Dachstein. Einen so großartigen Blick auf die weißen Gletscher des 2995 Meter hohen und somit höchsten Berg des Dachsteingebirges hat man sonst fast nirgends. Fast schon ehrfürchtig paddeln wir ihm quasi entgegen. Rechts und links neben uns vermischen sich die saftigen grüne Nadelwälder mit den schroffen Hängen des Dachsteinkamms.

Der Vordere Gosausee ist ein Überbleibsel aus der letzten Eiszeit und natürlich als Gletscherrückzugssee entstanden. Neben dem Tourismus wird er auch für Energieerzeugung genutzt. Drei Wasserkraftwerke gibt es, im Winter wird der See zur Stromerzeugung abgelassen und seine Wassertiefe sinkt auf nur 36 Meter, wodurch große Schotterflächen sichtbar werden.

Vorderer Gosausee das impliziert natürlich auch, dass es einen Hinteren Gosausee gibt. Sogar eine Gosaulacke gibt es. Das Paddeln sowie auch das Radeln und Tauchen sind dort aber leider verboten und erreichen würden wir die beiden Gewässer mit unserem Board im Gepäck auch nur mit großer Mühe. Auch für Wanderer ist der Vordere Gosausee eine beliebte Destination. Der Rundwanderweg führt einmal komplett um den See herum und bietet auch die Möglichkeit, weiter zur Gosaulacke und dem Hinteren Gosausee zu wandern, das ist dort nämlich erlaubt.

Am Südende angekommen machen wir natürlich erst einmal ein Foto. Im Hintergrund der Dachstein, der Paddler im Vordergrund und die saftige grüne Landschaft ergeben zusammen ein phänomenales Fotomotiv, das beim späteren Herzeigen des Fotos garantiert jeden vor Neid erblassen lässt. Wir machen eine Kehrtwende und paddeln denselben Weg, den wir gekommen sind, circa eine halbe Stunde lang wieder zurück.

Am Vorderen Gosausee gibt es so weit das Auge reicht schöne Gelegenheiten, sich ein schönes Plätzchen zu suchen und die Berglandschaft in Ruhe zu genießen. Ein kleiner Tipp: Ein Picknick am Vorderen Gosausee ist unglaublich romantisch. Da lassen wir uns ruhig alle Zeit der Welt und genießen den Ort für ein paar Minuten oder auch Stunden. Die Zeit scheint nämlich stillzustehen an diesem fast schon magischen Ort. An windstillen Tagen spiegeln sich die Berge im kristallklaren, dunklen Wasser und mit Blick auf den mächtigen Dachstein fühlen wir uns ganz klein.

Nach einer wunderschönen Tour kommen wir wieder bei unserem Startpunkt an und können je nach Lust und Laune noch in den Gasthof Gosausee einkehren und den Tag dort gemütlich ausklingen lassen.

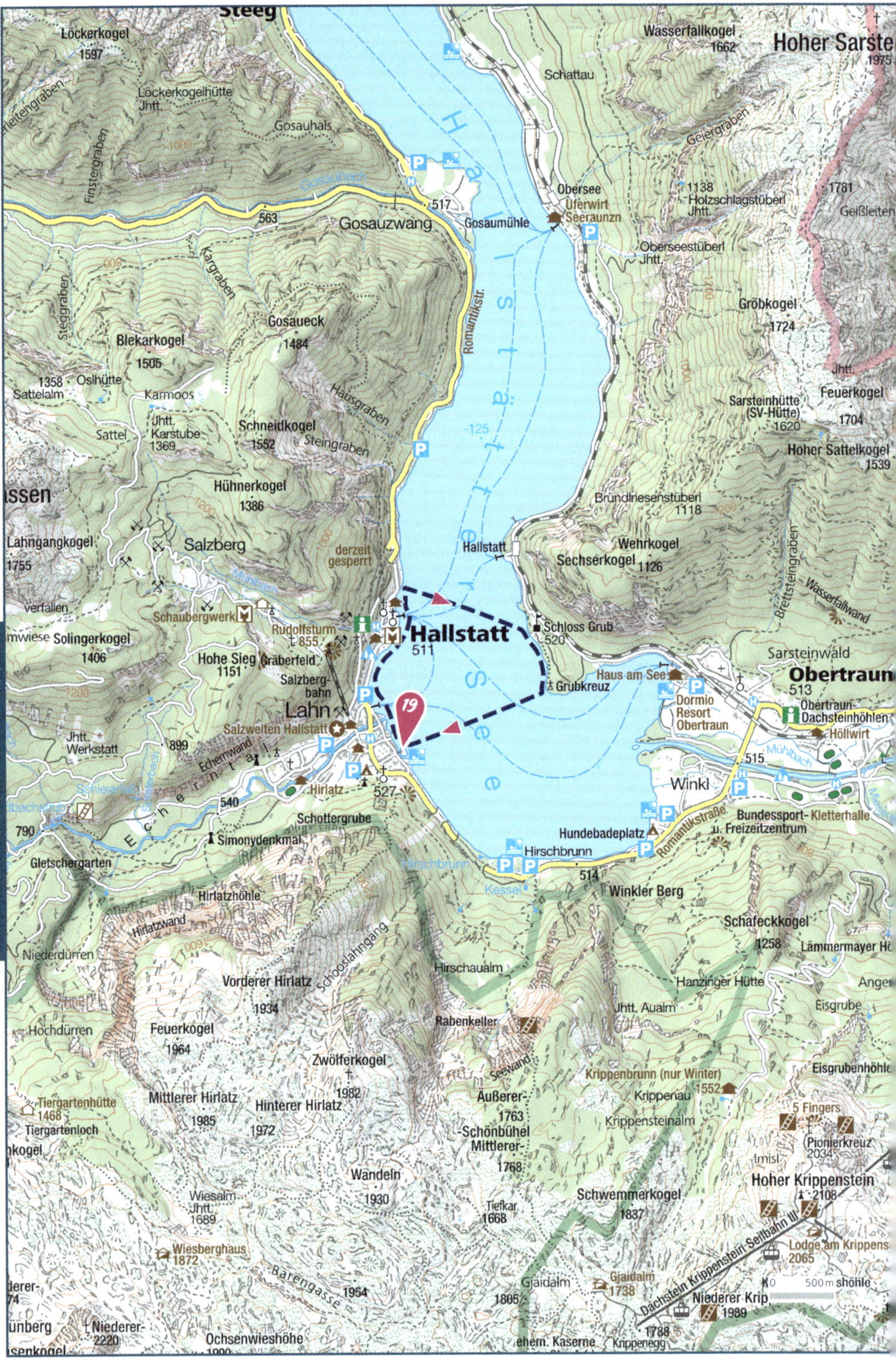

19

Steeg
Löckerkogel
1597
Löckerkogelhütte
Jhtt.
Gosauhals
Wasserfallkogel
1662
Hoher Sarste
1975
Schattau
Finstergraben
Gosaubach
517
563
Gosauzwang
Gosaumühle
Obersee
Uferwirt
Seeraunzn
1138
Holzschlagstüberl
Jhtt.
1781
Geißleiten
Geiergraben
Kargraben
Oberseestüberl
Jhtt.
Steggraben
Gosaueck
1484
Blekarkogel
1505
Romantikstr.
Hallstätter See
Gröbkogel
1724
1358 Oslhütte
Sattelalm
Karmoos
Sattel
Jhtt.
Karstube
1369
Schneidkogel
1552
Hausgraben
Steingraben
-125
Sarsteinhütte
(SV-Hütte)
1620
Feuerkogel
1704
Hoher Sattelkogel
1539
Hühnerkogel
1386
Brundlriesenstüberl
1118
Lahngangkogel
1755
Salzberg
derzeit
gesperrt
Hallstatt
Wehrkogel
Sechserkogel
1126
Mühlbach
Brettsteingraben
Wasserfallwand
verfallen
Schaubergwerk
Rudolfsturm
855
Schloss Grub
520
Hallstatt
511
Sarsteinwald
Solingerkogel
1406
Hohe Sieg
1151
Gräberfeld
Salzberg-
bahn
Grubkreuz
Haus am See
Obertraun
513
Dormio
Resort
Obertraun
Obertraun-
Dachsteinhöhlen
Höllwirt
Lahn
Salzwelten Hallstatt
Jhtt.
Werkstatt
899
Echernwand
Echerntal
Mühlbach
515
Winkl
Schleierfall
Hirlatz
527
540
790
Schottergrube
Simonydenkmal
Hundebadeplatz
Romantikstraße
Bundessport- Kletterhalle
u. Freizeitzentrum
Hirschbrunn
Kessel
514
Gletschergarten
Hirlatzhöhle
Hirlatzwand
Winkler Berg
Schafeckkogel
1258
Lämmermayer Hü
Niederdürren
Schooslahngang
Hirschaualm
Vorderer Hirlatz
1934
Hanzinger Hütte
Jhtt. Aualm
Eisgrube
Hochdürren
Feuerkogel
1964
Rabenkeller
Zwölferkogel
1982
Seewand
Krippenbrunn (nur Winter)
1552
Krippenau
Eisgrubenhöhle
Tiergartenhütte
1468
Tiergartenloch
Mittlerer Hirlatz
1985
Hinterer Hirlatz
1972
Äußerer-
1763
-Schönbühel
Mittlerer-
1768
Krippensteinalm
5 Fingers
Pionierkreuz
2034
Imisl
Hoher Krippenstein
2108
Wandeln
1930
Wiesalm
Jhtt.
1689
Tiefkar
1668
Schwemmerkogel
1837
Wiesberghaus
1872
Lodge am Krippenstein
2065
Dachstein Krippenstein Seilbahn III
Bärengasse
1954
Gjaidalm
1805
Gjaidalm
1738
Niederer Krip
1989
0 500 m
Niederer-
2220
Ochsenwieshöhe
ehem. Kaserne
1788
Krippenegg

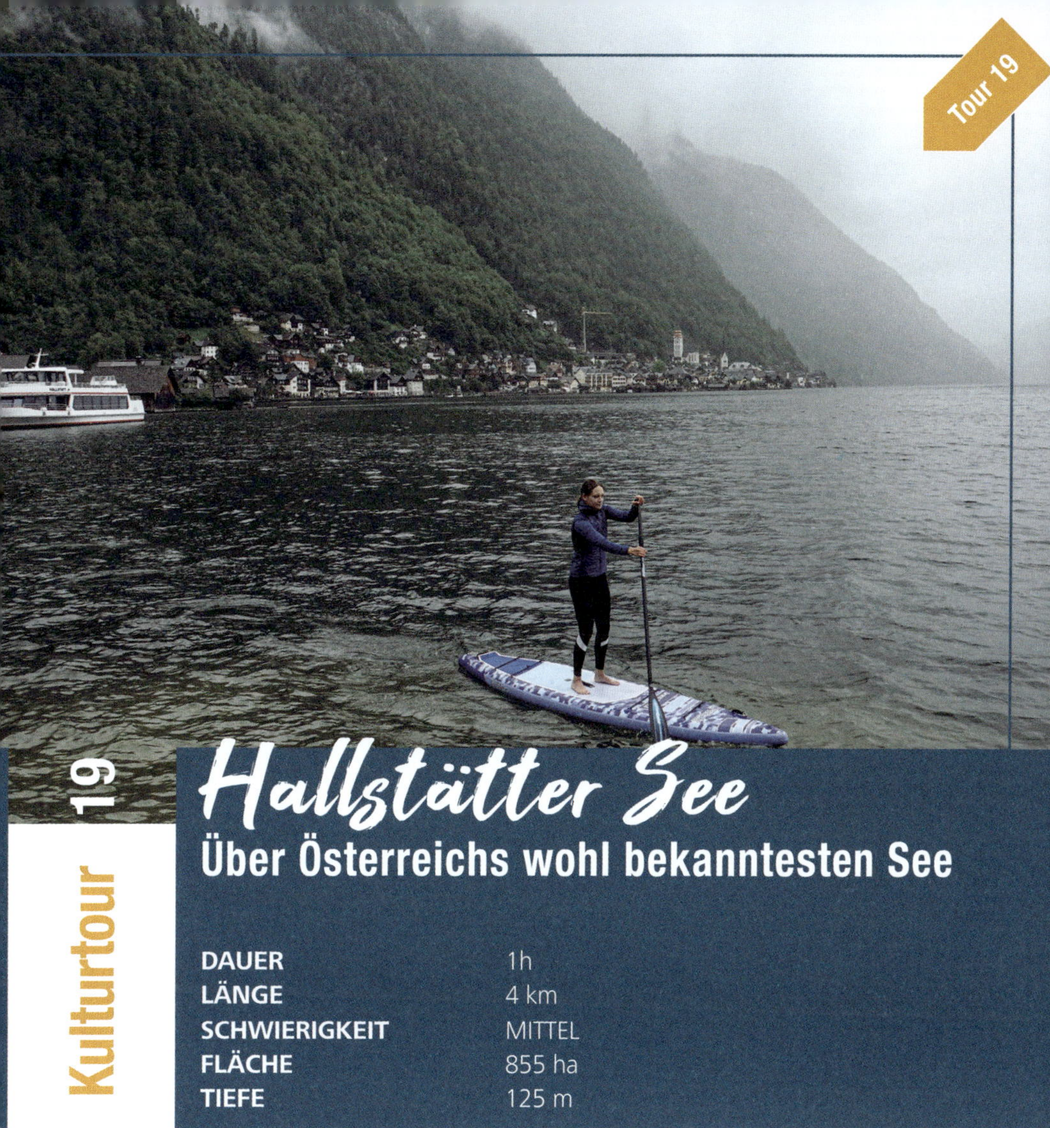

19 Kulturtour

Hallstätter See

Über Österreichs wohl bekanntesten See

DAUER	1h
LÄNGE	4 km
SCHWIERIGKEIT	MITTEL
FLÄCHE	855 ha
TIEFE	125 m

Das erwartet dich ...

Eine faszinierende Tour um den weltberühmten Hallstätter See im oberösterreichischen Salzkammergut, der als UNESCO-Weltkulturregion ein echter Touristenmagnet ist und von der Volksrepublik China sogar nachgebaut wurde. Jedes Jahr zieht der Ort Millionen von Touristen an, die durch den charmanten Ort spazieren und sich dabei fast auf die Füße steigen. Eine einmalige Gelegenheit, um unser SUP-Board herauszuholen und den Hallstätter See von einer ganz anderen Seite kennenzulernen.

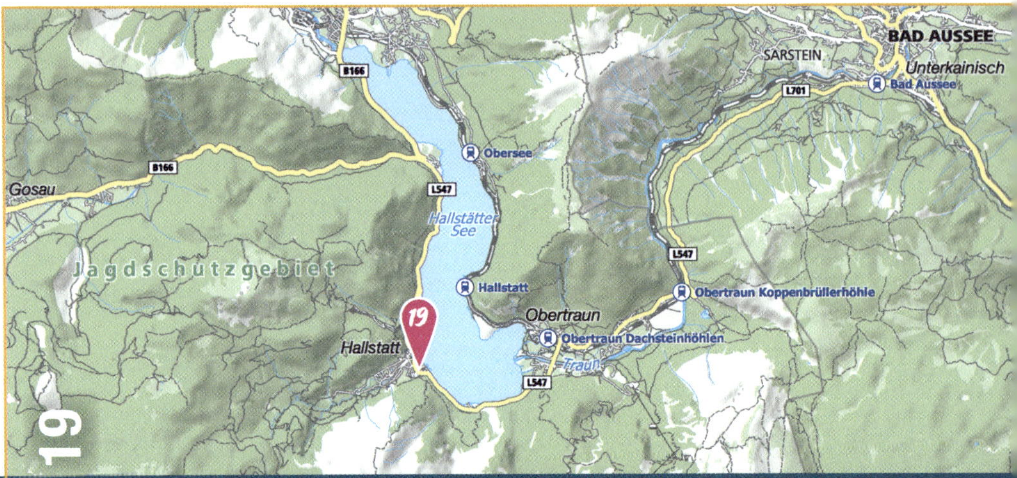

Kulturtour 19

Start & Ziel & Anreise

Über die Hallstättersee Landesstraße, die am Westufer des Sees entlangführt, gelangen wir zum südlich von Hallstatt gelegenen Parkplatz P1. Als Alternative gibt es noch den Parkplatz P2, der sich aber aufgrund seiner etwas entfernteren Lage eher weniger eignet, um zum See zu gelangen. Je nachdem, wie lang man wirklich bleibt, zahlt man 4 bis 10 Euro für 1-12 Stunden, ab der 12. Stunde zahlt man den Tagestarif von 15 Euro.

Tourenbeschreibung

Vom Parkplatz P1 aus überqueren wir die Hallstättersee Landesstraße und tragen unser Board ein paar Hundert Meter weit zum See auf die Badeinsel Hallstatt. Dort können wir uns Board kostenfrei ins Wasser lassen und unsere spektakuläre Tour problemlos starten. Nur mit den Hallstätter Schwänen, die dort oft zu finden sind, ist nicht gut Kirschen essen, sie sind die vielen Menschen gewöhnt und scheuen sich nicht davor, auch einmal sehr nahe an unser Board heranzuschwimmen und uns mit kritischem Blick zu beäugen.

Wir machen uns also auf den Weg und bestreiten unsere erste Etappe entlang des Westufers, bis wir schon nach kurzer Zeit das Zentrum von Hallstatt vor uns erblicken, das sich wie eine Nase in den See reckt. Vom Wasser aus haben wir einen genialen Blick auf die malerische Front des Ortes und seine charmanten Häuschen. Im Hintergrund erhebt sich mächtig der Plassen, der knapp 2000 Meter hohe Hausberg der Hallstätter, der auch Teil des Dachsteinmassivs ist, in das der Hallstätter See eingebettet ist. Im Westen und Osten fallen die Ufer sehr steil ab, im Norden und Süden des Sees hingegen sind die Seeufer flach und bieten durch Feuchtwiesen und Verlandungsmoore einen wertvollen Lebensraum für Flora und Fauna. Schwimmbegeisterte finden rund um den See zahlreiche kostenfreie Badeplätze, mit durchschnittlich 18 °C ist der Hallstätter See aber nicht der größte Badesee. Wir paddeln noch ein paar Minuten entlang des Ufers bis zur Anlegestelle der Hallstätter Fähre, wo wir wieder gut Ausschau halten, um ihr nicht in die Quere zu kommen und kreuzen dann den See. Neben Fischern, Tauchern und kleinen Elektrobooten teilen wir uns auch mit den typischen hölzernen Arbeitsbooten, den Plätten, den See.

In der Ferne entdecken wir schon unser nächstes Etappenziel, das Schloss Grub. 1522 wurde es erbaut, sein heutiges, romantisches Erscheinungsbild bekam es durch eine Umgestaltung zwischen 1864 und 1890 im Auftrag eines russischen Botschafters. Auch eine Sage rankt sich um das Schloss: Weil sich zwei Grafen einer Hochzeitsgesellschaft gotteslästerlich benahmen und sich um ein junges Fräulein stritten, barst das Eis und die gesamte Hochzeitsgesellschaft ertrank im kalten Wasser des Sees. Heute erinnert eine Säule an das Unglück.

Wir paddeln Richtung Süden am Wald entlang, bis der Waldstreifen links endet und drehen unser Board nach Westen, um circa 2,5 Kilometer quer über den See wieder zurück zur Badeinsel zurückzukehren.

Autoren Tipp

Ein Abstecher zum Welterbe-Wirtshaus Steegwirt am Schnittpunkt vom Hallstätter See und Bad Goisern ist ein absolutes Muss. An schönen Tagen verbringt man seinen Aufenthalt draußen auf der überdachten Terrasse mit direktem Blick auf die Traun, die genau neben uns den See speist, und bei schlechtem Wetter lässt man sich in der gemütlichen Stube mit frischem Fisch und allerlei regionalen Schmankerln verwöhnen. Eine frühzeitige Reservierung wird dringendst empfohlen.

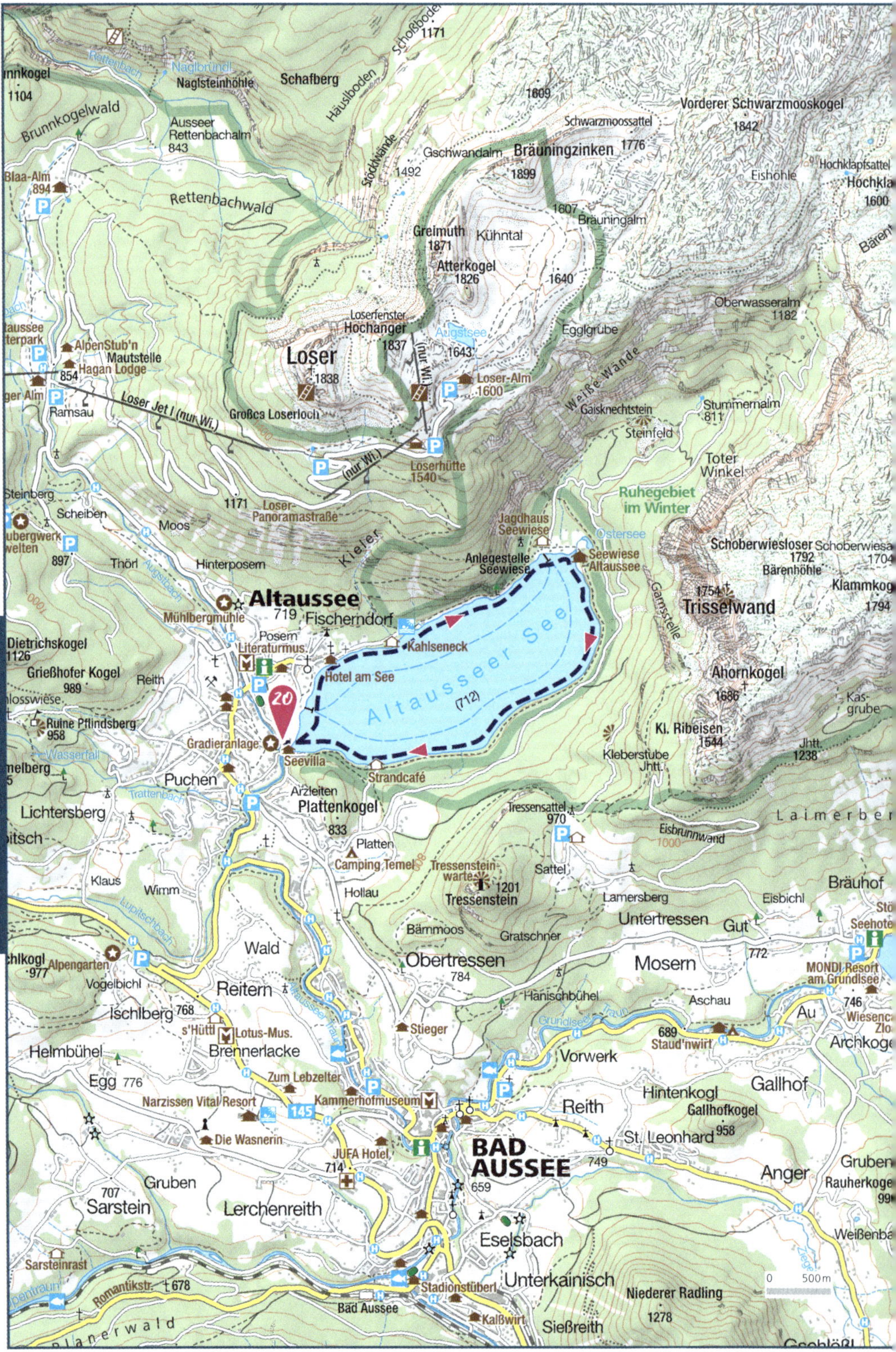

20

Altausseer See
(712)
Altaussee
719
Bad Aussee
659
Loser
1838
Loser Jet I (nur Wi.)
Loser-Panoramastraße
Loserhütte
1540
Loser-Alm
1600
Loserfenster
Hochanger
1837
Großes Loserloch
Augstsee
1643
Atterkogel
1826
Greimuth
1871
Kühntal
Bräuningzinken
1899
Gschwandalm
Bräuningalm
Schwarzmoossattel
1776
Vorderer Schwarzmooskogel
1842
Eishöhle
Hochklapfsattel
Oberwasseralm
1182
Egglgrube
Weiße Wände
Gaisknechtstein
Steinfeld
Stummernalm
811
Toter Winkel
Ruhegebiet im Winter
Ostersee
Jagdhaus Seewiese
Anlegestelle Seewiese
Seewiese Altaussee
Schoberwiesloser
1792
Bärenhöhle
Trisselwand
1754
Gamsstelle
Ahornkogel
1686
Kl. Ribeisen
1544
Kleberstube Jhtt.
Jhtt.
1238
Kas-grube
Fischerndorf
Kahlseneck
Hotel am See
Posern
Literaturmus.
Mühlbergmühle
Gradieranlage
Seevilla
Strandcafé
Arzleiten
Plattenkogel
833
Platten
Camping Temel
Tressensattel
970
Eisbrunnwand
Tressenstein-warte
1201
Tressenstein
Sattel
Lamersberg
Untertressen
Gut
Eisbichl
Bräuhof
Seehotel
MONDI Resort am Grundlsee
746
772
Mosern
Obertressen
784
Bämmoos
Gratschner
Hollau
Hanischbühel
Aschau
Au
Staud'nwirt
689
Archkogel
Vorwerk
Hintenkogl
Gallhof
Gallhofkogel
958
Reith
St. Leonhard
749
Anger
Gruben
Rauherkogel
Weißenbach
Eselsbach
Unterkainisch
Niederer Radling
1278
Sießreith
Kalßwirt
Stadionstüberl
Kammerhofmuseum
JUFA Hotel
714
Zum Lebzelter
Stieger
Narzissen Vital Resort
Die Wasnerin
145
Lotus-Mus.
s'Hüttl
Brennerlacke
Reitern
Wald
Ischlberg
768
Helmbühel
Egg
776
Vogelbichl
Alpengarten
977
Sarstein
707
Gruben
Lerchenreith
Sarsteinrast
Romantikstr.
678
Bad Aussee
Planerwald
Klaus
Wimm
Lichtersberg
Puchen
Trattenbach
Lupitschbach
Ruine Pflindsberg
958
Wasserfall
Grießhofer Kogel
989
Dietrichskogel
1126
Reith
Thörl
Hinterposern
Moos
Scheiben
Steinberg
897
1171
Kieler
Ramsau
854
Hagan Lodge
AlpenStub'n
Mautstelle
Blaa-Alm
894
Rettenbachwald
Brunnkogelwald
Ausseer Rettenbachalm
843
Naglsteinhöhle
Naglbrundl
Rettenbach
Schafberg
Häuslboden
Schoßboden
1171
Stöckwände
1492
1609
1607
1640
Laimerberg
0 500 m

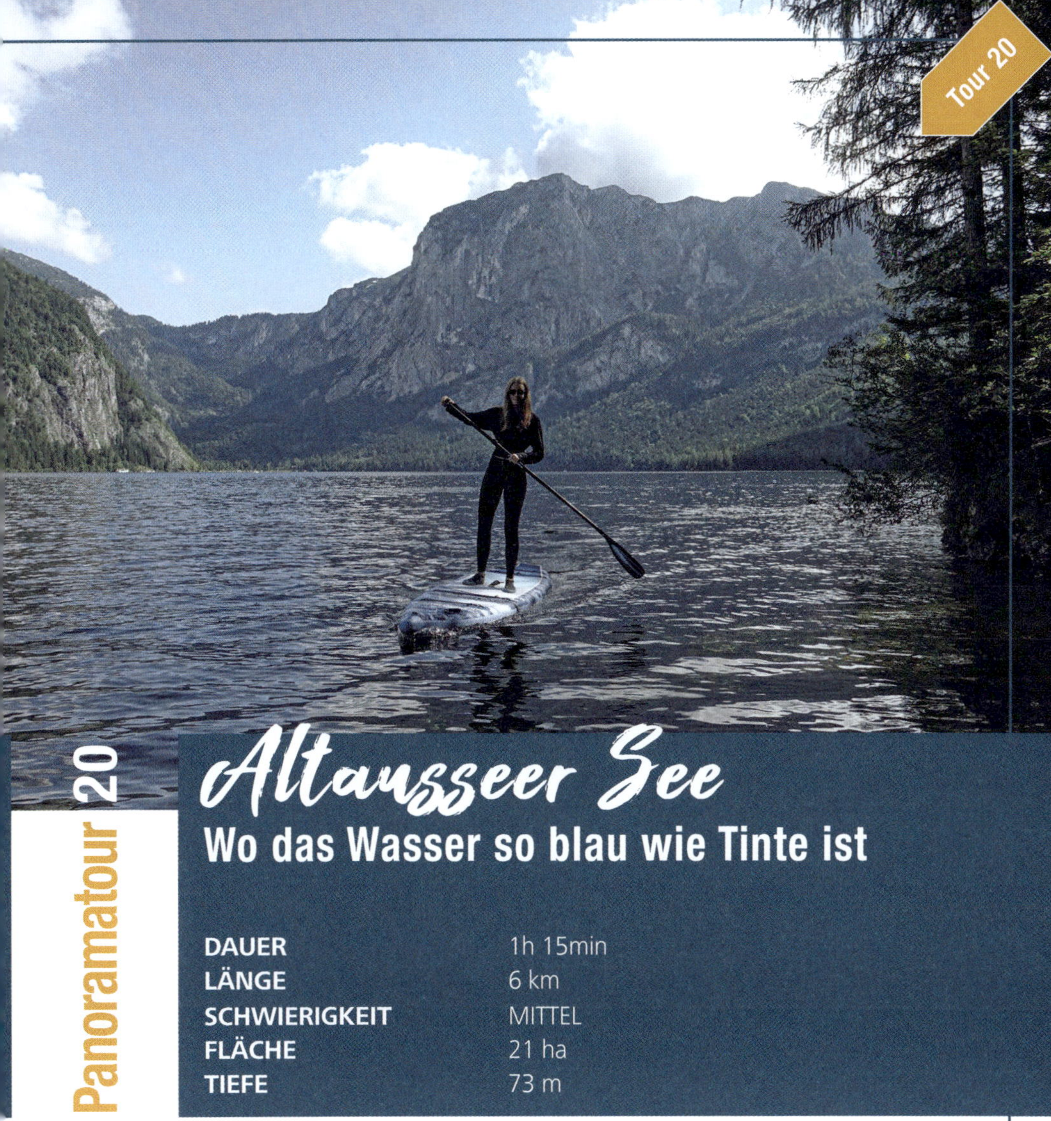

Panoramatour 20

Altausseer See

Wo das Wasser so blau wie Tinte ist

DAUER	1h 15min
LÄNGE	6 km
SCHWIERIGKEIT	MITTEL
FLÄCHE	21 ha
TIEFE	73 m

Das erwartet dich ...

Am Fuße des Losers im steirischen Salzkammergut finden wir einen atemberaubend schönen See von so tiefblauer Wasserfarbe, dass er den liebevollen Beinamen „dunkelblaues Tintenfass" bekommen hat. Als Kurort bekannt ist das Ausseerland ein absoluter Hotspot für Touristen und Erholungssuchende gleichermaßen. Doch das ist nur einer der vielen Gründe, warum man sich eine Tour mit dem SUP-Board gerade am Altausseer See nicht entgehen lassen sollte.

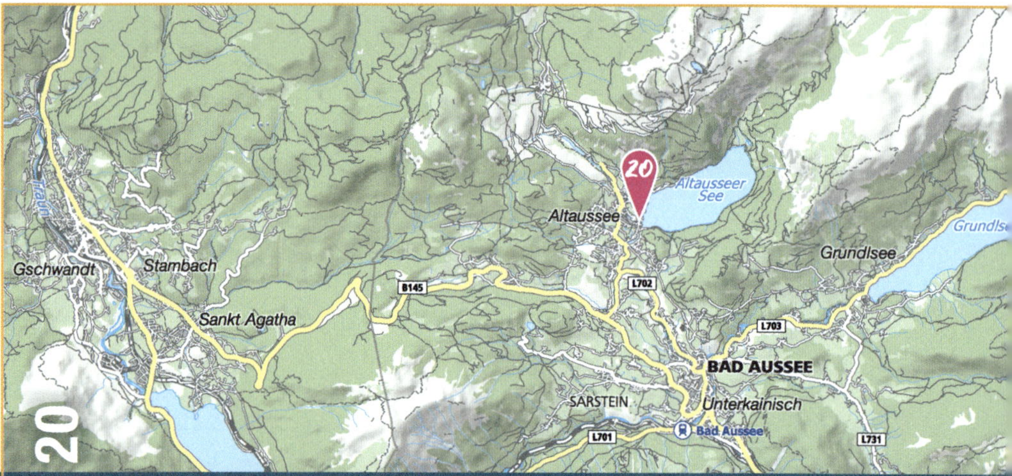

Panoramatour 20

Start & Ziel & Anreise

Anfahrt über Altaussee, beim alten Café Fischer Richtung See einbiegen und der Beschilderung zum Parkplatz direkt am See folgen. Die Parkplätze stehen nur limitiert zur Verfügung, am Wochenende kann es also auch einmal ganz schön eng werden. Ein Tagesticket kostet 8 Euro, dafür kostet uns der Zugang zum kleinen, aber feinen Seezugang mit Liegewiese nichts. Alternativ mit der Regionalbuslinie 955 bis Haltestelle Altaussee/Kurhaus, den restlichen Weg zum See bewältigen wir in fünf Minuten zu Fuß.

Tourenbeschreibung

Unser Startpunkt ist die Liegewiese im Süden des Sees, direkt neben dem Romantikhotel Seevilla. Wir paddeln ein paar Meter hinaus auf den See und wenden uns nach links, damit wir unsere erste Etappe, die uns entlang der Ufer des Altstausees führt, starten können. Die einzige direkt an den See grenzende Gemeinde ist gleichzeitig der einzige bebaute Teil der Umgebung, der Rest besteht aus unberührter Natur, wo die satten Farben des Wassers und der umliegenden bewaldeten Berge eine willkommene Abwechslung fürs Auge bieten. Wegen der Feuchtgebiete, die direkt ans Ufer angrenzen, und den Steilhängen ist der Altausseer See Lebensraum für viele Tier- und Pflanzenarten.

Wir lassen Altaussee hinter uns und schon bald erblicken wir am Ufer das Kahlsen-eck, ein lauschiges Restaurant mit Seepanorama. Für eine Pause ist es aber noch ein bisschen früh, also paddeln wir munter weiter bis hin zum Nordufer des

Sees. Versteckt zwischen den Bäumen und eingebettet in die Landschaft erblicken wir die Seewiese, eine beliebte Jausenstation, die 2015 Schauplatz der Dreharbeiten für den James Bond-Film „Spectre" war. Dort machen wir natürlich einen obligatorischen Stopp und gehen an Land, um eine Stärkung zu uns nehmen.

Die Hälfte unserer Tour haben wir jetzt hinter uns, drei Kilometer führen uns aber noch entlang dem Ostufer. Ein Rundwanderweg führt direkt um den See herum, es gibt unzählige Plätzchen, an denen man an Land gehen kann und die wundervolle Landschaft und das kristallklare, tiefblaue Wasser in der Nachmittagssonne genießen kann. Ein Sprung ins kühle Nass empfiehlt sich auch, denn der See kann im Sommer bis zu 23 °C erreichen.

Immer wieder tuckern Plätten an uns vorbei, das sind für die Region typische kastenförmige hölzerne Arbeitsschiffe, die man samt Schiffsführer buchen kann. Seit 2011 dreht am Altausseer See außerdem das erste ausschließlich mit Sonnenenergie bzw. Strom angetriebene Linienschiff seine Runden. Davon abgesehen kann man weitgehend ungestört paddeln, sämtliche Boote mit Verbrennungsmotoren sind nämlich verboten.

Fast schon traurig sind wir, als nach einer guten halben Stunde der Startpunkt wieder erreicht ist. Wer die Zeit hat, kann ruhig ein gemäßigtes Tempo wählen, um diese ganz besondere Tour in vollen Zügen zu genießen und die grandiose Sicht vom Wasser aus so lange wie möglich auszukosten.

Autoren Tipp

Zwar nicht mehr ganz so geheim aber dennoch ein echtes Highlight ist die kleine Holzhütte, die sich am Ostufer des Sees befindet und die trotz ihrer vielen Spinnweben ein unglaublich romantisches Fleckchen Erde ist. Mit Blick auf die Ortschaft Altaussee und dem Loserberg lassen sich hier ein paar schöne Stunden verbringen, fernab vom touristischen Zentrum und in Einklang mit der Natur.

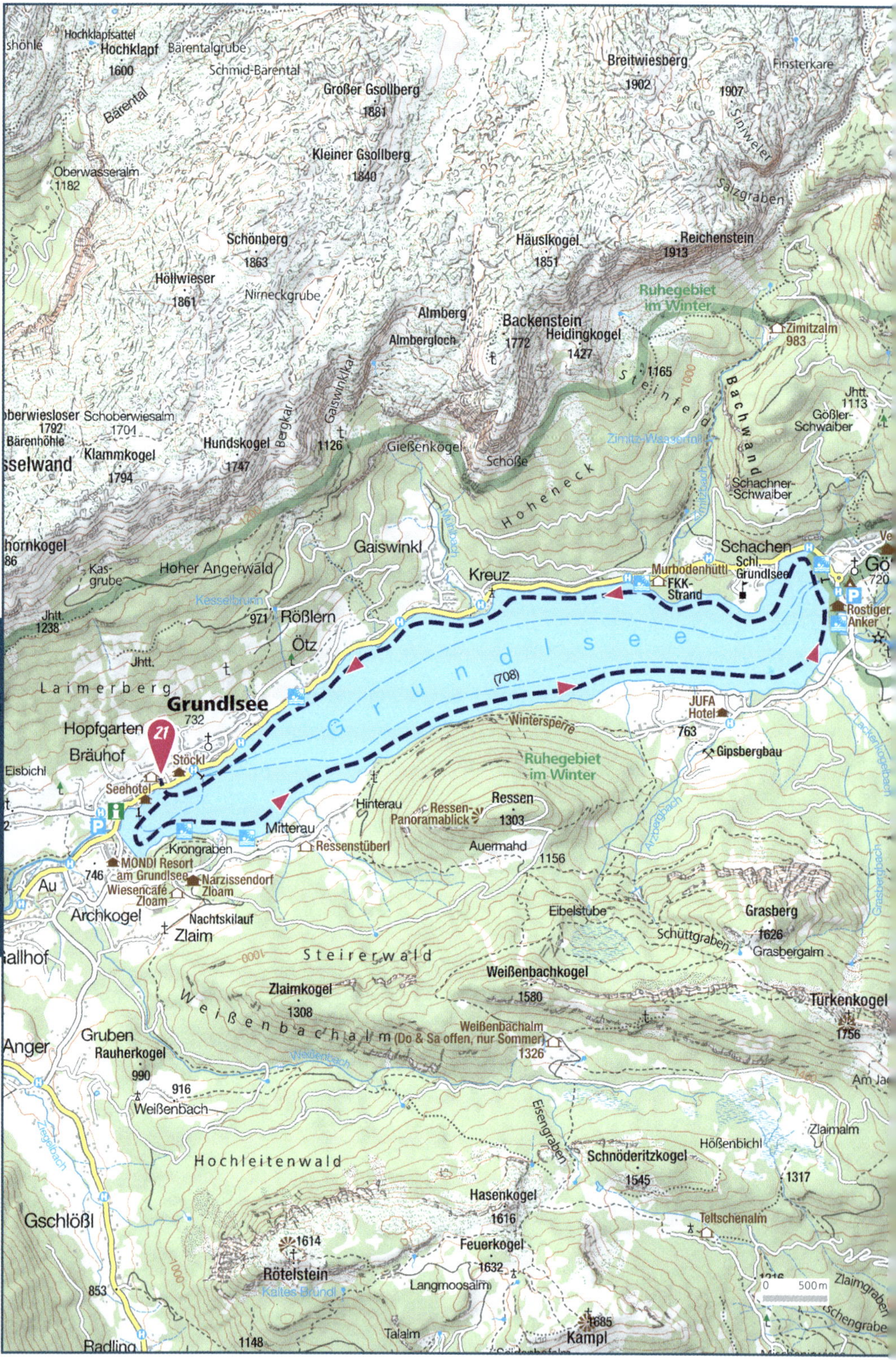

21

Hochklapfsattel
Hochklapf
1600
Bärentalgrube
Schmid-Bärental
Bärental
Großer Gsollberg
1881
Kleiner Gsollberg
1840
Breitwiesberg
1902
1907
Finsterkare
Sinnweler
Salzgraben
Oberwasseralm
1182
Schönberg
1863
Höllwieser
1861
Nirneckgrube
Häuslkogel
1851
Reichenstein
1913
Ruhegebiet im Winter
Almberg
Almbergloch
Backenstein
1772
Heidingkogel
1427
Zimitzalm
983
Steinfeld
1165
Bachwand
Jhtt.
1113
Gößler-Schwaiber
Schoberwiesloser
1792
Bärenhöhle
Schoberwiesalm
1704
Klammkogel
1794
Hundskogel
1747
Bergkar
Gaiswinklkar
1126
Gießenkogel
Schöße
Zimitz-Wasserfall
Hoheneck
Schachner-Schwaiber
Gaiswinkl
Kreuz
Schachen
Schl. Grundlsee
Murbodenhüttl
FKK-Strand
720
Rostiger Anker
Kas-grube
Hoher Angerwald
Kesselbrunn
971
Rößlern
Jhtt.
1238
Ötz
Jhtt.
Laimerberg
Grundlsee
732
Grundlsee
(708)
JUFA Hotel
763
Wintersperre
Gipsbergbau
Hopfgarten
Bräuhof
Stöckl
Eisbichl
Seehotel
Ruhegebiet im Winter
Hinterau
Ressen-Panoramablick
Ressen
1303
Mitterau
Krongraben
Ressenstüberl
Auermahd
1156
MONDI Resort am Grundlsee
746
Narzissendorf Zloam
Au
Wiesencafé Zloam
Archkogel
Nachtskilauf
Zlaim
Eibelstube
Grasberg
1626
Grasbergalm
Schüttgraben
Steirerwald
Weißenbachkogel
1580
Zlaimkogel
1308
Türkenkogel
1756
Weißenbachalm
Weißenbachalm (Do & Sa offen, nur Sommer)
1326
Gruben
Rauherkogel
990
916
Weißenbach
Anger
Zlaimalm
Hößenbichl
Eisengraben
Schnöderitzkogel
1545
1317
Hochleitenwald
Hasenkogel
1616
Teltschenalm
Gschlößl
1614
Feuerkogel
1632
Rötelstein
Kaltes Bründl
Langmoosalm
853
0 500 m
Zlaimgraben
1685
Kampl
1148
Talalm
Radling

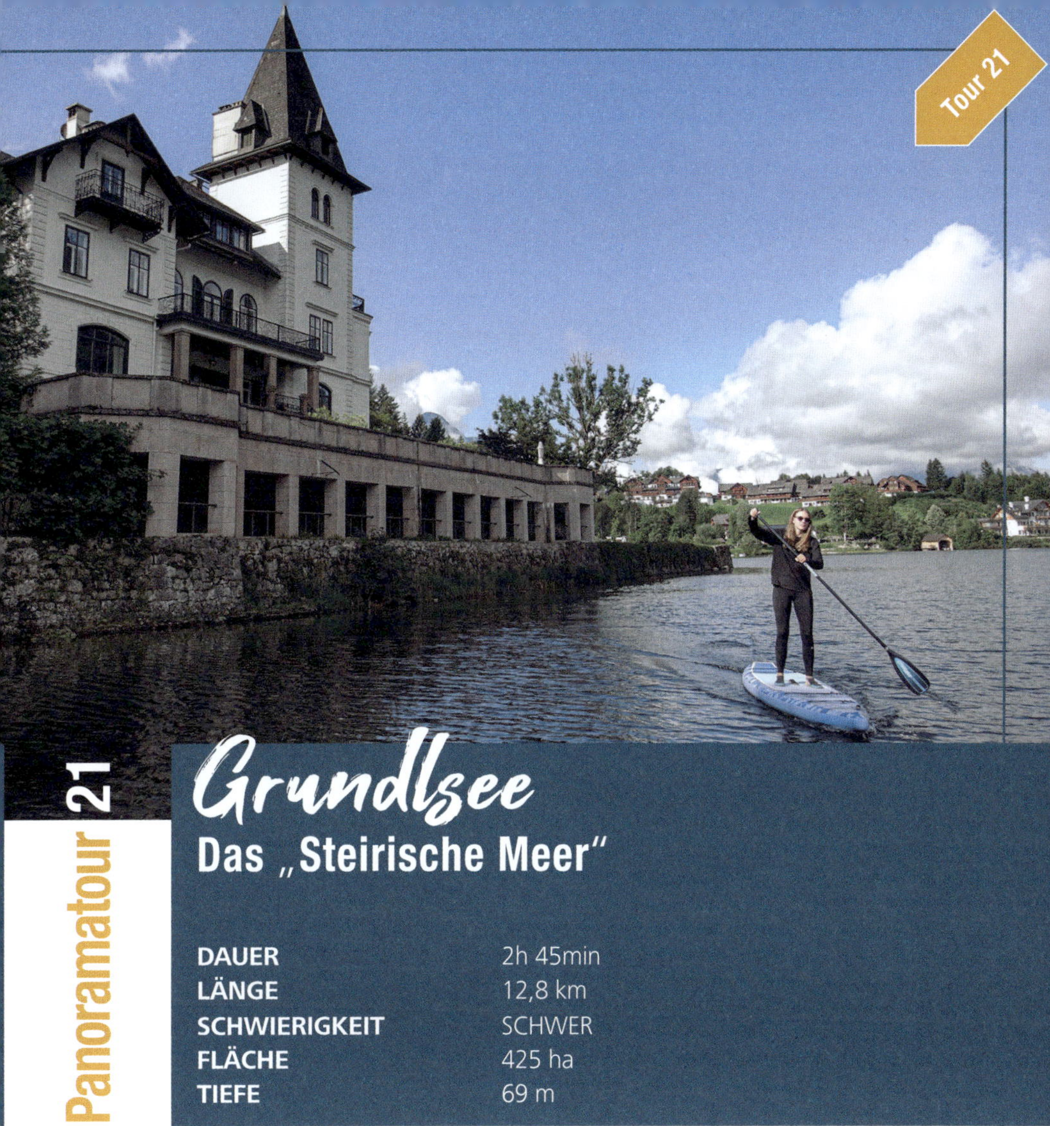

Tour 21

Panoramatour 21

Grundlsee

Das „Steirische Meer"

DAUER	2h 45min
LÄNGE	12,8 km
SCHWIERIGKEIT	SCHWER
FLÄCHE	425 ha
TIEFE	69 m

Das erwartet dich ...

Eingebettet im Bergmassiv des Toten Gebirges mit seinen felsigen Hängen ist der Grundlsee der größte See der Steiermark. Auf unserer Tour vermischen sich idyllische Seeufer mit zahlreichen kleinen Villen und Schlösschen, denn der Grundlsee war lange Zeit bekannt als beliebte Sommerfrische-Destination der Wohlhabenden. Aber auch heute hat der Grundlsee seine Beliebtheit noch lange nicht verloren und auch wir wollen ihn von unserem Board aus erkunden.

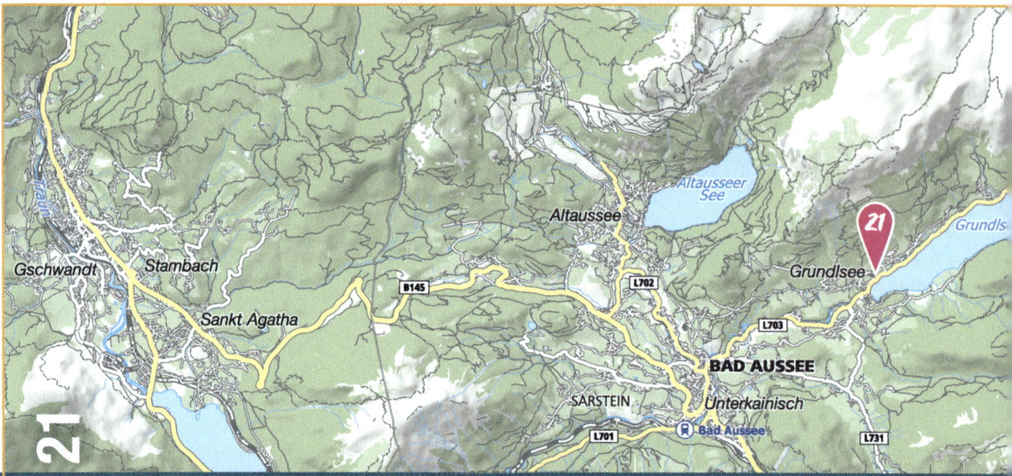

Start & Ziel & Anreise

Anfahrt über Bad Aussee und entlang der Grundlseer Straße, bis wir zum See kommen und direkt an der Straße nach einem Parkplatz am Seeufer Ausschau halten. Die Parkplätze sind schnell weg, man sollte sich also sputen. Zugang zum Wasser gibt's über eine kleine steinerne Treppe direkt hinter dem Parkplatz. Der Tagestarif fürs Parken beträgt im gesamten Grundlseer Parkraum 8 Euro, man kann auch auf etwas weiter entfernte Plätze ausweichen. Mit dem Regionalbus 956 bis zur Haltestelle Grundlsee-Seeklause.

Tourenbeschreibung

Wir starten unsere Tour direkt hinter dem Parkplatz, wo wir unser Board die schmalen steineren Treppen hinuntertragen und direkt lospaddeln können. Wir wenden uns nach rechts und paddeln ein paar Minuten entlang dem Ufer, bis wir auch schon am Westende des Sees angekommen sind. Mächtig und wie ein kleines Dorf erhebt sich das Hotel MONDI auf einem Hügel und überblickt den gesamten See.

Unser erstes Etappenziel ist die Villa Castiglioni, die ein beliebtes Fotomotiv ist und vor der auch wir ein tolles Erinnerungsfoto machen. Leider befindet sie sich aber seit ihrem Bau im Jahr 1881 im Privatbesitz, wir bewundern das kleine Schloss also nur von außen. Davon ungetrübt bahnen wir unseren Weg weiter Richtung Osten. Wir kommen am einzigen Freibad des Grundlsees vorbei, das öffentlich zugänglich ist. Im Vergleich zu vielen anderen Seen des Salzkammerguts ist der

Grundlsee bis auf ein paar private Strände grundsätzlich frei zugänglich und hat einen insgesamt rund 14 km langen und auf das gesamte Ufer verteilten Badestrand. Wir suchen uns daher, nachdem wir gut die Hälfte unserer Tour geschafft haben am Ostufer ein nettes Plätzchen, um eine Pause zu machen. Für Campingbegeisterte gibt es dort zwei Campingplätze: das Camping Grundlsee und Camping Gößl. Dank der angenehmen Wassertemperatur von maximal 25 °C im Sommer und der hohen Wasserqualität (Trinkwasserqualität) ist der Grundlsee ein sehr beliebter Urlaubsort und Badesee.

Nachdem wir uns eine ausgiebige Pause gegönnt haben machen wir uns wieder auf den Weg und paddeln entlang dem Nordufer noch eine gute Stunde. Mächtig erhebt sich das Tote Gebirge zu unserer rechten Seite. Stets achten wir aber wie so oft auf die Linienschifffahrt, die am Grundlsee sehr ausgeprägt ist. Als Teil der Drei-Seen-Runde (Grundlsee-Toplitzsee-Kammersee) fahren regelmäßig Schiffe rund um den gesamten See und schippern Touristen von A nach B. Für sämtliche private Schiffe und Boote mit Verbrennungsmotoren aber besteht ein Verbot. Wer mit dem Gedanken spielt mit dem Stand-Up-Paddleboard eine Runde um den Toplitz- oder Kammersee zu drehen wird leider enttäuscht, denn auf beiden besteht ein SUP-Verbot.

Nach einer genauso schönen wie fordernden Tour kommen wir nach circa zweieinhalb Stunden glücklich aber erschöpft wieder bei unserem Startpunkt an. Wer nicht den gesamten See erkunden möchte, der kann die Tour natürlich beliebig abkürzen. Der See lässt sich aufgrund seiner schmalen Breite von nur 900 Metern problem- und gefahrlos queren. Man paddelt dann einfach wieder am gegenüberliegenden Ufer entlang zurück.

Autoren Tipp

Der Grundlsee ist nicht zuletzt bekannt für seinen Ausseer Seesaibling, der als besonderes Merkmal eine hellrosa Färbung des Fleisches aufweist, das er der Aufnahme eines speziellen natürlich vorkommenden Planktons verdankt. Nach unserer Tour kehren wir also noch in eines der Gasthäuser ein und bestellen uns den reinen Naturfisch, frisch gefangen natürlich. Der schmeckt nicht nur extra gut, sondern ist aufgrund von seinem hohen Maß an Omega-3-Fettsäuren auch noch extra gesund.

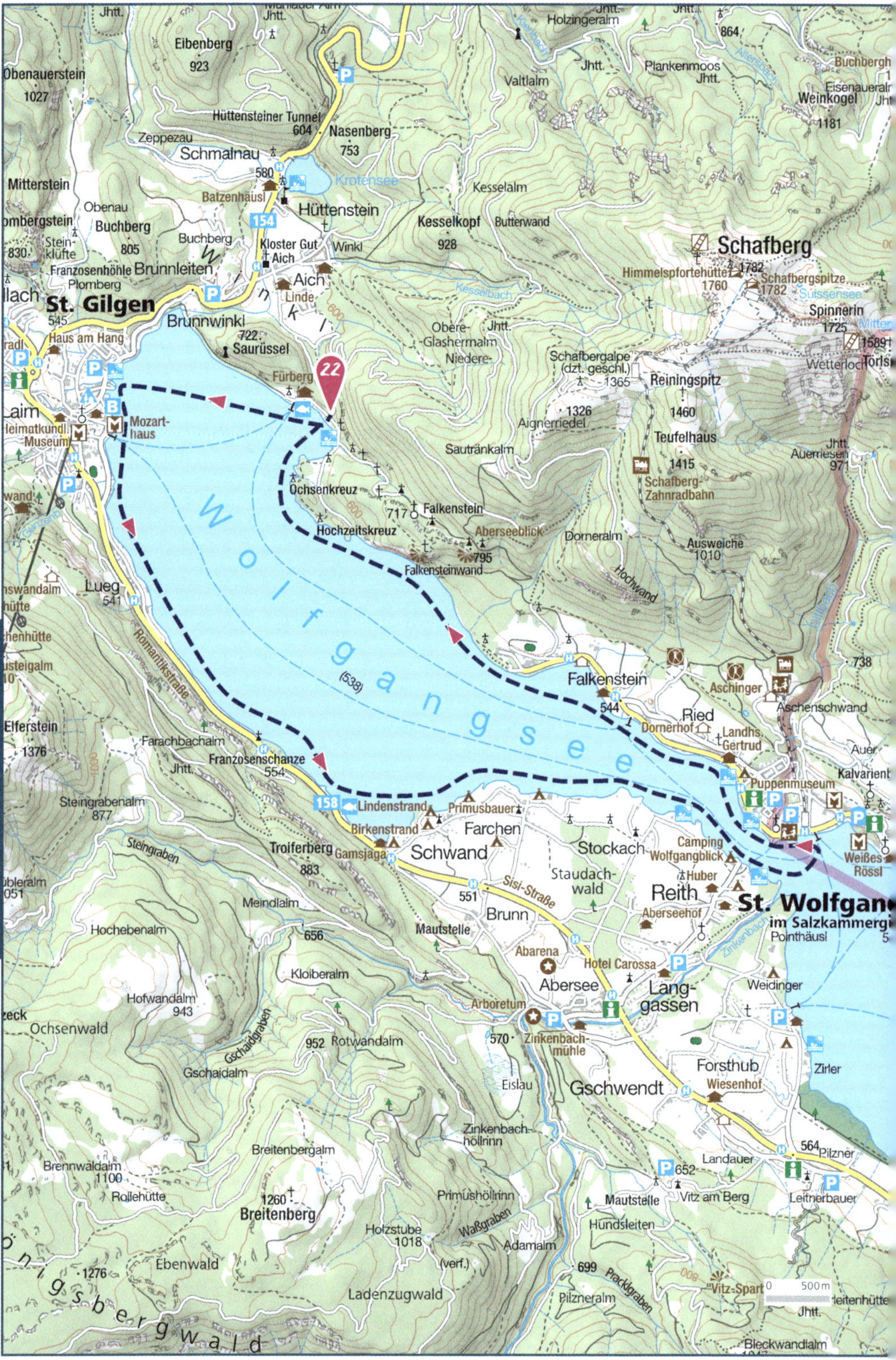

Wolfgangsee
(538)
22
Eibenberg
923
Obenauerstein
1027
Hüttensteiner Tunnel
604
Nasenberg
753
Zeppezau
Schmalnau
580
Krotensee
Batzenhäusl
Hüttenstein
Mitterstein
Obenau
Buchberg
805
Buchberg
154
Kloster Gut Aich
Winkl
Stein-klüfte
830
Franzosenhöhle
Plomberg
Brunnleiten
Aich
Linde
St. Gilgen
545
Brunnwinkl
722
Saurüssel
Haus am Hang
Fürberg
Laim
Mozart-haus
Heimatkundl. Museum
Ochsenkreuz
717
Falkenstein
Hochzeitskreuz
Aberseeblick
795
Falkensteinwand
Lueg
541
Romantikstraße
Elferstein
1376
Farachbachalm
Jhtt.
Franzosenschanze
554
Steingrabenalm
877
158
Lindenstrand
Birkenstrand
Primusbauer
Farchen
Schwand
Gamsjaga
Troiferberg
883
Steingraben
Meindlalm
656
551
Brunn
Sisi-Straße
Mautstelle
Hochebenalm
Kloiberalm
Hofwandalm
943
Ochsenwald
Gschaidgraben
Gschaidalm
952
Rotwandalm
Arboretum
570
Zinkenbach-mühle
Eislau
Abarena
Abersee
Hotel Carossa
Lang-gassen
Gschwendt
Breitenbergalm
Zinkenbach-höllrinn
Brennwaldalm
1100
Rollehütte
1260
Breitenberg
Primushöllrinn
Holzstube
1018
Waßgraben
Adamalm
(verf.)
1276
Ebenwald
Ladenzugwald
Königsbergwald
699
Pilzneralm
Pracklgraben
Holzingeralm
Valtlalm
Plankenmoos
Jhtt.
864
Buchbergh
Eisenaueralm
Weinkogel
1181
Kesselalm
Kesselkopf
928
Butterwand
Kesselbach
Schafberg
Himmelspfortehütte
1760
1782
Schafbergspitze
1782
Suissensee
Spinnerin
1725
1589
Törlspitze
Wetterloch
Obere-Glashernalm
Niedere-
Schafbergalpe (dzt. geschl.)
1365
Reiningspitz
1326
1460
Aignerriedel
Teufelhaus
Sautränkalm
1415
Schafberg-Zahnradbahn
Auerriesen
971
Dorneralm
Ausweiche
1010
Hochwand
Falkenstein
544
Aschinger
738
Aschenschwand
Ried
Dornerhof
Landhs. Gertrud
Auer
Kalvarienberg
Puppenmuseum
Weißes Rössl
Camping Wolfgangblick
Stockach
Staudach-wald
Huber
Reith
Aberseehof
St. Wolfgang im Salzkammergut
Pointhäusl
Zinkenbach
Weidinger
Forsthub
Zirler
Wiesenhof
564
Pilzner
Landauer
652
Mautstelle
Vitz am Berg
Leitnerbauer
Hundsleiten
Vitz-Spart
0 500 m
Jhtt.
Bleckwandlalm

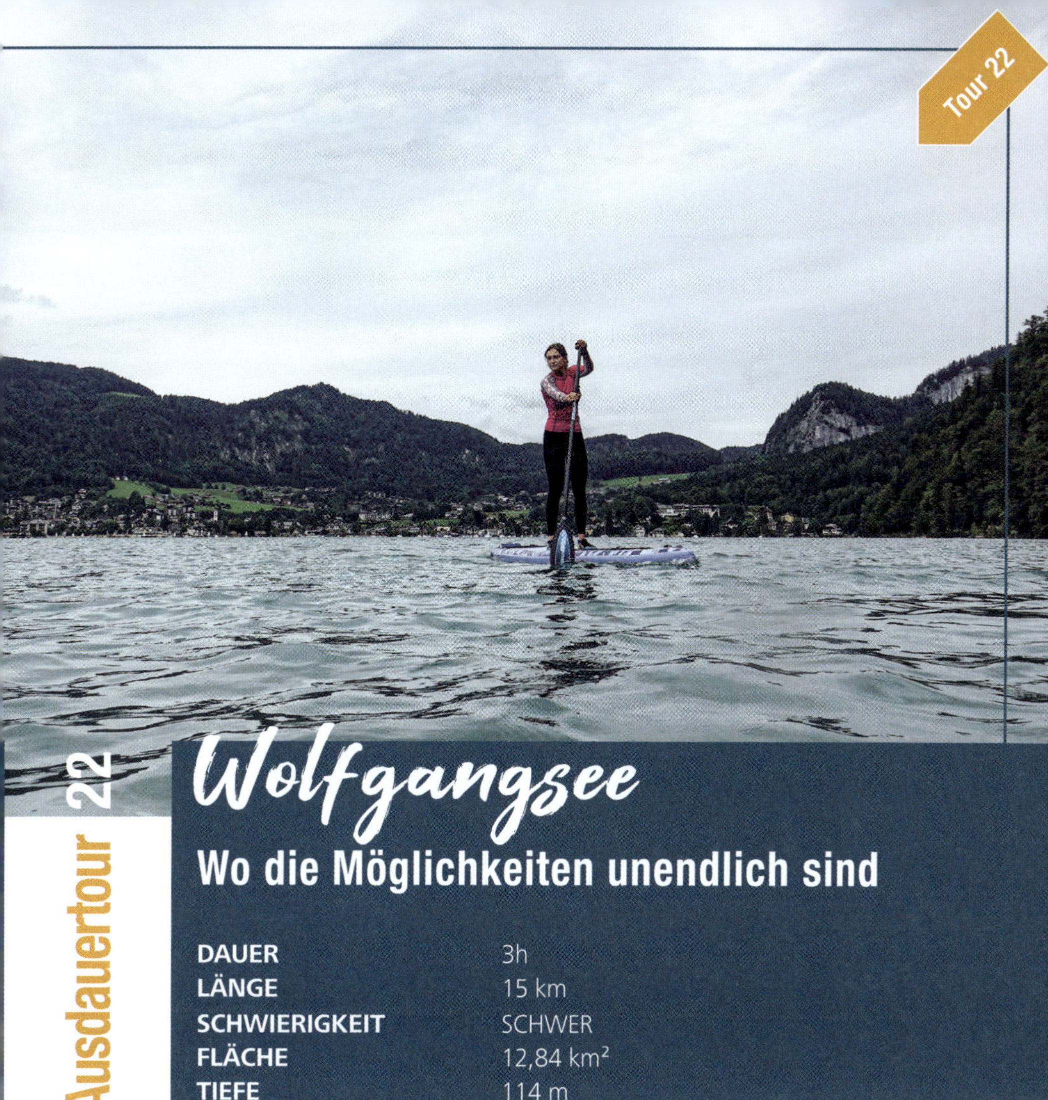

Tour 22

Ausdauertour 22

Wolfgangsee

Wo die Möglichkeiten unendlich sind

DAUER	3h
LÄNGE	15 km
SCHWIERIGKEIT	SCHWER
FLÄCHE	12,84 km^2
TIEFE	114 m

Das erwartet dich ...

Der Wolfgangsee oder Abersee im Salzkammergut ist einer der beliebtesten Urlaubsseen Österreichs und lässt sich wunderbar vom Wasser aus erkunden. Die Möglichkeiten für eine Tour mit dem Stand-Up-Paddleboard sind unendlich: Wir entscheiden uns für eine sowohl landschaftlich als auch kulturell beeindruckende Tour, die so facettenreich ist, dass sie bei niemandem Wünsche offen lässt

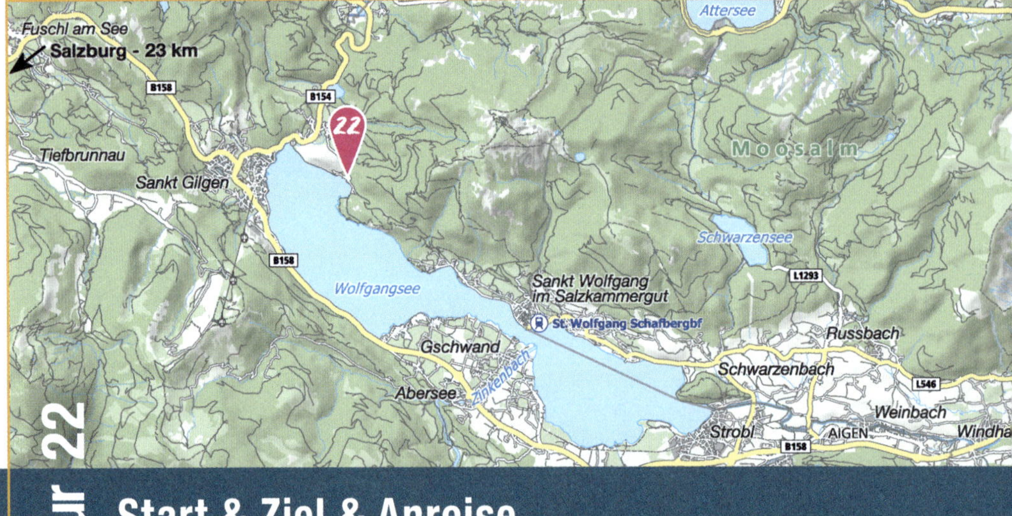

Ausdauertour 22

Start & Ziel & Anreise

Anfahrt über die Österreichische Romantikstraße (B 154), wo wir in Winkl in die Fürbergstraße einbiegen und ihr am Waldrand entlang folgen, bis wir die steile Abfahrt zum See erreichen und links abbiegen und zum kleinen Parkplatz des Waldbad Fürberg kommen. Einen Parkplatz und Zugang zum Wasser bekommt man im Gegenzug für einen kleinen Geldbetrag. Mit dem Bus lässt sich das kleine Waldbad nicht erreichen.

Tourenbeschreibung

Wir starten unsere Tour beim Waldbad Fürberg. Das Waldbad ist ein echter Geheimtipp, die Parkplätze und Liegeflächen sind nur in sehr limitiertem Ausmaß verfügbar. Es gibt einen kleinen Kiosk und SUP-Verleih, wer kein Board mehr bekommt kann auf einen der vielen Bootsverleihe rund um den See ausweichen, die fast ausnahmslos SUPs verleihen.

Wir stechen in See und paddeln Richtung Osten quer über den See, bis wir nach circa 1,5 Kilometern in St. Gilgen am Wolfgangsee ankommen. Vorbei am kleinen Bootshafen rudern wir dem Ufer entlang zum Strandbad St.Gilgen, das man an den hölzernen Sitzmöglichkeiten erkennt und von wo man die Tour natürlich auch problemlos aus starten kann.

Die nächste längere Etappe führt uns zur zweiten Metropole des Sees, nach St. Wolfgang, das wir nach knapp eineinhalb Stunden erreichen und das an der schmalsten Stelle liegt. Der Wolfgangsee ist einer der am meisten befahrenen Seen Österreichs, unsere Aufmerksamkeit sollte also immer und besonders in Ufernähe zumindest zu einem Teil der Linienschifffahrt gehören, damit wir nicht vom Schiffshorn überrascht werden und einen unfreiwilligen Salto ins eher frische (durchschnittlich 23 °C im Sommer) Wasser machen. In St. Wolfgang kann man je nach Lust und Laune entscheiden, ob man die 5,5 Kilometer wieder zurückpaddelt oder die Tour verlängert und eine Dreiviertelstunde weiter Richtung Süden einmal quer über den See weiterpaddelt und sich ein nettes Plätzchen am Ufer sucht, um eine Pause zu machen. Wer sich für diese Erweiterung entscheidet, sollte die Anstrengung und den häufig am Nachmittag aufkommenden „Brunnenwind" nicht unterschätzen.

Für welche Variante man sich auch entscheiden mag, wir beenden unsere erlebnisreiche Tour wieder in Fürberg beim Waldbad. Wer will, lässt sich danach noch im Hotel & Gasthof Fürberg verwöhnen und den Tag auf der Hotelterrasse mit Blick auf den See ausklingen. Eine Reservierung ist hier aber dringend empfohlen.

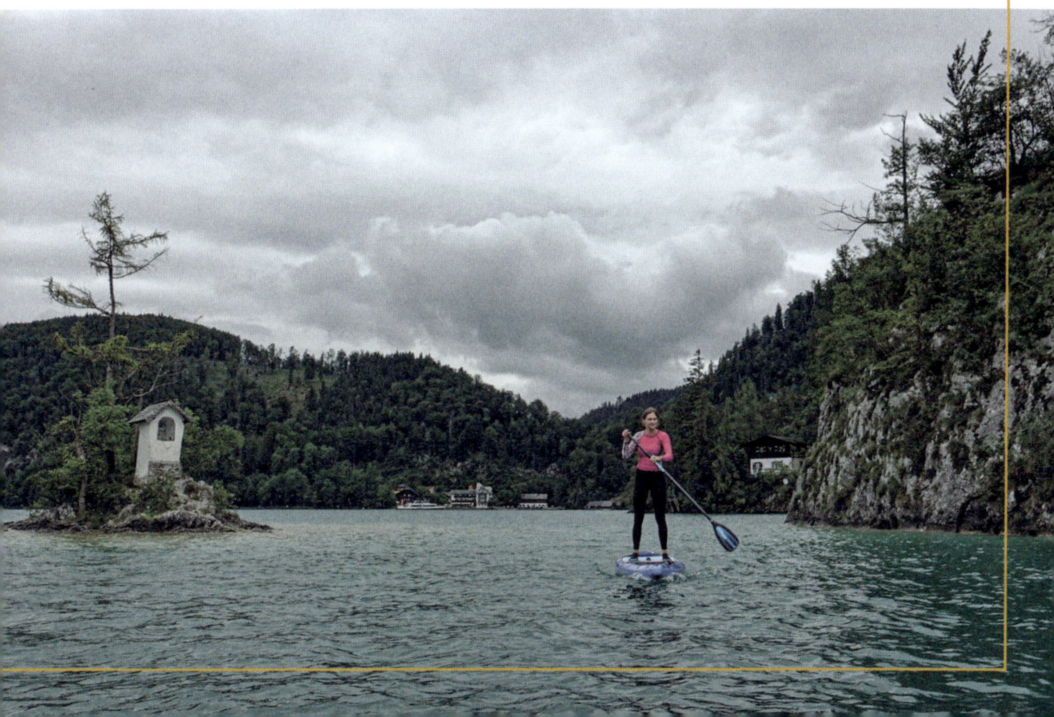

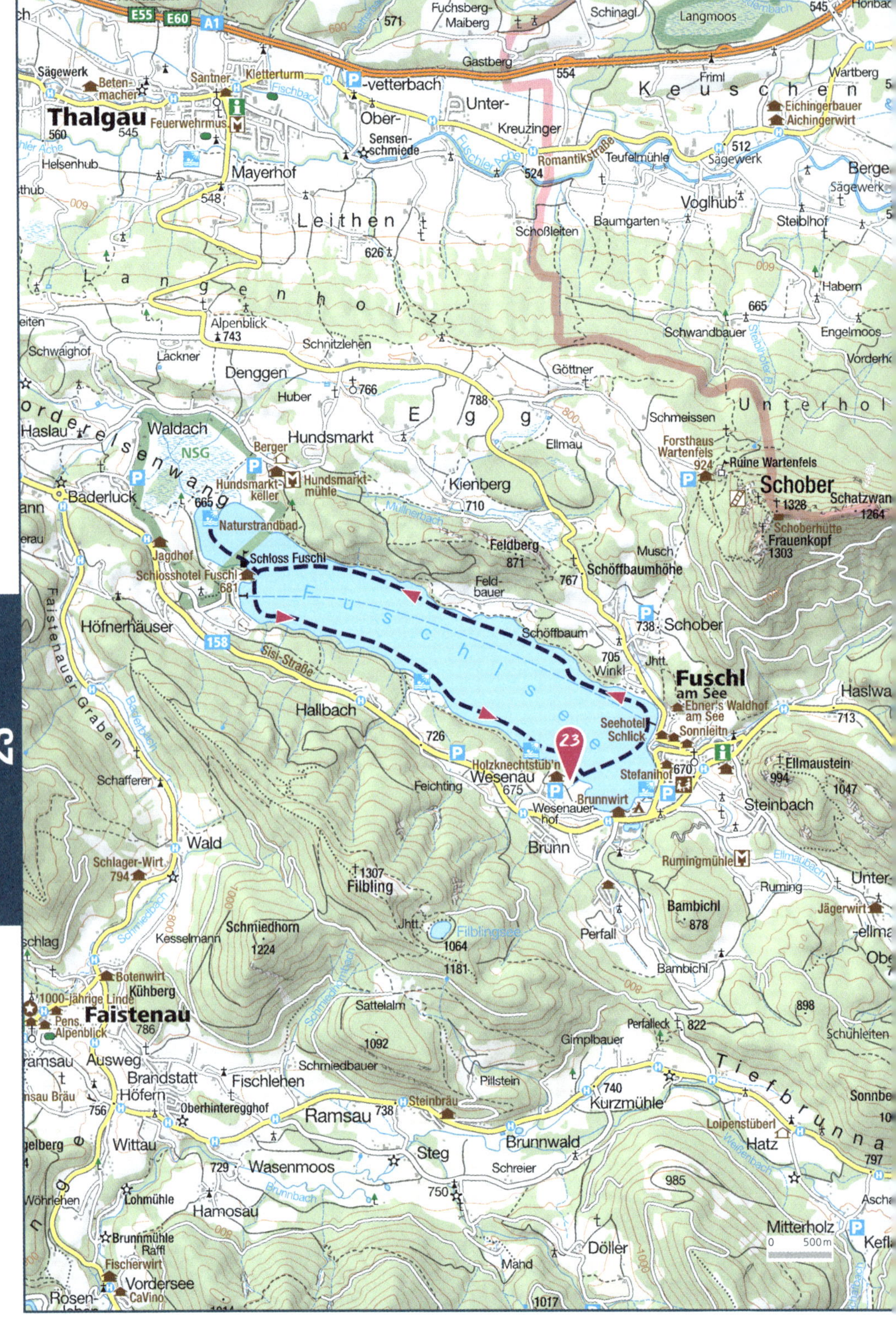

Thalgau
Mayerhof
Leithen
Langenholz
Alpenblick 743
Schnitzlehen
Denggen
Hundsmarkt
Egg
Kienberg
Waldach
NSG
Berger
Hundsmarkt-keller
Hundsmarktmühle
Vorderelsenwang
Baderluck
Naturstrandbad
Schloss Fuschl
Schlosshotel Fuschl
Jagdhof
Feldberg 871
Fuschlsee
Schöffbaum
Schöffbaumhöhe
Wesenau
Holzknechtstüb'n
Brunnwirt
Seehotel Schlick
Stefanihof
Fuschl am See
Ebner's Waldhof am See
Sonnleitn
Steinbach
Brunn
Schober
Ruine Wartenfels
Forsthaus Wartenfels
Schoberhütte
Frauenkopf 1303
Schatzwand 1264
Unterhol
Keuschen
Romantikstraße
Sisi-Straße
Hallbach
Höfnerhäuser
Faistenauer Graben
Wald
Schlager-Wirt
Filbling
Filblingsee
Schmiedhorn
Faistenau
Botenwirt
Kühberg
1000-jährige Linde
Ramsau
Steinbräu
Kurzmühle
Tiefbrunnau
Loipenstüberl
Hatz
Perfall
Bambichl
Rumingmühle
Jägerwirt
Brunnwald
Wasenmoos
Hamosau
Mitterholz
Döller
Vordersee
Fischerwirt
CaVino

23

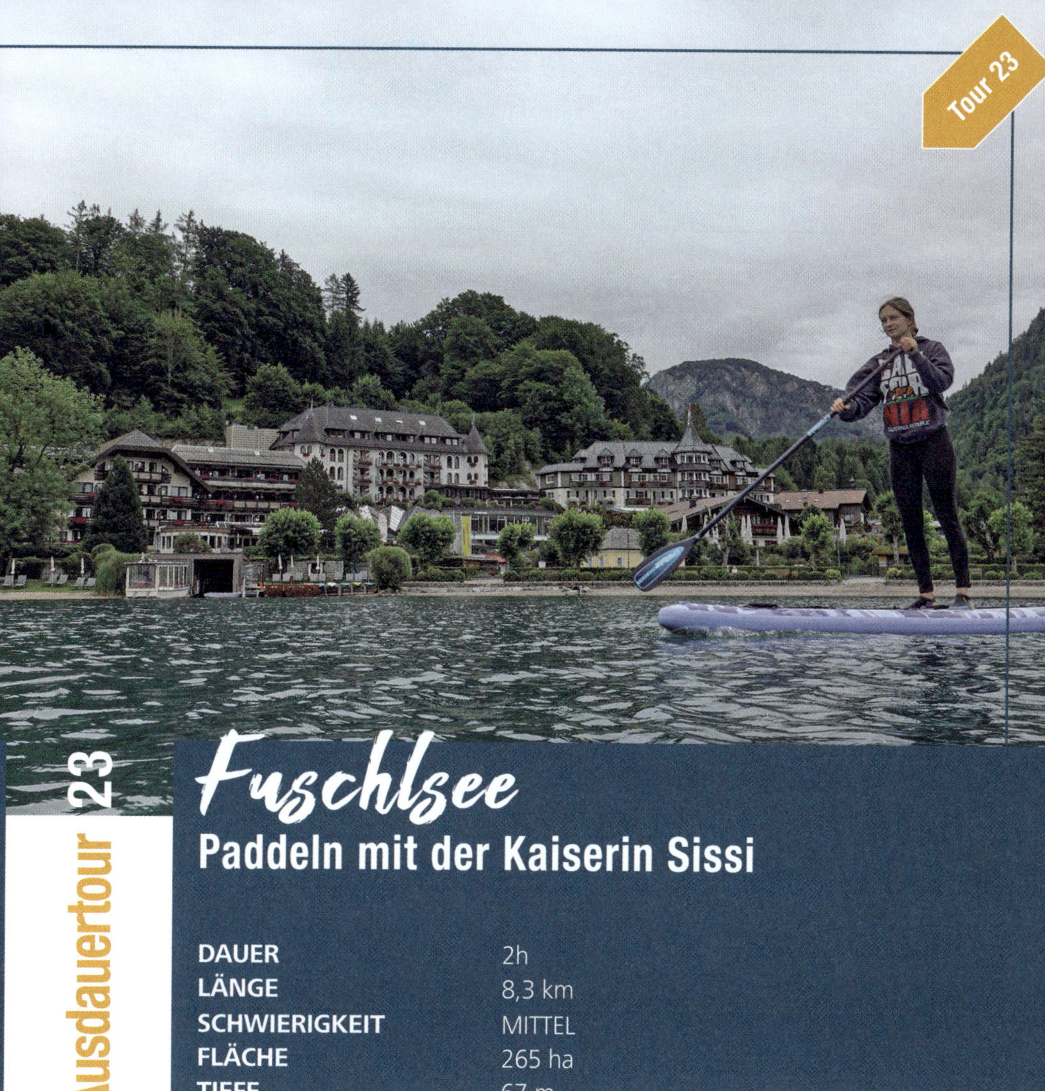

Tour 23

Ausdauertour 23

Fuschlsee

Paddeln mit der Kaiserin Sissi

DAUER	2h
LÄNGE	8,3 km
SCHWIERIGKEIT	MITTEL
FLÄCHE	265 ha
TIEFE	67 m

Das erwartet dich ...

Der Fuschlsee, allseits bekannt und berühmt geworden durch die Trilogie der romantischen Filme über Kaiserin Sissi mit Romy Schneider in der Hauptrolle, ist nicht nur ein Hotspot für alle Filmliebhaber, sondern auch ein absolutes Muss für alle Paddelfans. Einmal rund um den See führt uns unsere Tour vorbei an der idyllischen Ortschaft Fuschl am See bis hin zum Schloss Fuschl, wobei auch Natur und Erholung nicht zu kurz kommen.

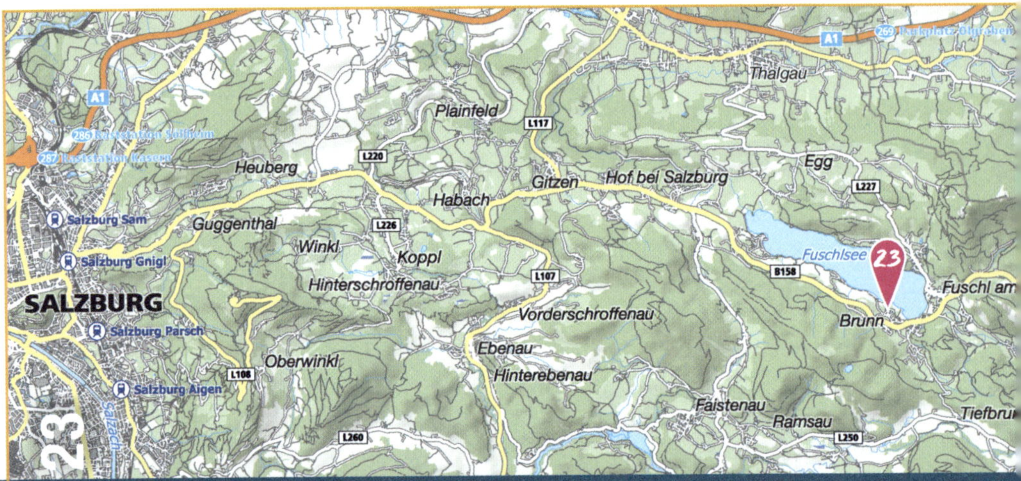

Start & Ziel & Anreise

Anfahrt über die Wolfgangsee Straße (B 158) im Süden, wo man in die Au-Straße einbiegt und diese ein paar Hundert Meter entlangfährt, bis man zum Parkplatz des Strandbads Wesenauer gelangt. Parken kann man hier den ganzen Tag gebührenpflichtig, der Eintritt ins Strandbad kostet zusätzlich pro Erwachsenem 5 Euro. Mit dem Regionalbus 150 bis zur Haltestelle Fuschl am See/Brunnerwirt und die restlichen Meter bis zum Strandbad zu Fuß.

Tourenbeschreibung

Wir starten unsere Tour beiim Strandbad Wesenauer an der Südostseite des Sees. Dort finden wir einen gepflegten Naturbadestrand, der sich mit Spielplatz, Toiletten, Kiosk und Ruderbootverleih bestens für Familien eignet. Dort kann man sich außerdem SUPs ausleihen, an schönen Tagen muss man sich aber beeilen, um noch eines zu erwischen. Wem es zu voll ist, kann auch auf eines der übrigen drei Strandbäder ausweichen, allesamt mit Parkplätzen und gepflegten Seezugängen.

Vom Strandbad Wesenauer aus queren wir den See und paddeln in Richtung der Ortschaft Fuschl am See, das dauert nur ein paar Minuten. Das schlossartige Vier-Sterne Hotel Ebner's Waldhof am See verleiht dem Ortspanorama etwas Majestätisches und bietet sich hervorragend als Fotomotiv an.

Schon hier und auch auf unserer restlichen Tour müssen wir auf die „Fuschlerin" achtgeben, ein 20 Personen fassendes Holzboot mit Elektromoter, das speziell bei schönem Wetter seine Insassen über den See schippert. Das trübt unsere Laune aber nicht im Geringsten, sogar ganz im Gegenteil, die Zille trägt zur romantischen und typisch nostalgischen Atmosphäre bei, die man rund um den Fuschlsee spüren kann.

Weiter geht es Richtung Schloss Fuschl, das sich im Westen und somit auf der gegenüberliegenden Seite des Sees befindet. Je nach Tempo brauchen wir circa 45 Minuten, bis wir bei dem kleinen Schloss, das auf einem halbinselartigen Vorsprung in den See thront, ankommen. Wer hier ein Foto machen möchte sollte aufgrund der Sonnenstellung und dem Licht unbedingt den Vormittag wählen. Bei Sonne ist das Wasser kristallklar und hat eine fast schon türkise Färbung, während ein bewölkter Himmel dem See eine eher smaragdgrüne Tönung verleiht. Schlechtes Wetter gibt es am Fuschlsee also nicht, wer hierherkommt, erlebt garantiert eine unvergessliche Paddeltour.

Nach erfolgreichem Geknipse paddeln wir rechts am Schloss vorbei und hinter die Halbinsel, bis wir beim Hofer Naturbadestrand ankommen, wo wir eine wohlverdiente Pause einlegen. Kosten tut uns das Liegen hier pro Erwachsenem 4,50 Euro. Wer nach kostenfreien Alternativen sucht wird bis auf ein paar vereinzelte, sehr versteckte Seezugänge am Südufer eher erfolgslos bleiben. Wie fast jeder See im Salzkammergut sind auch der Fuschlsee und seine Ufer großteils privat oder bestehen bereits als kostenpflichtiges Strandbad. Zusätzlich muss man beachten, dass das Gebiet rund um den See als Landschaftsschutzgebiet ausgewiesen ist, was zu einer einzigartigen Flora und Fauna mit verschiedenen Fisch-, Vogel- und Pflanzenarten und einer hohen Wasserqualität (der höchsten im Salzkammergut!) mit einer Durchschnittstemperatur im Sommer von circa 19 °C führt und weshalb wir uns so wie immer zurückhalten und die Natur unberührt lassen, damit auch zukünftige Paddelliebhaber in den Genuss einer Fuschlseetour kommen können.

Die letzte Etappe unserer 8,3 Kilometer langen Tour führt uns am Südufer entlang vorbei an der Schlossfischerei von Schloss Fuschl, wo man frisch gefangene Forellen genießen kann und sich ein Stopp auf jeden Fall lohnt.

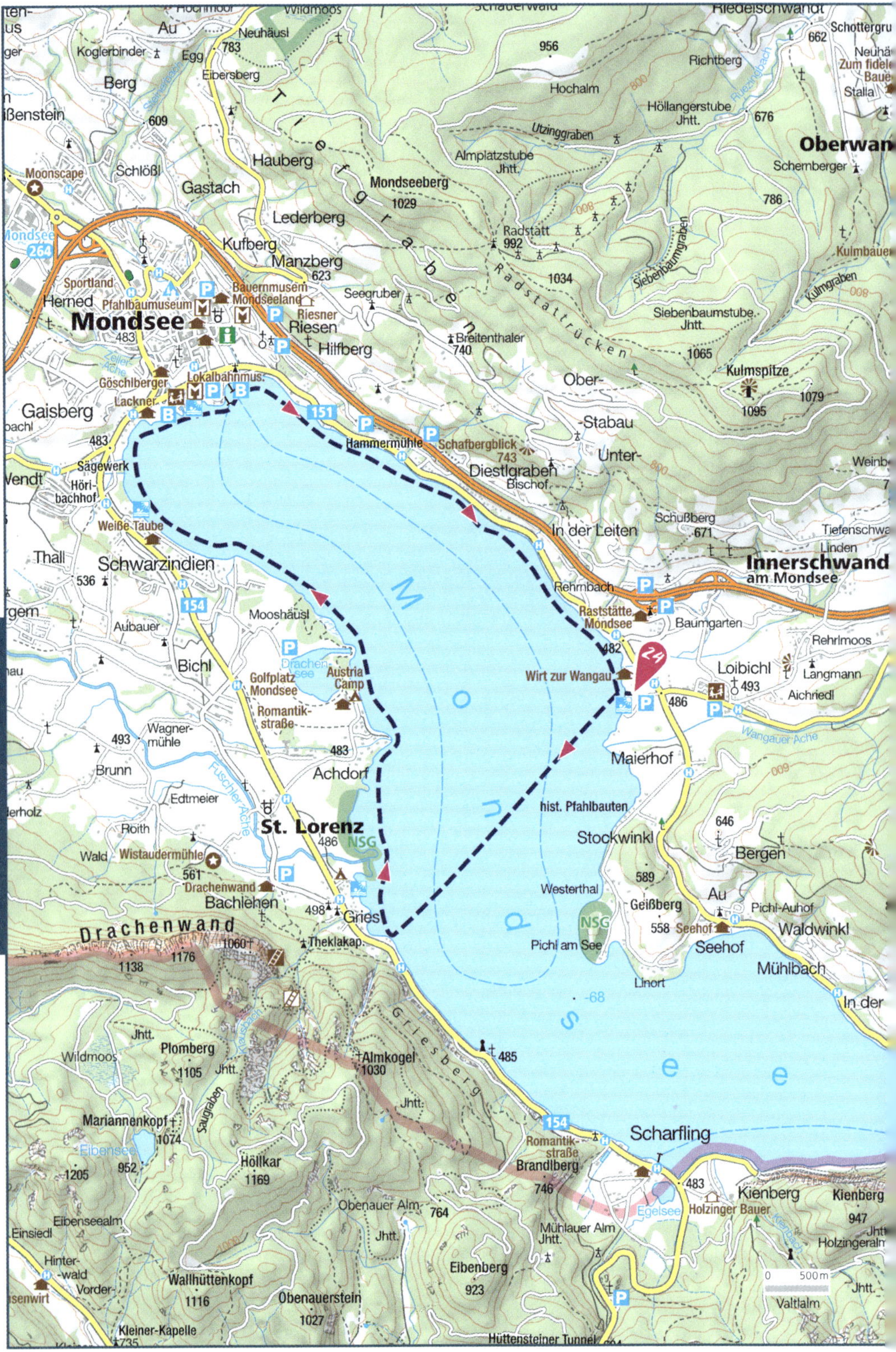

24

Mondsee
Mondsee
Mondsee
483
Tiefgraben
Radstattrücken
Drachenwand
Griesberg
Mondseeberg
1029
Hochalm
956
Radstatt
992
1034
Kulmspitze
1095
1079
Oberwang
Innerschwand
am Mondsee
St. Lorenz
486
Scharfling
483
Schwarzindien
Loibichl
493
Wirt zur Wangau
486
Maierhof
hist. Pfahlbauten
Stockwinkl
Westerthal
Pichl am See
Geißberg
Seehof
Mühlbach
Achdorf
483
Mooshäusl
Drachensee
Austria Camp
Golfplatz Mondsee
Romantikstraße
Gries
498
Theklakap.
Bachlehen
Drachenwand
Wistaudermühle
561
Almkogel
1030
Plomberg
1105
Mariannenkopf
1074
Eibensee
952
Höllkar
1169
Brandlberg
746
Obenauer Alm
764
Mühlauer Alm
Eibenberg
923
Wallhüttenkopf
1116
Obenauerstein
1027
Kleiner-Kapelle
Hüttensteiner Tunnel
Egelsee
Holzinger Bauer
Kienberg
947
Valtlalm
Hammermühle
Schafbergblick
743
Diestlgraben
Bischof
In der Leiten
Rehrnbach
Raststätte Mondsee
Baumgarten
Rehrlmoos
Langmann
Aichriedl
Wangauer Ache
Bergen
646
Au
Pichl-Auhof
Waldwinkl
589
558
Unort
-68
Lokalbahnmus.
Lackner
Göschlberger
Pfahlbaumuseum
Bauernmuseum Mondseeland
Riesner
Riesen
Hilfberg
Seegruber
Breitenthaler
740
Manzberg
623
Kufberg
Lederberg
Gastach
Hauberg
Schlößl
Moonscape
Sportland
Herned
Gaisberg
483
Sägewerk
Höribachhof
Weiße Taube
Thall
536
Aubauer
Bichl
493
Wagnermühle
Brunn
Edtmeier
Fuschler Ache
Roith
Wald
Berg
609
Koglerbinder
Egg
783
Neuhäusl
Eibersberg
Au
Hochmoor
Wildmoos
Schauerwald
Riedelschwandt
Richtberg
Höllangerstube Jhtt.
676
662
Utzinggraben
Almplatzstube Jhtt.
Siebenbaumgraben
Siebenbaumstube Jhtt.
1065
Kulmgraben
Kulmbauer
Schernberger
786
Ober-
Stabau
Unter-
Schußberg
671
Tiefenschwand
Linden
Wildmoos
Jhtt.
Saugraben
1205
Eibenseealm
Einsiedl
Hinterwald
Vorder-
485
1138
1176
1060
0 500 m

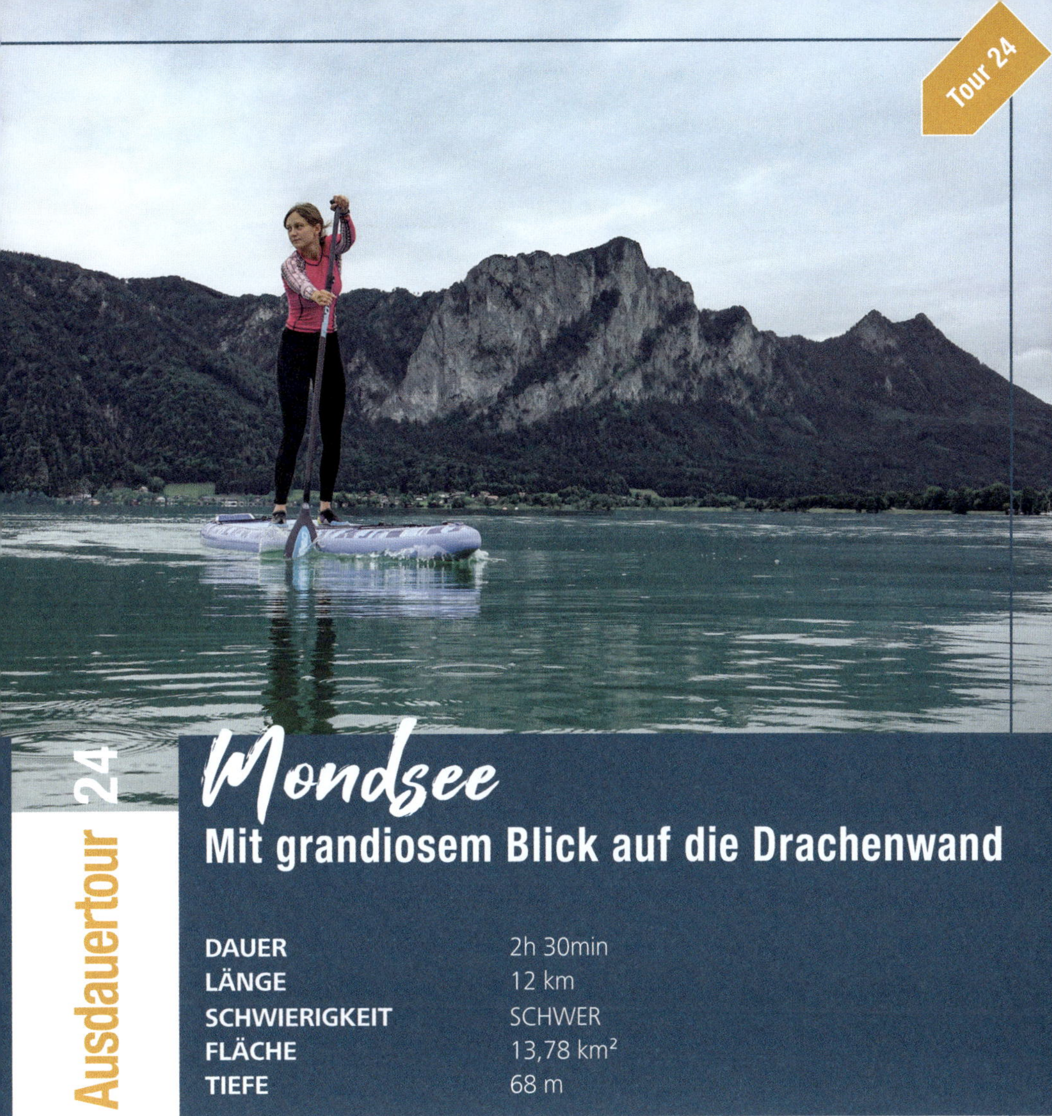

Tour 24

Ausdauertour 24

Mondsee

Mit grandiosem Blick auf die Drachenwand

DAUER	2h 30min
LÄNGE	12 km
SCHWIERIGKEIT	SCHWER
FLÄCHE	13,78 km²
TIEFE	68 m

Das erwartet dich ...

Eine fordernde, aber spektakuläre Tour um die Nordhälfte des Mondsees, mit Zwischenstopp bei der Drachenwand und in der Gemeinde Mondsee.

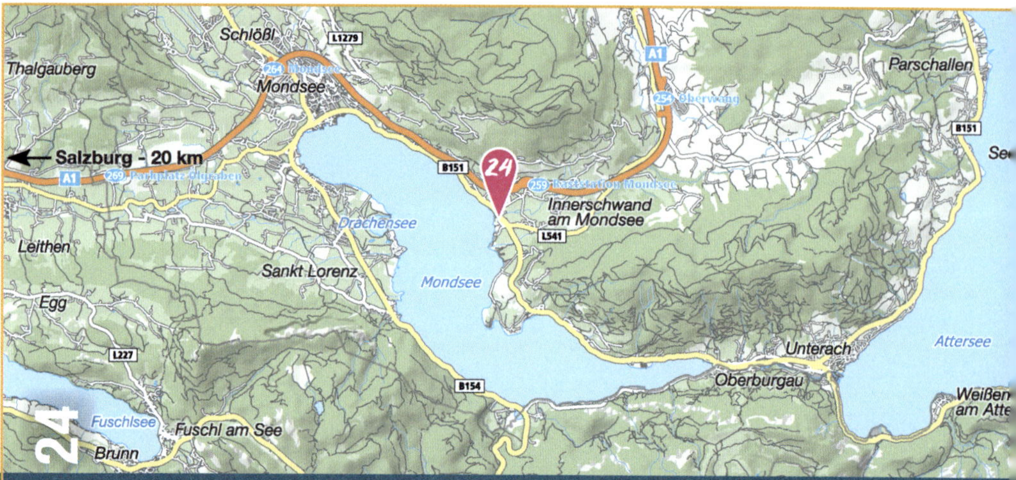

Ausdauertour 24

Start & Ziel & Anreise

Anfahrt über die Atterseestraße bis zum großen, einfach zu findenden Parkplatz des Badeplatz Loibichl am Ostufer. Der Parkplatz ist von 1. Juni bis 31. August von 10:00 bis 17:00 Uhr gebührenpflichtig, ein Tagesticket kostet 4 Euro. Mit der Regionalbuslinie 592 / 593 bis zur Haltestelle Innerschwand Abzw. Loibichl. Eine große, öffentliche Liegewiese mit Café und sanitären Anlagen steht zur Verfügung.

Tourenbeschreibung

Unser Startort ist der Badeplatz Loibichl. Unweit vom Strand gibt es die SUP BOX, wo man sich ein Board ausleihen kann. Wir tragen unser Board zum Steg und können es dort gemütlich ins Wasser lassen. Von dort aus machen wir uns auch schon direkt auf den Weg und paddeln gerade hinaus auf den See und queren ihn einmal. In der Seemitte können die Wind- und Wasserbedingungen sich durchaus einmal schnell verschärfen, die Tour ist also am besten geeignet für etwas fortgeschrittenere Paddler.

Wir paddeln geradeaus direkt auf unser erstes Etappenziel zu: die Drachenwand. Immer größer und mächtiger wird die karge, steile Felswand. Nach einer guten halben Stunde stehen wir nun am Westufer des Sees und befinden uns quasi direkt an ihrem Fuß. Ein anspruchsvoller Klettersteig führt bis zur Spitze. Der Sage nach spielte sich hier auch die Entstehungsgeschichte der Namensgebung des

Mondsees ab: Nämlich soll Herzog Odilo von Bayern bei der Jagd von der Dunkelheit überrascht worden sein und konnte nicht mehr erkennen, dass sich hinter dem höchsten Punkt der Drachenwand eine steil abfallende Wand befand. Im letzten Augenblick sah er den Mond als Spiegelung im See, der ihm so sein Leben rettete. Vom Wasser aus haben wir einen fantastischen Blick auf den majestätischen Ort und deshalb muss ein obligatorisches Foto mit Fels und Landschaft natürlich sein, bevor wir unseren Weg fortsetzen und dem Ufer entlang Richtung Norden paddeln.

Die zweite Etappe unserer Tour dauert bei gutem Tempo in etwa eine Stunde. Wir kommen bei der Gemeinde Mondsee an, zu der der See mit seiner gesamten Fläche gehört. Mehr als 80 % der Uferlinie sind verbaut oder ökologisch beeinträchtigt, lediglich ein kleiner Abschnitt um den Mündungsbereich der Fuschler Ache besteht als Naturschutzgebiet. Der trotz allem sehr charmante Ort ist besonders an der Uferpromenade an schönen Tagen sehr belebt. Wir paddeln die Bucht der Gemeinde ab, vorbei am Strandbad Mondsee, wo man natürlich nach Belieben auch eine Pause einlegen und ein paar schöne Stunden in der Sonne genießen kann. Während der Sommersaison hat der See eine Durchschnittstemperatur von circa 21 °C, im erfrischenden Wasser findet man nicht nur Badenixen sondern auch die typischen Süßwasserfische der österreichischen Seen wie den Hecht, die Forelle oder den Saibling. Achtgeben müssen wir auf die Linienschiffe, die in der Gemeinde ihre Anker lichten und gemütlich ihre Runden um den See drehen.

Die letzten 4 Kilometer, die uns noch unsere letzte Kraft abverlangen, führen uns entlang dem Ostufer Richtung Süden, wo die Attersee Straße sich entlangschlängelt, bis wir nach guten zweieinhalb Stunden wieder beim Badeplatz Loibichl ankommen.

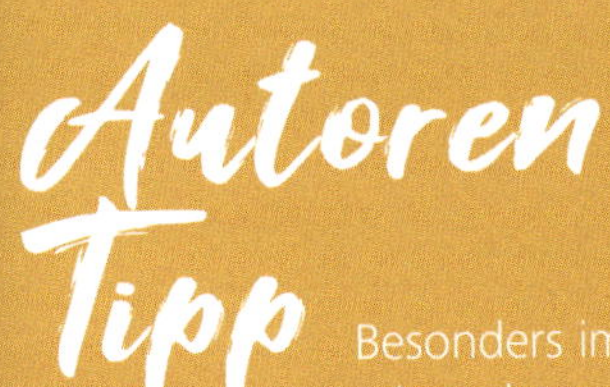

Besonders im Herbst ist der Mondsee ein echter Hingucker. Am Vormittag kommt es gerne zu Nebelschwaden, doch wenn man aus ihnen hinaus auf den See paddelt ist der der Blick auf die bunten Wälder und das dunkle Wasser umso lohnender.

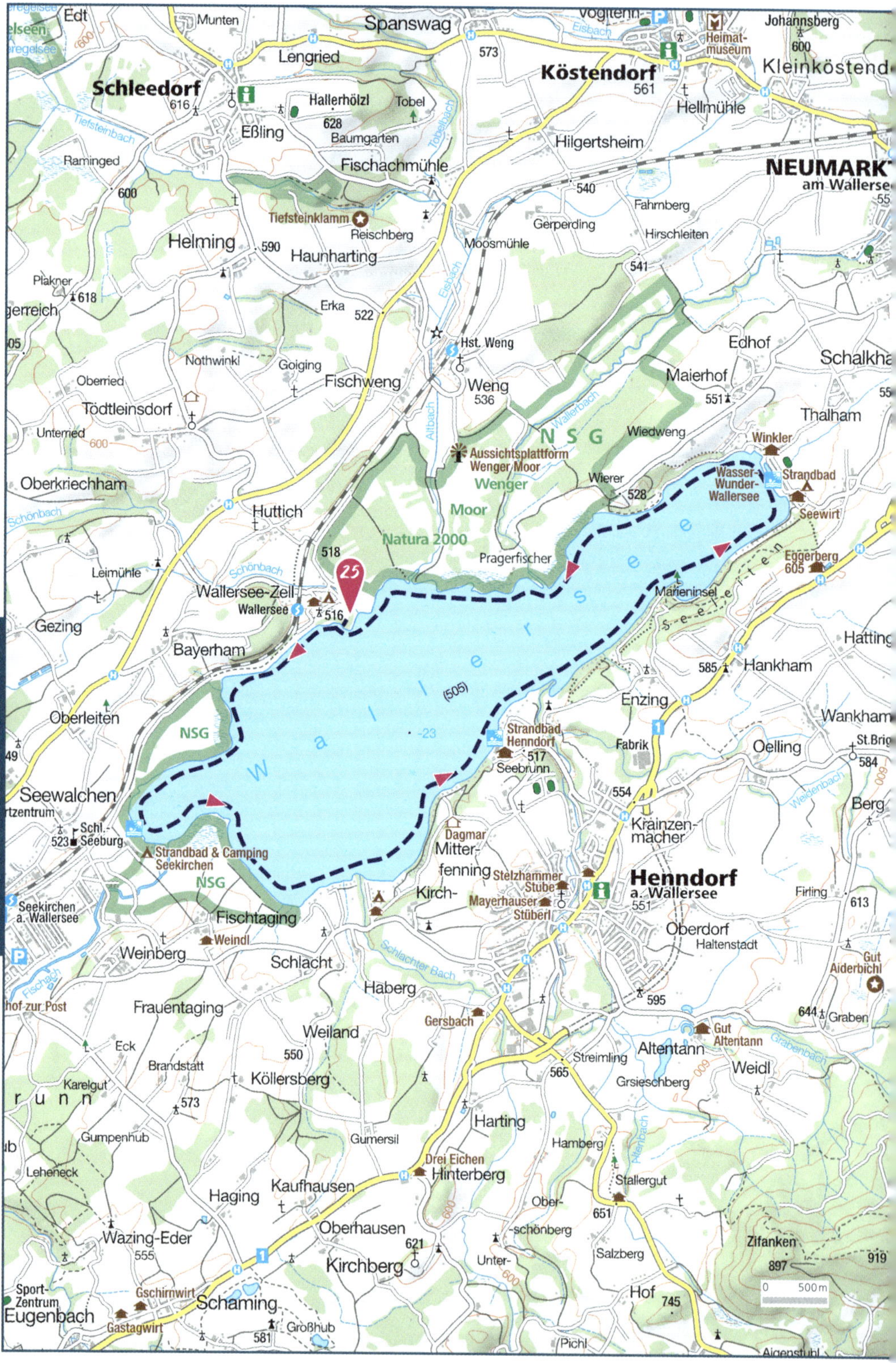

Edt
Munten
Spanswag
Vogltenn
Johannsberg
Heimat-museum
Lengried
573
Köstendorf
561
600
Kleinköstend
Schleedorf
616
Hallerhölzl
628
Tobel
Hellmühle
Tiefsteinbach
Eßling
Baumgarten
Hilgertsheim
Ramingerd
Fischachmühle
NEUMARKT
am Wallersee
600
540
Tiefsteinklamm
Reischberg
Gerperding
Fahrnberg
Helming
590
Haunharting
Moosmühle
Hirschleiten
Plakner
541
618
Erka
522
Eisbach
Hst. Weng
Edhof
Nothwinkl
Goiging
Schalkham
Oberried
Fischweng
Weng
536
Maierhof
Tödtleinsdorf
551
Thalham
Unterried
600
Altbach
Wallerbach
NSG
Wiedweng
Aussichtsplattform Wenger Moor
Winkler
Wenger
Wierer
Wasser-Wunder-Wallersee
Strandbad
Oberkriechham
528
Moor
Seewirt
Schönbach
Huttich
Natura 2000
Pragerfischer
Eggerberg
605
518
Leimühle
Schönbach
25
Wallersee-Zell
Wallersee
516
Marieninsel
Seeleiten
Gezing
Bayerham
Hatting
585
Hankham
Wallersee
(505)
Enzing
Oberleiten
NSG
-23
Strandbad Henndorf
517
Fabrik
Wankham
Seebrunn
Oelling
St. Brig
584
Seewalchen
554
Weidenbach
Berg
Schl.-Seeburg
523
Dagmar
Krainzen-macher
Strandbad & Camping Seekirchen
Mitter-fenning
Stelzhammer Stube
NSG
Henndorf
a. Wallersee
551
Firling
Kirch-
Mayerhauser Stüberl
Seekirchen a. Wallersee
613
Fischtaging
Oberdorf
Haltenstadt
Weindl
Weinberg
Schlacht
Schlachter Bach
Gut Aiderbichl
Fischach
Haberg
595
hof zur Post
Frauentaging
Gersbach
644
Graben
Gut Altentann
Weiland
Eck
Streimling
Altentann
Grabenbach
Brandstatt
550
565
Weidl
Karelgut
Köllersberg
Grsieschberg
600
573
Harting
Gumpenhub
Gumersil
Hamberg
Leheneck
Drei Eichen
Hinterberg
Stallergut
Haging
Kaufhausen
Ober-
651
Wazing-Eder
555
Oberhausen
-schönberg
Zifanken
621
897
919
Unter-
Salzberg
Kirchberg
Sport-Zentrum
Gschirnwirt
Hof
745
0 500 m
Eugenbach
Schaming
Gastagwirt
581
Großhub
Pichl
Aigenstuhl

Tour 25

Genusstour 25

Wallersee

Ein Ort der Regeneration

DAUER	3h
LÄNGE	12,6 km
SCHWIERIGKEIT	MITTEL
FLÄCHE	64 ha
TIEFE	23 m

Das erwartet dich ...

Ob man der alten Sage, dass der Wallersee einst in seinen Tiefen einen mächtigen Waller beheimatete, der, wenn man ihm seine jährliche Opfergabe verweigerte, das gesamte umliegende Land überschwemmte, Glauben schenkt, sei jedem selbst überlassen. Riesenfisch hin oder her, der Wallersee ist ein echtes Traumziel, um mit dem SUP-Board eine ausgedehnte Tour zu drehen und so richtig zu entspannen.

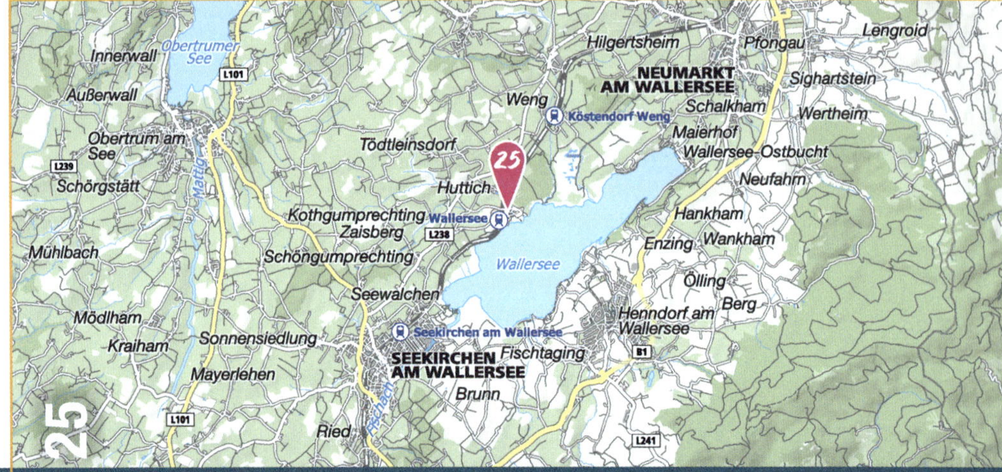

Genusstour 25

Start & Ziel & Anreise

Anfahrt über die Seekirchner Landestraße und in Bayerham einbiegen dann bis zur Bahnüberführung fahren und links weiter zur Campinganlage in die schmale Zubringerstraße zum Parkplatz des Naturbadestrands Zell am Wallersee. Eine einmalige Gebühr von 4 Euro gewährt uns Einfahrt zum großen Parkplatz und der kostenfreien Liegewiese mit Buffet, einer Toilette und Beachvolleyball. Mit der Salzbuger S 2 bis zur Station Wallersee.

Tourenbeschreibung

Wir starten unsere Tour beim Naturstrandbad Zell am Wallersee, der sich in der einzigen unmittelbar am Ufer liegenden Siedlung Wallersee-Zell befindet. Anrainer-Gemeinden gibt es mehrere, die größten Teile des Wallersees befinden sich aber unter Naturschutz, darunter auch das Wenger Moor in Köstendorf, das aus einem breiten Schilfgürtel besteht und Heimat von zahlreichen Wasservögeln ist. Auch Fische gibt es zur Genüge im Wallersee: Brachse, Hechte, Karpfen und natürlich auch der Waller (=Wels) sind heimisch.

Seinen Namen hat der See aber gar nicht vom Wels, sondern angeblich vom mittelhochdeutschen Wort „Walchen", was soviel wie „Fremde" bedeutet, weil nämlich alle romanischen Völker südlich von Bayern für die Einheimischen früher eben Walchen waren. Fremd fühlen wir uns aber ganz und gar nicht, sobald wir unser Board ins Wasser lassen. Vertraut und entspannend wirkt das warme

Wasser des Wallersees und unsere erste Etappe entlang dem Westufer gen Süden zum Strandbad Seekirchen vorbei an kleinen Privatparzellen vergeht wie im Flug. Wer ein SUP-Board ausleihen möchte, ist dort am richtigen Platz, beim Naturbadestrand gibt es nämlich keinen Verleih.

Weiter geht es gut drei Kilometer am Ufer entlang bis zum Strandbad Henndorf, das genau gegenüber von unserem Startpunkt liegt. Speziell das Ostufer und der nördliche Westen des Sees sind übersät mit Ferienhäuschen und privaten Seezugängen, ein abgelegenes Örtchen zum Pause machen finden wir leider nicht. Wer nach unserer Tour um die Südhälfte des Sees schon genug hat, quert den See wieder und kommt direkt beim Naturbadestrand an.

Weil wir aber den gesamten See umrunden möchten, geht es für uns weiter Richtung Norden bis zum Strandbad des Seehotels Winkler, wo wir uns im „Schnecken-Winkler", dem hauseigenen Restaurant, mit fangfrischem Fisch verwöhnen lassen und den Nachmittag in der Sonne verbringen, bevor wir die letzte Etappe unserer Tour in Angriff nehmen und circa eine Dreiviertelstunde entlang dem Westufer zurück zum Startpunkt paddeln.

Niedliche Häuschen wie diese gibt es am Wallersee im Überfluss

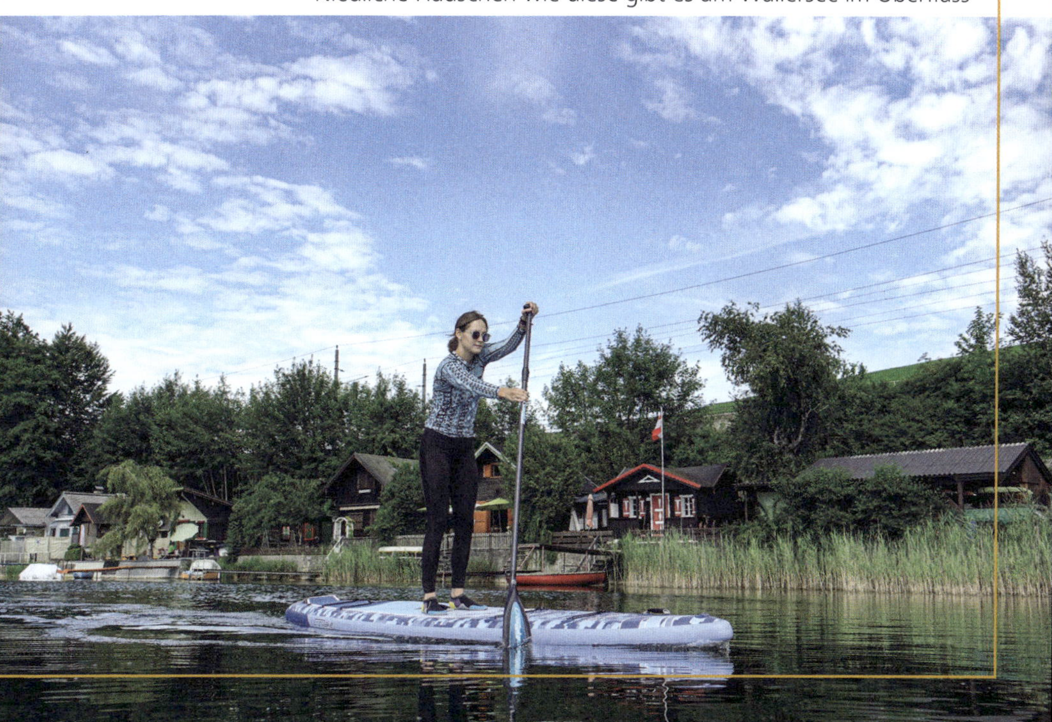

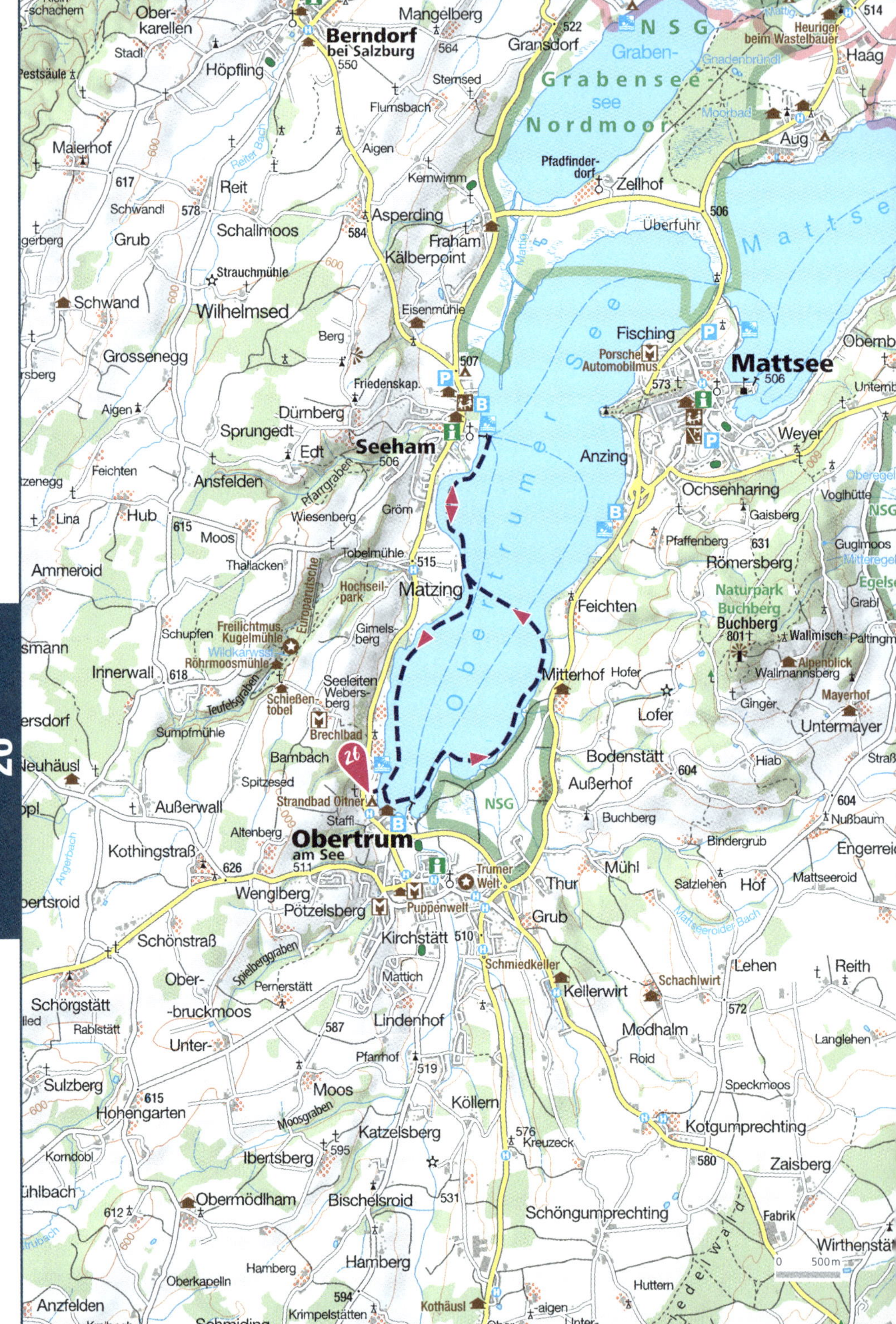
Berndorf bei Salzburg
Mangelberg
Gransdorf
NSG
Grabensee
Grabensee-Nordmoor
Heuriger beim Wastelbauer
Haag
Aug
Zellhof
Pfadfinderdorf
Überfuhr
Mattsee
Fisching
Porsche Automobilmus.
Seeham
Anzing
Weyer
Ochsenharing
Obertrumer See
Matzing
Feichten
Römersberg
Naturpark Buchberg
Buchberg
Mitterhof
Lofer
Freilichtmus. Kugelmühle
Röhrmoosmühle
Schießentobel
Brechlbad
Strandbad Oitner
Obertrum am See
Trumer Welt
Puppenwelt
Kirchstätt
Schmiedkeller
Kellerwirt
Schachlwirt
Thur
Grub
Bodenstätt
Außerhof
Mühl
Hof
Wenglberg
Pötzelsberg
Schönstraß
Lindenhof
Moos
Köllern
Katzelsberg
Kreuzeck
Kotgumprechting
Zaisberg
Ibertsberg
Bischelsroid
Schöngumprechting
Hamberg
Kothäusl
Obermödlham
Hohengarten
Sulzberg
Anzfelden
Wilhelmsed
Schalmoos
Reit
Höpfling
Maierhof
Grub
Schwand
Grossenegg
Dürnberg
Sprungedt
Ansfelden
Hub
Moos
Ammeroid
Irrerwall
Außerwall
Kothingstraß
Neuhäusl
Asperding
Fraham
Kälberpoint
Eisenmühle
Wallmannsberg
Alpenblick
Mayerhof
Untermayer
0 500 m

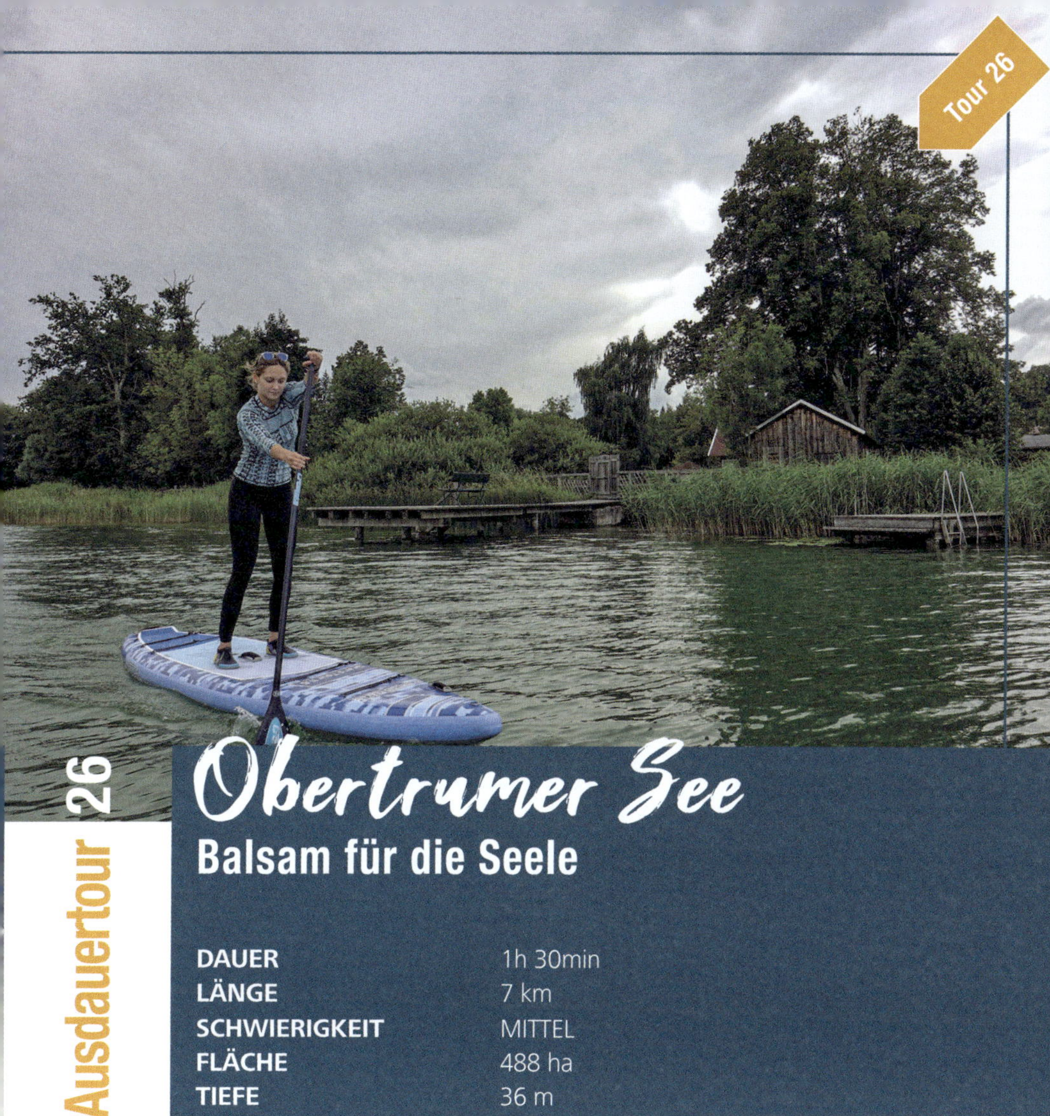

Ausdauertour 26

Obertrumer See

Balsam für die Seele

DAUER	1h 30min
LÄNGE	7 km
SCHWIERIGKEIT	MITTEL
FLÄCHE	488 ha
TIEFE	36 m

Das erwartet dich ...

Der Obertrumer See ist der größte der drei Trumer Seen und wie seine Geschwister eingebettet in die sanfte Landschaft des Flachgaus. Trotz seiner Nähe zu den übrigen Seen hat er doch seinen ganz eigenen Charakter und überzeugt nicht nur mit seinen zahlreichen Freizeitangeboten, sondern auch mit klarem Wasser in den verschiedensten Blautönen und einer beeindruckenden Landschaft.

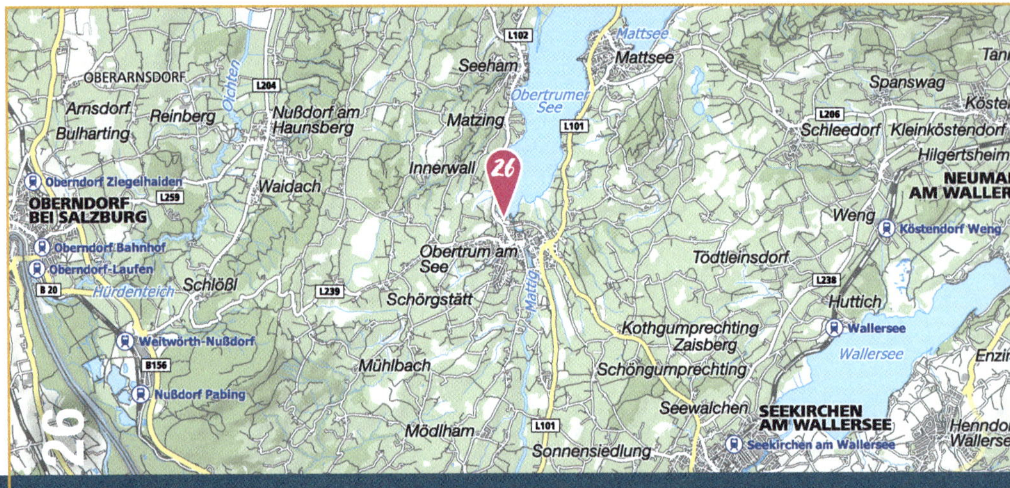

Ausdauertour 26

Start & Ziel & Anreise

Anfahrt von Süden bis nach Obertrum am See über die Seestraße, bis man beim großzügigen, kostenfreien Parkplatz des Strandbads Oitner ankommt. Ein Ganztagesticket für Erwachsene kostet 5 Euro, dafür bekommt man Zugang zu einem gepflegten Strandbad, das mit Restaurant, Toiletten etc. keine Wünsche offen lässt. Der Regionalbus 120 fährt bis zur Haltestelle Obertrum am See/Staffl-Seebad und bringt uns direkt vor den Eingang des Strandbads.

Tourenbeschreibung

Wir starten unsere Tour im Strandbad Oitner am Südende des Sees. Das Strandbad bietet eine große Liegewiese und allerlei Wasseraktivitäten und Campingplätze, was es sehr beliebt bei Familien und Campingliebhabern macht.

Los geht's in Richtung Ostufer, dem wir circa 2,5 Kilometer entlangpaddeln und das weitgehend unbebaute und als Trumer Moos unter Naturschutz gestellte Ufer genießen. Das Südende des Sees ist ein typisches Verlandungsmoor, wo man eine charakteristische Schwimmblattzone mit Teichrosen, Schilfröhricht und dem hier wieder heimisch gewordenen urwüchsigen Moorwald aus Birken und Erlen vorfindet. Geangelt werden können Hechte, Waller, Zander und vieles mehr. Von Süden her durchfließt auch die Mattig den See und speist anschließend in den benachbarten Grabensee im Norden. Mit dem Mattsee ist der Obertrumer See direkt verbunden. Per Schiff kann man sich von einem See in den anderen schippern lassen.Nach circa einer halben Stunde gemütlichem Paddeln queren wir den Naturbadesee dann einmal und begeben uns auf die gegenüberliegende Seite zu unserer zweiten Etappe, wo wir das erste Mal merken, dass der Obertrumer See längst nicht mehr nur aus unberührter Natur besteht. Der größte der drei Trumer Seen (bestehend aus dem Obertrumer See, dem Mattsee und dem Grabensee) ist aufgrund seiner Schönheit und der im Sommer durchschnittlichen 21 °C Wassertemperatur heiß begehrt als Ferienwohnsitz und seine Ufer sind übersät mit privaten Seezugängen. Das ist zu einem großen Teil der Grund dafür, dass Uferplätzchen zum Ausruhen eine Rarität sind und man sich gezwungen sieht, auf die Strandbäder auszuweichen.

Weiter geht es Richtung Norden und nach einer weiteren knappen halben Stunde erreichen wir Seeham, den zweiten größeren Ort am Obertrumer See mit direktem Seeanteil. Die Gemeinde ist stolzer Besitzer einer eigenen Seebühne, die 1997 errichtet wurde und im Sommer sowohl Schauplatz für ein Theaterstück als auch für Konzerte und Kabaretts wird. Wer will, kann sich hier eine Pause gönnen und ein paar Stunden im deutlichen kleineren, aber trotzdem sehr charmanten Strandbad verbringen. Der Eintritt beträgt 6,10 Euro pro Kopf und Tag. Die letzte Etappe bestreiten wir in einer guten halben Stunde. Sie führt uns entlang dem Westufer wieder zurück zum Strandbad Oitner, wo wir nach knapp eineinhalb Stunden unsere Tour beenden.

Wer damit aber nicht genug hat, hat natürlich die Möglichkeit, den See als Ganzes zu umrunden und von Seeham aus weiter Richtung Norden zu paddeln. Wer das macht, sollte eine zusätzliche Stunde einplanen und darauf achten, dass sich auch im Norden ein großteils geschütztes und wertvolles Ufermoor befindet, von dem wir einen großzügigen Abstand halten, um die heimische Flora und Fauna nicht zu stören.

Autoren Tipp

Ein absolutes Highlight am Obertrumer See ist ein Trip mit der „Seenland". Sie ist das österreichweit einzige Linienschiff, das gleich 2 Seen auf einmal befährt. Mit gesenktem Hubdach überquert sie dafür den schmalen Verbindungskanal zwischen Obertrumer See und Mattsee unter der Johannisbrücke. 6 Euro kostet eine Teilstrecke, wer also Zeit hat, darf sich das auf keinen Fall entgehen lassen!

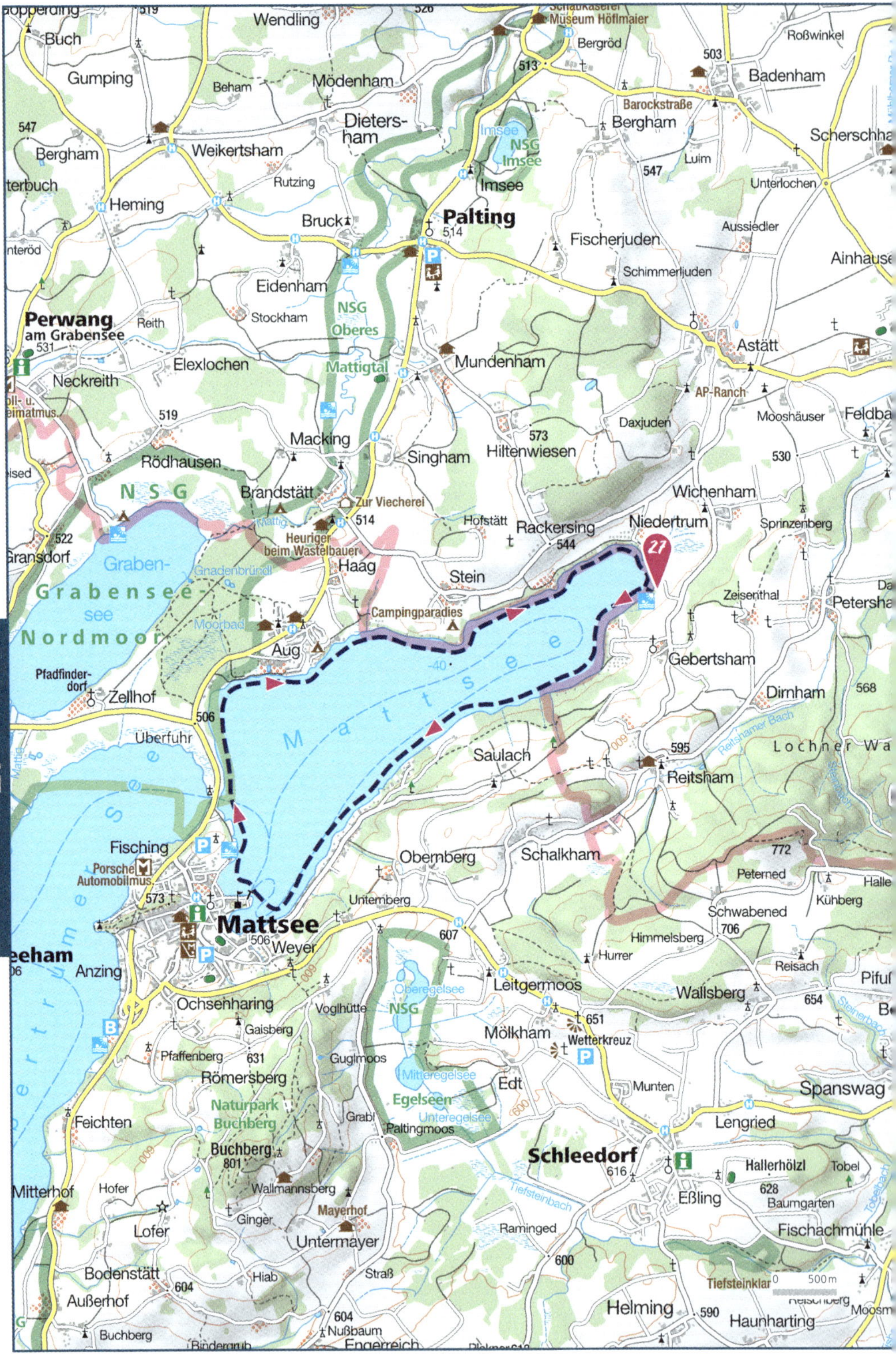

Wendling
Schaukäserei Museum Höflmaier
Buch
Bergröd
Roßwinkel
Gumping
Beham
Mödenham
513
503
Badenham
Barockstraße
Dieters-
ham
Bergham
547
Bergham
Weikertsham
Imsee
NSG Imsee
Scherschham
Luim
547
Imsee
Unterlochen
Heming
Rutzing
Bruck
Palting
514
Aussiedler
Fischerjuden
Ainhausen
Eidenham
Schimmerljuden
Perwang am Grabensee
531
Reith
Stockham
NSG Oberes Mattigtal
Astätt
Elexlochen
Neckreith
Mundenham
AP-Ranch
519
Mooshäuser
Feldbach
573
Daxjuden
Macking
Hiltenwiesen
530
Rödhausen
Singham
Wichenham
NSG
Brandstätt
Zur Viecherei
Mattig
Sprinzenberg
522
Heuriger beim Wastelbauer
514
Hofstätt
Rackersing
544
Niedertrum
Gransdorf
Gnadenbründl
Haag
27
Graben-
see
Grabensee-Nordmoor
Stein
Zeisenthal
Campingparadies
Petersham
Moorbad
Aug
Gebertsham
Pfadfinder-
dorf
Zellhof
-40
Mattsee
Dirnham
568
506
Überfuhr
Saulach
595
Lochner Wald
Reitshamer Bach
Reitsham
Fisching
Obernberg
Schalkham
772
Porsche Automobilmus.
Peterned
Halle
573
Unternberg
Schwabened
Kühberg
706
Mattsee
506
Weyer
607
Himmelsberg
Hurrer
Reisach
Anzing
Leitgermoos
Wallsberg
Ochsenharing
Voglhütte
Oberegelsee
NSG
651
654
Gaisberg
Mölkham
Wetterkreuz
Steinerbach
Pfaffenberg
631
Guglmoos
Römersberg
Mitteregelsee
Edt
Munten
Spanswag
Naturpark Buchberg
Egelseen
Unteregelsee
Grabl
Paltingmoos
Lengried
Feichten
Buchberg
801
Schleedorf
616
Hallerhölzl
Tobel
Mitterhof
Hofer
Wallmannsberg
628
Eßling
Tiefsteinbach
Baumgarten
Mayerhof
Ginger
Raminged
Lofer
Untermayer
Fischachmühle
600
Bodenstätt
Hiab
Straß
Tiefsteinklamm
0 500 m
604
Außerhof
604
Helming
590
Haunharting
Buchberg
Nußbaum
Bindergrub
Engerreich

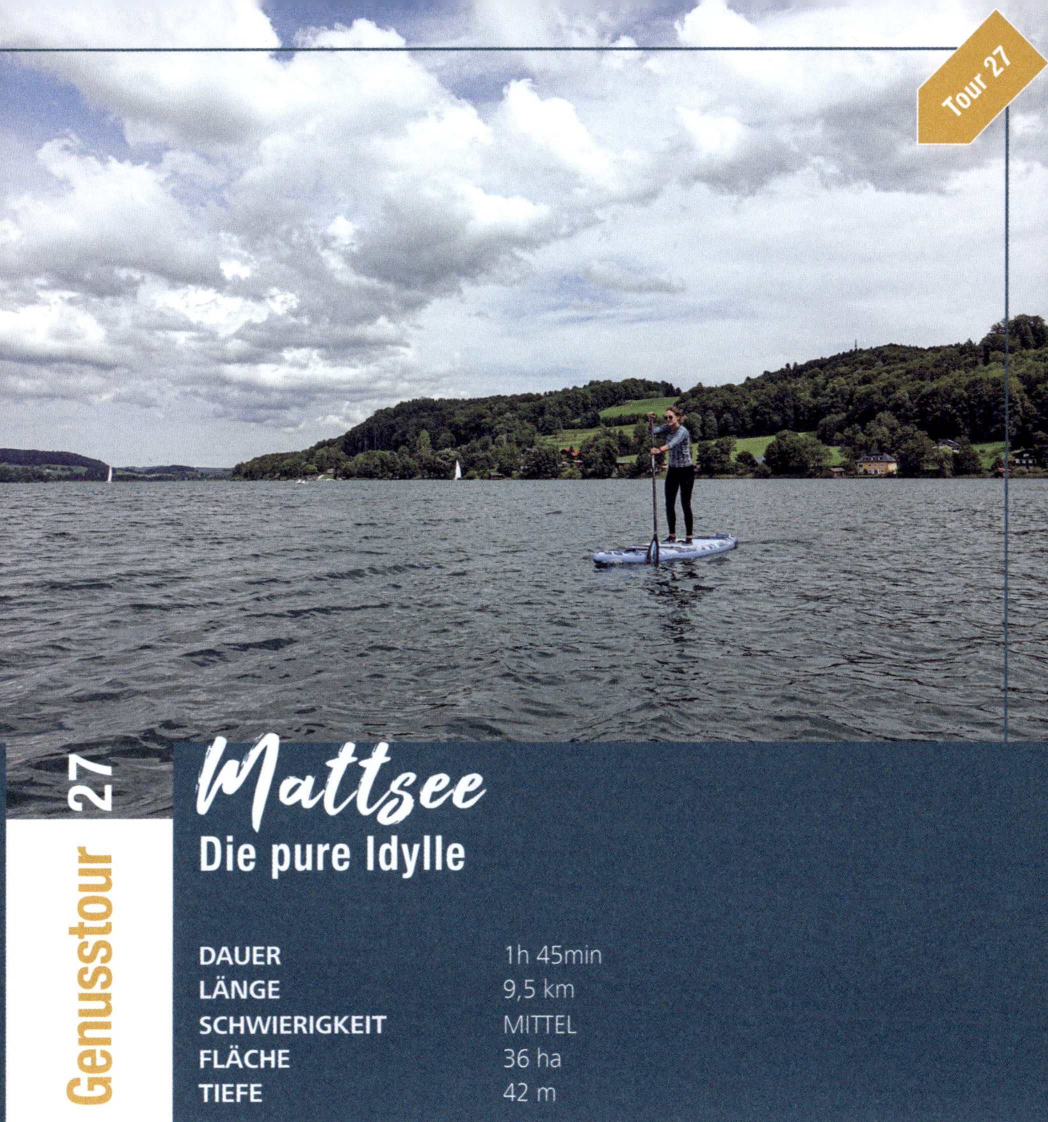

Tour 27

Genusstour 27

Mattsee

Die pure Idylle

DAUER	1h 45min
LÄNGE	9,5 km
SCHWIERIGKEIT	MITTEL
FLÄCHE	36 ha
TIEFE	42 m

Das erwartet dich ...

Eine gemütliche Tour rund um den Mattsee, der unglaublich idyllisch und zugleich unglaublich schön ist. Wer hierher kommt, der entkommt dem stressigen Alltag und taucht in eine Welt ein, in der die Zeit scheinbar stillsteht. Ein weiter Horizont und die sanfte Flachgauer Landschaft laden ein, tief durchzuatmen und sich nur auf das Paddeln, die beschauliche Gegend und die frische Luft zu konzentrieren und einfach nur zu genießen.

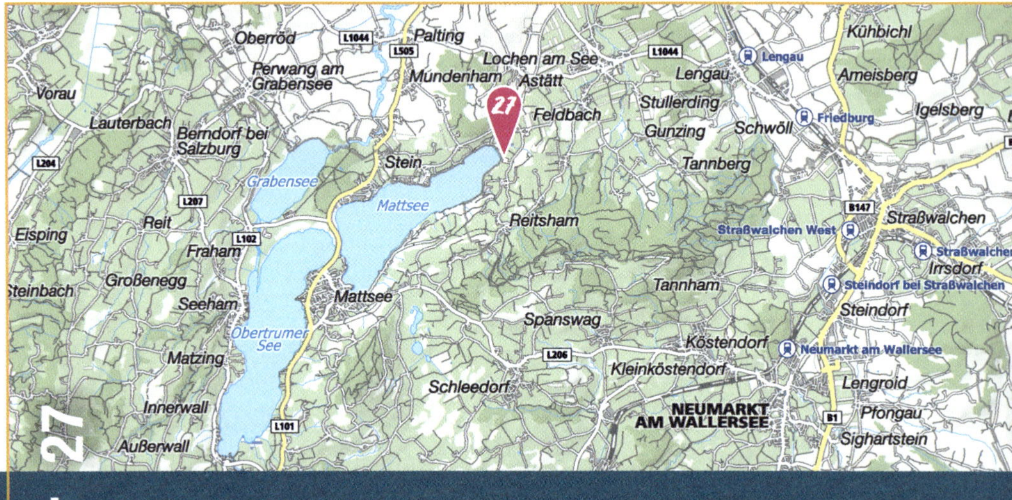

Start & Ziel & Anreise

Anfahrt zum Strandbad Gebertsham über Wichenham, wo man dem Waldrand entlangfährt, bis man in die Einfahrt zum Strandbad einbiegt. Ein großer Parkplatz steht dort gratis zur Verfügung, ein Tageseintritt kostet pro Erwachsenem 4 Euro. Mit dem Bus empfiehlt sich das Strandbad in Mattsee, das sich mit dem Regionalbus 120, Haltestelle Mattsee/Seeparkplatz-Nord gut erreichen lässt und von wo aus man die Tour ebenfalls problemlos starten kann. Ein Tagesticket dort kostet 6,20 Euro.

Tourenbeschreibung

Am Mattsee gibt es zwei Strandbäder: Das historische Strandbad direkt in der gleichnamigen Gemeinde Mattsee und das Strandbad am Nordufer in Gebertsham, bei beiden gibt es in unmittelbarer Nähe auch einen SUP-Verleih. Wir wählen das Strandbad Gebertsham als Startpunkt und stechen dort in See.

Es dauert keine zwei Minuten, bis wir komplett von der idyllischen Ruhe des Sees geschluckt werden und tief durchatmen. Jeder Paddelschlag ist ein Genuss und wenn der Wind nicht weht scheint es, als ob man viel mehr über den See schwebt statt paddelt. Der durchschnittlich 24 °C warme Mattsee lebt vom sanften Tourismus, Motorboote sowie Linienschiffe gibt es also nicht, lediglich ein elektrisch betriebenes Ausflugsboot, welches sowohl am Mattsee als auch am Obertrumer See seine Runden fährt. Die Natur ist weitgehend unberührt, der Mattsee steht seit 1979 als Teil des Naturschutzgebiets Trumer Seen unter Naturschutz und ist Heimat für verschiedenste Tiere und Pflanzen.

Die ersten vier Kilometer unserer Tour vergehen wie im Flug und wir kommen nach einer knappen Stunde auch schon an unserem ersten und einzigen Etappenziel an. Die Gemeinde Mattsee befindet sich im Südwesten des Sees und bildet das Highlight unserer Tour. Im Vergleich zu den großteils eher beschaulichen und privaten Ufern ist die Uferpromenade der Gemeinde bei schönem Wetter ein lebhafter Ort, wo sowohl an Land als auch am Wasser reger Verkehr herrscht. Unser Weg führt uns auch vorbei am unscheinbaren Schloss Mattsee, das, wie so oft, auf einem halbinselartigen Vorsprung in den See ragt. Doch einen Unterschied gibt es, denn dem Schloss fehlt jeglicher Prunk, genauso wie der Rest des Sees ist auch sein Schloss unaufgeregt, bodenständig und strahlt eine unvergleichliche Ruhe aus.

Wir wenden uns wieder Richtung Osten und paddeln am Nordufer entlang wieder zurück zum Strandbad Gebertsham, wo wir vollkommen entspannt ankommen und mit etwas Glück sogar einen fantastischen Sonnenuntergang erleben.

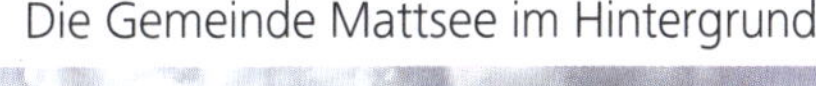

Die Gemeinde Mattsee im Hintergrund

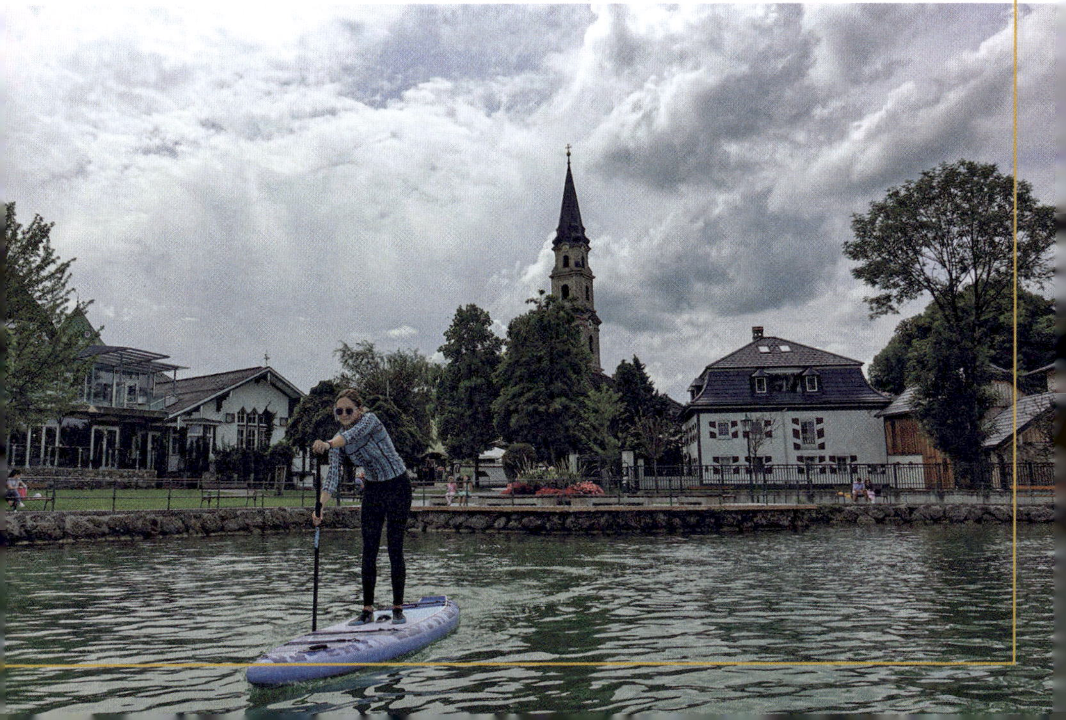

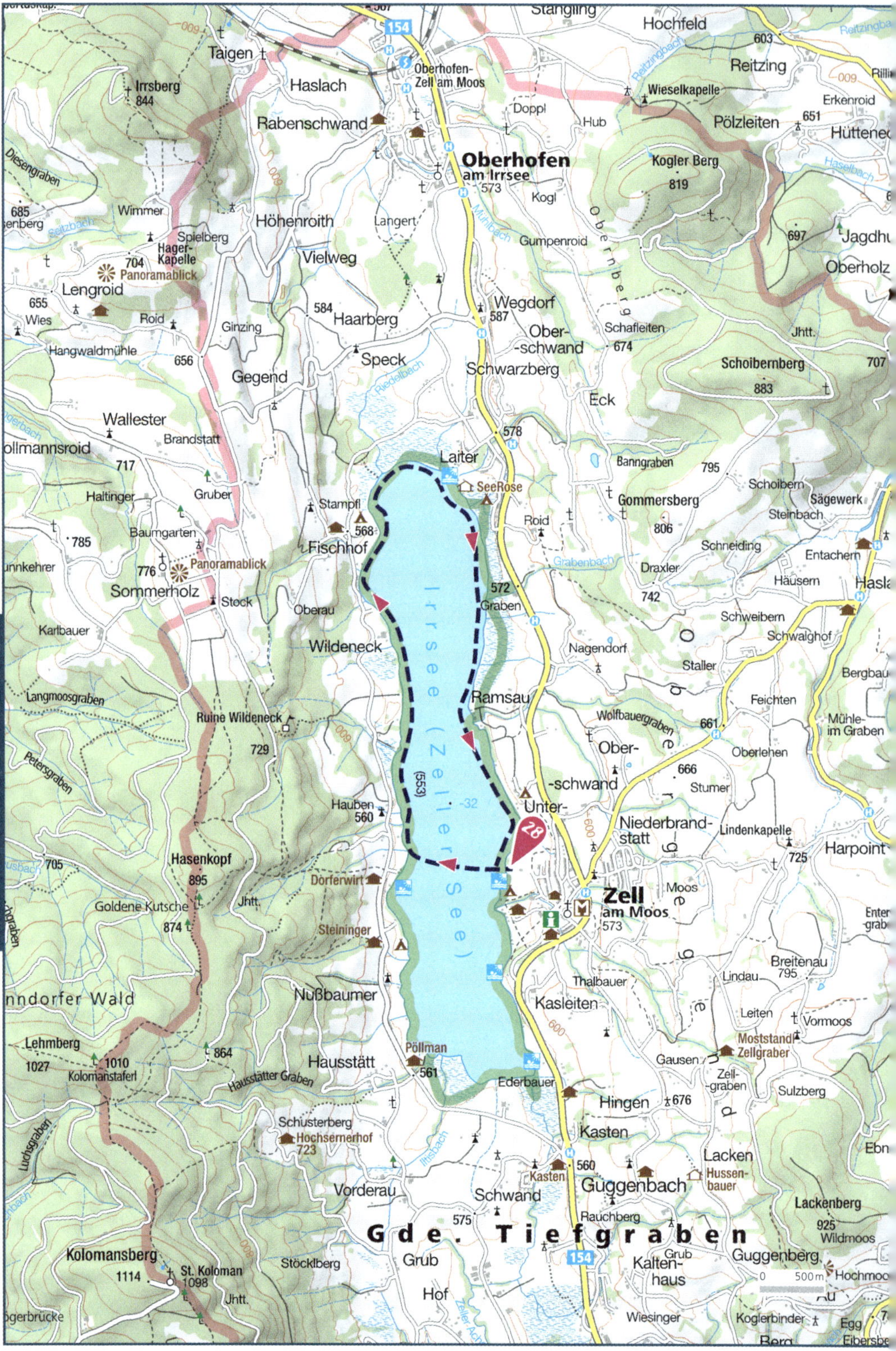

Oberhofen am Irrsee 573
Oberhofen-Zell am Moos
Haslach
Rabenschwand
Taigen
Irrsberg 844
Höhenroith
Vielweg
Langert
Kogl
Gumpenroid
Wegdorf 587
Ober-schwand
Schwarzberg
Haarberg
Speck
Gegend
Lengroid
Panoramablick
Hager-Kapelle
Spielberg
Wimmer
Wallester
Brandstatt
Sommerholz
Stock
Fischhof 568
Stampfl
Laiter
SeeRose
Oberau
Wildeneck
Ruine Wildeneck
729
Irrsee (Zeller See)
(553)
-32
Ramsau
Graben 572
Unter-schwand
Niederbrand-statt
Zell am Moos 573
Dorferwirt
Steininger
Hauben 560
Hasenkopf 895
Goldene Kutsche 874
Nußbaumer
Hausstätt
Pöllman 561
Ederbauer
Kasleiten
Thalbauer
Hingen 676
Kasten
Guggenbach 560
Schwand
Vorderau
Hochsernerhof 723
Schusterberg
Lehmberg 1027
Kolomanstaferl 1010
Kolomansberg 1114
St. Koloman 1098
Gde. Tiefgraben
Grub
Hof
Stöcklberg
Hochfeld
Reitzing 603
Wieselkapelle
Pölzleiten 651
Kogler Berg 819
Schoibernberg 883
Eck
Banngraben
Gommersberg 806
Schneiding
Draxler 742
Nagendorf
Oberlehen
Lindenkapelle 725
Harpoint
Breitenau 795
Moststand Zellgraber
Lackenberg 925
Guggenberg
Kalten-haus
154
0 500 m

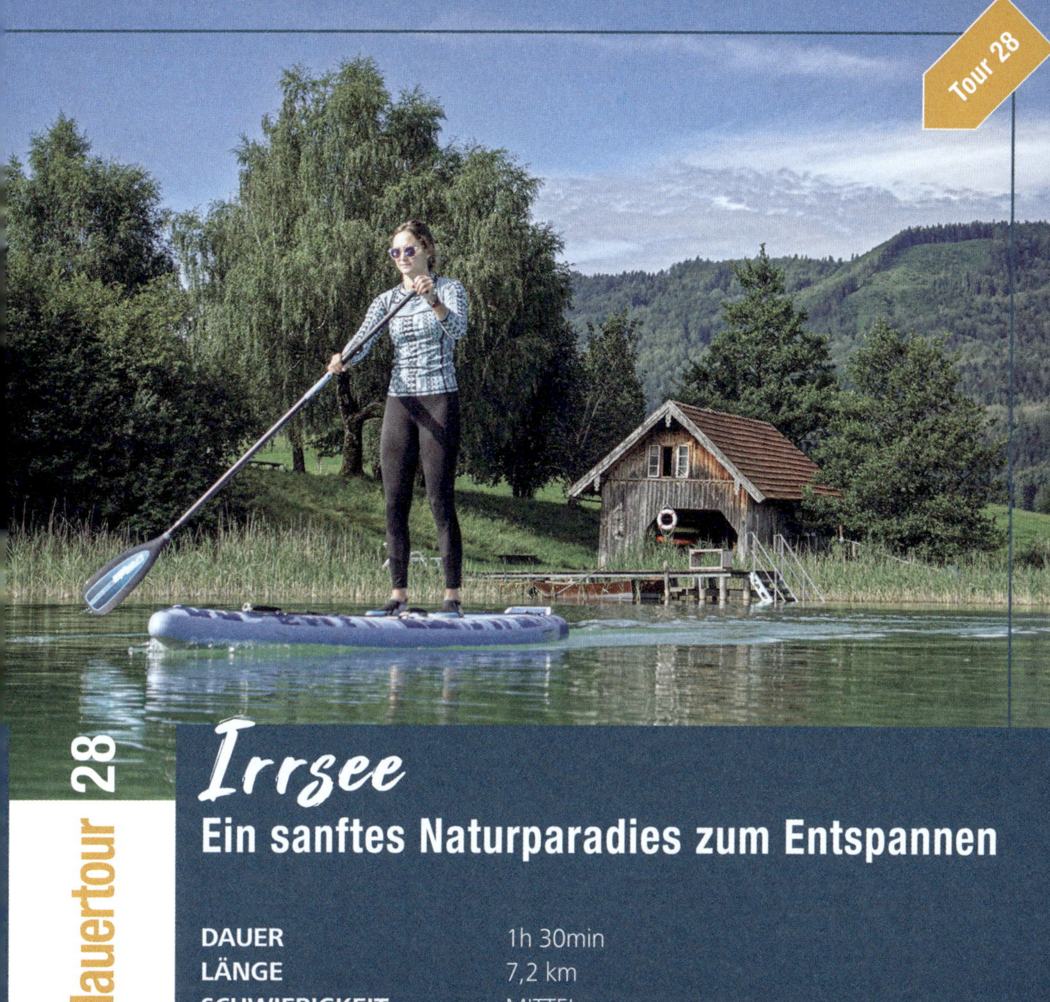

Irrsee

Ein sanftes Naturparadies zum Entspannen

DAUER	1h 30min
LÄNGE	7,2 km
SCHWIERIGKEIT	MITTEL
FLÄCHE	100 ha
TIEFE	32 m

Das erwartet dich ...

Eine lange und wunderschöne Tour, die sich für all jene gut eignet, die gerne ihre Ausdauer fördern möchten, ohne dass dabei die Entspannung zu kurz kommt. Am Irrsee, der als Ganzes als Naturschutzgebiet Zellersee (Irrsee) unter Naturschutz steht, finden besonders Naturliebhaber eine einzigartige Flora und Fauna, die es in Österreich so nicht noch einmal gibt.

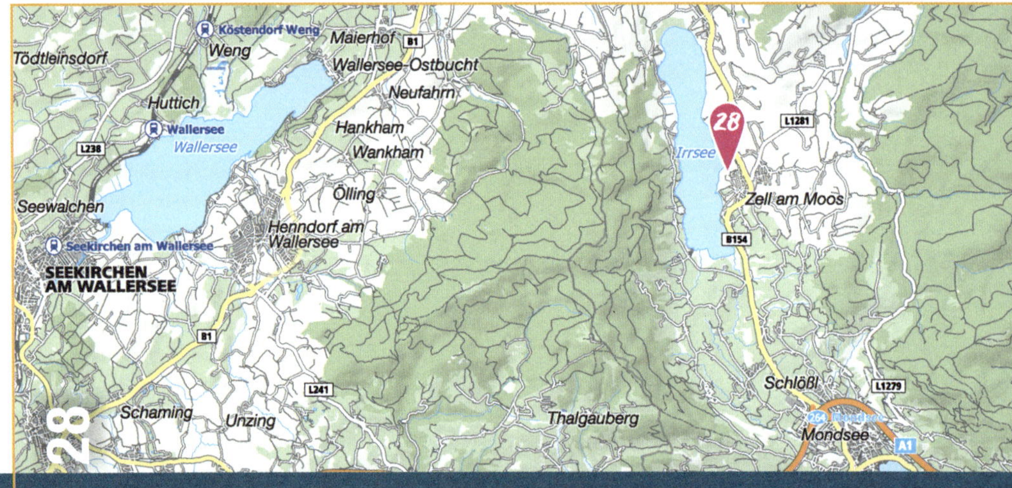

Start & Ziel & Anreise

Anfahrt über die B 154, bis wir beim öffentlichen Park- und Badeplatz Zelll am Moos am südöstlichen Ende des Sees ankommen. Der Parkplatz ist von Juni bis August gebührenpflichtig, ein Tagesticket von 10 bis 17 Uhr kostet hier 4 Euro. Wer keinen Platz mehr bekommt, kann auf den 1 km südlich gelegenen öffentlichen Badeplatz Tiefgraben ausweichen. Anfahrt optional auch mit dem Regionalbus 595 bis nach Tiefgraben-Kasten, dann 10 Minuten zu Fuß. Sanitäre Anlagen und ein Strandcafé gibt es in beiden Badeanstalten.

Tourenbeschreibung

Wir starten unsere Tour beim öffentlichen Badeplatz Zell am Moos. Wir wenden uns Richtung Westen, queren den See und paddeln entlang des Westufers Richtung Norden, vorbei an Feldern, die sich hinter den Schilfgürteln erstrecken und uns einen fantastischen Blick auf die hügelige, grüne Landschaft rund um den Irrsee freilegen.

Nach einsamen, ruhigen Gelegenheiten, um an Land gehen zu können, sucht man entlang des Sees leider vergeblich. Große Teile des Ufers stehen nämlich rund um den See streng unter Naturschutz: Neben Fischen wie dem Hecht, der Reinanke, dem Karpfen und vielen mehr ist der Irrsee nämlich auch ein wichtiger Lebensraum für zahlreiche spezialisierte und gefährdete Tier- und Pflanzenarten, wie der Sumpfschrecke, dem Moorwiesenvögelchen oder dem Kleinen Blaupfeil. Die Flora und Fauna rund um den See ist also eine sehr empfindliche: Man sollte deshalb sensibel sein und nicht zu nahe an die Ufer paddeln. Wir halten also einen gesunden Abstand von circa 15 Metern und genießen die Schilfgürtel, Verlandungsmoore und Feuchtwiesen von der Ferne.

Auch Linienschiffe oder Motorboote gibt es hier weit und breit nicht, denn der Natur zuliebe sind auf dem See sämtliche umweltschädliche Nutzungen untersagt. Für eine sanfte Nutzung steht der See der Öffentlichkeit aber das ganze Jahr über zur Verfügung: 27 °C hat der See in den Sommermonaten, was besonders Schwimmer anlockt und den Irrsee zum wärmsten des Salzkammerguts macht. Auch die Kulinarik kommt am Irrsee nicht zu kurz: Entlang des Ostufers gibt es mehrere Wirtshäuser, wo man eine gemütliche Pause einlegen und eine Stärkung zu sich nehmen kann. Wir machen also nach circa einer Stunde, nachdem wir das Westufer abgepaddelt haben und das Nordufer des Sees erreichen, eine Pause und kehren in das Strandbad SeeRose ein, das sich am nordöstlichen Ende befindet und die halbe Strecke unserer Tour markiert. Frisch gestärkt nehmen wir den restlichen Weg in Angriff und paddeln entlang dem Ostufer wieder vorbei an Schilfgürtel und Häuser mit privaten Seezugängen und kommen nach einer weiteren halben Stunde wieder bei unserem Ausgangspunkt an, dem Badeplatz Zell am Moos.

Wer noch weiterpaddeln möchte kann auch noch die südliche Hälfte des Sees wunderbar an die Tour anschließen und entlang dem Ostufer 1,5 km bis zum Südende paddeln. Dort können wir in der Ferne zwei alienartige weiße Kugeln entdecken, die zwar sehr kurios aussehen und so gar nicht in die Landschaft passen, doch nur Radarkuppeln des Österreichischen Bundesheeres sind, die der Luftraumüberwachung dienen. Wer will kann eine Pause beim Badeplatz Tiefgraben einlegen oder auf der gegenüberliegenden Westseite wieder zurückpaddeln. Für diese circa 5 km lange Verlängerung sollte man eine zusätzliche Stunde einplanen.

Autoren Tipp

Besonders eine Tour am frühen Morgen lohnt hier besonders. Bis 10 Uhr vormittags können wir gratis parken und den glatten See ganz alleine genießen. Wer Ausschau hält und noch dazu ein bisschen Glück hat, erblickt oder hört sogar die Flötentöne des hier brütenden Großen Brachvogels, der österreichweit nur am Irrsee zu finden ist und sich mit seinem langen Schnabel und seinem braunen Federkleid bestens in die Schilflandschaft einfügt. Also Augen auf und Ohren spitzen!

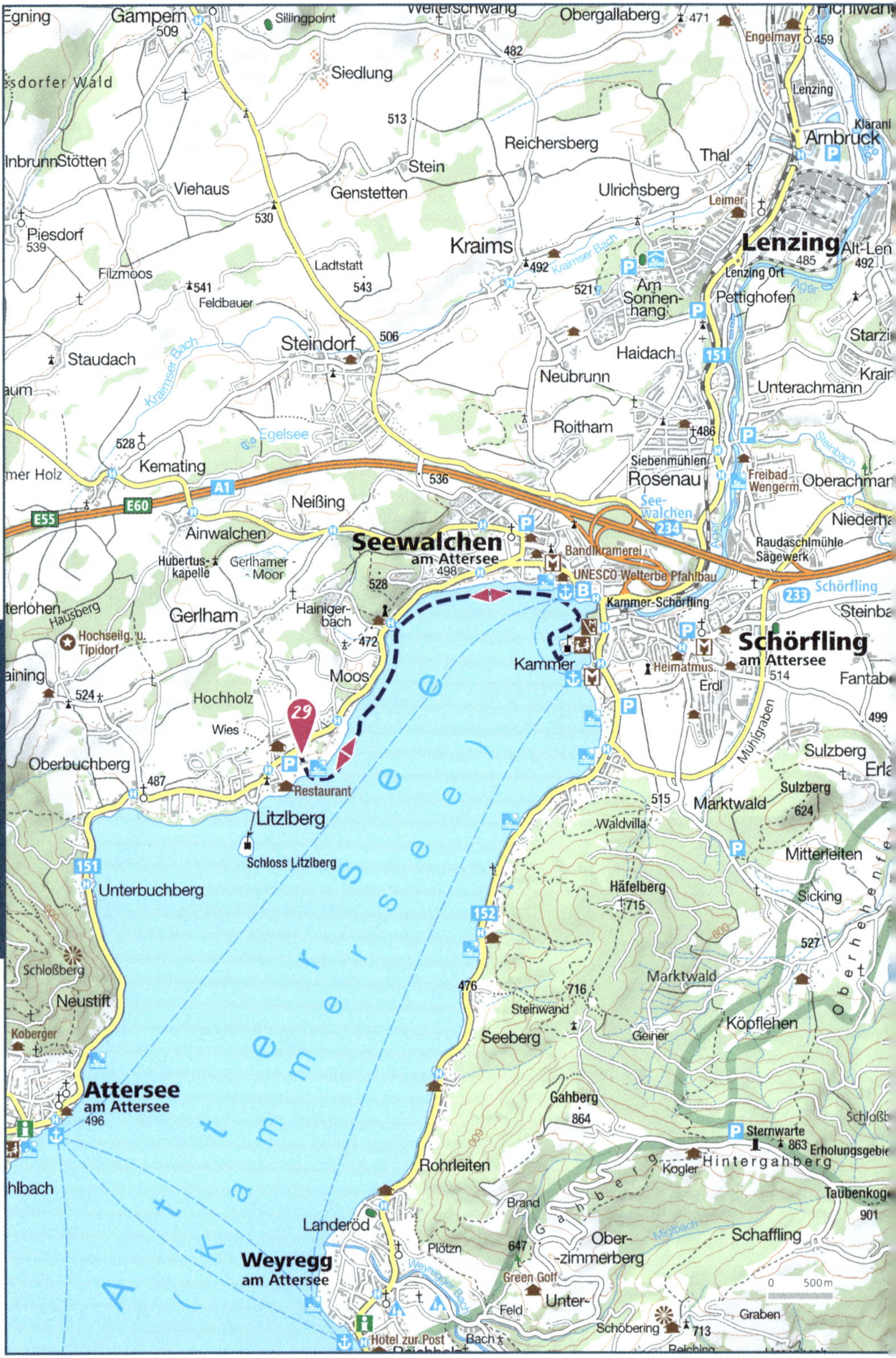

Gampern
509
Sillingpoint
Weiterschwang
Obergallaberg
471
Engelmayr
459
Lenzing
Kläranl
Arnbruck
Siedlung
482
sdorfer Wald
513
Reichersberg
Thal
InbrunnStötten
Stein
Viehaus
Genstetten
Ulrichsberg
Leimer
Piesdorf
539
530
Kraims
Lenzing
Alt-Len
485
492
Filzmoos
Ladtstatt
492
Kraimser Bach
Lenzing Ort
541
543
521
Am Sonnen-hang
Pettighofen
Ager
Feldbauer
Staudach
Steindorf
506
Haidach
Starzi
151
Krair
Neubrunn
Unterachmann
Kraimser Bach
aum
Egelsee
Roitham
486
Steinbach
528
Kemating
Siebenmühlen
Rosenau
Freibad Wengerm.
Oberachman
mer Holz
A1
536
See-walchen
E55
E60
Neißing
234
Niederha
Ainwalchen
Seewalchen
am Attersee
498
Bandlkramerei
Raudaschlmühle Sägewerk
Hubertus-kapelle
Gerlhamer - Moor
UNESCO Welterbe Pfahlbau
Schörfling
528
Kammer-Schörfling
233
Steinba
terlohen
Hausberg
Gerlham
Hainiger-bach
Hochseilg. u. Tipidorf
472
Schörfling
am Attersee
514
aining
Kammer
Moos
Heimatmus.
Fantab
524
Erdl
Hochholz
499
Mühlgraben
29
Wies
Sulzberg
Erla
Oberbuchberg
487
Restaurant
515
Marktwald
Sulzberg
624
Litzlberg
Waldvilla
Schloss Litzlberg
Mitterleiten
151
Unterbuchberg
Häfelberg
715
Sicking
152
Schloßberg
527
476
716
Marktwald
Neustift
Steinwand
Geiner
Köpflehen
Koberger
Seeberg
Oberhehenfeld
Attersee
am Attersee
496
Gahberg
864
Schloßb
Sternwarte
863
Erholungsgebie
Rohrleiten
Kogler
Hintergahberg
hlbach
Brand
Taubenkoge
901
Landeröd
Gahberg
Schaffling
Miglbach
Weyregg
am Attersee
Plötzn
647
Ober-zimmerberg
Green Golf
Weyregger Bach
Unter-
0
500 m
Feld
Graben
Schöbering
713
Hotel zur Post
Bach
Reichsholz
Reiching
Attersee (Kammersee)

Ausdauertour 29

Attersee

Das Paradies der Wassersportler

DAUER	1h 30min
LÄNGE	7 km
SCHWIERIGKEIT	MITTEL
FLÄCHE	45,9 km²
TIEFE	169 m

Das erwartet dich ...

Der Attersee ist mit einer Fläche von 46 km² einer der größten und schönsten Badeseen Österreichs. Er besticht mit türkisblauer Wasserfarbe und glasklarem Wasser. Die Ufer des Sees scheinen endlos, so auch die Möglichkeiten, einen Aufenthalt dort zu verbringen: Unsere Tour führt uns mit Zwischenstopp beim Schloss Kammer um die Nordhälfte des Sees.

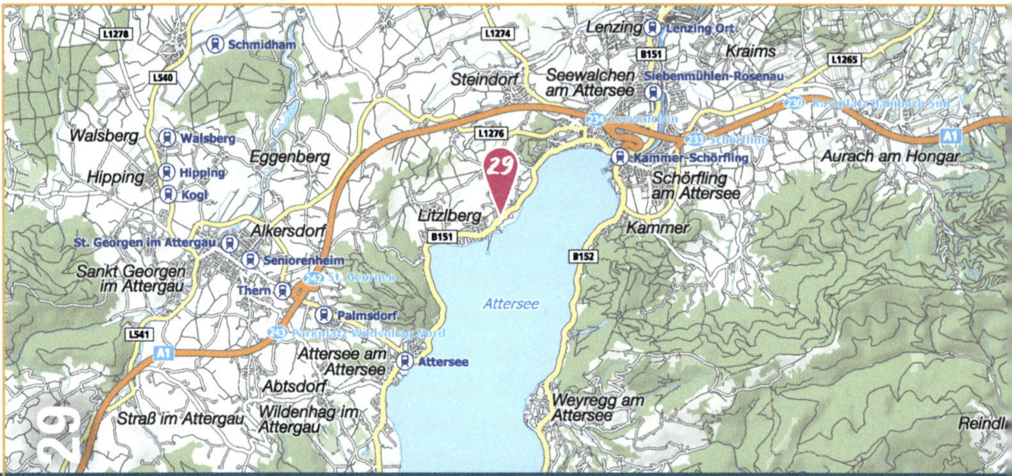

Ausdauertour 29

Start & Ziel & Anreise

Anfahrt über die Attersee Straße (B 151) im Westen, bis wir in Seewalchen am Attersee bei der Freibadeanlage Litzlberg ankommen. Dort gibt es einen großen Parkplatz, ein Tagesparkticket kostet 4 Euro, der Eintritt ist dafür kostenfrei. Mit der Regionalbuslinie 561 kommt man von Attersee-Bahnhof bis zur Haltestelle Litzlberg/Attersee-Ort, von der unser Ausgangspunkt nur wenige Hundert Meter entfernt liegt.

Tourenbeschreibung

Die Freibadeanlage Litzlberg ist mit 45.000 m^2 die größte am gesamten Attersee. Es gibt eine große Liegewiese und mehrere Badestege, einen Spielplatz, Beachvolleyballplätze und einen SUP-Verleih. Am Attersee gibt es im Vergleich zu vielen anderen österreichischen Seen eine große Anzahl an öffentlichen Seezugängen.

Von der Freibadeanlage aus paddeln wir ein paar Meter auf den See und wenden dann nach links, um in Richtung Norden dem Westufer entlangzupaddeln. Der direkt an der Grenze zu Salzburg liegende Attersee ist ein sehr beliebter Ort für Zweitwohnsitze, der allergrößte Teil des Ufers ist von Privatparzellen mit Seezugang eingenommen worden.

Am Attersee, auch Kammersee genannt, kann es gut sein, dass wir dem ein oder anderen Höckerschwan begegnen. Die sind dort nämlich unter anderem eine der am meisten vertretenen Vogelarten. Auch Fische gibt es zahlreich: Erlitzen, Aale, Barsche, Karpfen und vieles mehr kann man im Attersee angeln. Auch die Fauna findet dank den vielgestaltigen Ufern ideale Bedingungen, der Attersee ist Teil des Europaschutzgebiets Mond- und Attersee.

Wir setzen unsere Tour fort und paddeln bis ans Nordende des Sees, wo wir in Seewalchen ankommen. Die dortige Uferpromenade, die sich links neben der Mündung der Ager befindet, ist ein idealer Ort, um das Board über die kleinen Holzstiegen an Land zu tragen und eine Pause zu machen. Dort ist auch eine Anlegestelle für den Linienschiffverkehr am Attersee, auf den wir achten müssen.

Unser Blick fällt geradeaus auf das Ziel unserer Tour: das Schloss Kammer. Das Wasserschloss befand sich früher auf einer Insel und war ein beliebtes Motiv für zahlreiche Gemälde Gustav Klimts, so auch ein Ölgemälde, das heute in der Galerie Belvedere in Wien hängt. Nachdem wir das Schloss von außen bewundert haben – von innen ist das leider nicht möglich – drehen wir um und paddeln dieselbe Strecke wieder zurück zu unserem Startort.

Der Attersee ist außerdem einer der wenigen Orte Österreichs, an dem man unter Wasser Überreste von jungsteinzeitlichen Pfahlbausiedlungen, die Teil der „UNESCO-Welterbestätte Prähistorische Pfahlbauten um die Alpen" sind. Nicht nur deshalb ist der See ein absolutes Paradies für Taucher. Durchschnittlich 21 °C und eine Unterwassersichtweite von bis zu 25 Metern bieten ideale Bedingungen für Taucher und auch Segler finden hier dank dem „Rosenwind", der wegen seiner Gleichmäßigkeit sehr beliebt ist, tolle Voraussetzungen. Auch wir, die mit dem Stand-Up-Paddleboard unterwegs sind, profitieren vom glasklaren Wasser des Attersees. Das türkisblaue Wasser gibt uns ein karibisches Feeling, der Versuchung zu widerstehen einen Sprung ins Wasser zu machen ist beinahe ein Ding der Unmöglichkeit.

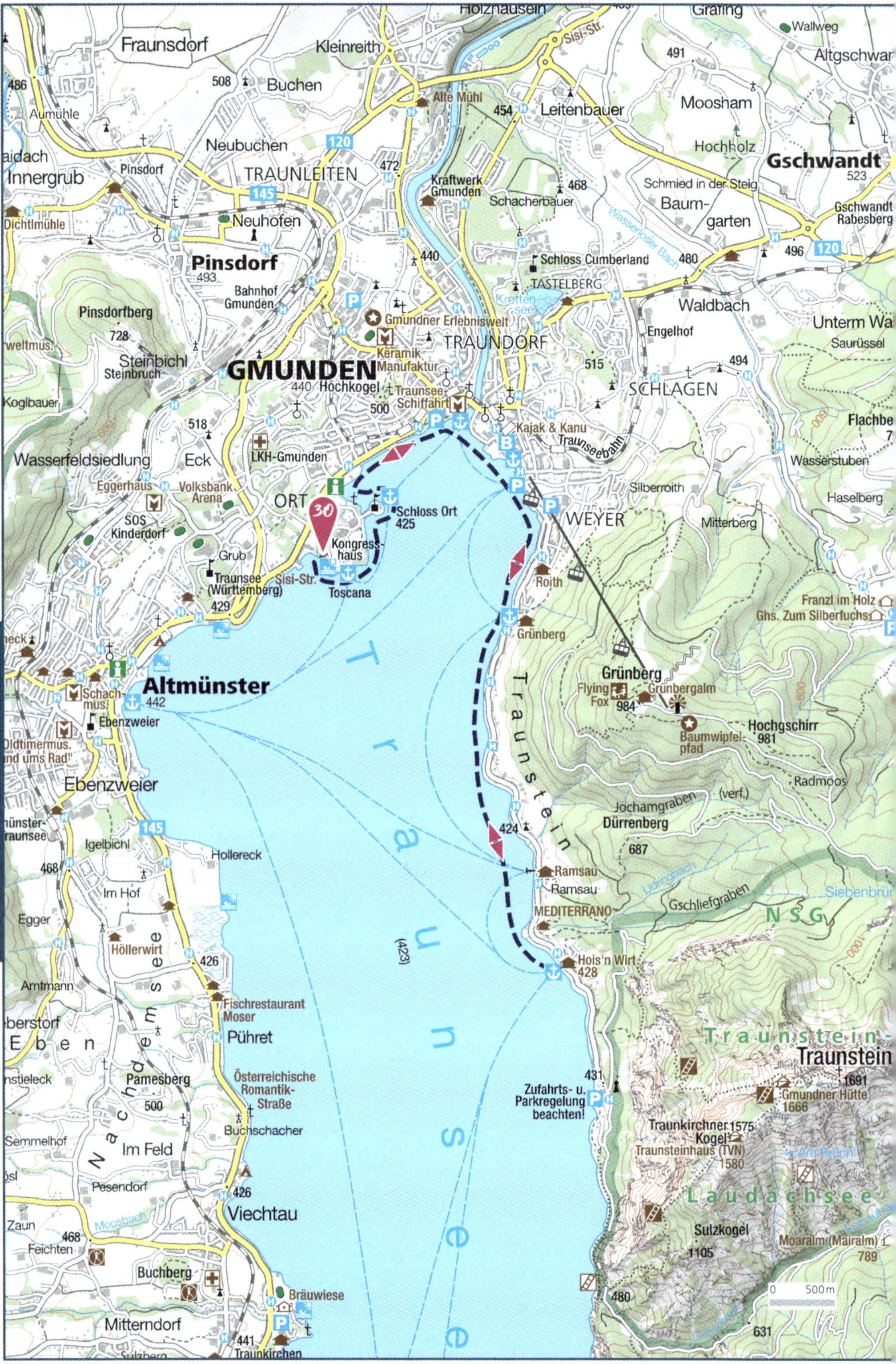

30

Holzhausen
Grafing
Wallweg
Altgschwan
Fraunsdorf
Kleinreith
Sisi-Str.
491
486
508
Buchen
Alte Mühl
Aumühle
454
Leitenbauer
Moosham
Hochholz
Gschwandt
523
aidach
Neubuchen
120
472
Innergrub
Pinsdorf
TRAUNLEITEN
Kraftwerk Gmunden
468
Schacherbauer
Schmied in der Steig
Baum-garten
Gschwandt Rabesberg
145
Dichtlmühle
Neuhofen
Wasserloser Bach
480
496
120
440
Schloss Cumberland
Pinsdorf
493
TASTELBERG
Waldbach
Bahnhof Gmunden
Krottensee
Unterm Wa
Pinsdorfberg
Gmundner Erlebniswelt
Engelhof
Saurüssel
weltmus.
728
Keramik Manufaktur
TRAUNDORF
Steinbichl
Steinbruch
GMUNDEN
515
494
440
Hochkogel
Traunsee-Schiffahrt
SCHLAGEN
Koglbauer
500
Flachbe
518
Kajak & Kanu
Traunseebahn
Wasserfeldsiedlung
Eck
LKH-Gmunden
B
Wasserstuben
Eggerhaus
Volksbank Arena
ORT
30
Schloss Ort
425
Silberroith
Haselberg
SOS Kinderdorf
WEYER
Mitterberg
Kongress-haus
Grub
Traunsee (Württemberg)
Sisi-Str.
Toscana
Roith
429
Franzl im Holz
Ghs. Zum Silberfuchs
Grünberg
neck
Altmünster
442
Schach-mus.
Ebenzweier
Grünberg
Flying Fox
984
Grünbergalm
Baumwipfel-pfad
Hochgschirr
981
Oldtimermus. „Rund ums Rad"
Traunsee
Traunstein
Ebenzweier
Radmoos
Jochamgraben
(verf.)
Dürrenberg
münster-Traunsee
145
Igelbichl
424
687
468
Hollereck
Ramsau
Ramsau
Im Hof
Gschliefgraben
Siebenbrün
Egger
MEDITERRANO
NSG
Höllerwirt
(423)
Nachdemsee
426
Hois'n Wirt
428
Amtmann
Fischrestaurant Moser
eberstorf
Eben
Pühret
Traunstein-
Traunstein
nstieleck
Pamesberg
Österreichische Romantik-Straße
431
1691
500
Zufahrts- u. Parkregelung beachten!
Gmundner Hütte
1666
Semmelhof
Buchschacher
Traunkirchner Kogel
1575
Im Feld
Traunsteinhaus (TVN)
1580
Am Brunn
Pesendorf
426
Laudachsee
Viechtau
Zaun
Moosbach
Sulzkogel
468
Moaralm (Mairalm)
789
Feichten
1105
Buchberg
Bräuwiese
480
0 500 m
Mitterndorf
441
631
Sulzberg
Traunkirchen

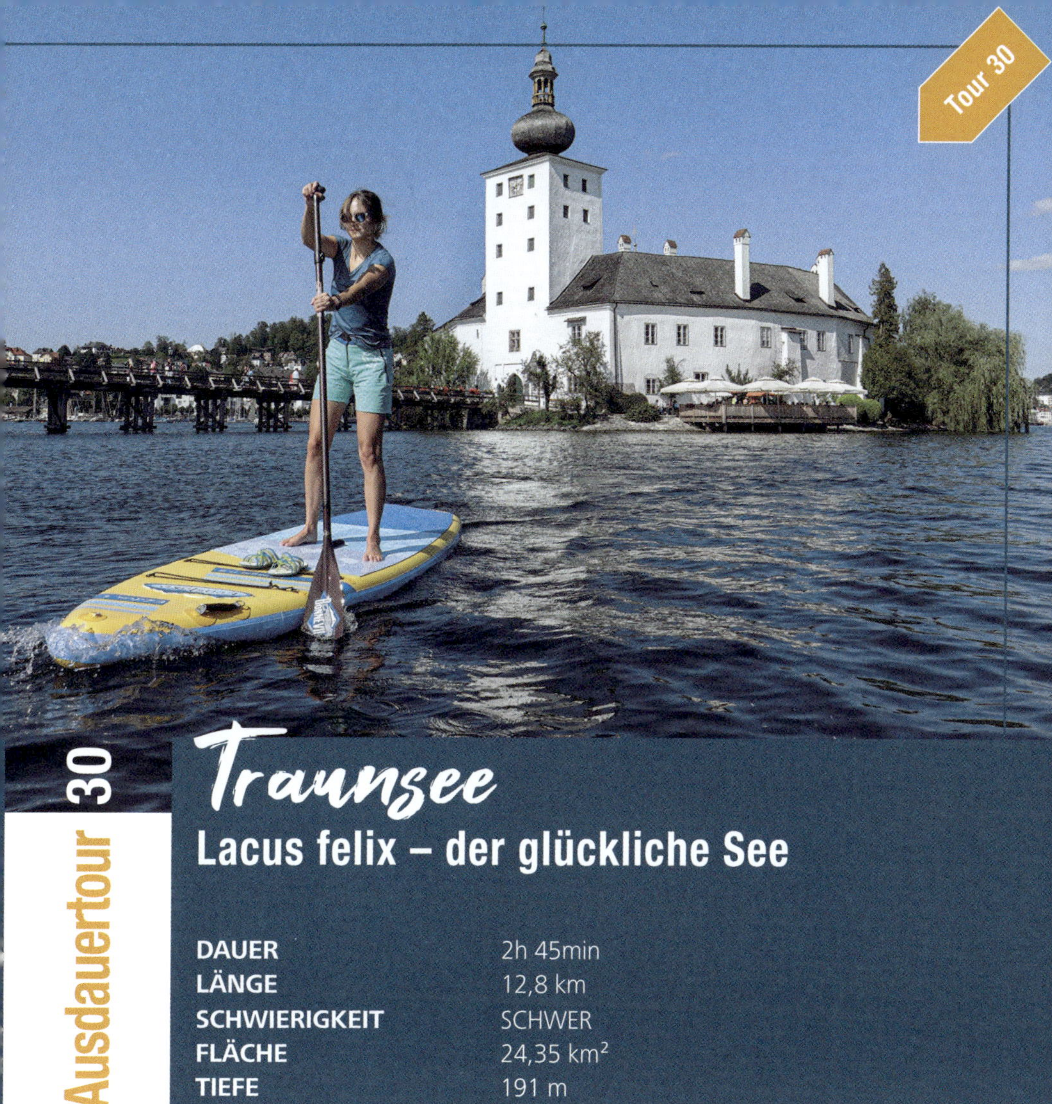

Ausdauertour 30

Traunsee

Lacus felix – der glückliche See

DAUER	2h 45min
LÄNGE	12,8 km
SCHWIERIGKEIT	SCHWER
FLÄCHE	24,35 km²
TIEFE	191 m

Das erwartet dich ...

Der Traunsee ist eine der beliebtesten Urlaubsdestinationen in Oberösterreich. Trotz seinem auch im Sommer ziemlich kalten Wasser zieht es Jahr für Jahr Erholungssuchende an seine kulturreichen Ufer. Speziell mit dem SUP-Board lässt sich der Traunsee ideal erkunden und so führt uns unsere ausgedehnte Tour vorbei am Schloss Ort, über die Gmundner Esplanade bis hin zu einem absoluten kulinarischen Klassiker, dem Hois'n Wirt: Da ist für jeden was dabei.

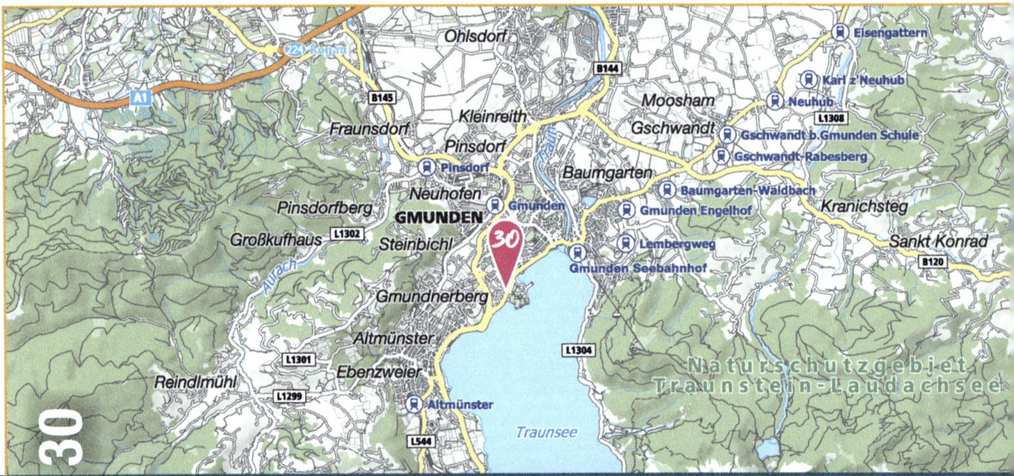

Ausdauertour 30

Start & Ziel & Anreise

Einen Parkplatz in Seenähe zu finden ist am Traunsee speziell am Nordende in Gmunden gar nicht so einfach. Entlang der Esplanade gibt es eine Reihe Parkplätze und das Strandbad Gmunden stellt einige wenige zur Verfügung. Am unproblematischsten bekommt man einen Parkplatz beim Toscana, von dem aus es nur ein Katzensprung bis zum Strandbad Gmunden (Tageskarte 6 Euro) ist. Mit den Öffis kommt man problemlos in ganz Gmunden voran, direkt vor das Strandbad bringen uns die Linien 505 und 509.

Tourenbeschreibung

Wir starten unsere Tour im Gmundner Strandbad. Dort gibt es auf einer Gesamtfläche von 6.000 m² neben sanitären Anlagen auch einen beheizten Wasserbereich mit Wasserrutsche, Kinderspielplatz, einem Sportbereich und ein SB-Restaurant. Am Traunsee sind öffentliche Seezugänge absolute Mangelware, der Start im Strandbad empfiehlt sich für uns also am ehesten. Wer ein SUP-Board ausleihen möchte, macht das am besten in Altmünster beim SUP Center Traunsee.

Von dort aus starten wir also unsere Tour und schlagen den Kurs Richtung Norden ein. Unsere erste Etappe führt uns am Toscanapark vorbei, der sich halbinselartig in den See streckt. Sobald wir ums Eck gebogen sind, erblicken wir vor uns schon unser erstes Etappenziel: das Schloss Ort. Es zählt nicht nur zu den ältesten Gebäuden des Salzkammerguts, sondern es ranken sich auch zahlreiche Mythen um das Seeschloss. Heute ist das Schloss Ort im Besitz der Stadtgemeinde Gmun-

den und für die Öffentlichkeit sowohl zugänglich als auch Austragungsort für Seminare, Feste und Hochzeiten. Ins Wasser fallen sollte man hier aber wegen der klirrend kalten Wassertemperatur von gerade einmal 17 °C nicht. Rund um das Schloss befinden sich Pfeiler unter Wasser, bei denen man extra gut aufpassen muss. Wir umrunden das Gebäude einmal und setzen unsere Tour dann fort.

Schon nach wenigen Minuten kommen wir beim Zentrum der Stadtgemeinde Gmunden an. Besonders berühmt ist dort die Gmundner Keramik, die größte Keramikmanufaktur Europas, deren Produkte nach alter Tradition und mit einer ganz speziellen Technik von Hand hergestellt werden. Entlang der Gmundner Esplanade tummeln sich Spaziergänger und Sonnenanbeter, einen Elektrobootverleih gibt es natürlich auch und in Kombination mit der Gmunder Linienschifffahrt kann es an den Ufern schnell einmal ganz schön zugehen. Davon lassen wir uns aber natürlich nicht irritieren. Wir paddeln weiter, vorbei am Mündungsbereich der Traun und am Ufer entlang Richtung Süden, um unsere dritte Etappe zu beginnen.

Jetzt kommen wir so richtig in den Genuss der Traunseer Natur. Vor uns erblicken wir schon den Traunstein, Hausberg der Traunseer und beliebter Wanderberg. Seine schroffen Wände lassen ihn wie einen riesigen Felsen aussehen. Wenn der Wind die Wolken Richtung Osten bläst, sieht es so aus, als würde der Berg nach vorne in den See fallen. Der Traunsee ist außerdem Heimat von vielen verschiedenen Fischen wie der Forelle, dem Saibling und vielen mehr. Auch den Höckerschwan treffen wir hier an.

Nach circa einer Stunde kommen wir beim Hois'n Wirt an. Wenn man dort einkehren möchte, sollte man sich eine Reservierung überlegen, an schönen Tagen ist der Seegasthof schnell einmal pumpvoll. Es rentiert sich aber auf jeden Fall, dort kann man allerlei Schmankerln genießen und die Nachmittagssonne auf der Sonnenterrasse auskosten. Wer danach nicht zurückpaddeln möchte, lässt sich einfach von einem Linienschiff wieder nach Gmunden bringen und paddelt dann nur die restlichen paar Kilometer zurück zum Strandbad Gmunden.

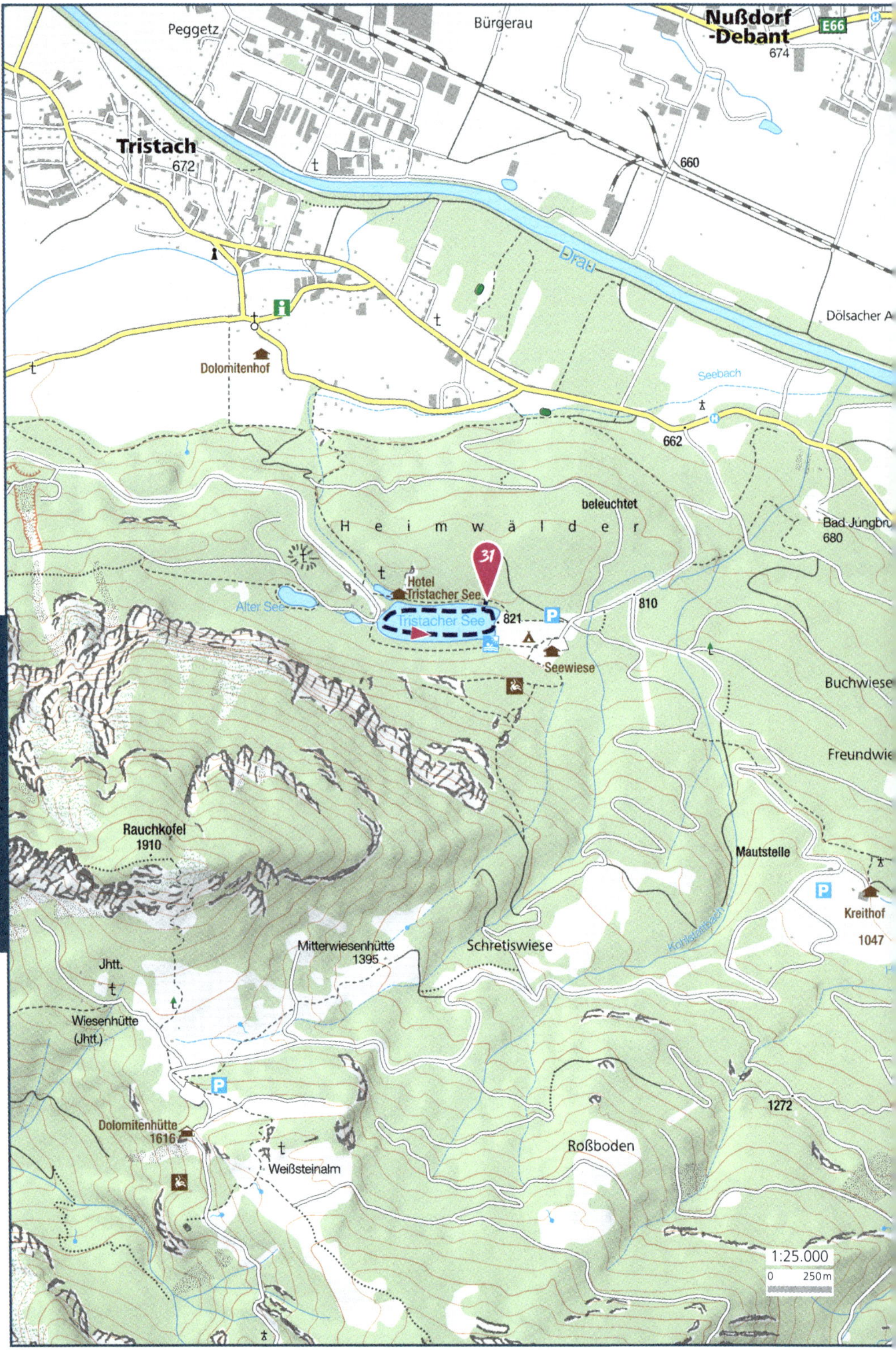

31

Nußdorf
-Debant
674
E66
Bürgerau
Peggetz
Tristach
672
660
Drau
Dölsacher A
Dolomitenhof
Seebach
662
beleuchtet
Bad Jungbr
680
H e i m w ä l d e r
31
Hotel
Tristacher See
Alter See
Tristacher See
821
810
Seewiese
Buchwiese
Freundwie
Rauchkofel
1910
Mautstelle
Kreithof
1047
Kohlstattbach
Schretiswiese
Mitterwiesenhütte
1395
Jhtt.
Wiesenhütte
(Jhtt.)
Dolomitenhütte
1616
Weißsteinalm
Roßboden
1272
1:25.000
0 250 m

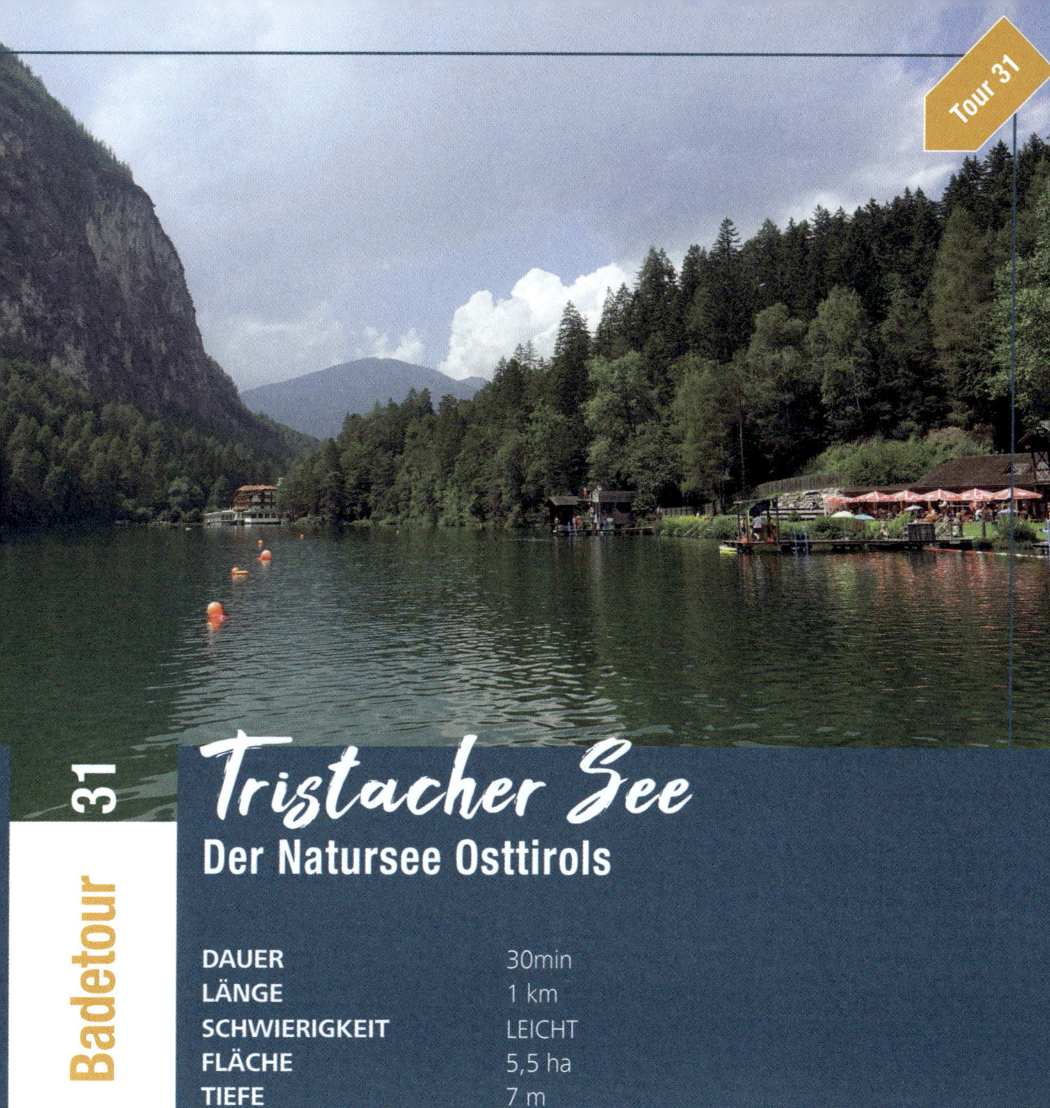

31 Badetour

Tristacher See

Der Natursee Osttirols

DAUER	30min
LÄNGE	1 km
SCHWIERIGKEIT	LEICHT
FLÄCHE	5,5 ha
TIEFE	7 m

Das erwartet dich ...

Der Tristacher See ist der einzige Naturbadesee Osttirols und daher ein beliebtes Ausflugsziel für die ganze Familie. Der See liegt zu Fuße der Lienzer Dolomiten und bietet daher sowohl eine gewaltige Gebirgslandschaft als auch ein uriges Klima direkt am See. Mit Wäldern, klarem Wasser und viel Natur aber auch gut ausgebauter Infrastruktur ist für jeden was dabei am Tristacher See.

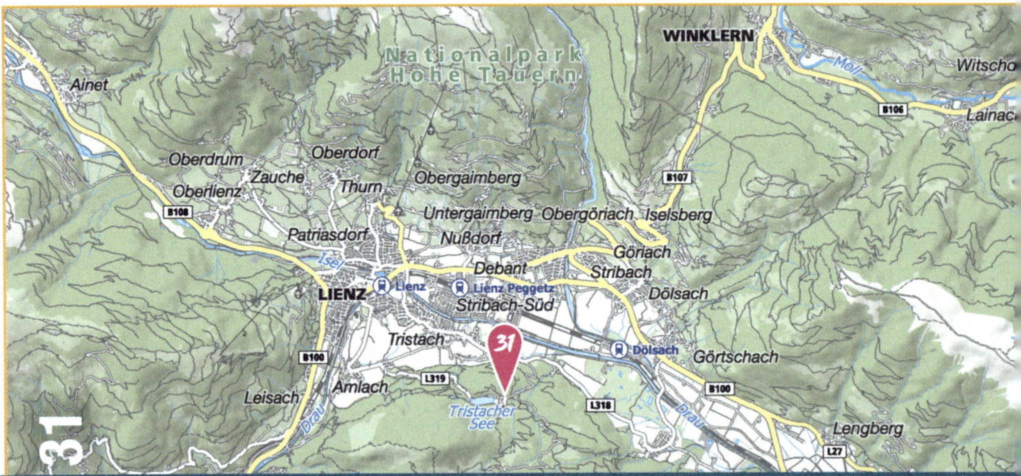

Badetour 31

Start & Ziel & Anreise

Von der E 66 nach Tristach in die Lavanter Straße und auf der Tristacher See Straße bis zum gratis Parkplatz beim Campingplatz an der Ostseite des Sees. Der Parkplatz ist gebührenfrei, nicht jedoch der Seezugang. Erwachsene zahlen 7 Euro Eintritt, ab 12 Uhr nur noch 5 Euro für eine Halbtagskarte. Mit den öffentlichen Verkehrsmitteln fährt man mit der Linie 2 bis zur Bushaltestelle Tristacher See/Parkhotel am Westufer des Sees oder der Haltestelle Tristacher See/Seewiese am Ostufer des Sees.

Tourenbeschreibung

Wir starten unsere Tour um den Tristacher See, der übrigens der einzige Badesee Osttirols ist, beim Camping Seewiese am Ostufer. Das gepflegte Strandbad bietet mehr als genug Sonnen- und Schattenplätze auf seinen Liegewiesen mit Kinderspielplatz, Volleyballplatz und Sprungtürmen.

Außerdem sind saubere Umkleidekabinen, Duschen und Toiletten vorhanden. Diese Top-Ausstattung verdankt der Tristacher See einer kompletten Generalsanierung, bei der die Stadtgemeinde Lienz, die den See 1985 kaufte, die alte Badeanstalt abreißen ließ und ein neues Strandbad errichtete.

Alternativ kann man die Tour auch im direkt danebengelegenen Camping Seewiese starten, was sich speziell für die Paddler anbietet, die einen längeren Aufenthalt verbringen möchten.

Sobald wir am Board stehen, wenden wir und paddeln entlang des Nordufers vorbei an seichten Uferzugängen, die sich bestens für eine kleine Pause anbieten und um ein paar tiefe Atemzüge mit fantastischer Kulisse zu nehmen. Wir befinden uns nämlich am Fuße des Rauchkofels und blicken auf die südlich gelegenen Hänge der Lienzer Dolomiten.

Nach einer ausgedehnten Tour sucht man hier, wie bei so vielen Badeseen, vergeblich. Der Naturbadesee ist ein liebenswerter kleiner See, der sich aber perfekt für einen gemütlichen Paddel- und Badetag mit der ganzen Familie eignet. Im Sommer erreicht er Temperaturen von bis zu 24 °C und ist somit sehr badefreundlich. Das Wasser des Tristacher Sees ist kristallklar und von allerbester Qualität, das verdankt der See der Tiefenwasserableitung. Zusätzlich bringen zwei natürliche Zuflüsse Frischwasser in den See. Dank seiner in die Berge eingebetteten Lage ist es am Tristacher See meist windstill und wir können mühelos übers Wasser gleiten. Neben uns spazieren Wanderer, die den circa 30 Minuten langen Rundweg um den See mit Abstecher zum sehenswerten Biotop und Naturdenkmal „Alter See" bewältigen.

Es dauert nicht lange, bis wir beim Westufer des Sees angekommen sind und das 4-Sterne-Parkhotel Tristachersee mit Haubenrestaurant und vielfältigem Wellnessangebot erblicken. Es nimmt den größten Teil des Westufers ein und ist ein Traumziel für sowohl Verliebte als auch Familien.

Dort wenden wir und paddeln circa 10 Minuten entlang des bewaldeten Südufers wieder zurück zum Ausgangspunkt, wo wir den restlichen Tag in der Sonne genießen und uns im charmanten Strandbad Tristacher See, vielleicht sogar im Terrassencafé, verwöhnen lassen.

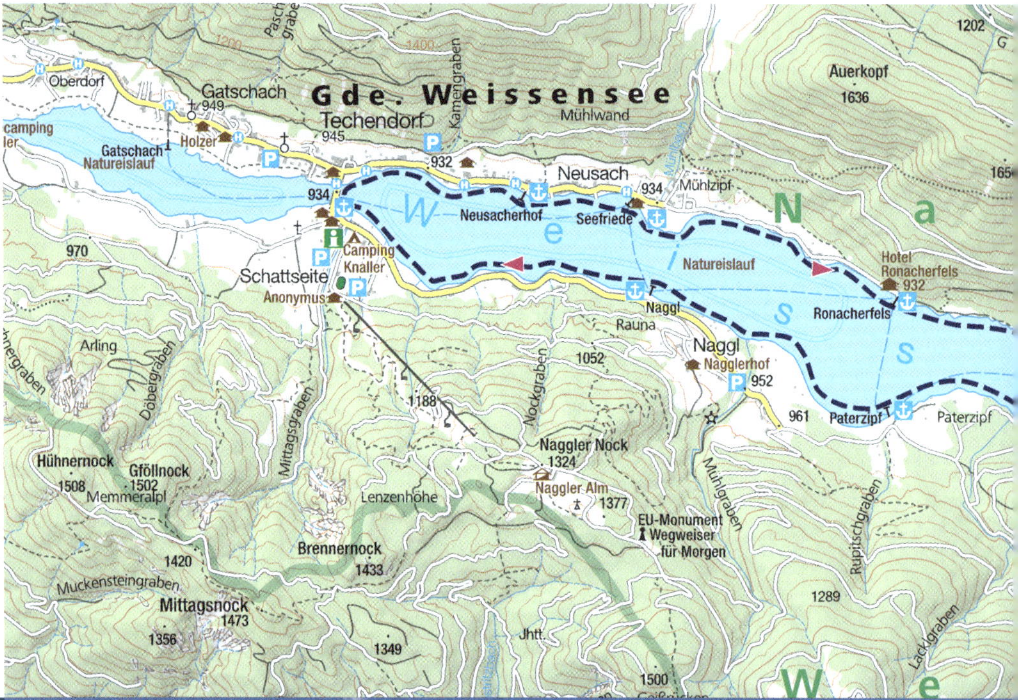

Gde. Weissensee
Oberdorf
Gatschach
949
Techendorf
945
Mühlwand
Kamengraben
camping
Gatschach
Natureislauf
Holzer
932
Neusach
934
Mühlzipf
Auerkopf
1636
1202
Neusacherhof
Seefriede
Camping Knaller
Schattseite
Anonymus
Natureislauf
Hotel Ronacherfels
932
Ronacherfels
Naggl
Rauna
Naggl
Nagglerhof
952
961
Paterzipf
Paterzipf
970
Arling
Döbergraben
Mittagsgraben
Nockgraben
1052
1188
Hühnernock
1508
Gföllnock
1502
Memmeralpl
Lenzenhöhe
Naggler Nock
1324
Naggler Alm
1377
EU-Monument
Wegweiser für Morgen
Mühlgraben
Rupitschgraben
Brennernock
1433
1420
Muckensteingraben
Mittagsnock
1473
1356
1349
Jhtt.
1289
1500
Lacklgraben

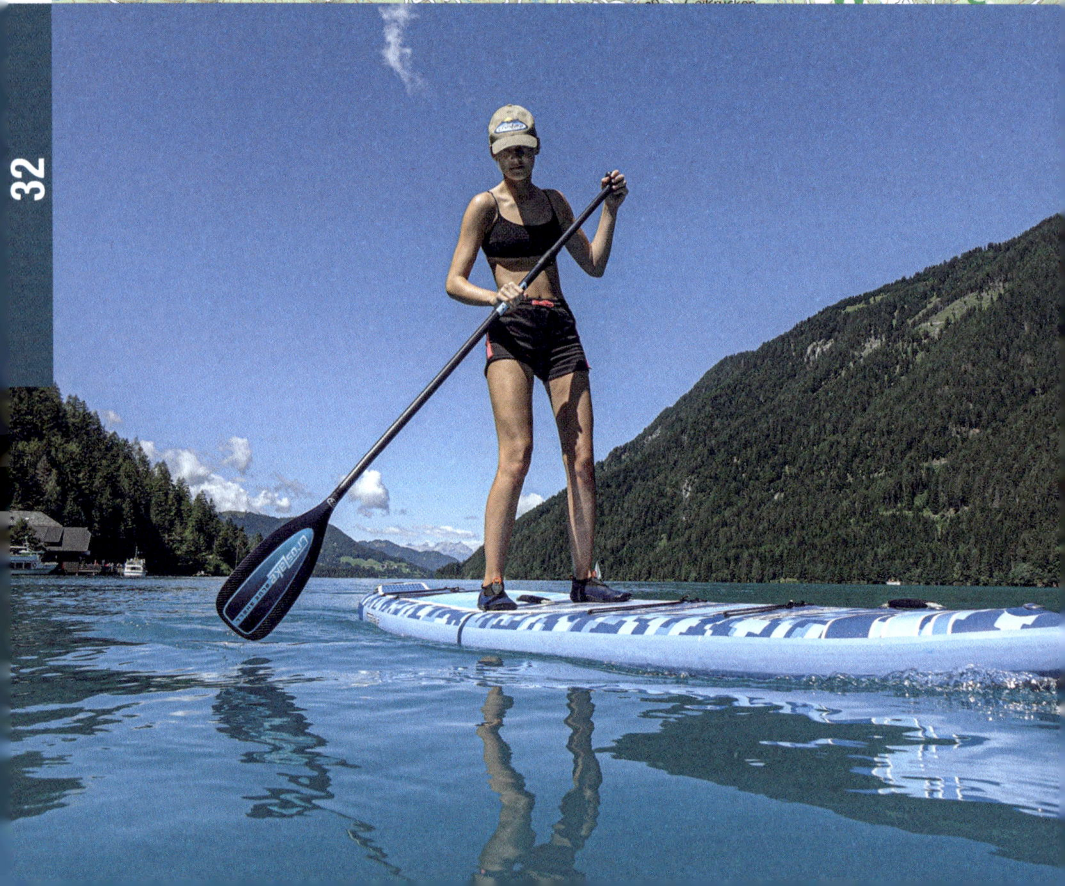

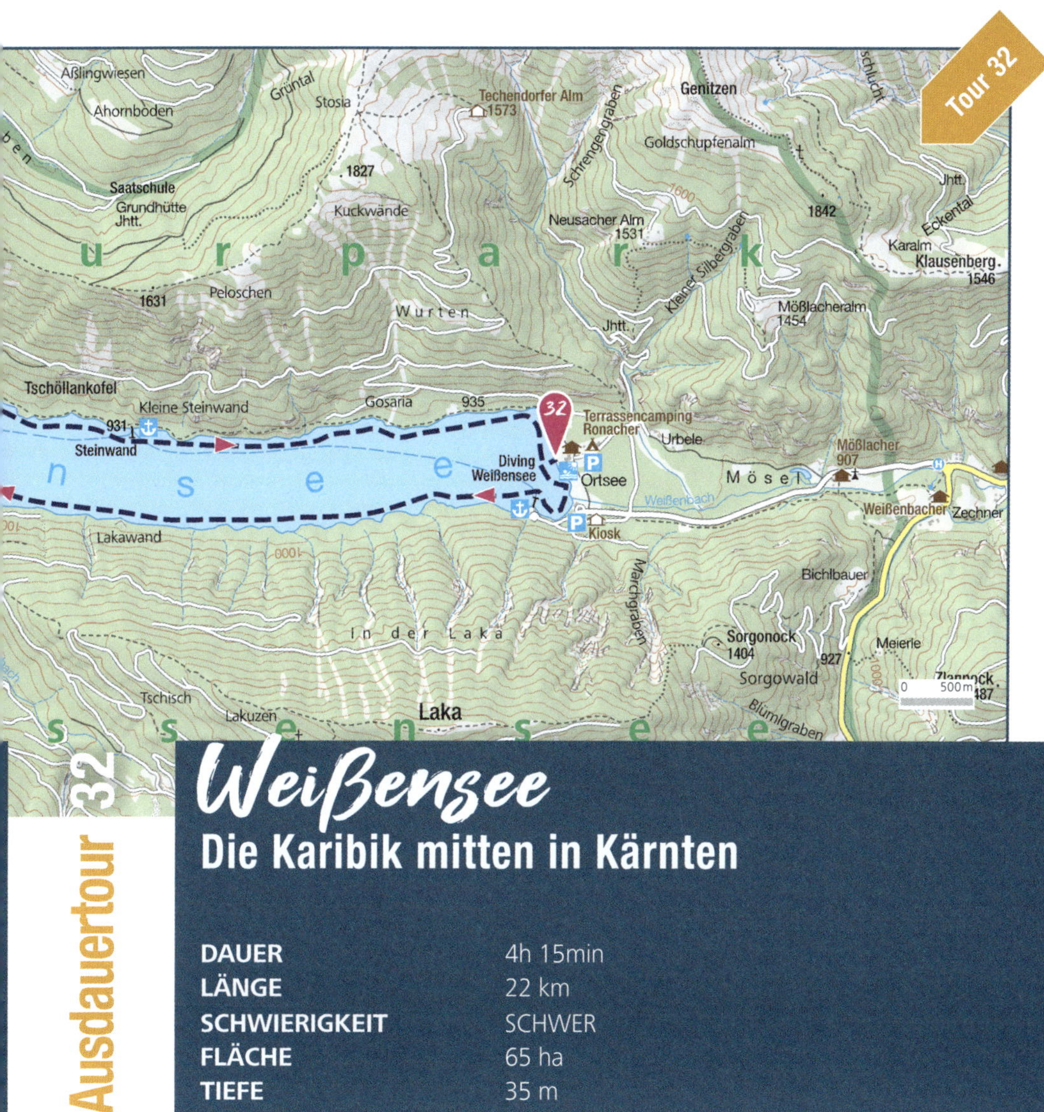

Ausdauertour 32

Weißensee

Die Karibik mitten in Kärnten

DAUER 4h 15min
LÄNGE 22 km
SCHWIERIGKEIT SCHWER
FLÄCHE 65 ha
TIEFE 35 m

Das erwartet dich …

Nach einer kurzen Anfahrt über eine idyllische Landesstraße, welche durch Wiesen und Wälder führt, steht man vor einem karibisch blauen Seeufer, das auch auf Hawaii sein könnte. Der Unterschied, der den See für Sportler und Bergliebhaber noch attraktiver macht ist, dass man zusätzlich zum türkisem Wasser mitten in den Bergen ist, umgeben von Wäldern, Hütten und sensationellem Seepanorama.

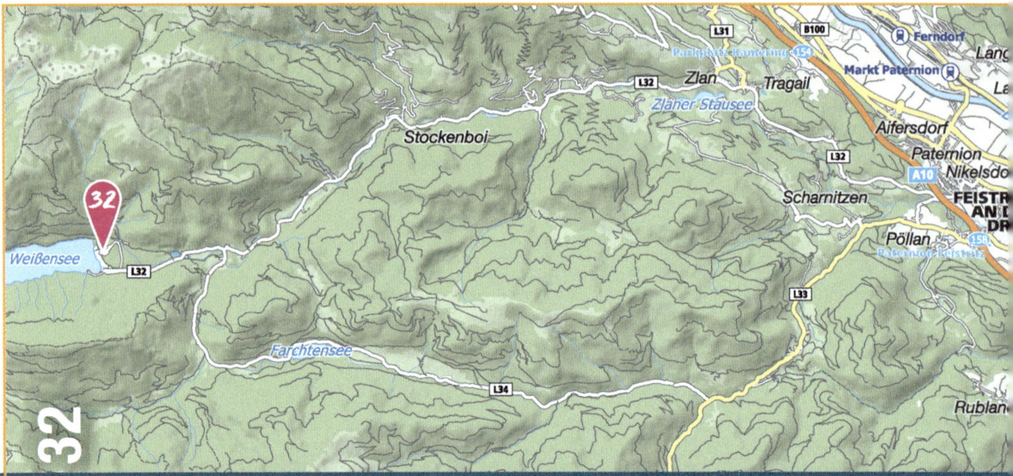

Ausdauertour 32

Start & Ziel & Anreise

Die etwas längere Anfahrt führt über mehrere Landes- und Bundesstraßen, welche jedoch gut ersichtlich sind. Die Straße ist relativ schmal, es muss mit Gegenverkehr gerechnet werden. Der große kostenfreie Parkplatz Weißensee-Ostufer bietet neben einer großen Parkfläche auch kostenfreie öffentliche Toiletten. Es gibt keine öffentlichen Verkehrsmittel in der Umgebung, das Ostufer ist nur mit dem Auto erreichbar.

Tourenbeschreibung

Wir starten unsere Tour beim Ostufer im Strandbad Stockenboi, hinter dem sich direkt auch ein Campingplatz befindet. Dort gibt es eine gepflegte, große Liegewiese. Dort können wir unser Board gemütlich zum Steg tragen und direkt lospaddeln. Einen SUP-Verleih gibt es dort nicht, wer sich ein Board ausleihen möchte, kann das beim SUP-Verleih Wernitznig in Weißensee machen. Wer nach einer kostenfreien Zugangsmöglichkeit sucht, der ist am Ostufer bestens bedient. Hinter dem Parkplatz gibt es flache Ufer, die uns den Einstieg problemlos ermöglichen.

Wir starten los Richtung Westen. Das kristallklare Wasser mit Trinkwasserqualität glitzert von türkis bis marineblau in den verschiedensten Blautönen und verlockt zu einem Sprung ins bis zu 25 °C warme Wasser. In Ufernähe können wir teilweise meterweit bis zum Kalkboden sehen.

Der Weißensee bietet sich ideal für eine Ganztagestour an. Insgesamt ist unsere Tour ganze 22 Kilometer lang, sie verlangt uns also einiges an Kraft ab und empfiehlt sich für fortgeschrittene Paddler. Genügend Wasser und Verpflegung sind da natürlich ein absolutes Muss. Wir nützen den Vormittag, um entlang des Südufers Richtung Westen zu paddeln. Das dauert ohne Pause ungefähr 2 Stunden. Da die Landschaft des Weißensee, der wie ein lang gezogener Fjord in die östlichen Gailtaler Alpen eingebettet ist, eine unglaublich atemberaubende ist, legen wir die ein oder andere Pause ein. Ganz alleine haben wir die Natur für uns, dank unserem SUP-Board finden wir Plätze, die man anders gar nicht erreichen würde. Die Region wurde 1995 zum Naturpark erklärt und ist besonders bekannt für ihren Status als Ort der Regeneration und Erholung. Der Weißensee ist Mitglied der Alpine Pearls – die Luft dort ist überdurchschnittlich rein und macht die Region zu einem „heilklimatischen Luftkurort". Auf Naturschutz und sanften Tourismus wird sowohl im Sommer als auch im Winter großer Wert gelegt. Davon profitiert natürlich auch die Natur immens. Weißgraue Kalksteinfelsem, Schilfgürtel, Baumstämme, die aus dem Wasser ragen, Feuchtwiesen und allerlei „Summendes", „Brummendes" und „Geflügeltes" hat hier eine Heimat gefunden.

Sämtliche schädliche Nutzung des Sees ist untersagt, es gibt nur eine Fähre, die erschöpfte Wanderer und Erholungssuchende von einem Ende des Sees zum anderen transportiert. Außerdem gibt es mehrere Bootsverleihe, das eine oder andere Elektroboot tuckert hin und wieder gemütlich an uns vorbei.

Wir paddeln so lange weiter, bis wir am Westufer des Sees ankommen. Es ist das belebtere Ende des Weißensees, hier gibt es zahlreiche Privatparzellen mit Seezugängen, aber auch ein Strandbad am Südufer, bei dem man eine Pause machen kann. Das kostet pro Tag 5,50 Euro. Nach einer optionalen Pause kehren wir wieder um und machen uns auf den Weg zurück zum Ostufer.

Am Ende des Tages kommen wir wieder bei unserem Startpunkt an. Nach einer so vielfältigen und fordernden Tour sind wir zwar völlig erschöpft, aber auch unglaublich erholt und fühlen uns glatt wie neugeboren.

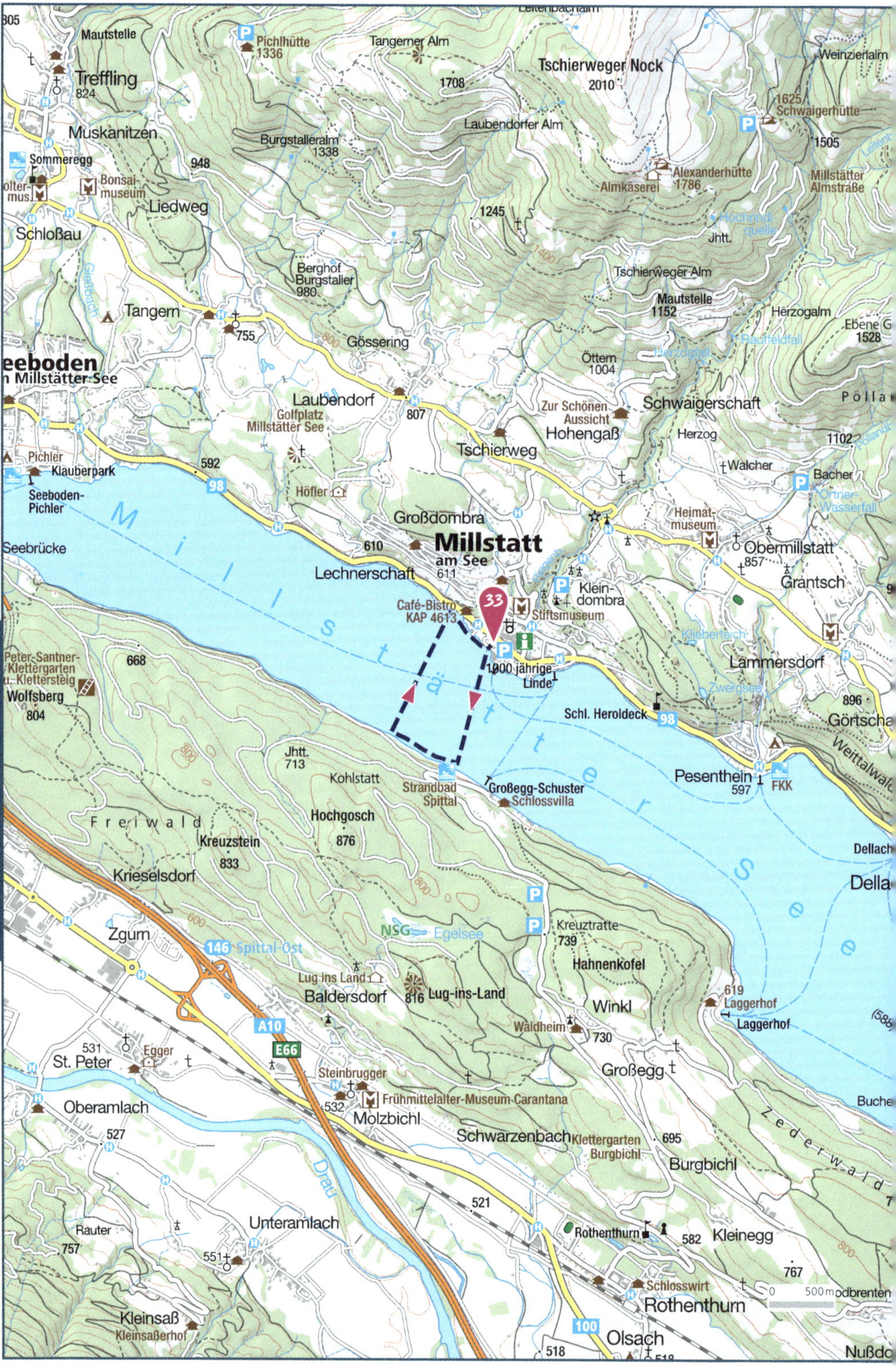

33

Mautstelle
Pichlhütte 1336
Tangerner Alm
Tschierweger Nock 2010
Weinzierlalm
Treffling 824
1708
Laubendorfer Alm
1625 Schwaigerhütte
Muskanitzen
Burgstalleralm 1338
1505
Sommeregg
948
Bonsai-museum
Alexanderhütte 1786
Almkäserei
Millstätter Almstraße
Liedweg
Schloßau
1245
Hochmoos-quelle
Jhtt.
Berghof Burgstaller 980
Tschierweger Alm
Tangern
755
Mautstelle 1152
Herzogalm
Ebene 1528
Gössering
Rauteleitfall
Öttern 1004
Herzogfall
Seeboden am Millstätter See
Laubendorf
Zur Schönen Aussicht
Schwaigerschaft
Pöllan
Golfplatz Millstätter See
807
Hohengaß
Herzog
1102
Pichler
Klauberpark
Tschierweg
Walcher
592
Bacher
Seeboden-Pichler
98
Höfler
Ortner-Wasserfall
Großdombra
Heimat-museum
Seebrücke
610
Millstatt am See
611
Obermillstatt
857
Lechnerschaft
Grantsch
Klein-dombra
Café-Bistro KAP 4613
33
Stiftsmuseum
Kleinersee
Peter-Santner-Klettergarten u. Klettersteig
668
1000 jährige Linde
Lammersdorf
Wolfsberg 804
Zwergsee
896
Schl. Heroldeck
98
Görtschach
Millstätter See
Jhtt. 713
Pesenthein
597
FKK
Kohlstatt
Strandbad Spittal
Großegg-Schuster Schlossvilla
Weittalwald
Freiwald
Hochgosch 876
Dellach
Kreuzstein 833
Krieselsdorf
Dellach
Zgurn
NSG Egelsee
Kreuztratte 739
146 Spittal-Ost
Hahnenkofel
Lug ins Land
Baldersdorf
816 Lug-ins-Land
Winkl
619 Laggerhof
Laggerhof
A10
Waldheim
730
531
Egger
St. Peter
E66
Großegg
Steinbrugger
Oberamlach
532
Frühmittelalter-Museum Carantana
Buchen
Molzbichl
527
Schwarzenbach
Klettergarten Burgbichl
695
Burgbichl
Zederwald
Drau
521
Rauter
757
Unteramlach
Rothenthurn
582
Kleinegg
551
767
Schlosswirt
0 500 m
Rothenthurn
Modbrenten
Kleinsaß
Kleinsaßerhof
100
Olsach
518
Nußdorf

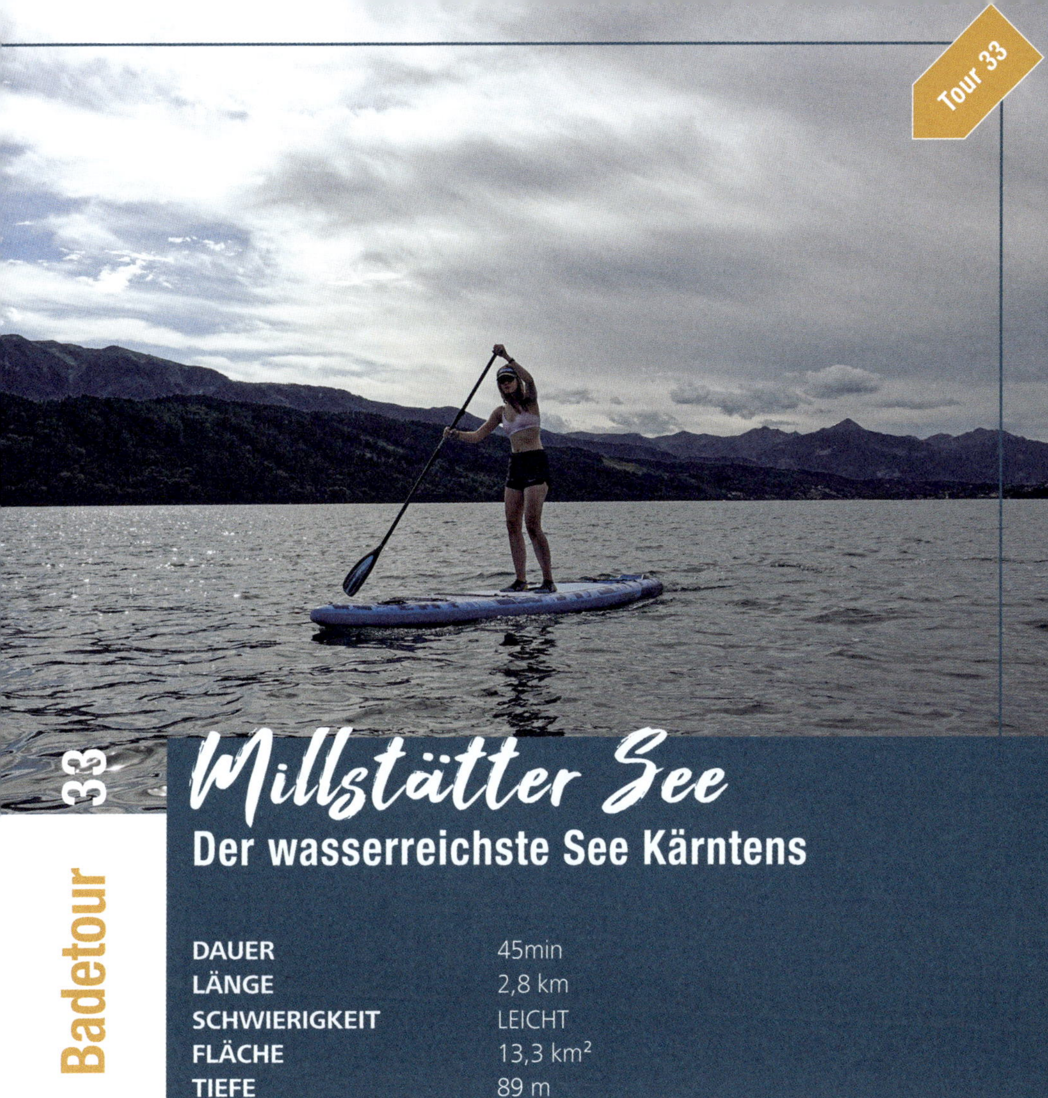

33

Badetour

Millstätter See

Der wasserreichste See Kärntens

DAUER	45min
LÄNGE	2,8 km
SCHWIERIGKEIT	LEICHT
FLÄCHE	13,3 km^2
TIEFE	89 m

Das erwartet dich ...

Zwischen den Nockbergen in Kärnten liegt der Millstätter See. Die Region um den See ist ideal für einen entspannten Erholungsurlaub, aber auch für Sportbegeisterte gibt es tolle Angebote. Besonders verlockend ist auch das angenehm warme und glasklare Wasser des Sees, welche es uns an vielen Stellen ermöglicht, beim Paddeln sogar bis zum Grund zu sehen. Durch die malerische Landschaft und das warme Klima entsteht eine südliche Urlaubsatmosphäre, welche Jahr für Jahr viele Touristen anlockt.

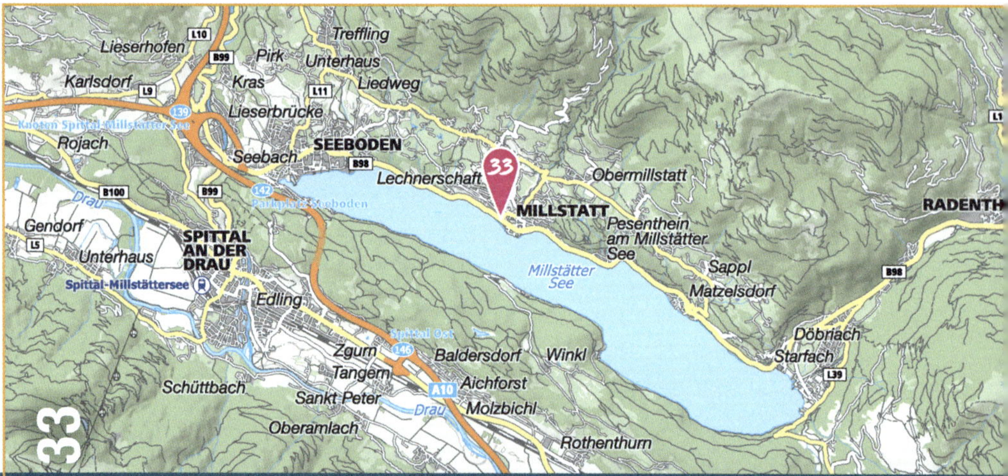

Start & Ziel & Anreise

Anfahrt über die Kaiser-Franz-Josef-Straße, welche entlang des Nordufers des Sees verläuft. Beim Millstätter Strandbad gibt es einen gebührenpflichtigen Parkplatz, welcher direkt beim Strandbad liegt. Die Parktarife betragen 1 Euro pro 90 Minuten mit einem Tagesmaximum von 6 Euro. Neben den Parkgebühren fallen noch 6 Euro Kosten für den Eintritt ins Millstätter Strandbad an. Wer öffentliche Verkehrsmittel bevorzugt, fährt mit der Linie 5138, 5140 oder 5144 bis zur Bushaltestelle Millstatt-Strandbad.

Tourenbeschreibung

Für einen entspannten Start der Tour empfiehlt es sich beim Millstätter Strandbad aufs Wasser zu gehen. Dort stehen WC-Anlagen, Duschen und Wasserspielplatz inklusive Sprungturm für die jungen und abenteuerlustigen Besucher zur Verfügung.

Vom Strandbad aus beginnen wir unsere Tour, indem wir den See Richtung Süden überqueren, wir paddeln also die gesamte Breite bis zum Südufer aus. Beim Queren des Sees sollten wir allerdings besonders achtgeben auf die Schiffe der lokalen Schifffahrt als auch auf private Boote, denen wir als Paddler lieber ausweichen. Ebenfalls müssen wir, bevor wir mitten auf den See paddeln, auf Wind und Wellen achten sowie die allgemeinen Sturm- und Unwetterradare, welche in Form von Sirenen und Lichtsignalen an den Stränden vorhanden sind. Am Südufer angekommen haben wir einen bezaubernden Blick auf die idyllische Schlossvilla am Millstätter See. Da wir uns zu diesem Zeitpunkt wieder näher am Strand befinden nutzen wir die Gelegenheit, um uns kurz zu erfrischen und einen Sprung in das angenehm laue Wasser des zweitgrößten und tiefsten See Kärntens zu wagen. Mit bis zu 26 °C Wassertemperatur in den wärmsten Monaten bietet das klare Wasser eine ideale Pause, bevor wir die Tour wieder fortsetzen.

Weiter paddeln wir circa 400 Meter Richtung Westen, bevor wir wieder auf das Nordufer übersetzen. Durch das Stück entlang des Südufers Richtung Westen überqueren wir jetzt den See auf Höhe einer der Sehenswürdigkeiten von Millstatt, das Café-Bistro Kap 4613, welches in Form einer Pyramide, die großteils am Wasser schwebt, erscheint. Man kann die Pyramide von ganz nah erkunden, in dem wir direkt daran vorbeipaddeln. Wer Lust hat, kann sich nach der Tour im Café-Bistro Kap 4613 noch einen Cocktail und einen kleinen Snack gönnen, während man auf der schwebenden Plattform sitzt und den großartigen Blick auf den Millstätter See, welcher inmitten der Nockberge liegt, genießt. Nach diesem eindrucksvollen Blick geht es wieder in Richtung Osten zurück zum Ausgangspunkt, dem Millstätter Strandbad.

Das Café-Bistro Kap 4613

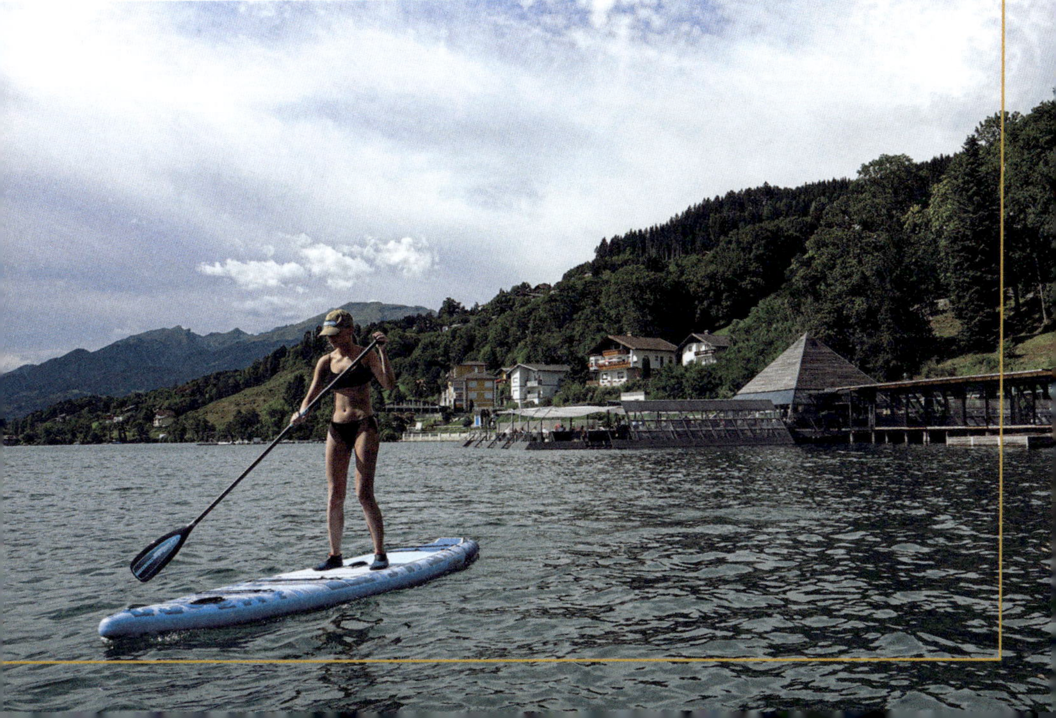

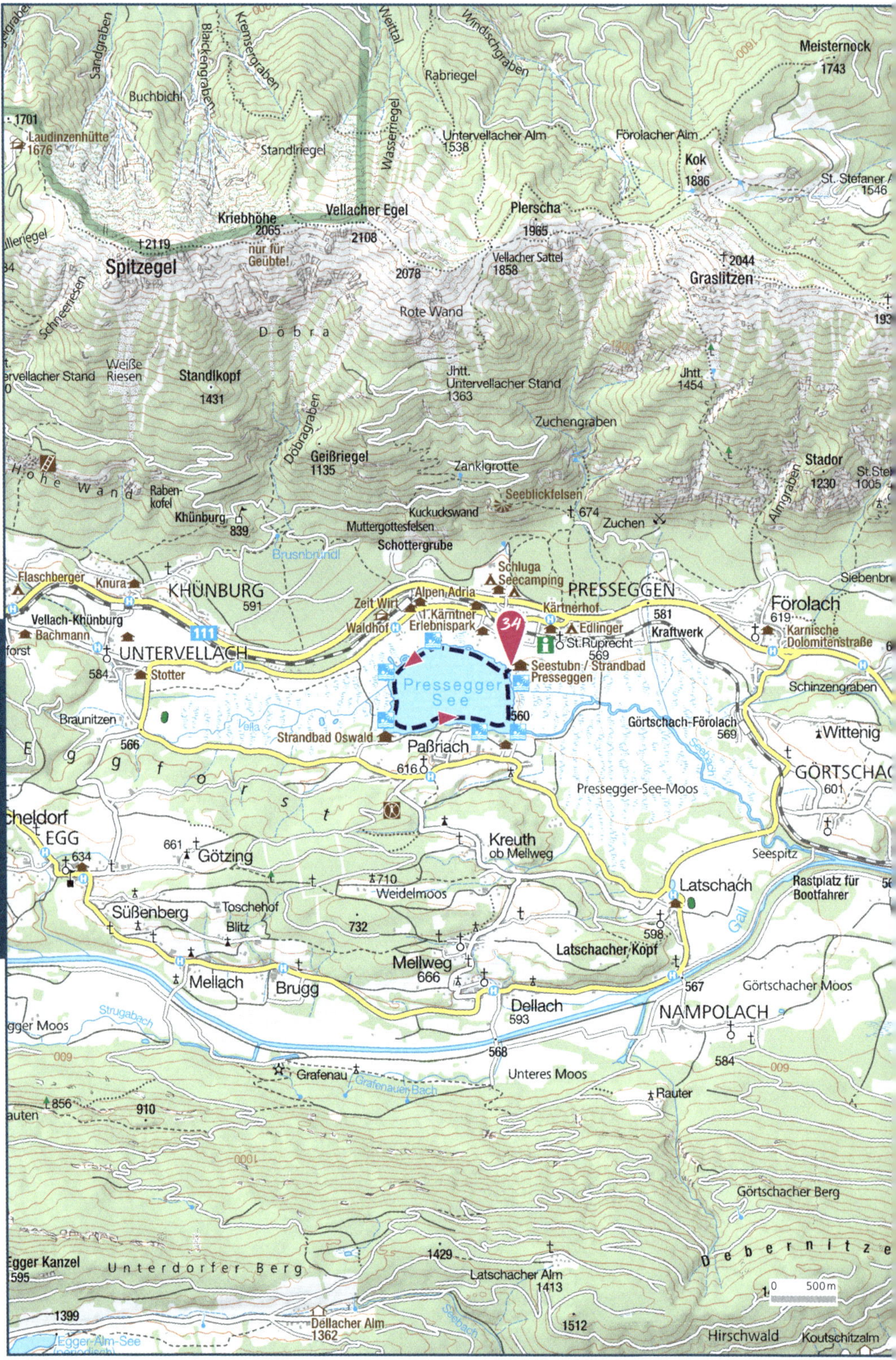

34

Sandgraben
Blackengraben
Kremsergraben
Weittal
Windischgraben
Rabriegel
Meisternock
1743
Buchbichl
1701
Laudinzenhütte
1676
Standlriegel
Wasserriegel
Untervellacher Alm
1538
Förolacher Alm
Kok
1886
St. Stefaner A
1546
Kriebhöhe
2065
Vellacher Egel
2108
Plerscha
1965
2119
Spitzegel
nur für Geübte!
2078
Vellacher Sattel
1858
2044
Graslitzen
Schneeriesen
Rote Wand
Döbra
Untervellacher Stand
Weiße Riesen
Standlkopf
1431
Jhtt. Untervellacher Stand
1363
Jhtt.
1454
Zuchengraben
Döbragraben
Geißriegel
1135
Zanklgrotte
Stador
1230
Almgraben
Hohe Wand
Rabenkofel
Seeblickfelsen
Kuckuckswand
674
Zuchen
Khünburg
839
Muttergottesfelsen
Schottergrube
Brusnbrünnl
Schluga Seecamping
Flaschberger
Knura
KHÜNBURG
591
PRESSEGGEN
Siebenbr
Förolach
619
Alpen Adria
Zeit Wirt
1. Kärntner Erlebnispark
Kärntnerhof
Edlinger
581
Vellach-Khünburg
111
Waldhof
Kraftwerk
Karnische Dolomitenstraße
Bachmann
St. Ruprecht
569
UNTERVELLACH
Seestubn / Strandbad Presseggen
584
Stotter
Presseggen See
Schinzengraben
Braunitzen
560
Görtschach-Förolach
569
Vella
Strandbad Oswald
Wittenig
566
Paßriach
616
Eggforst
GÖRTSCHACH
601
Pressegger-See-Moos
Seebach
cheldorf
EGG
Kreuth ob Mellweg
634
661
Götzing
Seespitz
710
Weidelmoos
Latschach
Rastplatz für Bootfahrer
Süßenberg
Toschehof
Blitz
732
598
Latschacher Kopf
Gail
Mellweg
666
Mellach
Brugg
567
Görtschacher Moos
Dellach
593
NAMPOLACH
Strugabach
gger Moos
568
584
Grafenau
Grafenauer Bach
Unteres Moos
Rauter
856
910
Görtschacher Berg
Egger Kanzel
1595
Unterdorfer Berg
1429
Debernitze
Latschacher Alm
1413
0 500 m
1399
Dellacher Alm
1362
1512
Seebach
Egger-Alm-See
Hirschwald
Koutschitzalm

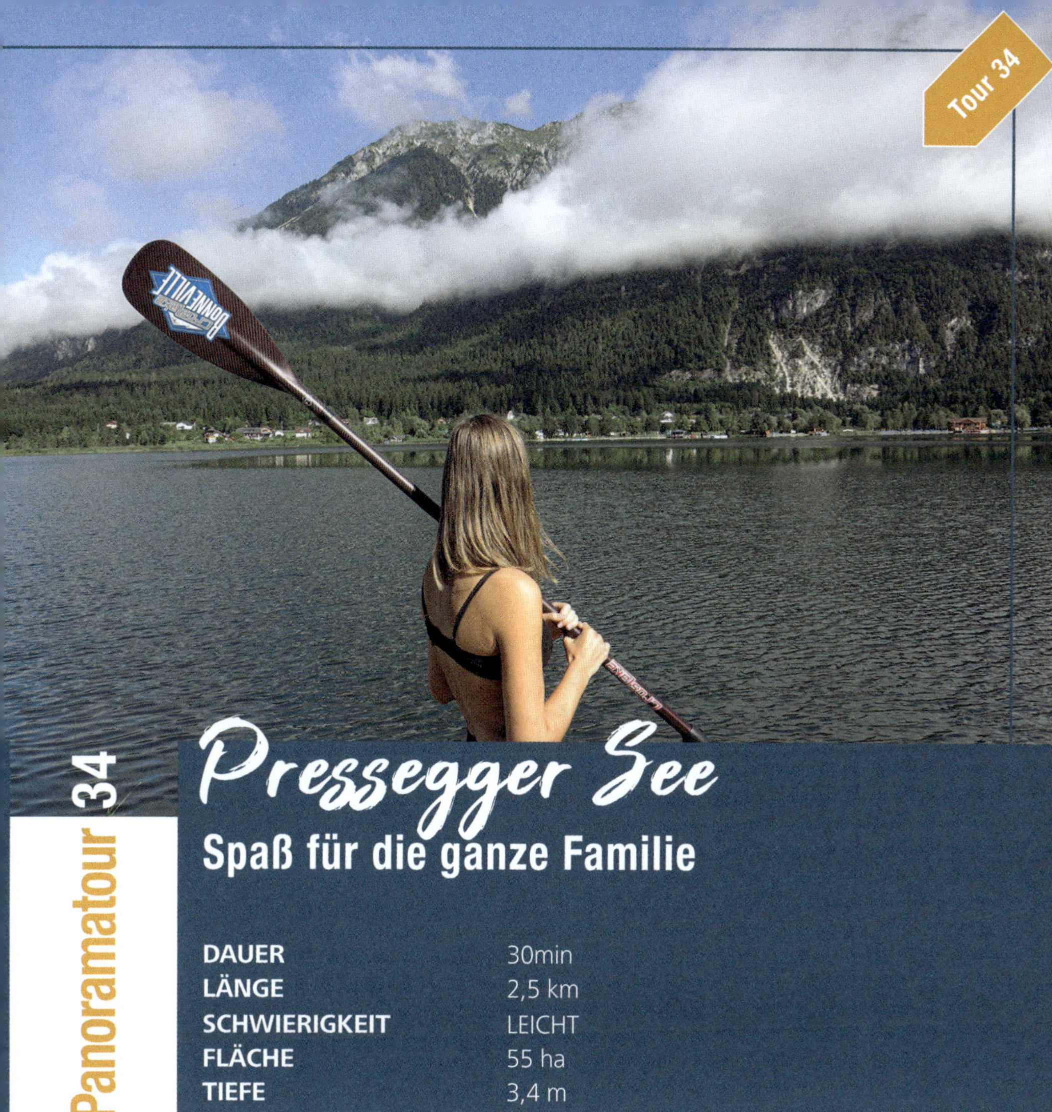

Pressegger See

Spaß für die ganze Familie

DAUER	30min
LÄNGE	2,5 km
SCHWIERIGKEIT	LEICHT
FLÄCHE	55 ha
TIEFE	3,4 m

Das erwartet dich ...

Der Pressegger See ist zwar im Vergleich zu anderen Kärntner Seen nicht so groß, aber als Urlaubsregion steht er ihnen nichts nach. Mit einer schönen Landschaft und idyllischen kleinen Ortschaften bezaubert der See jedes Jahr aufs Neue seine Besucher. Seine großartige Wasserqualität lädt ebenfalls zum Paddeln, Schwimmen, Fischen und noch vielen anderen Aktivitäten ein. Auch für Kinder ist der See ein Highlight durch verschiedenste Abenteuer-Wege und den Erlebnispark.

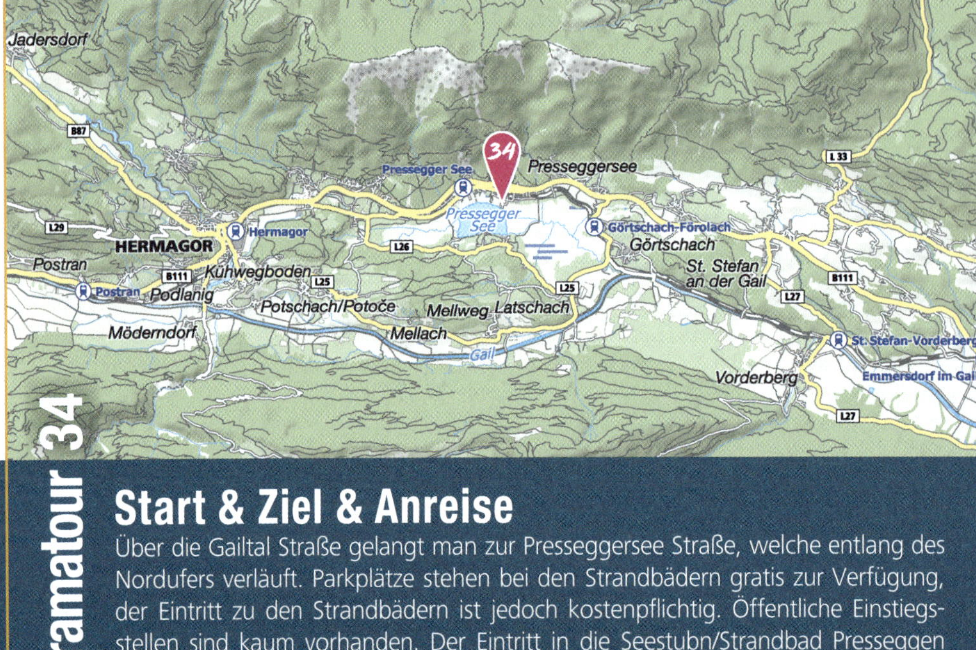

Start & Ziel & Anreise

Über die Gailtal Straße gelangt man zur Presseggersee Straße, welche entlang des Nordufers verläuft. Parkplätze stehen bei den Strandbädern gratis zur Verfügung, der Eintritt zu den Strandbädern ist jedoch kostenpflichtig. Öffentliche Einstiegsstellen sind kaum vorhanden. Der Eintritt in die Seestubn/Strandbad Presseggen kostet 4,50 Euro für eine Tageskarte für Erwachsene. Der See ist nicht direkt mit den öffentlichen Verkehrsmitteln erreichbar, die nächste Haltestelle ist „Pressegger See/ Bahnhst.", welche von der Linie 4 befahren wird und oberhalb des Sees liegt.

Tourenbeschreibung

Wir beginnen unsere Tour in der Seestubn, dem Strandbad in Presseggen, das am Nordostufer des Sees liegt. Toiletten und Unterhaltungsmöglichkeiten für Kinder gibt es zur Genüge. Strandbäder gibt es rund um den See zahlreiche, an schönen Tagen gibt es also viele Möglichkeiten, ein nettes Plätzchen zu finden. Einen SUP-Verleih gibt es im Strandbad Hermagor am Nordwestufer des Sees. Von dort aus kann man die Tour natürlich auch problemlos starten.

Von der Seestubn aus starten wir unsere erste Etappe Richtung Westen bis zum anderen Ende des Sees. Am Pressegger See herrschen dank des zweitgrößten Schilfgürtels ideale Bedingungen für eine vielfältige Tier- und Pflanzenwelt. Also Augen auf beim Paddeln, und mit etwas Glück entdecken wir im 3 Meter hohen Schilf sogar die ein oder andere Gelbe Teichrose oder den Tannenwedel! Zudem ist der Pressegger See mit seinem kristallklaren, dunkelblauen Wasser Heimat von

12 verschiedenen Fischarten, zahlreichen Vögel und seltenen Libellen. Seit 1970 ist der weitgehend naturbelassene Pressegger See mit seinen umgebenden Flächen außerdem zum Landschaftsschutzgebiet erklärt worden.

Für Badenixen und auch SUP-Anfänger ist der Pressegger See – oder auch Badewannde des Gailtals – ein absolutes Paradies. Im Sommer erreicht der beliebte Badeesee Temperaturen von bis zu 28 °C! Fast schon karibisch warm, da muss wirklich niemand Angst vor dem Hineinfallen haben. Der Pressegger See ist Teil der World of Lakes, die im Sommer zahlreiche Wassererlebnisse anbietet. Für Wasserliebhaber ist die Region Nassfeld-Pressegger See also nicht nur eine Traumdestination fürs Stand-Up-Paddeln, sondern auch für allerlei andere Sportarten wie Rafting, Canyoning und vielem mehr.

Unser Weg führt uns weiter entlang dem Westufer Richtung Süden. Dort befindet sich das Strandbad Oswald, wo man je nach Belieben eine Pause einlegen kann. Weiter geht es entlang dem Südufer direkt neben dem Erlebniswanderweg, wo besonders an schönen Tagen viele Familien eine Runde um den See wandern.

Das letzte Stück der Tour Richtung Norden meistern wir in wenigen Minuten und schon sind wir auch wieder am Ende unserer Tour angelangt. Gemütlich lassen wir den Tag dann noch im Restaurant Seestubn ausklingen und lassen uns dort kulinarisch verwöhnen.

Autoren Tipp

Der Pressegger See ist die ideale Destination für einen vielfältigen Ausflug mit der ganzen Familie. Der Abenteuer- und Erlebniswanderweg führt direkt am See entlang und bietet sich ideal für Unentschiedene an. Ein Teil der Familie kann den Weg gehen, der andere Teil paddelt daneben entlang (Abstand halten vor den Schilfflächen am Westende nicht vergessen!). Man kann an weiten Teilen des Weges neben dem Wanderweg herpaddeln und gemeinsam bei Liegewiesen Pausen machen. So hat garantiert jeder etwas vom Ausflug.

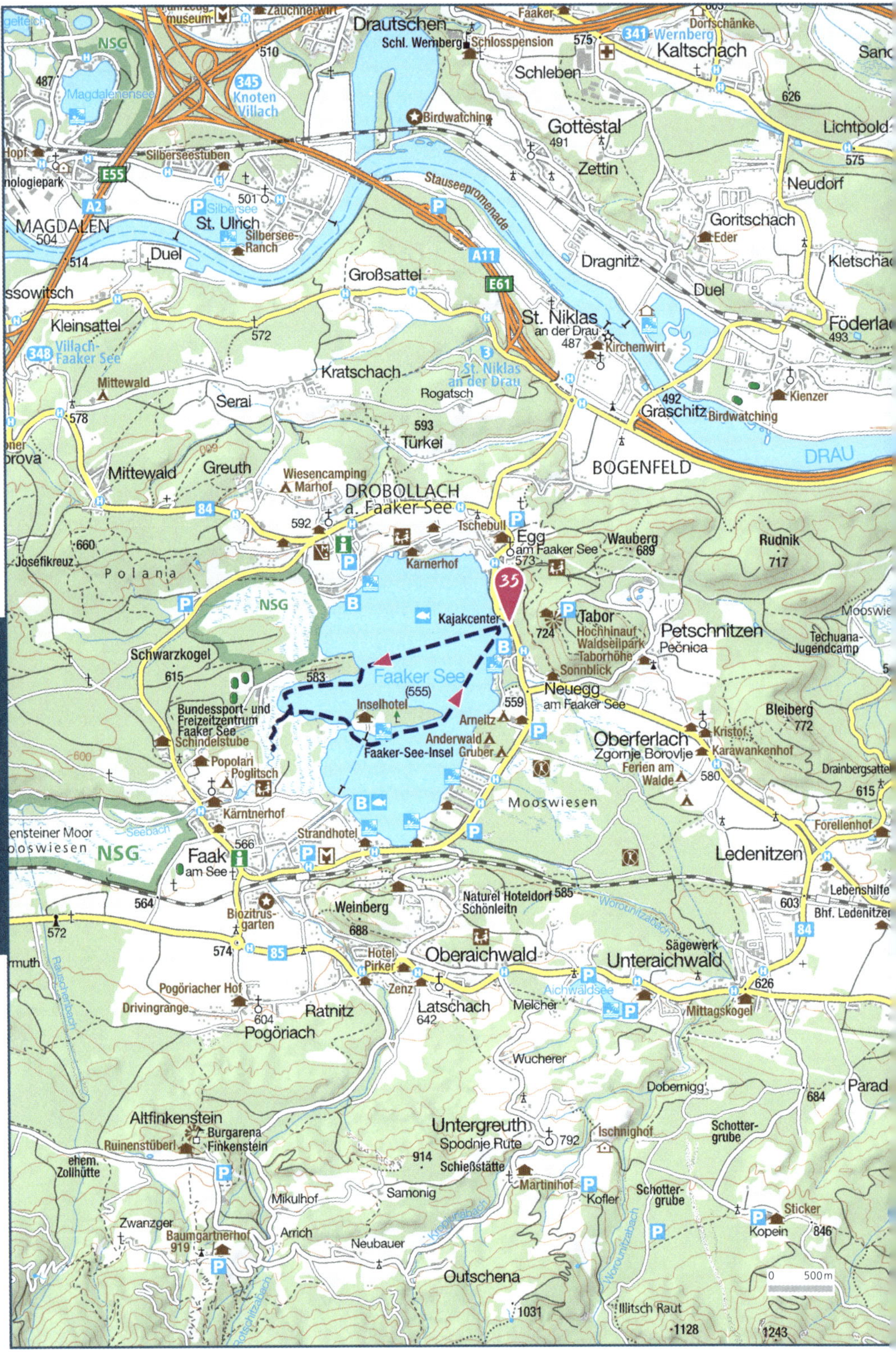

35

Drautschen
Schl. Wernberg
Schlosspension
Faaker
Dorfschänke
Wernberg
Kaltschach
Sand
Zauchnerwirt
museum
Magdalenensee
NSG
487
510
Knoten Villach
Schleben
575
626
Birdwatching
Gottestal
491
Lichtpold
Zettin
575
Hopf
Silberseestuben
E55
nologiepark
501
Silbersee
St. Ulrich
Silbersee-Ranch
Stauseepromenade
Neudorf
Goritschach
Eder
A2
MAGDALEN
504
514
Duel
A11
Dragnitz
Kletschach
Großsattel
E61
Duel
ssowitsch
St. Niklas
an der Drau
487
Kirchenwirt
Föderlach
493
Kleinsattel
572
348 Villach-Faaker See
Kratschach
3 St. Niklas an der Drau
Rogatsch
Mittewald
Serai
Kienzer
492
Graschitz
Birdwatching
578
593
Türkei
DRAU
prova
Mittewald
Greuth
Wiesencamping Marhof
DROBOLLACH a. Faaker See
BOGENFELD
84
592
Tschebull
Egg
am Faaker See
573
Wauberg
689
Rudnik
717
660
Josefikreuz
Polana
Karnerhof
NSG
Tabor
Hochhinauf
Waldseilpark
Taborhöhe
724
Petschnitzen
Pečnica
Kajakcenter
Techuana-Jugendcamp
Mooswie
Schwarzkogel
615
583
Faaker See
(555)
Sonnblick
Neuegg
am Faaker See
559
Bundessport- und Freizeitzentrum Faaker See
Schindelstube
Inselhotel
Arneitz
Bleiberg
772
Anderwald
Gruber
Oberferlach
Zgornje Borovlje
Kristof
Karawankenhof
Ferien am Walde
580
Drainbergsattel
615
Popolari
Poglitsch
Faaker-See-Insel
600
Mooswiesen
Kärntnerhof
Forellenhof
ensteiner Moor
oswiesen
Seebach
NSG
566
Faak
am See
Strandhotel
Ledenitzen
564
Biozitrus-garten
Weinberg
688
Naturel Hoteldorf
Schönleitn
585
Worounitzabach
603
Lebenshilfe
Bhf. Ledenitzen
572
574
85
Hotel Pirker
Oberaichwald
Sägewerk
Unteraichwald
84
rmuth
Pogöriacher Hof
Zenz
Latschach
642
Aichwaldsee
626
Drivingrange
604
Ratnitz
Melcher
Mittagskogel
Pogöriach
Rauscherbach
Wucherer
Dobernigg
684
Parad
Altfinkenstein
Burgarena Finkenstein
Untergreuth
Spodnje Rute
792
Ischnighof
Schotter-grube
Ruinenstüberl
914
Schießstätte
ehem. Zollhütte
Martinihof
Kofler
Schotter-grube
Mikulhof
Samonig
Sticker
Kopein
846
Zwanzger
Baumgartnerhof
919
Arrich
Neubauer
Outschena
0 500 m
1031
Illitsch Raut
1128
1243

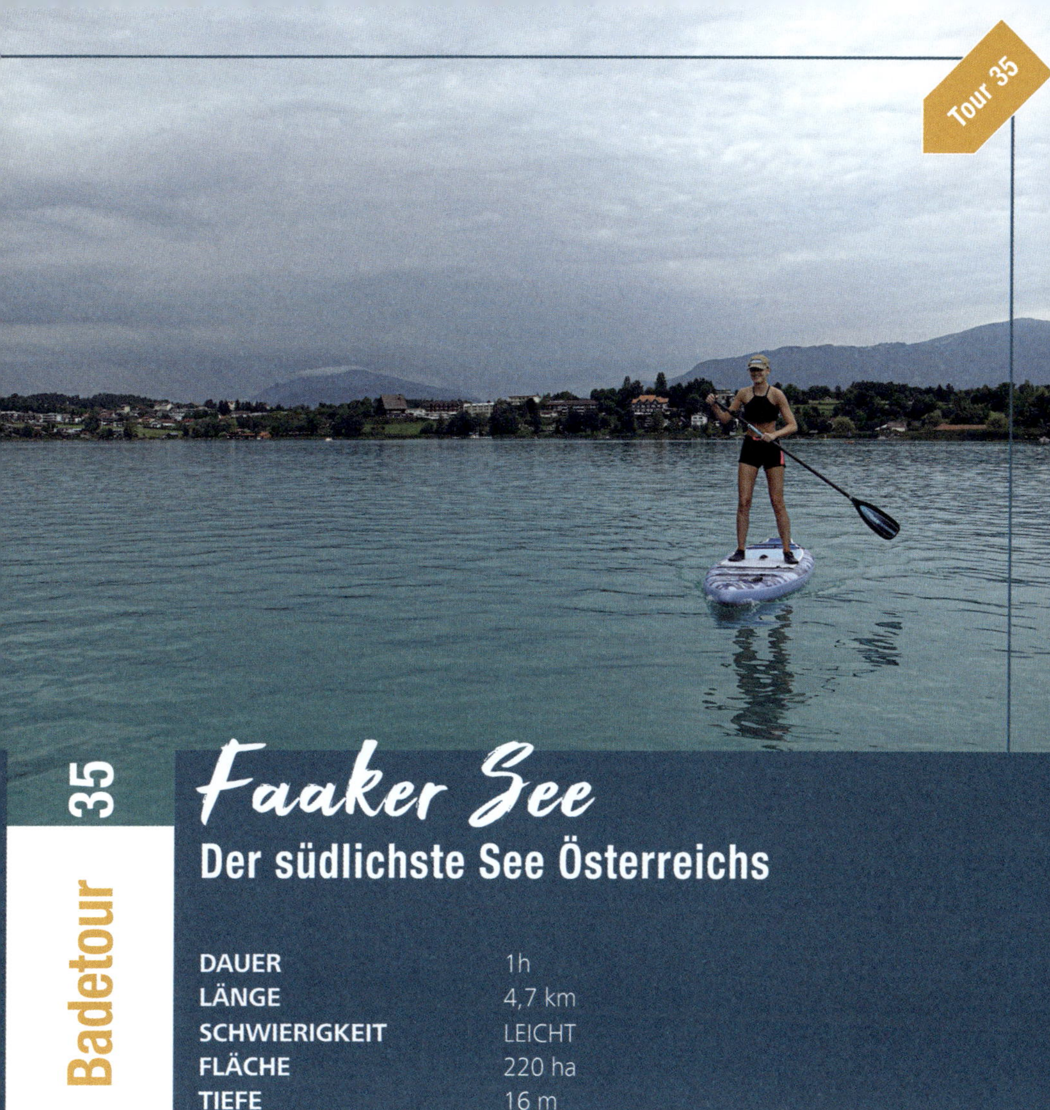

35 Badetour

Faaker See

Der südlichste See Österreichs

DAUER	1h
LÄNGE	4,7 km
SCHWIERIGKEIT	LEICHT
FLÄCHE	220 ha
TIEFE	16 m

Das erwartet dich ...

Am Faaker See erwarten uns neben der entspannenden mediterranen Atmosphäre und dem karibisch türkisem Wasser auch ein gewaltiges Bergpanorama, das durch die Gebirgszüge der Karawanken entstanden ist. Der südlichste See Österreichs ist eine beliebte Urlaubsregion und bietet die perfekten Bedingungen für eine wundervolle Paddeltour mit ganz viel Badespaß.

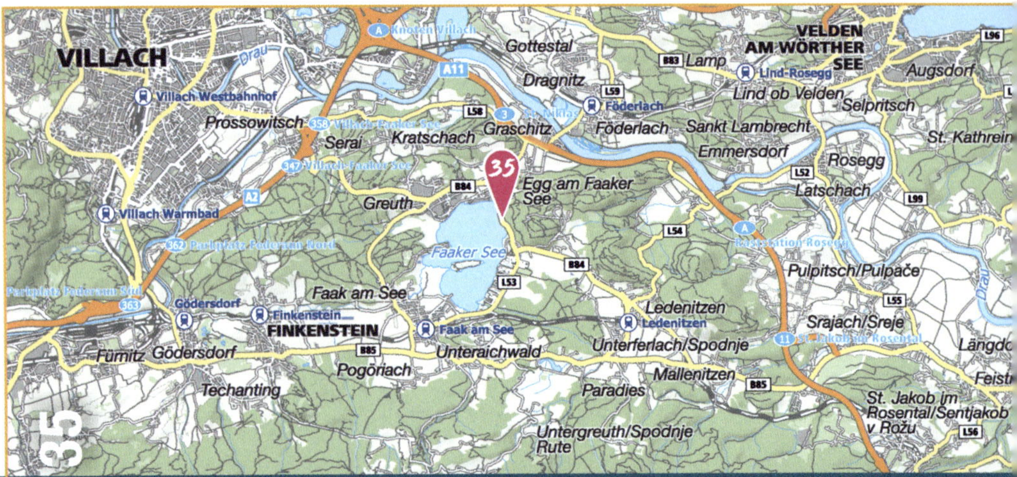

Start & Ziel & Anreise

Über die Faakersee Straße auf die Egger Seeuferstraße, welche entlang des Ostufers verläuft, bis zum Strandbad Egg. Wie auch bei anderen Seen stehen beim Strandbad kostenfreie Parkplätze zur Verfügung, der Seezugang ist jedoch gebührenpflichtig. Der Sommertarif für eine Erwachsenen-Tageskarte beträgt 3,30 Euro. Per Regionalbuslinie 5194 / 9525 bis zur Bushaltestelle Neuegg/Faaker See-Seeuferstraße kommt man direkt zum Strandbad.

Tourenbeschreibung

Wir starten unsere Tour im Strandbad Egg, ein kleines, aber feines Strandbad am Ostufer des Sees, das mit Toiletten, Kiosk und einem SUP-Verleih nebenan alles bietet, was wir brauchen.

Von dort aus starten wir unsere Tour und paddeln Richtung Westen quer über den See, bis wir bei der kleinen Halbinsel gegenüber der Faaker-See-Insel angekommen sind. Wir paddeln ihr entlang, bis wir auf der rechten Seite eine kleine Öffnung im Schilf entdecken – eines unserer beiden Highlights.

Vor uns befindet sich die Einfahrt zum Faaker Schilfmäander, die „Everglades" von Kärnten. Ein dichter Schilfgürtel umgibt die circa 1,5 Kilometer lange, schmale Wasserstraße, die wir mit dem SUP-Board erkunden können. Wenn man nicht zufällig auf einen anderen Paddler trifft, kann man den besonderen Ort ganz für sich alleine genießen.

Nachdem wir den Schilfmäander wieder verlassen haben paddeln wir nach rechts zur Faaker-See-Insel und biegen vor ihr rechts in die Engstelle ein. Dem Südufer der Insel entlang kommen wir am Inselhotel Faakersee vorbei, wo man eine Pause machen und sich mit feinsten Speisen kulinarisch verwöhnen lassen kann.

Danach paddeln wir einfach das Ufer wieder entlang und quer Richtung Nordosten über den See, bis wir wieder beim Strandbad Egg angekommen sind. Wer möchte kann seine Tour natürlich noch beliebig verlängern und die Südhälfte des Sees auskundschaften, allzu große Hoffnungen auf Uferplätze sollte man sich allerdings am Faaker See nicht machen. Der See ist dank seines genial türkisem Wasser, das auf den weißen Kalkschlamm, der von den nahe gelegenen Karawanken in den See geschwemmt wird zurückgeht, und der angenehmen Wassertemperatur ein beliebter Ort für Ferienwohnsitze und es ist immer viel los. Ob Motorboot, Kajak oder Segelboot, alleine ist man nicht.

Der Faaker See ist ein beliebter Ort für Ferienwohnsitze

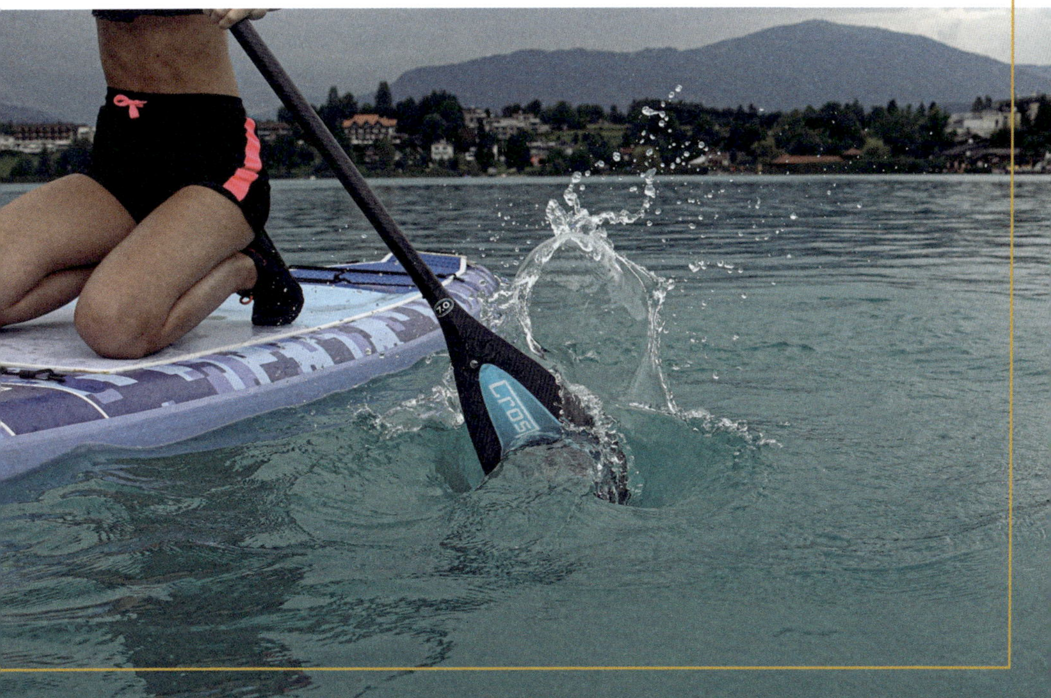

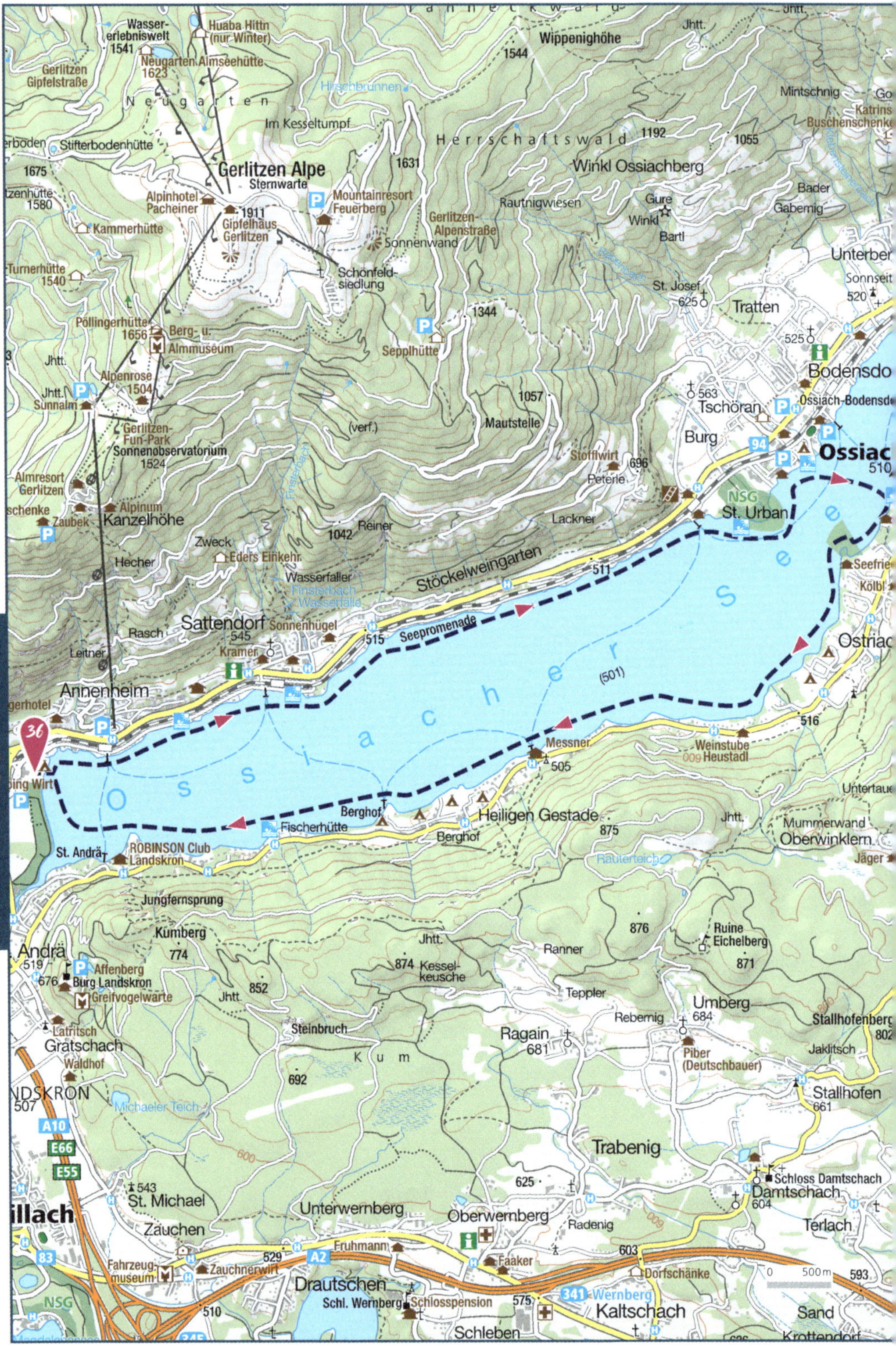

Wasser-erlebniswelt 1541
Huaba Hittn (nur Winter)
Neugarten Almseehütte 1623
Gerlitzen Gipfelstraße
Neugarten
Hirschbrunnen
Im Kesseltumpf
Stifterbodenhütte
1675
1580
Gerlitzen Alpe
Sternwarte
Alpinhotel Pacheiner
1911
Gipfelhaus Gerlitzen
Mountainresort Feuerberg
Kammerhütte
Turnerhütte 1540
Sonnenwand
Schönfeld-siedlung
Pöllingerhütte 1656
Berg- u. Almmuseum
Alpenrose 1504
Sunnalm
Jhtt.
Gerlitzen-Fun-Park
Sonnenobservatorium 1524
Almresort Gerlitzen
Alpinum
Zaubek
Kanzelhöhe
Hecher
Zweck
Eders Einkehr
Wasserfaller
Finsterbach Wasserfälle
Finsterbach
Rasch
Leitner
Sattendorf 545
Sonnenhügel
Kramer
Annenheim
36
Wirt
1631
Herrschaftswald
1544
Wippenighöhe
Jhtt.
1192
1055
Mintschnig
Katrins Buschenschenke
Winkl Ossiachberg
Rautnigwiesen
Gerlitzen-Alpenstraße
Gure
Winkl
Bartl
Bader
Gabernig
Unterberg
Sonnseit 520
St. Josef 625
Tratten
1344
Sepplhütte
1057
Mautstelle
(verf.)
525
Bodensdorf
563
Tschöran
Ossiach-Bodensdorf
Burg
94
Ossiach
510
Stoffiwirt
696
Peterle
NSG
St. Urban
Lackner
1042
Reiner
Stöckelweingarten
511
Seepromenade
515
Ossiacher See
(501)
Seefried
Kölbl
Ostriach
516
Messner
505
Weinstube Heustadl
Untertauern
Berghof
Heiligen Gestade
Berghof
Fischerhütte
875
Jhtt.
Mummerwand
Oberwinklern
Jäger
St. Andrä
ROBINSON Club Landskron
Rauterteich
Jungfernsprung
Kumberg 774
Andrä 519
676
Affenberg
Burg Landskron
Greifvogelwarte
852
Jhtt.
874
Kessel-keusche
Jhtt.
Ranner
876
Ruine Eichelberg 871
Teppler
Latritsch
Gratschach
Waldhof
Steinbruch
Kum
Ragain 681
Rebernig
Umberg 684
Piber (Deutschbauer)
Stallhofenberg 802
Jaklitsch
692
Stallhofen 661
Landskron 507
Michaeler Teich
A10
E66
E55
600
543
St. Michael
Villach
Zauchen
Trabenig
625
Schloss Damtschach
Damtschach 604
Terlach
Unterwernberg
Oberwernberg
Radenig
Fruhmann
529
A2
Faaker
603
Dorfschänke
0 500 m
593
83
Fahrzeug-museum
Zauchnerwirt
Drautschen
Schl. Wernberg
Schlosspension
575
341 Wernberg
Kaltschach
Sand
510
NSG
Schleben
Krottendorf

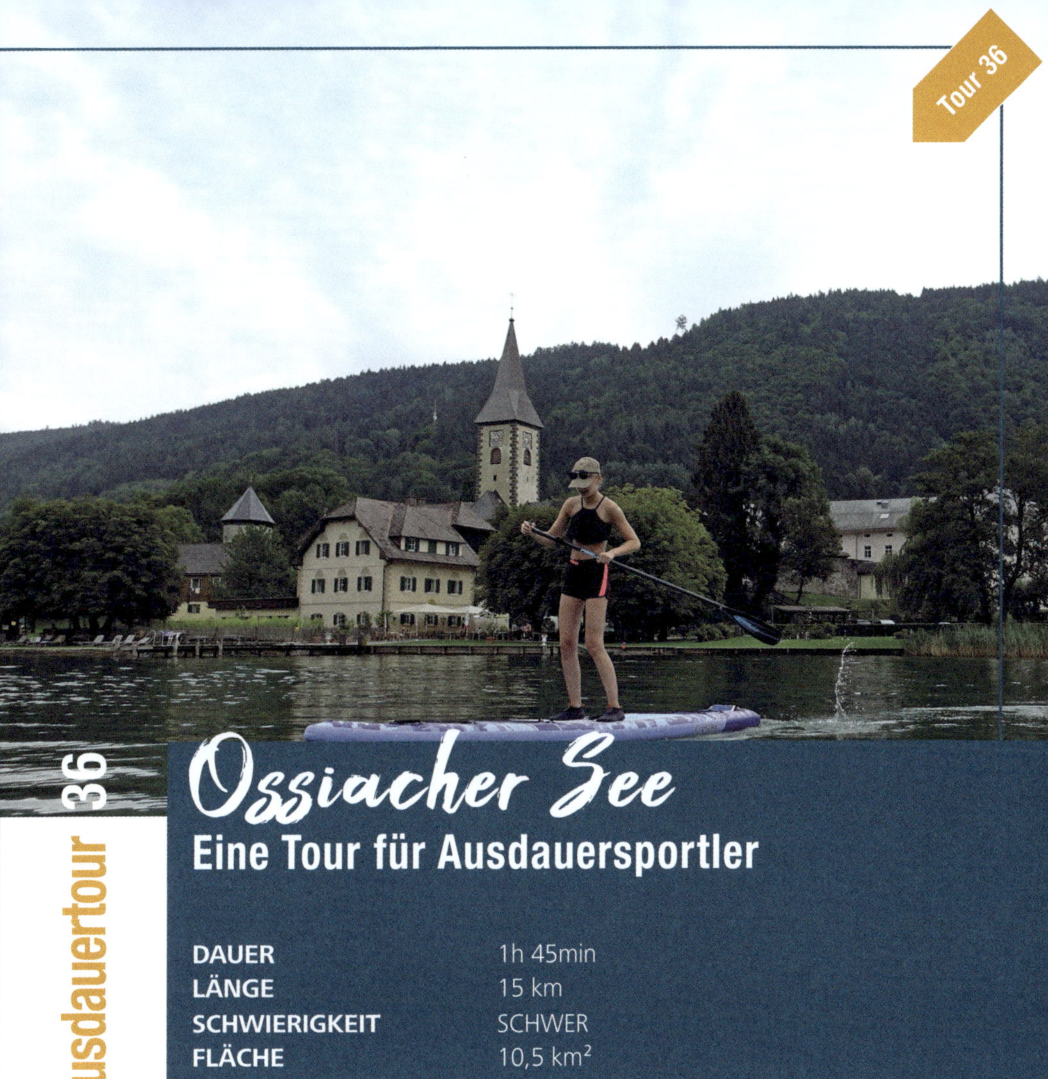

Ausdauertour 36

Ossiacher See

Eine Tour für Ausdauersportler

DAUER	1h 45min
LÄNGE	15 km
SCHWIERIGKEIT	SCHWER
FLÄCHE	10,5 km²
TIEFE	20 m

Das erwartet dich ...

Der Ossiacher See ist der drittgrößte See Kärntens und eine beliebte Urlaubsregion für eine Vielzahl von Besuchern. Umgeben von den bewaldeten Steilabfällen der Gerlitzen im Norden und den westlichen Ausläufern der Ossiacher Tauern im Süden bietet der Ossiacher See neben der guten Wasserqualität ein wunderschönes Panorama. Die Tatsache, dass der Ossiacher See zu den wärmsten Seen Kärntens zählt, macht das Paddeln dort noch angenehmer.

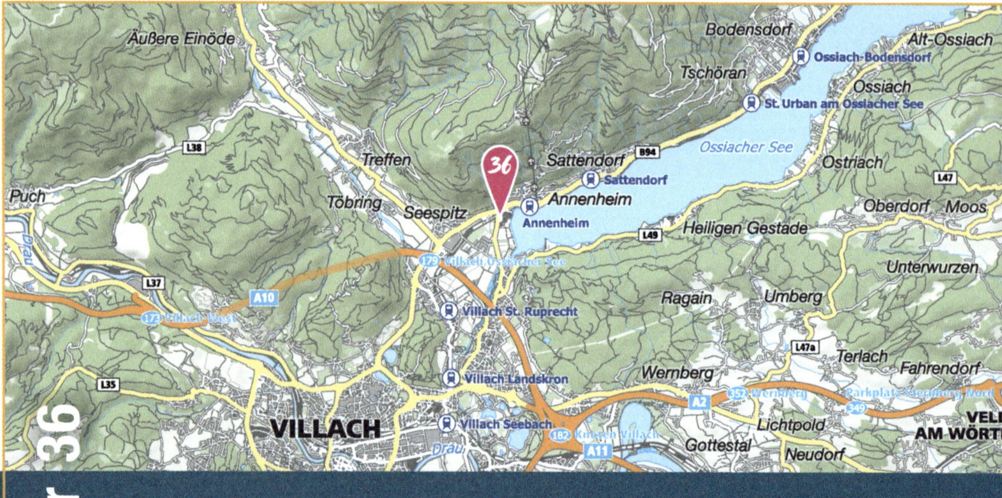

Ausdauertour 36

Start & Ziel & Anreise

Von der A10 bei der Ausfahrt Villach/Ossiacher See abfahren, auf die Ossiacher See Straße und entlang des Nordufers. Dann auf die Sankt Andräer Straße fahren, diese führt direkt zum Startpunkt. Kostenfreie Parkplätze stehen beim Strandbad/Campingbad Ossiacher See – Gfrerer's Campingwirt zur Verfügung. Wie bei vielen anderen Seen ist der Seezugang jedoch gebührenpflichtig. Ein Tagesticket für Erwachsene kostet 9,60 Euro. Das Netz der öffentlichen Verkehrsmittel ist sehr gut ausgebaut, man erreicht durch dieses den ganzen See.

Tourenbeschreibung

Die Tour um den drittgrößten See Kärntens beginnen wir beim Strandbad/Campingbad Ossiacher See am Westende des Sees. Aufgrund mangelnder öffentlicher Einstiegsstellen ist die Nutzung eines Strandbades am Ossiacher See die beste Lösung, um Zugang zum See zu bekommen. Zusätzlich bietet uns das Strandbad WC-Anlagen, ein Restaurant und vieles mehr.

Von dort aus paddeln wir zuerst entlang des Nordufers bis auf Höhe des Café Pavillon am See in Bodensdorf, wo wir ein kleines Pavillon mit Tischen im Außenbereich und einen wunderschönen, bunt bepflanzten Garten bestaunen können, der einen geradezu nahtlosen Übergang zwischen Wiesen und Wasser bildet. Vorbei an den Blumen gelangen wir nach kurzer Zeit zum Südufer. Dabei passen wir wie so oft auf vorbeifahrende Linienschiffe auf, gegenüber denen wir immer Nachrang haben. Am Südufer angekommen befinden wir uns dann vor dem namensgebenden Ort Ossiach, welcher am Fuße seines Hausbergs, dem Gerlitzen, liegt und eine beliebte touristische Ortschaft mit schöner Architektur und kulturellen Highlights ist. Darunter liegt das historische Zentrum mit dem Stift Ossiach aus dem 11. Jahrhundert, das einst ein Benediktinerkloster war und heute ein Kulturzentrum sowie ein spiritueller Ort der Stille ist.

Vorbei an Ossiach paddeln wir entlang des Südufers wieder in Richtung Südwest, vorbei an Wohngegenden, Hotels, Restaurants und Wiesen. Beim Südwestufer angekommen erkennen wir den relativ breiten Seezufluss, der sich Seebach nennt. Wer genau hinschaut kann sogar einen Teil des Schlosses Leopoldskron von diesem Ende des Sees aus in der Ferne am Hügel erblicken. Vom Südwesten des Sees ist es nur mehr ein Katzensprung zurück zum Ausgangspunkt, der im Nordwesten des Sees liegt.

Sollte man danach noch die Lust verspüren ins Wasser zu springen um sich zu erfrischen, so kann man das auf jeden Fall machen. Mit seinem klaren und maximal 26 °C warmen Wasser eignet sich der Ossiacher See nicht nur ideal zum Stand-Up-Paddeln, sondern auch zum Schwimmen.

Entspanntes Paddeln auf dem Ossiacher See

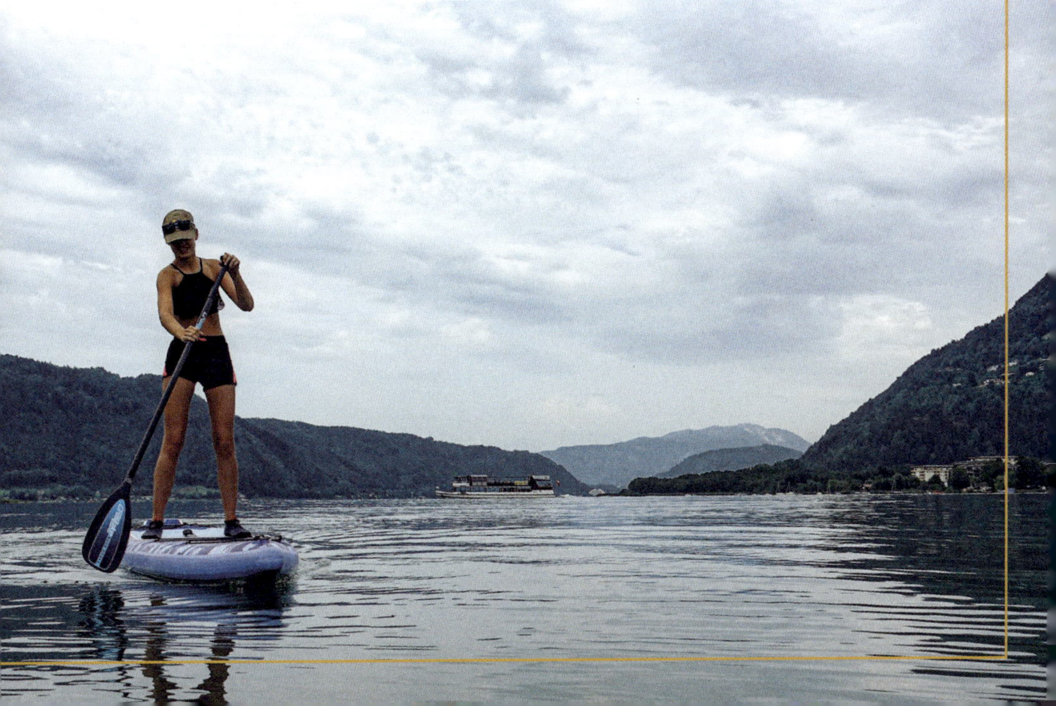

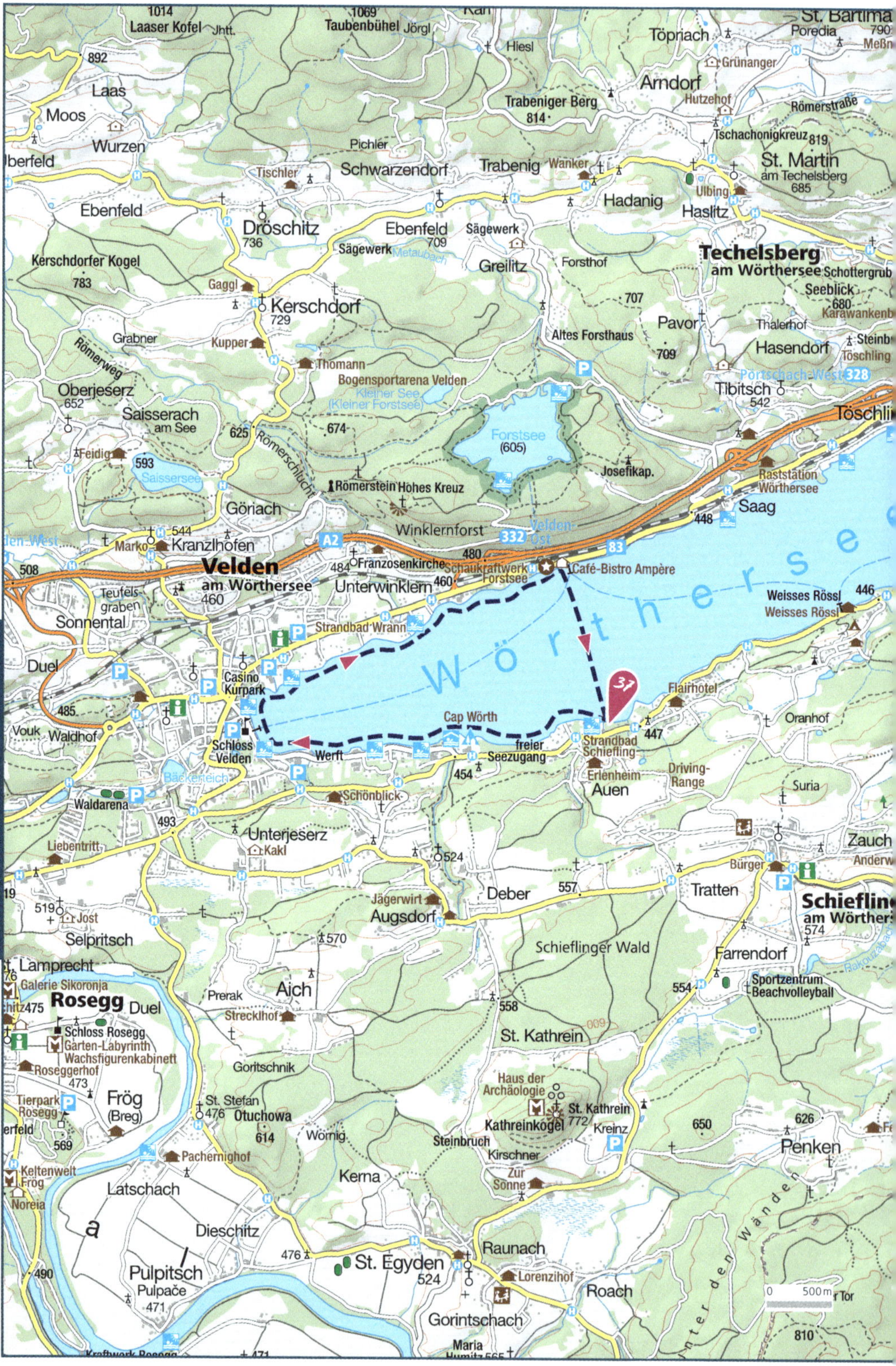

37

1014
Laaser Kofel
Jhtt.
1069
Taubenbühel
Jörgl
Kari
Hiesl
Töpriach
St. Bartlmä
Poredia
790
Meßn
892
Laas
Moos
Wurzen
Arndorf
Grünanger
Hutzehof
Trabeniger Berg
814
Römerstraße
Tschachonigkreuz 819
lberfeld
Pichler
Tischler
Schwarzendorf
Trabenig
Wanker
St. Martin
am Techelsberg
685
Ebenfeld
Dröschitz
736
Ebenfeld
709
Sägewerk
Sägewerk
Metaubach
Hadanig
Haslitz
Ulbing
Kerschdorfer Kogel
783
Gaggl
Kerschdorf
729
Greilitz
Forsthof
Techelsberg
am Wörthersee
Schottergrub
Seeblick
680
Karawankenb
Grabner
Kupper
Thomann
Altes Forsthaus
707
Pavor
709
Thalerhof
Hasendorf
Steinb
Töschling
Römerweg
Oberjeserz
652
Bogensportarena Velden
Kleiner See
(Kleiner Forstsee)
Pörtschach-West
328
Tibitsch
542
Saisserach
am See
625
.674
Forstsee
(605)
Töschli
Feidig
593
Saissersee
Römerschlucht
Josefikap.
Raststation
Wörthersee
Römerstein
Hohes Kreuz
Saag
Göriach
Winklernforst
Velden-Ost
448
544
Marko
Kranzlhofen
den-West
A2
332
83
480
508
Velden
am Wörthersee
460
484
Franzosenkirche
Schaukraftwerk
Forstsee
Café-Bistro Ampère
Unterwinklern
460
Teufelsgraben
Weisses Rössl
Weisses Rössl
446
Sonnental
Strandbad Wrann
Wörthersee
Duel
Casino
Kurpark
3.1
Flairhotel
485
Vouk
Waldhof
Schloss Velden
Werft
Cap Wörth
freier Seezugang
Strandbad Schiefling
447
Oranhof
454
Erlenheim
Auen
Driving-Range
Bäckerteich
Schönblick
Suria
Waldarena
493
Unterjeserz
Kakl
524
Zauch
Anderw
Liebentritt
19
Bürger
Tratten
Deber
557
Schiefling
am Wörthersee
574
519
Jost
Jägerwirt
Augsdorf
Selpritsch
570
Schieflinger Wald
Farrendorf
St. Lamprecht
76
Galerie Sikoronja
Rosegg
Duel
475
Prerak
Aich
558
554
Sportzentrum
Beachvolleyball
Rakouzabach
Schloss Rosegg
Garten-Labyrinth
Wachsfigurenkabinett
Streckhof
St. Kathrein
009
Roseggerhof
473
Goritschnik
Tierpark Rosegg
Frög
(Breg)
St. Stefan
476
Otuchowa
614
Haus der Archäologie
St. Kathrein
Kathreinkogel
772
569
erfeld
Wornig
Steinbruch
Kreinz
650
626
Penken
Pachernighof
Kirschner
Keltenwelt Frög
Noreia
Latschach
Kerna
Zur Sonne
Unter den Wänden
Dieschitz
a
l
476
St. Egyden
524
Raunach
490
Pulpitsch
Pulpače
471
Lorenzihof
Roach
0
500 m
Tor
Gorintschach
810
Kraftwerk Rosegg
471
Maria Humitz 565

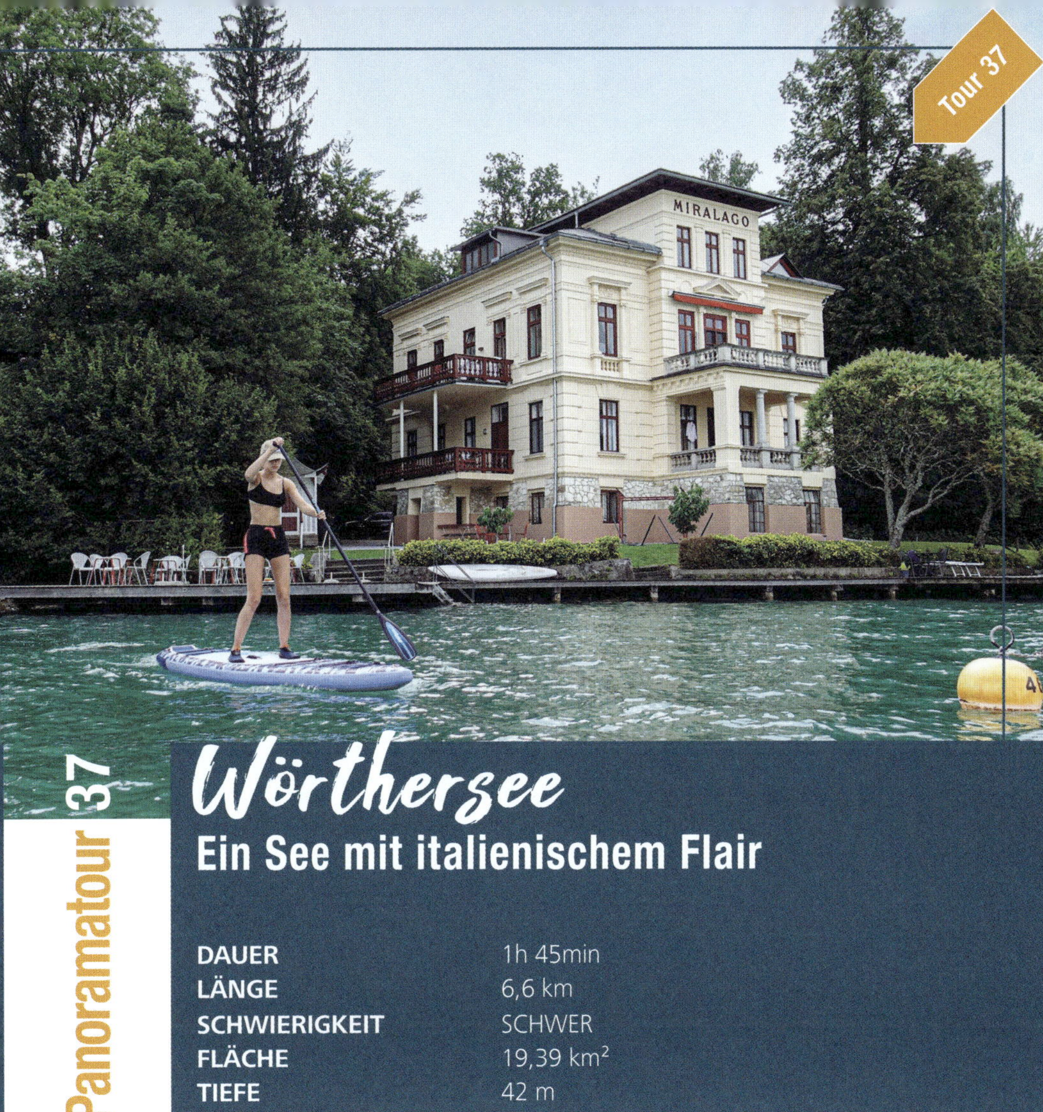

Wörthersee

Ein See mit italienischem Flair

DAUER	1h 45min
LÄNGE	6,6 km
SCHWIERIGKEIT	SCHWER
FLÄCHE	19,39 km^2
TIEFE	42 m

Das erwartet dich ...

Nahe der Grenze zu Italien und Slowenien im südlichsten Teil von Kärnten liegt der Wörthersee. Er ist der größte Badesee Kärntens und ein beliebtes Erholungsgebiet nahe an der wunderschönen Stadt Klagenfurt am Wörthersee. Nicht nur seine im Sommer meist angenehme Badetemperatur, sondern auch seine vielfältigen, malerischen Wasserfarben machen den See zu einem großartigen Paddelerlebnis.

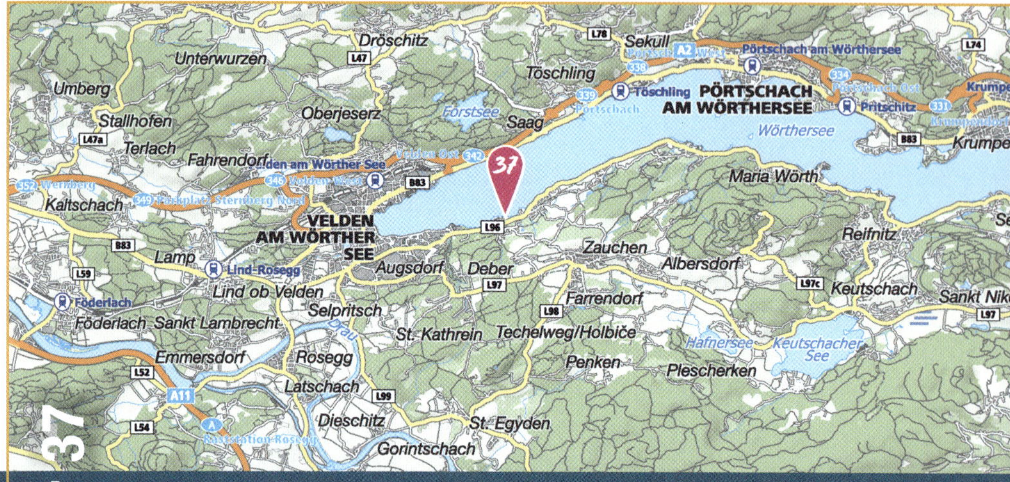

Panoramatour 37

Start & Ziel & Anreise

Man erreicht den Wörthersee über die Villacher Straße/Klagenfurter Straße, welche entlang des Nordufers verläuft. Parkplätze stehen beim Strandbad gratis zur Verfügung. Der Eintritt ins Strandbad, welches als Seezugang genützt wird, beträgt 4,60 Euro für Erwachsene. Mit der Linie 5310 erreicht man die Bushaltestelle Auen/Wörther See-Ort, sollte man öffentliche Verkehrsmittel bevorzugen.

Tourenbeschreibung

Als Einstiegsstelle nützen wir das Strandbad Schiefling im Südwesten des Sees. Öffentliche, kostenfreie Einstiegsstellen sind am Wörthersee leider Mangelware. Beim Strandbad Schiefling kann man mit den eigenen Boards aufs Wasser oder sich auch vor Ort eines ausleihen. Über den Steg geht's aufs Wasser, von wo aus wir circa zweieinhalb Kilometer Richtung Westen paddeln, vorbei an Hotels, Parks und Privatparzellen. Am Wörthersee können die Bedingungen schnell einmal wechseln, die Tour eignet sich also am besten für all jene Paddler, die schon eine bestimmte Sicherheit am Board mitbringen und die nötige Kraft besitzen, auch einmal gegen starken Wind und Wellengang anzupaddeln.

Es geht immer weiter Richtung Westen, bis wir am Ende des Sees ankommen. Von dort aus haben wir einen tollen Blick auf die wunderschöne Stadt Velden am Wörthersee, wo wir ein richtig mediterranes Urlaubsfeeling bekommen. An den Ufern stehen stolz die alten Ferienhäuser, in denen bereits in der Antike die Adeligen ihre Sommermonate genossen. Viele dieser ästhetischen Gebäude sind auch heute noch beliebte Hotels und Ferienwohnsitze.

Wir paddeln zurück vorbei an zahlreichen Hotels, Wohnungen und Restaurants und nach circa zweieinhalb Kilometern queren wir den See auf Höhe des Ausgangspunkts wieder vorsichtig, dabei achten wir auf Schiffe und Wellengang, bis wir wieder zu unserem Startpunkt kommen.

Die Kombination aus nahezu mediterranem Klima und der einzigartigen Wasserfarbe des Wörthersees zeichnet ein malerisches Bild. Die Farbpalette, die von hellen Grüntönen bis hin zu karibischem Türkis alles beinhaltet, entsteht durch die Beschaffenheit der Flora und Fauna, der Tiefe und dem außergewöhnlich hohem Kalkgehalt im Wasser, dessen Kristalle im Wasser reflektiert werden, wodurch die wunderschöne Wasserfarbe entsteht. Da kann man der Versuchung, sich nach der anstrengenden Tour mit einem erfrischenden Sprung ins Wasser zu belohnen und damit die Tour perfekt zu beenden, nicht widerstehen.

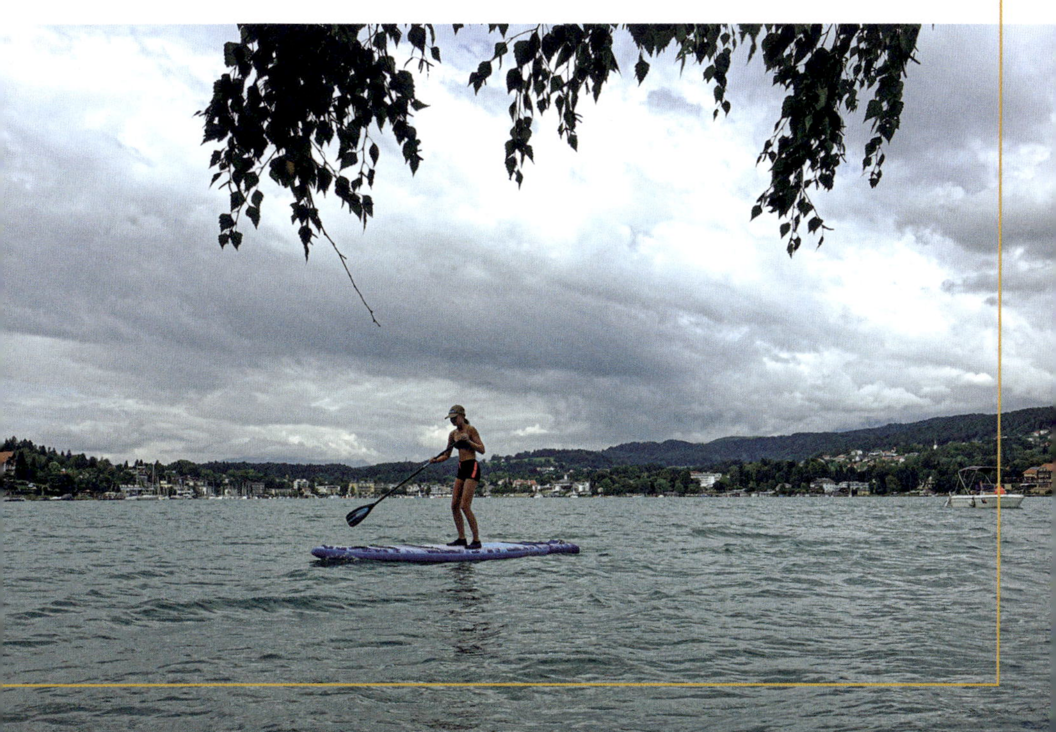

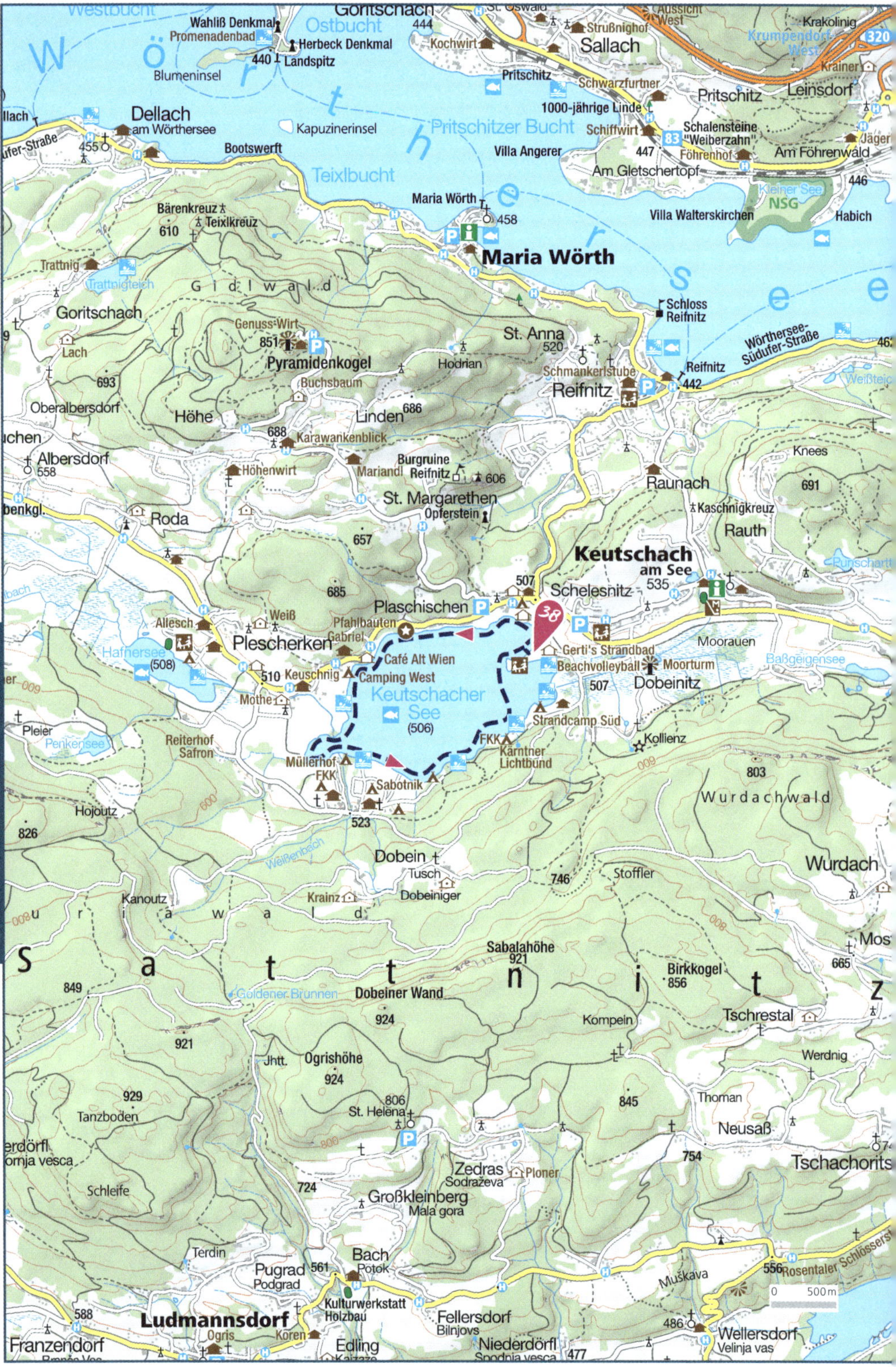

38

Wörthersee
Westbucht
Goritschach
Ostbucht
Wahliß Denkmal
Promenadenbad
Herbeck Denkmal
440 Landspitz
Blumeninsel
Kapuzinerinsel
Dellach am Wörthersee
Südufer-Straße
455
Bootswerft
Teixlbucht
Pritschitzer Bucht
444
St. Oswald
Kochwirt
Strußnighof
Sallach
Aussicht West
Krakolinig
Krumpendorf West
320
Krainer
Pritschitz
Schwarzfurtner
Pritschitz
Leinsdorf
1000-jährige Linde
Schiffwirt
83
Schalensteine "Weiberzahn"
Jäger
Villa Angerer
447
Föhrenhof
Am Föhrenwald
Am Gletschertopf
Kleiner See
NSG
446
Maria Wörth
458
Villa Walterskirchen
Habich
Maria Wörth
Bärenkreuz
610
Teixlkreuz
Trattnig
Trattnigteich
Gidlwald
Schloss Reifnitz
Goritschach
Genuss-Wirt
851
Pyramidenkogel
St. Anna
520
Hodrian
Wörthersee-Südufer-Straße
Lach
693
Buchsbaum
Schmankerlstube
Reifnitz
442
Reifnitz
Weißteich
Oberalbersdorf
Höhe
Linden
686
688
Karawankenblick
Albersdorf
558
Höhenwirt
Mariandl
Burgruine Reifnitz
606
Knees
Raunach
691
St. Margarethen
Opferstein
Kaschnigkreuz
Roda
Rauth
657
Keutschach am See
535
Schelesnitz
507
685
Plaschischen
Pfahlbauten
Weiß
Gabriel
Allesch
Plescherken
Hafnersee
(508)
Café Alt Wien
Camping West
Keutschnig
510
Keutschacher See
(506)
38
Gerti's Strandbad
Beachvolleyball
Moorauen
Moorturm
Baßgeigensee
Dobeinitz
507
Mothe
Strandcamp Süd
Pleier
Penkensee
Reiterhof Safron
Kollienz
FKK
Kärntner Lichtbund
Müllerhof
FKK
Sabotnik
803
Wurdachwald
Hojoutz
523
826
Weißenbach
Dobein
Tusch
746
Stoffler
Wurdach
Dobeiniger
Krainz
Kanoutz
Sattnitz
Sabalahöhe
921
665
849
Goldener Brunnen
Dobeiner Wand
Birkkogel
856
924
Tschrestal
921
Kompein
Ogrishöhe
Jhtt.
924
Werdnig
929
806
St. Helena
845
Thoman
Tanzboden
Neusaß
Dörfl
Dornja vesca
754
Tschachoritsch
Zedras
Sodraževa
Ploner
Schleife
724
Großkleinberg
Mala gora
Terdin
Bach
Potok
Pugrad
Podgrad
561
556
Rosentaler Schlösserstraße
Muškava
588
Kulturwerkstatt Holzbau
Fellersdorf
Bilnjovs
Ludmannsdorf
Ogris
Koren
486
Wellersdorf
Velinja vas
Franzendorf
Edling
Niederdörfl
Spodnja vesca
477
0 500 m

38 Badetour

Keutschacher See

Eine gemütliche Tour für Paddelneulinge

DAUER	45min
LÄNGE	4,5 km
SCHWIERIGKEIT	LEICHT
FLÄCHE	133 ha
TIEFE	10 m

Das erwartet dich ...

Südlich des Wörthersees mitten im Keutschacher Seental liegt der sechstgrößte Badesee Kärntens. Der Keutschacher See zeichnet sich durch eine großartige Vielfalt an Pflanzen und ein nahezu einzigartiges Ökosystem aus. Im Norden des Sees sieht man den Hügelzug des Pyramidenkogels, im Süden die Hänge der Sattnitz. Mit einer angenehmen Wassertemperatur und einer wunderschönen Landschaft eignet sich der Keutschacher See perfekt für eine gemütliche Tour mit dem Board.

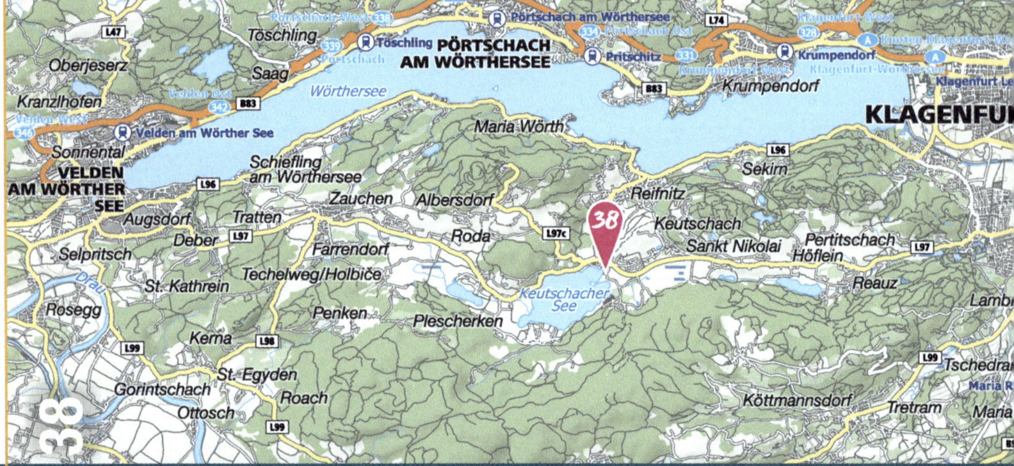

Badetour 38

Start & Ziel & Anreise

Von der Keutschacher Straße auf die Plescherken Straße abfahren, diese führt direkt zum Strandbad. Parkplätze stehen gebührenfrei beim Strandbad zur Verfügung, bei Gerti's Strandbad kostet das Tagesticket für Erwachsene 4,70 Euro. Wer öffentliche Verkehrsmittel bevorzugt, fährt mit einer der Lienen 5310, 5314 oder 5316 bis zur Bushaltestelle Keutschacher See/Gh. Brückler.

Tourenbeschreibung

Wir beginnen unsere Tour in Gerti's Strandbad im Osten des Sees, das eine absolut familienfreundliche Ausstattung bietet und mit gepflegten Liegewiesen und einem SUP-Verleih der ideale Startpunkt für unsere Tour ist.

Von dort aus paddeln wir Richtung Norden und dann Richtung Westen. Das Nordufer des Keutschacher Sees ist übersät mit kleinen Privatparzellen und eignet sich eher nicht so gut für ein Päuschen. Das brauchen wir aber gar nicht, also machen wir uns weiter auf den Weg, bis wir nach einer halben Stunde am Südwestende des Sees zur kleinen Bucht kommen, in der der FKK- Campingplatz Müllerhof Keutschach liegt. Der Süden des Sees ist aufgrund seiner FKK-Strände ein beliebter Treffpunkt für Fans der Freikörperkultur.

Wer in die Mitte des Sees paddeln möchte, um einen Kopfsprung ins durchschnittlich 25 °C warme Wasser zu wagen, sollte zuerst die Wassertiefe unter sich checken, denn mitten im See liegt eine Untiefe, an deren Stelle das Wasser nur 1,60 Meter tief ist. Dort befand sich vor rund 6.000 Jahren eine Pfahlbausiedlung, die heute zum UNESCO-Weltkulturerbe Prähistorische Pfahlbauten um die Alpen gehört.

Ein weiteres absolutes Highlight unserer Tour um den Keutschacher See, der übrigens mit Ausnahme vom Nordufer im Landschaftsschutzgebiet Keutschacher Seental liegt, sind die Seerosenfelder, die sich an manchen Stellen des Ufers befinden. Aber so schön wie sie auch sind, Seerosen stehen unter strengstem Naturschutz und sind für uns als Paddler absolute Tabuzonen! Das gleiche gilt für die Moorzonen rund um den See, an denen wir erkennen können, dass der Keutschacher See früher deutlich größer war. Also Abstand halten und Respekt vor der Natur haben.

Die letzte Etappe unserer Tour führt uns auf Höhe des halbinselartigen Strandbads wieder Richtung Osten zu Gerti's Strandbad, wo wir nach einer knappen Stunde unsere idyllische Tour rund um den Keutschacher See beenden.

Seerosenfelder sind schön anzuschauen,
aber eine absolute Tabuzone für Stand-Up-Paddler!

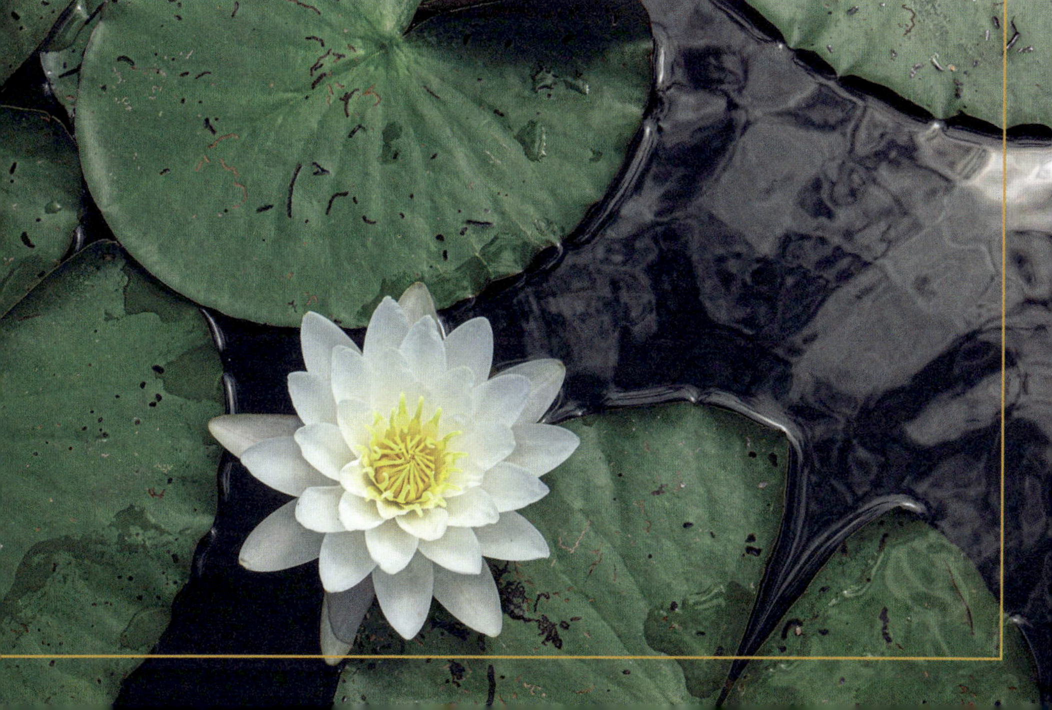

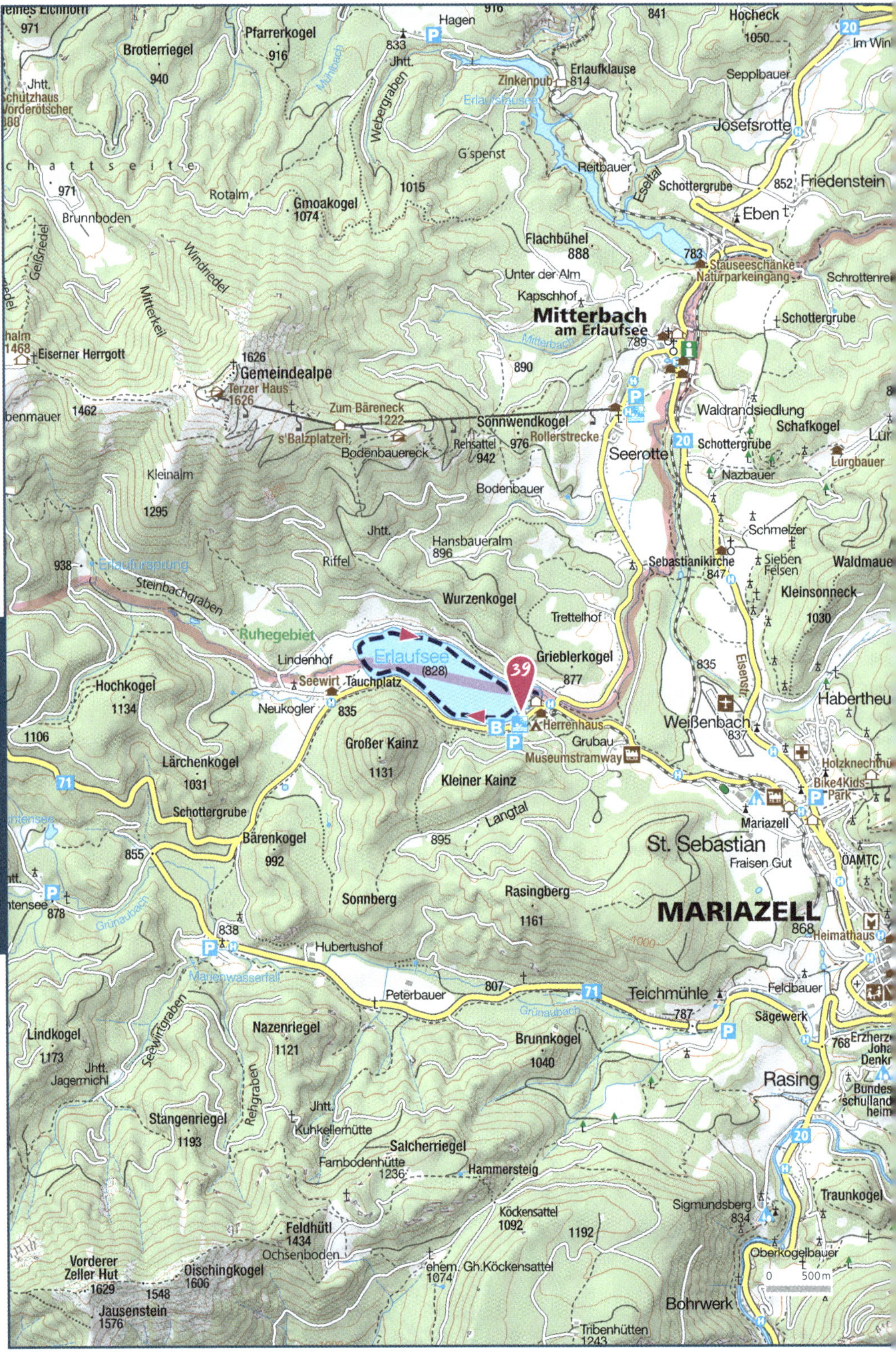

Hagen
916
841
Hocheck
1050
20
Im Win
971
Pfarrerkogel
916
833
Brotlerriegel
940
Jhtt.
Mühlbach
Erlaufklause
814
Zinkenpub
Jhtt.
Schutzhaus Vorderötscher
Sepplbauer
Webergraben
Erlaufstausee
Josefsrotte
G'spenst
s c h a t t s e i t e
1015
Reitbauer
Eselstal
Schottergrube
852
Friedenstein
971
Rotalm
Gmoakogel
1074
Brunnboden
Eben
Geißriedel
Flachbühel
888
783
Stauseeschänke
Naturparkeingang
Schrottenrei
Windriedel
Unter der Alm
Kapschhof
Mitterkeil
Mitterbach
am Erlaufsee
789
Schottergrube
Mitterbach
Eiserner Herrgott
1626
Gemeindealpe
890
Terzer Haus
1626
Zum Bäreneck
1222
Waldrandsiedlung
Schafkogel
1462
Sonnwendkogel
Rollerstrecke
s'Balzplatzerl
Rehsattel
976
Seerotte
20
Schottergrube
Lurgbauer
Bodenbauereck
942
Nazbauer
Kleinalm
1295
Bodenbauer
Schmelzer
Jhtt.
Hansbaueralm
896
Sebastianikirche
847
Sieben Felsen
Waldmauer
938
Erlaufursprung
Riffel
Steinbachgraben
Wurzenkogel
Kleinsonneck
1030
Trettelhof
Ruhegebiet
Lindenhof
Erlaufsee
(828)
39
Grieblerkogel
877
835
Eisenstr.
Habertheu
Hochkogel
1134
Seewirt
Tauchplatz
Neukogler
835
Herrenhaus
Weißenbach
837
1106
Großer Kainz
1131
Grubau
Museumstramway
Holzknechtmu
71
Lärchenkogel
1031
Kleiner Kainz
Bike4Kids-Park
Mariazell
Schottergrube
Langtal
Bärenkogel
992
895
St. Sebastian
Fraisen Gut
ÖAMTC
855
Rasingberg
1161
Sonnberg
MARIAZELL
878
Grünaubach
838
868
Heimathaus
Hubertushof
1000
Marienwasserfall
807
71
Teichmühle
Feldbauer
Peterbauer
787
Grünaubach
Sägewerk
Seewirtgraben
Nazenriegel
1121
Brunnkogel
1040
768
Erzherzog Johann Denkmal
Lindkogel
1173
Jhtt.
Jagermichl
Rehgraben
Rasing
Bundesschullandheim
Stangenriegel
1193
Jhtt.
Kuhkellerhütte
20
Salcherriegel
Farnbodenhütte
1236
Hammersteig
Traunkogel
Sigmundsberg
834
Köckensattel
1092
1192
Feldhütl
1434
Oberkogelbauer
Ochsenboden
Vorderer Zeller Hut
1629
Ötschingkogel
1606
ehem. Gh.Köckensattel
1074
0
500 m
1548
Jausenstein
1576
Bohrwerk
Tribenhütten
1243

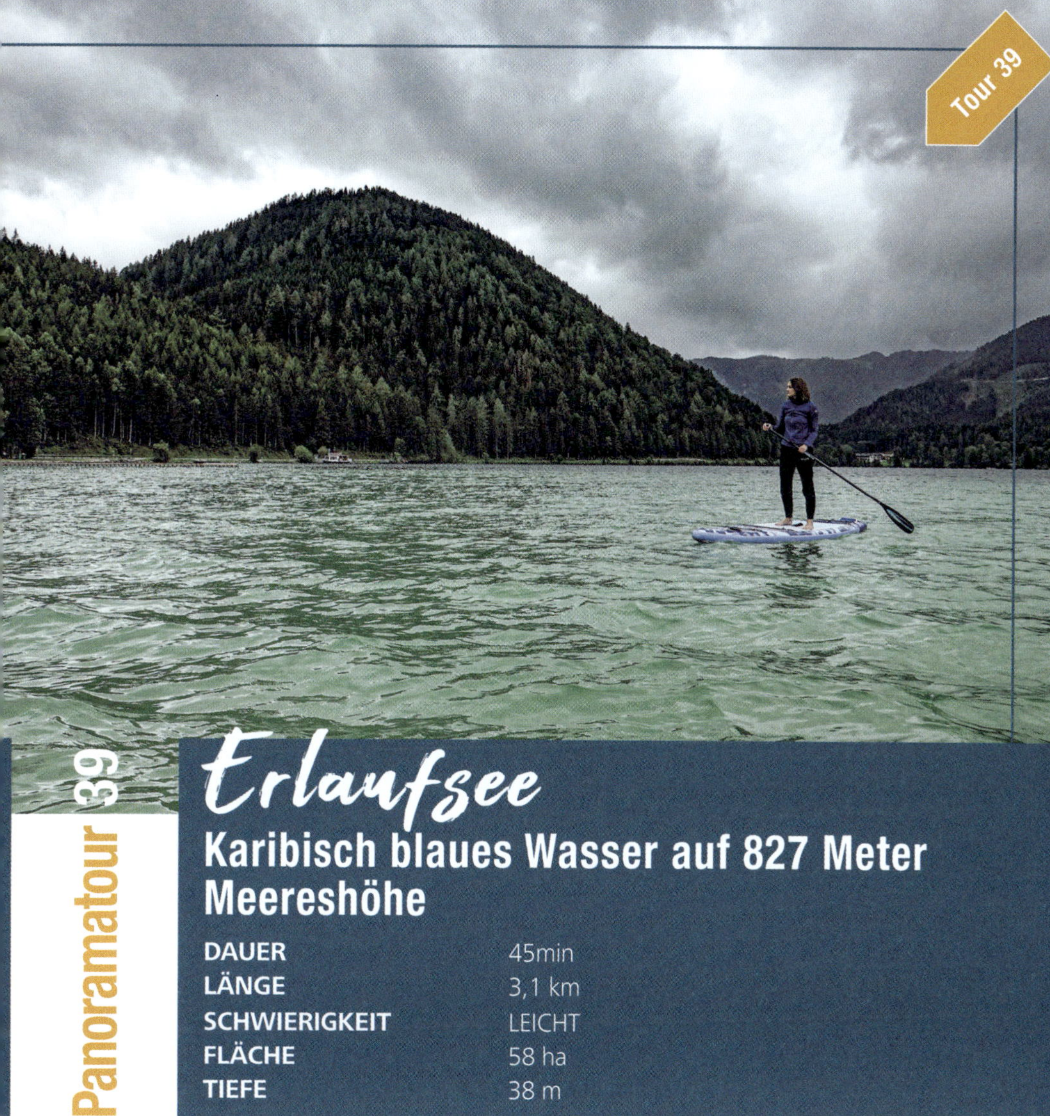

Panoramatour 39

Erlaufsee

Karibisch blaues Wasser auf 827 Meter Meereshöhe

DAUER	45min
LÄNGE	3,1 km
SCHWIERIGKEIT	LEICHT
FLÄCHE	58 ha
TIEFE	38 m

Das erwartet dich ...

Versteckt im Wald am Fuße des Mitterbacher Hausbergs Gemeindealpe auf 827 Meter Meereshöhe finden wir einen See mit beinahe karibisch blauem Wasser. Der Erlaufsee, den sich die Steiermark und Niederösterreich teilen, ist ein verstecktes Naturjuwel, der sich auf jeden Fall für einen Besuch mit dem Stand-Up-Paddelboard lohnt und den wir uns auf keinen Fall entgehen lassen.

Panoramatour 39

Start & Ziel & Anreise

Von der B 71 (Zellerrain Sraße) zur Straße „Am Hechtensee", dann weiter über die Erlaufseestraße zu den öffentlichen, gebührenpflichtigen Parkplätzen, die sich direkt hinter dem am Süden des Sees gelegenen Naturbadestrand befinden. Eine Tagesparkkarte kostet 7,20 Euro. Das Strandbad ist dafür kostenfrei und öffentlich zugänglich und bietet neben gepflegten Liegewiesen und einem Kiesstrand auch Toiletten und Wasserrutschen. Auch erreichbar mit dem Linienbus von Mariazell zum Erlaufsee.

Tourenbeschreibung

Ein unglaublicher Kontrast aus den satten Farben der grünen Mischwälder und dem glitzernden türkisfarbenen Wasser ist das allererste, was uns beim Einstieg in den Erlaufsee auffällt. Das und das durchaus frische Wasser, das auch in den Sommermonaten nur eine Durchschnittstemperatur von circa 17 bis 24 °C erreicht. In seinen Tiefen behält der See aber das ganze Jahr über eine Temperatur von etwa 5 °C bei, was auch der Grund dafür ist, dass wir eine unglaubliche Sichtweite von circa 9 Metern haben und die vielen Fischarten (wie der für den See typische Schwarzreuter) beobachten können, die sich unter unserem Board im Wasser tummeln.

Wir stechen in See und paddeln Richtung Westen am Südufer, das zur Steiermark gehört, entlang, bis wir am Westende des Sees angekommen sind. Es ist ein einmaliges Feeling, am Erlaufsee zu paddeln, denn auch wenn wir von grünen Bergen umgeben sind, die uns ein Gefühl von Geborgenheit geben, wirkt die Landschaft rund um den See weit und die Freiheit grenzenlos. Während wir uns in der zauberhaften Landschaft verlieren und weiter Richtung Norden nach Niederösterreich paddeln, müssen wir unbedingt auf das Linienschiff Christina, das bei schönem Wetter seine Runden über den See dreht, und die zahlreichen Motorbooten achtgeben.

Richtung Osten geht es dann wieder zurück entlang des Nordufers, das teilweise naturgeschützt ist und wo ein strenges Bauverbot herrscht, das dazu beiträgt, dass das Naturparadies bis auf ein paar einzelne Häuser in Ufernähe auch ein solches bleibt. Nach knackigen 40 Minuten kommen wir auch schon am Ende unserer kleinen, aber feinen Seenumrundung um den Erlaufsee an und gehen beim Steg des Strandbads wieder an Land. Wer möchte kann sich nach der Tour noch am Badestrand entspannen oder beim Strandbuffet einen Imbiss holen.

Dramatische Windstimmung am Erlaufsee

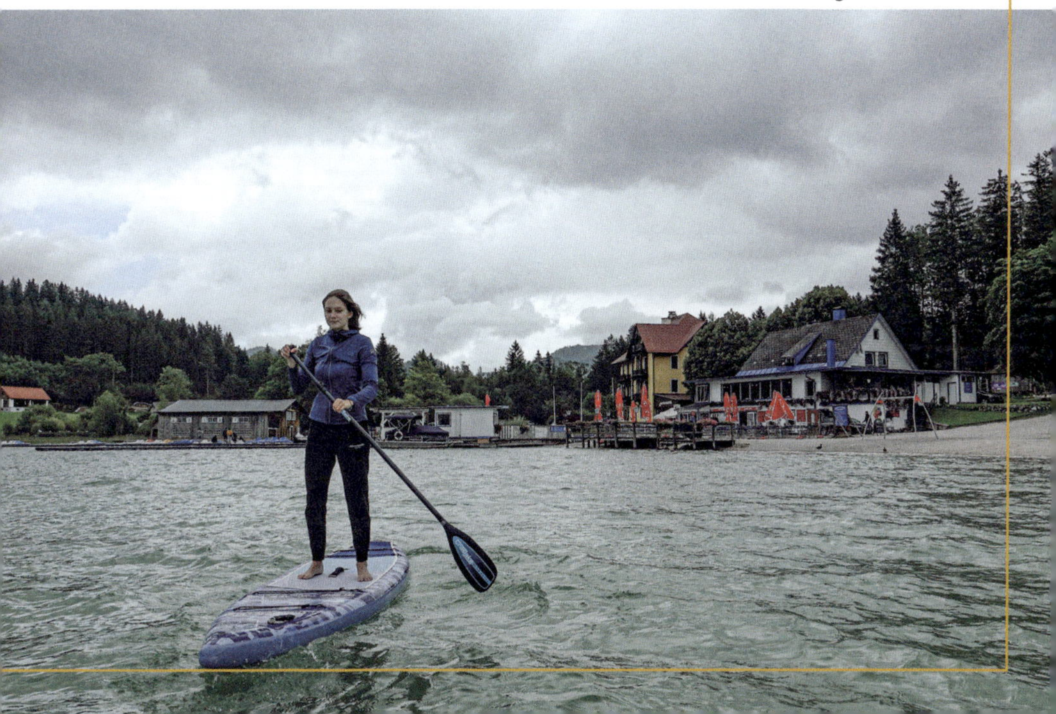

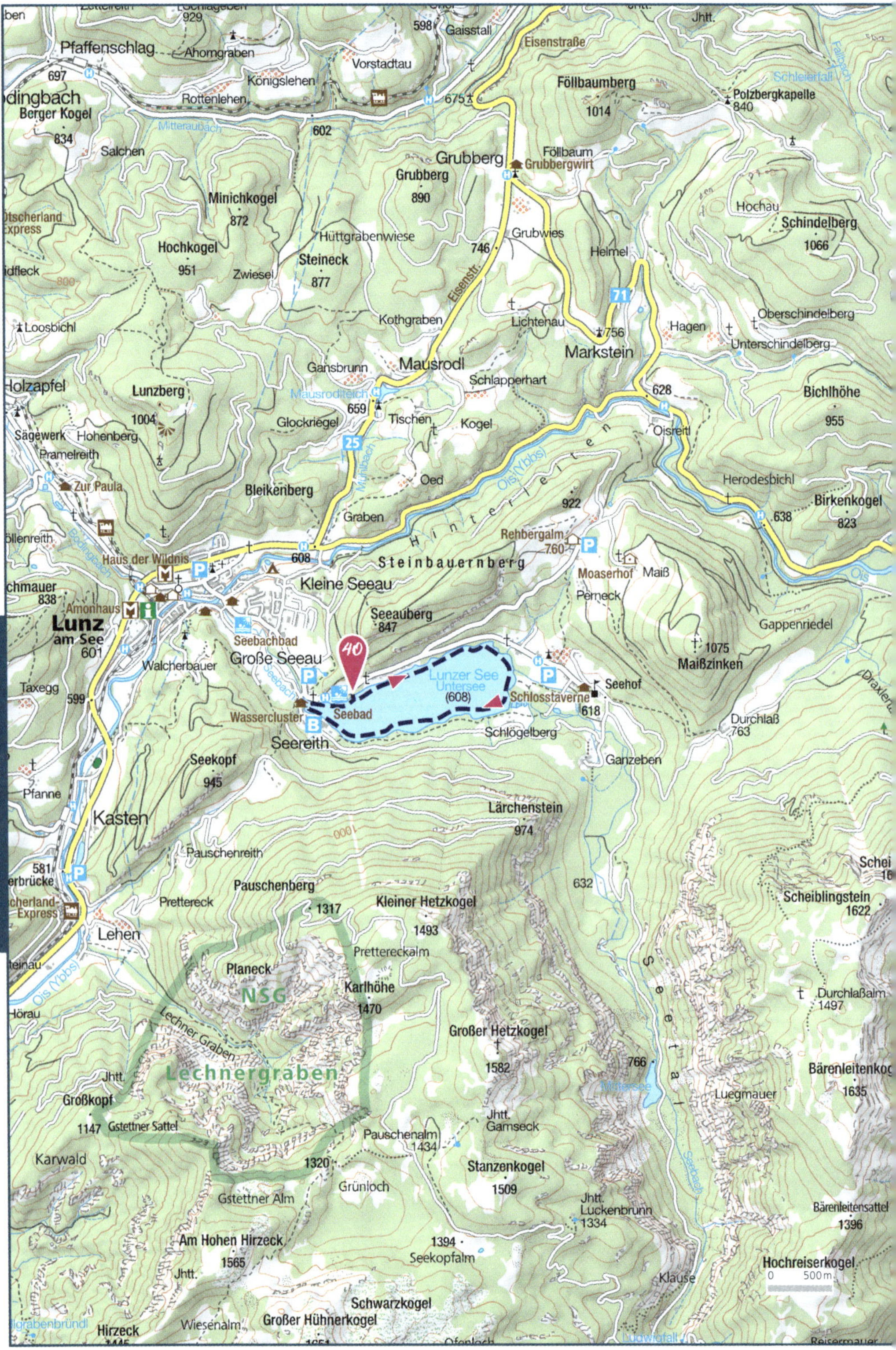

Pfaffenschlag
Ahorngraben
929
598
Gaisstall
Jhtt.
Vorstadtau
Eisenstraße
697
Königslehen
Schleierfall
Föllbaumberg
Rottenlehen
675
Polzbergkapelle
840
1014
Berger Kogel
834
Mitteraubach
602
Salchen
Grubberg
Föllbaum
Grubbergwirt
Grubberg
890
Minichkogel
872
Hochau
Schindelberg
1066
Hüttgrabenwiese
Grubwies
Hochkogel
951
Steineck
877
746
Zwiesel
Helmel
Eisenstr.
71
Loosbichl
Kothgraben
Lichtenau
756
Hagen
Oberschindelberg
Markstein
Unterschindelberg
Gansbrunn
Mausrodl
Schlapperhart
Holzapfel
Lunzberg
1004
Mausrodlteich
659
628
Bichlhöhe
955
Glockriegel
Tischen
Kogel
Oisreith
Sägewerk
Hohenberg
25
Pramelreith
Mühlbach
Oed
Ois (Ybbs)
Zur Paula
Bleikenberg
Herodesbichl
Graben
922
Birkenkogel
823
638
Rehbergalm
760
Haus der Wildnis
608
Hinterleiten
Steinbauernberg
Maiß
Moaserhof
Kleine Seeau
Perneck
838
Amonhaus
Lunz am See
601
Seeauberg
847
Gappenriedel
Seebachbad
40
1075
Maißzinken
Große Seeau
Walcherbauer
Lunzer See Untersee (608)
Seehof
Taxegg
599
Seebad
Schlosstaverne
618
Durchlaß
763
Wassercluster
Seereith
Schlögelberg
Ganzeben
Seekopf
945
Pfanne
Lärchenstein
974
Kasten
Pauschenreith
632
581
Pauschenberg
Kleiner Hetzkogel
1493
Scheiblingstein
1622
Prettereck
1317
Lehen
Prettereckalm
Planeck
NSG
Karlhöhe
1470
Seetal
Durchlaßalm
1497
Hörau
Lechner Graben
Großer Hetzkogel
1582
766
Bärenleitenkogel
1635
Lechnergraben
Jhtt.
Großkopf
1147
Gstettner Sattel
Mittersee
Luegmauer
Jhtt.
Gamseck
Pauschenalm
1434
Karwald
1320
Stanzenkogel
1509
Grünloch
Gstettner Alm
Jhtt.
Luckenbrunn
1334
Bärenleitensattel
1396
Seebach
Am Hohen Hirzeck
1565
1394
Seekopfalm
Jhtt.
Hochreiserkogel
Klause
0 500 m
Schwarzkogel
Wiesenalm
Großer Hühnerkogel
Hirzeck
Ludwigfall

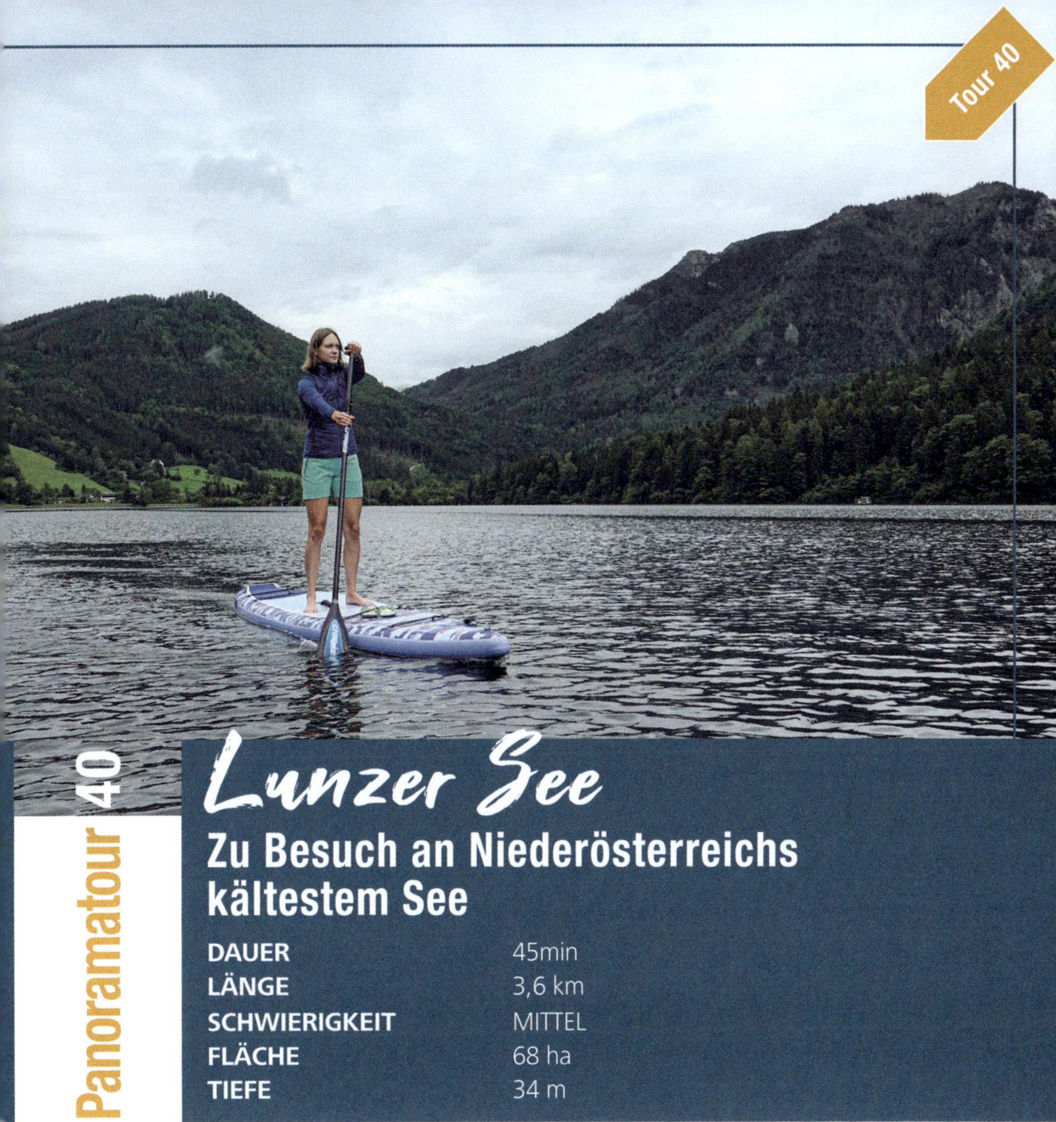

Tour 40

Panoramatour 40

Lunzer See

Zu Besuch an Niederösterreichs kältestem See

DAUER	45min
LÄNGE	3,6 km
SCHWIERIGKEIT	MITTEL
FLÄCHE	68 ha
TIEFE	34 m

Das erwartet dich ...

Am Fuße des Dürrensteins findet sich in der gleichnamigen Gemeinde ein smaragdgrüner See: der Lunzer See. Als einziger natürlicher See Niederösterreichs darf er natürlich nicht fehlen auf unserer Liste der 44 schönsten SUP-Touren in Österreich. Wenn auch beliebt bei Wanderern und Kulturliebhabern ist der Lunzer See auch der kälteste der niederösterreichischen Seen und eignet sich deshalb hervorragend für etwas fortgeschrittenere Paddler, denen das kalte Wasser keine Angst macht.

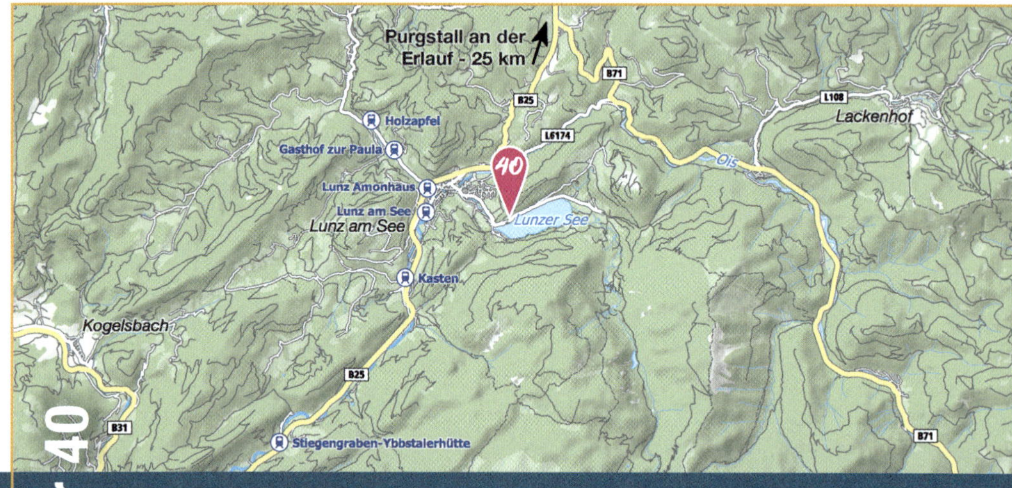

Panoramatour 40

Start & Ziel & Anreise

Anfahrt über die Erlauftalstraße nach der Ausfahrt bei Lunz am See in die Seestraße. Wer früh genug dran ist bekommt direkt beim Strandbad oder entlang der Zufahrtsstraße einen gebührenpflichtigen Parkplatz. Eine ebenfalls gebührenpflichtige Ausweichmöglichkeit gibt es ein Stück weiter oben in Form eines großen Schotterparkplatzes. Für beide Parkplätze gelten dieselben Tarife: Ein Tagesticket kostet 6 Euro, bis 90 Minuten parkt man für nur 2 Euro. Per Bus mit der Mostviertler Linie 1670 bis nach Lunz am See.

Tourenbeschreibung

Wir starten unsere Tour direkt links neben dem Strandbad, wo wir unser Board ins Wasser lassen und sofort lospaddeln können. Wer danach noch gemütlich in der Sonne liegen möchte kann natürlich auch vom Seebad aus starten und sich eine Eintrittskarte für 5 Euro pro Tag und Erwachsenem zulegen, mit der man Zugang zu einer WC-Anlage, einem Café und einem Kinderspielplatz bekommt. Einen SUP-Verleih gibt es am gegenüberliegenden Ufer beim Eiscafé am See.

Am Seebad vorbei paddeln wir entlang des Nordufers und kommen direkt zur 2004 eröffneten Lunzer Seebühne. Schwimmbegeisterte können sich untertags auf der circa 50 m² großen Liegefläche sonnen. Aber auch Kulturbegeisterte kommen hier nicht zu kurz: Einmal im Jahr kann man hier das Festival „wellenklaenge" genießen. Für die Aufführungen wird die stufenförmige Sitzplatzabdeckung durch Wasserdruck angehoben und es offenbart sich eine überdachte Zuschauertribüne mit Platz für circa 250 Besucher.

Schon nach kurzer Zeit, nachdem wir das geschäftige Treiben beim Seebad hinter uns lassen, müssen wir unwillkürlich einmal tief durchatmen. Der Blick auf den dunklen, smaragdgrünen See, in dessen Wasser sich die saftig grün bewaldeten Berge spiegeln ist Balsam für die Seele. Getrübt wird die harmonische Idylle nur durch das bunte Motorboot, das immer wieder seine Runden dreht.

Nach knapp 1,5 Kilometern kommen wir am Nordostende beim öffentlichen Badesteg des Lunzer Sees an, wo es im Sommer bei schönem Wetter durchaus ganz schön voll werden kann. Wanderer und Schwimmer genießen auf den zur Verfügung gestellten Bänken die warme Sonne und den Blick auf das umliegende Panorama. Für uns geht es aber weiter und wir bahnen uns unseren Weg zum gegenüberliegenden Ufer. Nach circa 45 Minuten eröffnet sich vor uns auch schon wieder das Westufer des Sees, wo man die in den Primärfarben bemalten blauen, gelben und roten Bänke nicht übersehen kann. Wem der Magen knurrt kann sich noch gemütlich zur Seeterrasse setzen und sich mit grandiosem Blick auf den See kulinarisch verwöhnen lassen.

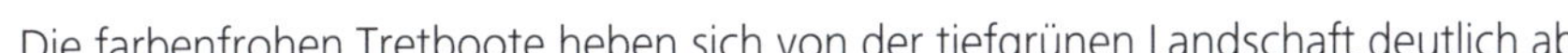

Die farbenfrohen Tretboote heben sich von der tiefgrünen Landschaft deutlich ab

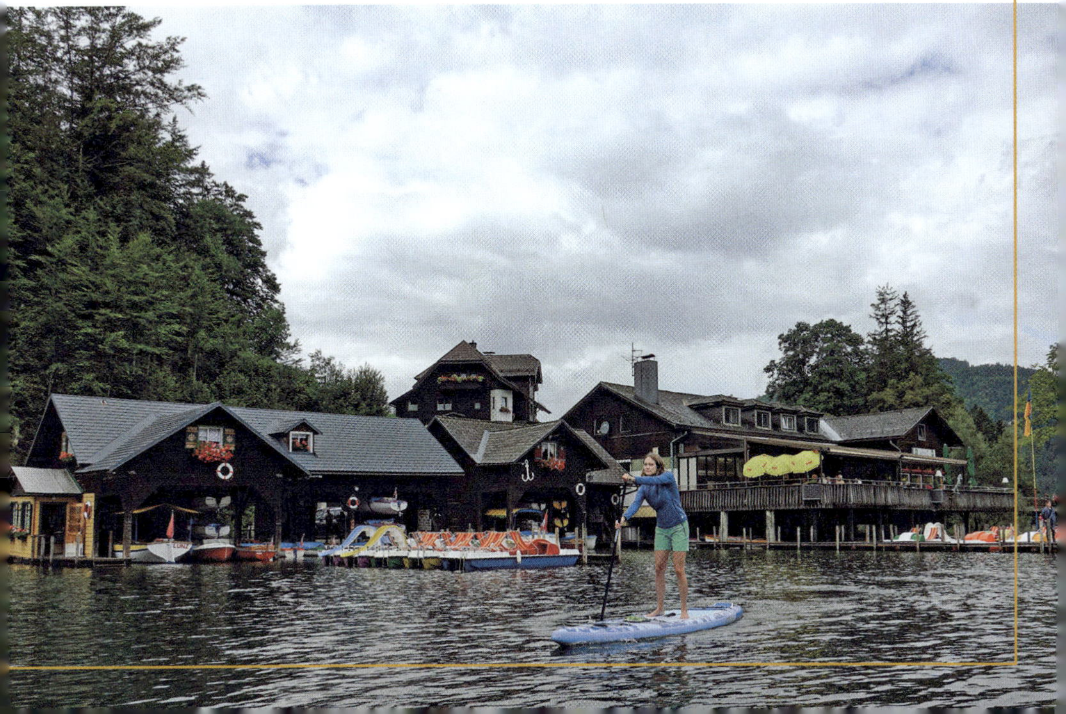

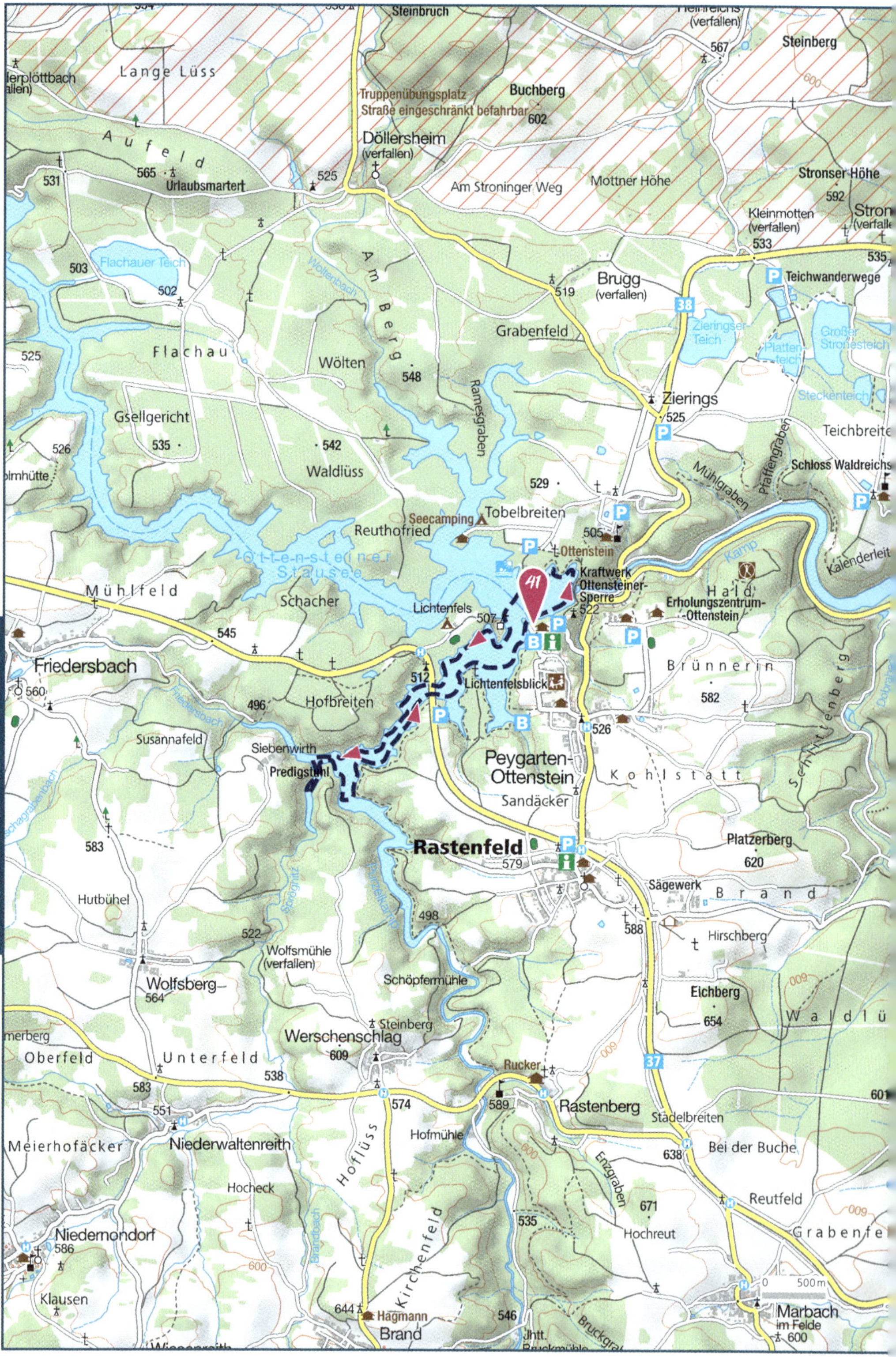

Steinbruch
Heinreichs (verfallen)
567
Steinberg
Lange Lüss
Truppenübungsplatz
Straße eingeschränkt befahrbar
Buchberg
602
Aufeld
Döllersheim (verfallen)
531
565
Urlaubsmarterl
525
Am Stroninger Weg
Mottner Höhe
Stronser Höhe
592
Kleinmotten (verfallen)
533
535
Flachauer Teich
503
502
Woltenbach
Am Berg
519
Brugg (verfallen)
Teichwanderwege
38
Zieringser Teich
Platten-teich
Großer Stronesteich
Grabenfeld
Flachau
Wölten
548
525
Ramesgraben
Zierings
525
Steckenteich
Teichbreite
Gsellgericht
535
542
526
Waldlüss
Mühlgraben
Pfaffengraben
Schloss Waldreichs
529
Seecamping
Tobelbreiten
Reuthofried
505
Ottenstein
Ottensteiner Stausee
Kamp
Kalenderleit
Kraftwerk Ottensteiner-Sperre
522
Mühlfeld
Schacher
Lichtenfels
507
41
Hald
Erholungszentrum-Ottenstein
545
Friedersbach
560
512
Lichtenfelsblick
Brünnerin
582
Friedersbach
Hofbreiten
496
Susannafeld
526
Peygarten-Ottenstein
Kohlstatt
Schüttenberg
Siebenwirth
Predigstuhl
Sandäcker
583
Rastenfeld
579
Platzerberg
620
Sprögnitz
Purzelkamp
Sägewerk
Brand
Hutbühel
498
588
522
Hirschberg
Wolfsmühle (verfallen)
Wolfsberg
564
Schöpfermühle
Eichberg
654
Waldlü
Steinberg
Werschenschlag
609
Oberfeld
Unterfeld
538
Rucker
37
583
574
589
Rastenberg
551
Stadelbreiten
601
Meierhofäcker
Niederwaltenreith
Hofmühle
638
Bei der Buche
Hofluss
Enzgraben
Hocheck
671
Reutfeld
Kirchenfeld
535
Hochreut
Grabenfeld
Niedernondorf
586
600
Brandbach
0 500 m
Klausen
644
Hagmann
546
Marbach im Felde
600
Brand
Bruckgraben
Jhtt. Bruckmühle
Wiesenreith

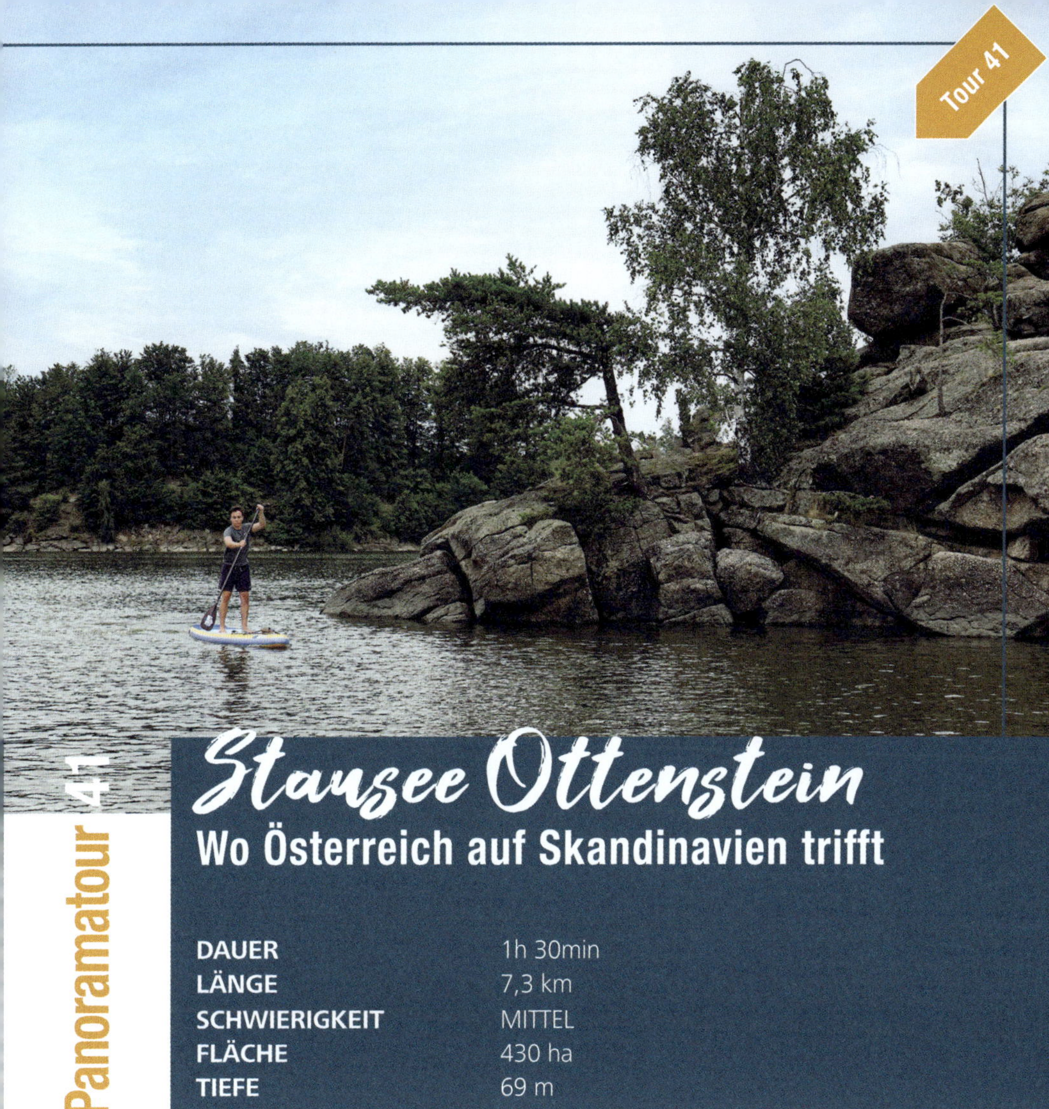

Stausee Ottenstein

Wo Österreich auf Skandinavien trifft

DAUER	1h 30min
LÄNGE	7,3 km
SCHWIERIGKEIT	MITTEL
FLÄCHE	430 ha
TIEFE	69 m

Das erwartet dich ...

Was eigentlich auf den ersten Blick mehr wie ein Fluss als ein See wirkt ist einer der schönsten Stauseen Österreichs. Unsere Tour über den Stausee Ottenstein, der von der Staumauer Ottenstein im Osten bis zum Stift Zwettl im Westen reicht, führt uns vorbei an fjordartigen Seearmen durch eine eigentlich untypisch skandinavische Landschaft, die man so in Österreich nur einmal findet. Wie auch beim Stausee Dobra entdecken wir auf unserem SUP-Board versteckte, einzigartige Plätzchen, die man sonst nur schwer erreichen kann.

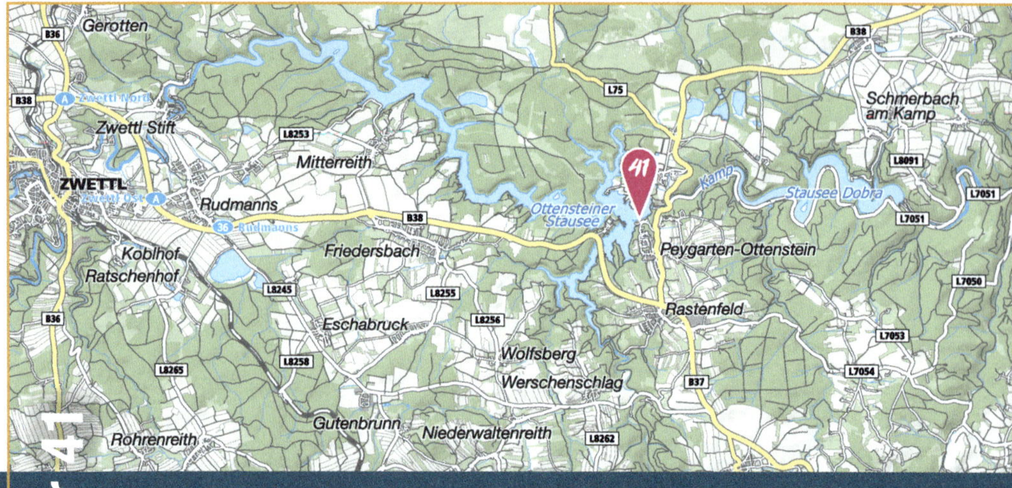

Panoramatour 41

Start & Ziel & Anreise

Erreichen können wir den Stausee über die Böhmerwald Straße, von der wir in die steile Anfahrt zum Parkplatz hinter dem Seerestaurant einbiegen. Andere Parkgelegenheiten mit besserem Seezugang gibt es nicht, mit dem Regionalbus 898 Richtung Rastenfeld Bundesstraße bis nach Peygarten- Ottenstein Ortsmitte und zu Fuß circa eine Viertelstunde weiter bis zum Seerestaurant.

Tourenbeschreibung

Wer sich den Stausee Ottenstein im Internet anschaut, der wird sich zunächst denken, er hat einen Fluss vor sich und keinen See. Doch der erste Eindruck täuscht, denn die Landschaft des beliebten Ausflugziels im Waldviertel ist österreichweit einzigartig und eignet sich hervorragend für lange SUP-Touren, bei denen man viel Abwechslung erlebt und die garantiert keine Langeweile aufkommen lassen.

Wir starten unsere Tour ein paar Meter östlich vom Seerestaurant, wo wir unser Board die Treppen hinuntertragen und beim kleinen, aber feinen Seezugang direkt gegenüber vom Felsen ins Wasser lassen. Unser erstes Ziel Richtung Osten ist die Staumauer Ottenstein, die mit ihren 68 Meter Höhe ein echter Hingucker ist, erreichen wir schon nach wenigen Minuten. Weiter Richtung Nordwesten paddeln wir am Ufer entlang bis zur Burgruine Lichtenfels, die sich zwischen Bäumen versteckt gegenüber vom Seerestaurant auf einer kleinen Landzunge befindet.

Zu Ende ist unsere Tour aber noch lange nicht, denn wir wollen ja noch den Rest des Sees so gut wie möglich auskundschaften und versteckte Buchten und unberührte Landschaften entdecken. Wir paddeln deswegen fröhlich weiter, vorbei an der Burgruine und in Richtung Westen. Unter der Autobrücke durch paddeln wir entlang des Sees und tauchen allmählich ab ins tiefe Grün des Wassers und der sich darin spiegelnden Bäume. Nach jeder Kurve eröffnet sich uns ein neuer Ausblick auf den scheinbar endlosen See und unzählige kleine Plätzchen am steinigen Ufer laden zum Verweilen und Genießen ein.

Nach circa 1 Kilometer kommen wir zum Purzelkamp, der nördlich von Bad Traunstein am Hummelberg in ungefähr 870 m Seehöhe entspringt und bei Rastenfeld in den Stausee Ottenstein mündet. Dort befindet sich auch die kleine Halbinsel namens Predigtstuhl, wo der Friedersbach, der Sprögnitz und der Purzelkamp aufeinandertreffen. Nachdem wir die Natur in vollen Zügen genossen und eine ausgiebige und wohlverdiente Pause gemacht haben, machen wir uns wieder auf den Rückweg und paddeln Richtung Nordosten zurück zu unserem Ausgangspunkt. Nach der Tour kann man sich auf der Terrasse des Seerestaurants mit genialem Blick auf den See kulinarisch verwöhnen lassen.

Wer will, kann seine Tour auch flexibel verlängern und an der Burgruine vorbei Richtung Westen (man folgt einfach dem Verlauf des Sees) bis zu 10 Kilometer weiterpaddeln und sich so richtig auspowern.

Autoren Tipp

Für Adrenalinjunkies bietet der Stausee Ottenstein grandiose Möglichkeiten fürs Klippenspringen. Für Anfänger eignet sich der kleine Fels direkt vor dem Seerestaurant, für mutigere Springer gibt es auf der Westseite des Predigtstuhls tolle Möglichkeiten, seine Sprungkünste zu zeigen. Auch an anderen Stellen gibt es Sprungmöglichkeiten, aber weil die Sichtweite ins Wasser teilweise eher schlecht ist, kann es oft schwierig sein, die nötige Tiefe zu überprüfen.

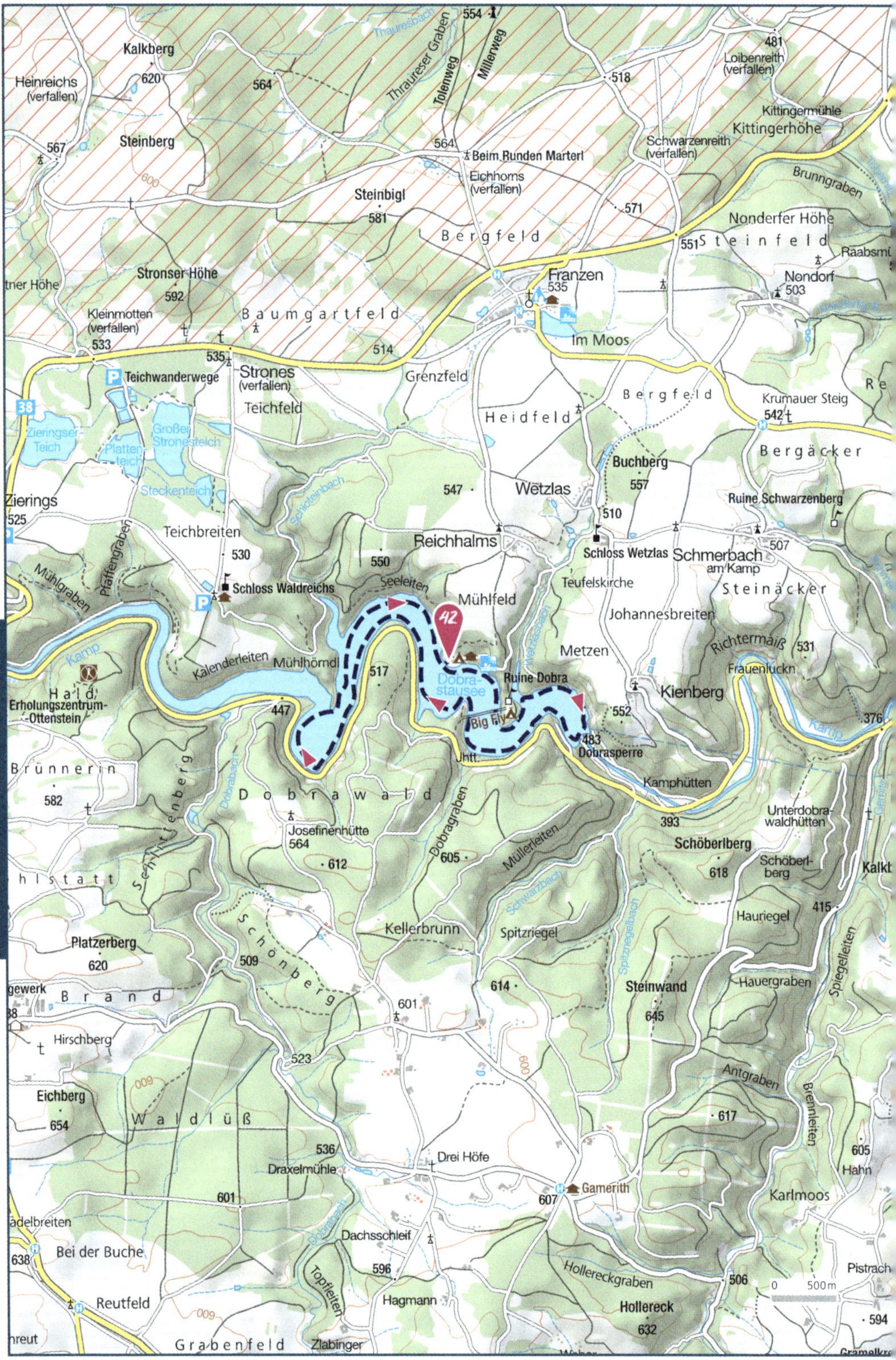

42

Kalkberg
620
Heinreichs (verfallen)
564
Thrauresbach
Thraureser Graben
Tolenweg
Müllerweg
554
481
Loibenreith (verfallen)
518
Kittingermühle
Kittingerhöhe
Steinberg
567
564
Beim Runden Marterl
Eichhorns (verfallen)
Schwarzenreith (verfallen)
Brunngraben
Steinbigl
581
571
Bergfeld
Nonderfer Höhe
551
Steinfeld
Raabsmühle
Stronser Höhe
592
Franzen
535
Nondorf
503
Kleinmotten (verfallen)
533
Baumgartfeld
Im Moos
535
Strones (verfallen)
514
Teichwanderwege
Grenzfeld
Teichfeld
Bergfeld
Krumauer Steig
542
38
Zieringser Teich
Platten-teich
Großer Stronesteich
Heidfeld
Bergäcker
Buchberg
557
Steckenteich
547
Wetzlas
Ruine Schwarzenberg
Zierings
525
Schlotenbach
510
Teichbreiten
Reichhalms
Schloss Wetzlas
Schmerbach am Kamp
507
530
550
Mühlgraben
Pfaffengraben
Schloss Waldreichs
Seeleiten
Teufelskirche
Mühlfeld
Steinäcker
Johannesbreiten
Kamp
Kalenderleiten
Mühlhörndl
517
Metzen
Richtermaiß
531
Frauenluckn
Hald
Erholungszentrum-Ottenstein
447
Dobra-stausee
Ruine Dobra
Kienberg
552
Big Fly
483
Dobrasperre
376
Brünnerin
582
Dobrabach
Jhtt.
Dobrawald
Kamphütten
Schittenberg
Josefinenhütte
564
Dobragraben
393
Unterdobra-waldhütten
612
605
Müllerleiten
Schöberlberg
618
Schöberl-berg
Kalkb
hlstatt
Schwarzbach
415
Hauriegel
Kellerbrunn
Spitzriegel
Platzerberg
620
509
Schönberg
Spitzriegelbach
Spiegelleiten
gewerk
Brand
614
Steinwand
645
Hauergraben
601
Hirschberg
523
600
Antgraben
Eichberg
654
Brennleiten
600
Waldlüß
617
536
Drei Höfe
605
Hahn
Draxelmühle
Gamerith
607
Karlmoos
601
adelbreiten
Dachsschleif
Pistrach
638
Bei der Buche
596
Hollereckgraben
506
0 500 m
Topfleiten
Hagmann
Hollereck
632
Reutfeld
594
600
hreut
Grabenfeld
Zlabinger
Weber
Gramelkre

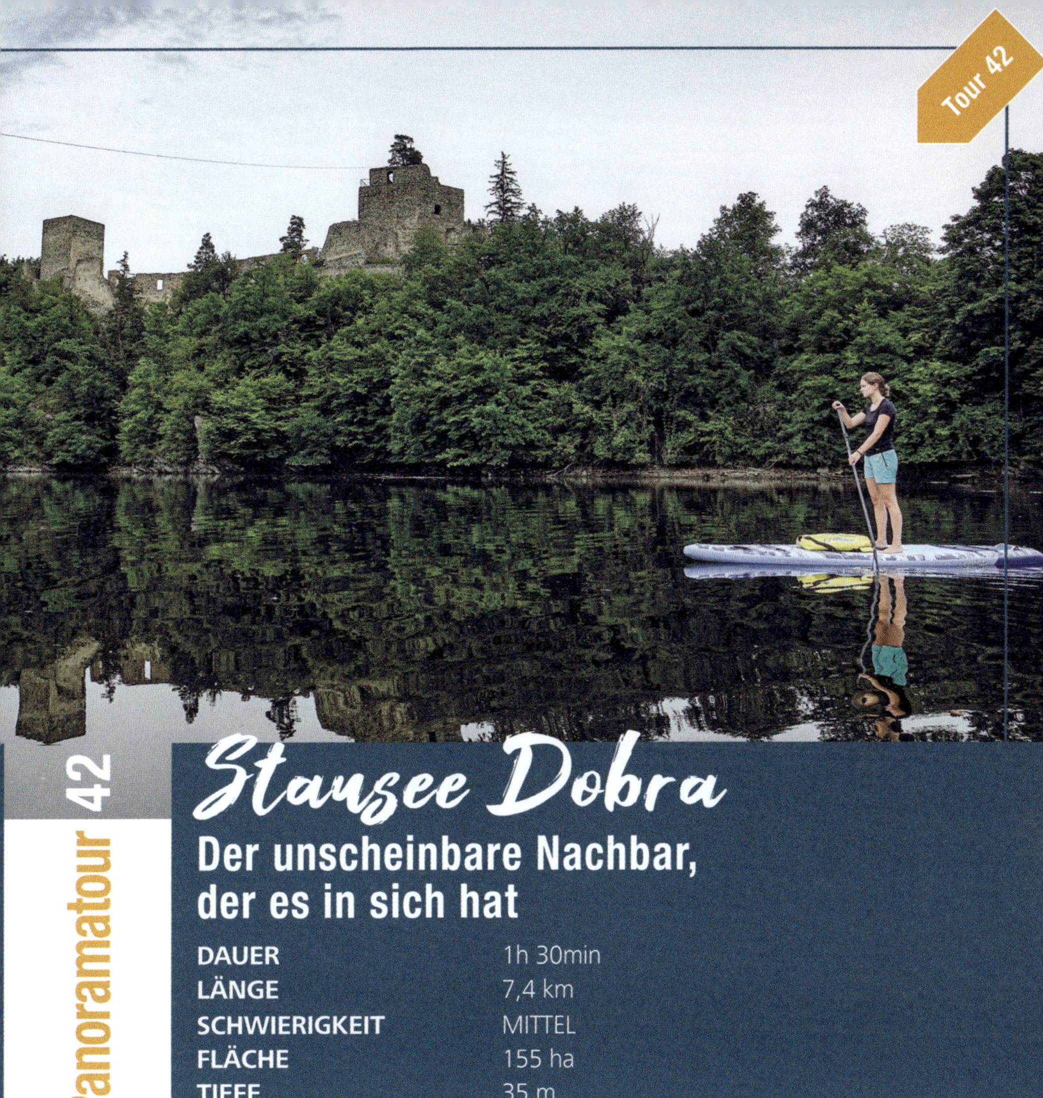

Panoramatour 42

Stausee Dobra

Der unscheinbare Nachbar, der es in sich hat

DAUER	1h 30min
LÄNGE	7,4 km
SCHWIERIGKEIT	MITTEL
FLÄCHE	155 ha
TIEFE	35 m

Das erwartet dich ...

Eine unglaublich idyllische Tour rund um den kleinen Bruder des Ottensteiner Stausees. Mitten im niederösterreichischen Waldviertel eröffnet sich ein quasi unberührtes Naturparadies mit unzähligen Wildbadeplätzen und einer fast schon himmlischen Ruhe, in die wir vollständig abtauchen und das Gefühl haben, dass wir viel mehr über den See schweben als paddeln.

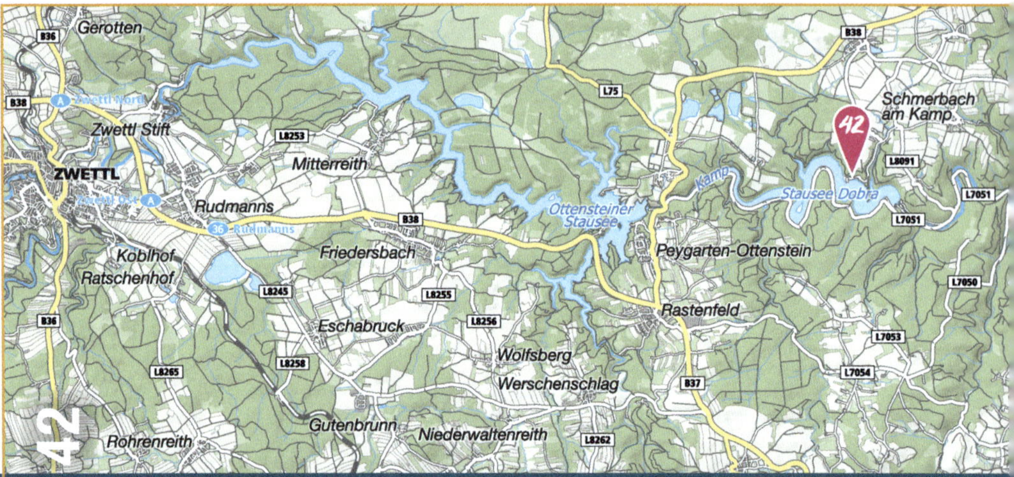

Start & Ziel & Anreise

Anfahrt über Wetzlas und einfach den Schildern Richtung Camping Stausee Dobra folgen, bis man am Ende der Straße vor dem Schranken des Campinglatzes gratis parken kann. Die Parkplätze sind allerdings sehr limitiert, andere Parkmöglichkeiten gibt es nicht. Zugang zum Wasser über Campingplatz Dobra, wo wir uns eine Tageskarte für 6 Euro kaufen, mit der wir den ganzen Tag Zutritt zum Strand und der Liegewiese haben. Eine Anreise mit den Öffis gestaltet sich eher schwierig, Busse fahren nur zum benachbarten Ottensteiner Stausee.

Tourenbeschreibung

Schon wenn wir unsere Boards beim Seezugang des Campingplatzes Dobra ins Wasser lassen, können wir erahnen, was für eine Art Tour uns hier erwartet. Nicht umsonst bekommt der Stausee Dobra seinen Namen vom slawischen Wort „dobow", was auf Deutsch „Wald" bedeutet. Umgeben von tiefgrünen Nadel- und Buchenwäldern, die sich im See spiegeln, und steil abfallenden Felsen finden wir eine einzigartige Ruheoase, die beinahe verwunschen wirkt.

Wir wenden uns Richtung Osten und paddeln in Richtung der Ruine Dobra, die sich zwischen den Bäumen auf einer weit in den See hineinragenden Landzunge versteckt und einen tollen Fotospot bietet. Aber nicht erschrecken lassen, denn es kann sein, dass jemand mit der „Big Fly", einer 400 m langen Stahlseilrutsche, die von der Ruine über den See gespannt ist, über unsere Köpfe hinwegsaust.

Wir paddeln weiter entlang dem Ufer, bis wir nach 1,5 km bei der Staumauer am Ostende des Sees ankommen. Dort wenden wir und paddeln wieder zurück entlang des gegenüberliegenden Südufers. Wildbadeplätze gibt es zur Genüge, entlang unserer Tour kann man sich also aussuchen, wo man eine Pause machen möchte und einen Sprung ins durchschnittlich 23 °C warme Wasser wagt. Immer wieder kommen wir an Fischern vorbei, denn der mittlere der drei Stauseen am Kamp ist aufgrund seiner durchaus großen Hechte (bis zu 140 cm!) und anderen Raubfischarten ein beliebtes Ziel für Angler.

Wir paddeln wieder bei unserem Startpunkt vorbei, das Ende unserer Tour haben wir aber noch nicht erreicht. Wir rudern fröhlich weiter Richtung Westen, bis wir zur Mühlhörndl-Insel (die im Sommer gerne als Naturcamp genutzt wird) kommen. Wir umpaddeln diese einmal und drehen anschließend um, um diesmal endgültig unseren Startpunkt anzusteuern, wo wir unsere ausgiebige Tour nach gut eineinhalb Stunden beenden.

In sattes Grün eingebettet: Die Ruine Dobra

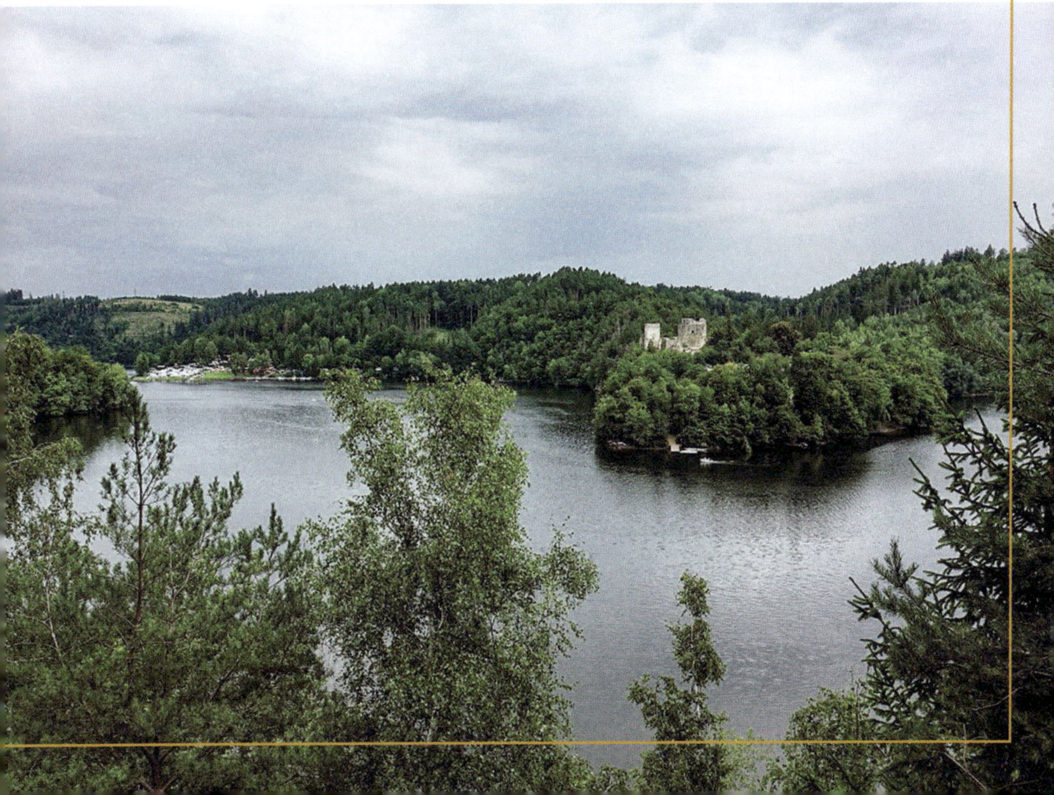

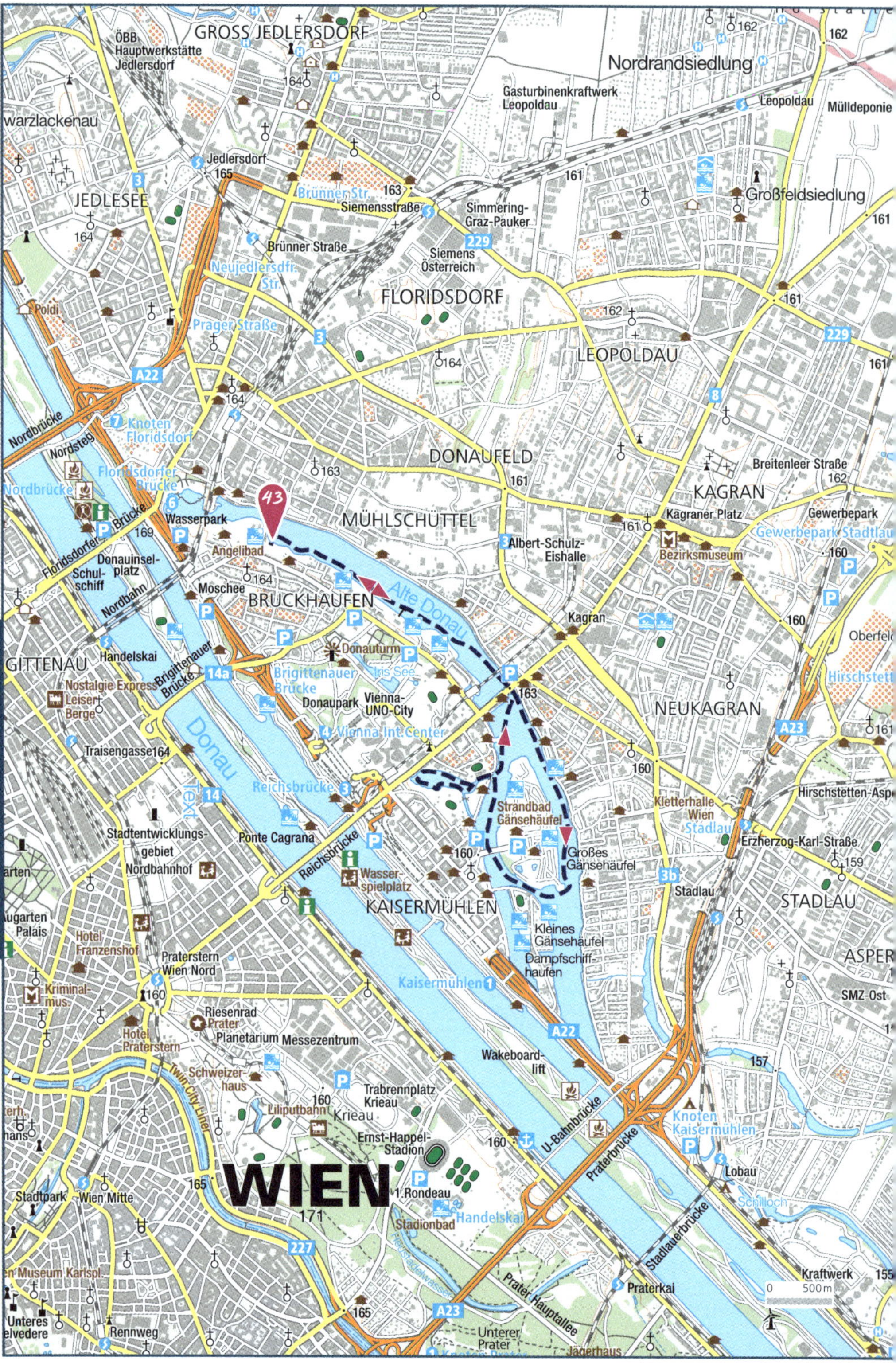

GROSS JEDLERSDORF
ÖBB Hauptwerkstätte Jedlersdorf
Nordrandsiedlung
Gasturbinenkraftwerk Leopoldau
Leopoldau
Mülldeponie
warzlackenau
Jedlersdorf
JEDLESEE
Brünner Str.
Siemensstraße
Simmering-Graz-Pauker
Großfeldsiedlung
Brünner Straße
Neujedlersdf. Str.
Siemens Österreich
FLORIDSDORF
Poldi
Prager Straße
LEOPOLDAU
A22
Nordbrücke
Knoten Floridsdorf
Nordsteg
Floridsdorfer Brücke
DONAUFELD
Breitenleer Straße
KAGRAN
Nordbrücke
Wasserpark
MÜHLSCHÜTTEL
Kagraner Platz
Gewerbepark
Gewerbepark Stadtlau
Floridsdorfer Brücke
Angelibad
Albert-Schulz-Eishalle
Bezirksmuseum
Donauinsel-platz
Schulschiff
Nordbahn
Moschee
BRUCKHAUFEN
Alte Donau
Kagran
Oberfeld
Hirschstetten
GITTENAU
Handelskai
Brigittenauer Brücke
14a
Donauturm
Iris See
Brigittenauer Brücke
Donaupark
Vienna-UNO-City
NEUKAGRAN
Nostalgie Express
Leiser Berge
Vienna Int. Center
A23
Traisengasse
Donau
Reichsbrücke
Hirschstetten-Asp
Kletterhalle Wien Stadlau
Strandbad Gänsehäufel
Erzherzog-Karl-Straße
Stadtentwicklungsgebiet Nordbahnhof
Ponte Cagrana
Großes Gänsehäufel
Reichsbrücke
Wasserspielplatz
Stadlau
arten
KAISERMÜHLEN
STADLAU
ugarten Palais
Hotel Franzenshof
Kleines Gänsehäufel
Dampfschiffhaufen
ASPER
Praterstern Wien Nord
Kaisermühlen
SMZ-Ost
Kriminalmus.
Riesenrad
Prater
Planetarium
Messezentrum
A22
Hotel Praterstern
Wakeboard-lift
Twin City Liner
Schweizerhaus
Trabrennplatz Krieau
Liliputbahn
Krieau
Knoten Kaisermühlen
U-Bahnbrücke
Ernst-Happel-Stadion
Praterbrücke
Lobau
WIEN
1. Rondeau
Handelskai
Stadtpark
Wien Mitte
Schilloch
Stadionbad
Stadlauerbrücke
227
Museum Karlspl.
Praterkai
Kraftwerk
0 500 m
Unteres Belvedere
Rennweg
A23
Prater Hauptallee
Unterer Prater
Jägerhaus

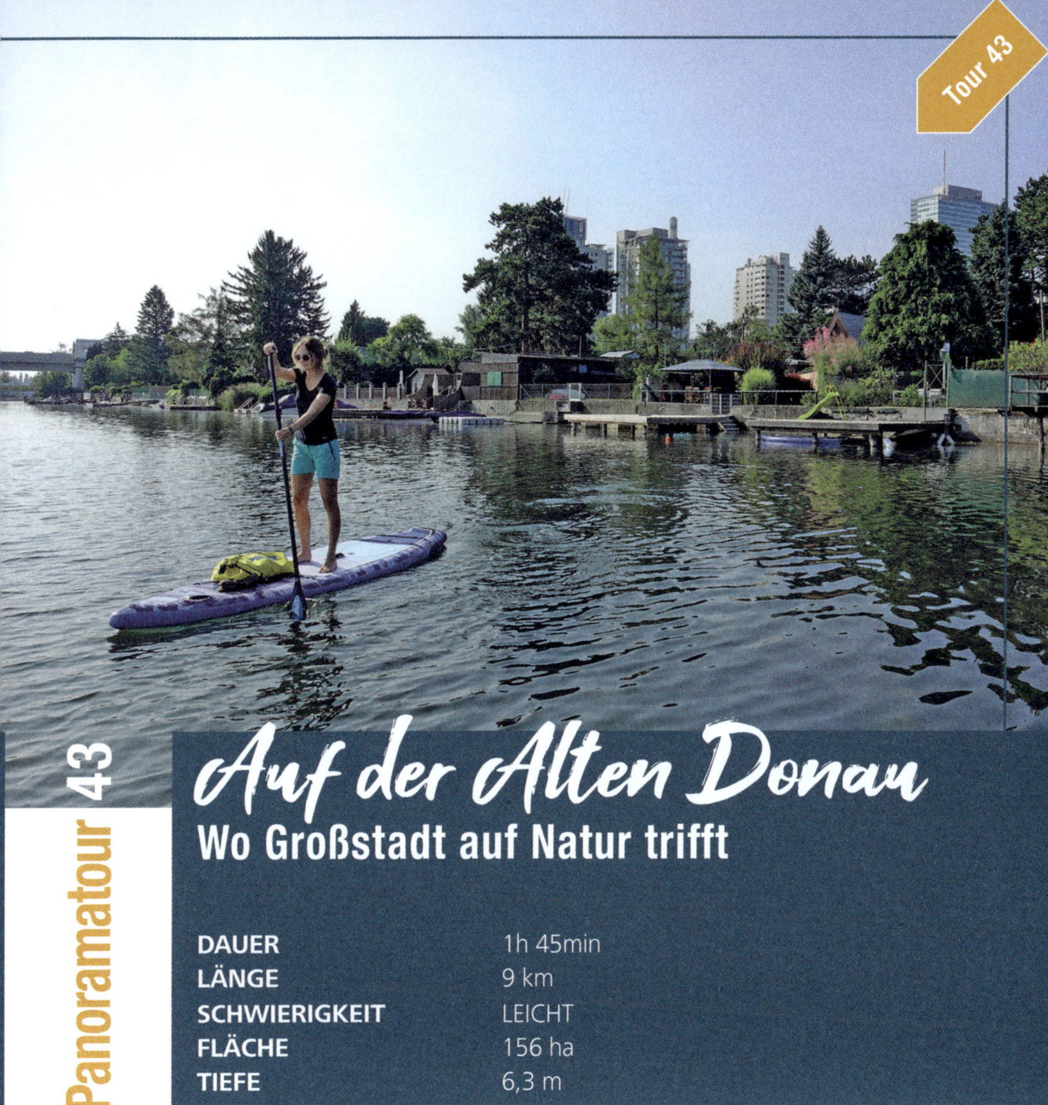

Panoramatour 43

Auf der Alten Donau

Wo Großstadt auf Natur trifft

DAUER	1h 45min
LÄNGE	9 km
SCHWIERIGKEIT	LEICHT
FLÄCHE	156 ha
TIEFE	6,3 m

Das erwartet dich ...

Eine einzigartige und faszinierende Tour entlang des kleinen, aber feinen Seitenarms der Donau, die uns mitten in der Hauptstadt Österreichs einen genialen Kontrast aus Großstadt und Natur bietet. Sowohl die, die Entspannung und Erholung vom hektischen Alltag der Stadt, als auch die, die nach einer actionreichen Tour suchen, werden auf der Alten Donau fündig. Hier ist garantiert etwas für jeden Paddler dabei.

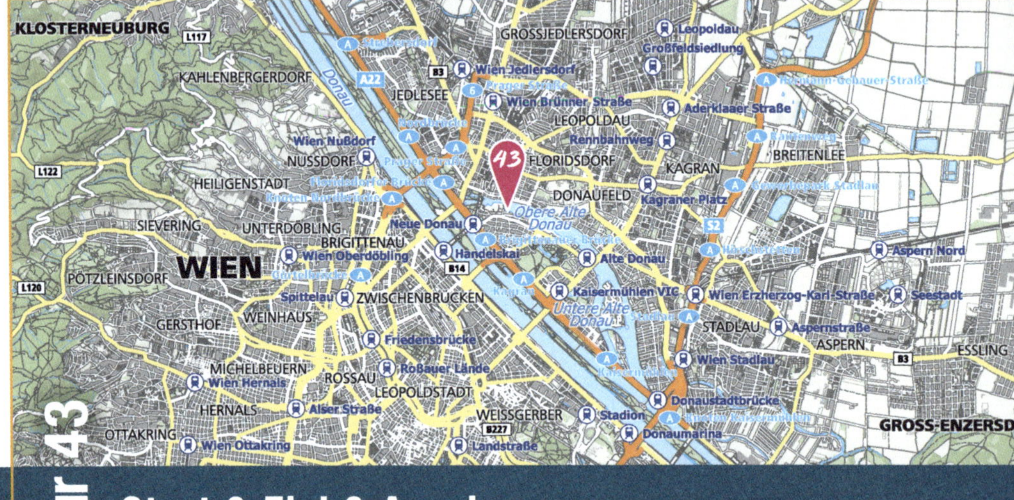

Panoramatour 43

Start & Ziel & Anreise

Speziell in Wien bietet es sich natürlich an, mit den Öffis anzureisen. Ideal für unseren Startpunkt ist die U6-Haltestelle Neue Donau, von wo aus wir zehn Minuten entlang der Arbeiterstrandbadstraße zur Romawiese spazieren. Wer mit dem Auto anreist sollte früh da sein. Besonders am Wochenende bekommt man hier nach 10 Uhr vormittags nur noch schwer einen Parkplatz.

Tourenbeschreibung

Die Alte Donau ist nicht umsonst ein beliebtes Wochenendziel der Wiener. Besonders an schönen Tagen marschieren Karawanen an Erholungssuchenden zu den zahlreichen Strandbädern und Liegewiesen, die man auf der ganzen Alten Donau entlang findet. Einen Platz zu finden kann deshalb öfters schwierig sein. Aber mit dem SUP-Board eröffnet sich uns die liebe Alte Donau auf eine ganz neue Weise.

Wir starten unsere Tour bei der Romawiese, die sich am nördlichen Ende der Alten Donau befindet und kostenfreien Zugang zum Wasser ermöglicht. Nachdem wir unser Board über die Wiese zum Wasser getragen und ein paar Meter hinausgepaddelt sind, wenden wir uns nach rechts und machen uns auf den Weg Richtung Süden. Vorbei an den unzähligen Strandbädern und Wiesen genießen wir das Urlaubsgefühl, das uns plötzlich einlullt und uns die Hektik der Stadt innerhalb weniger Minuten vollständig vergessen lässt. Nach ein paar Minuten kommen wir auch schon zu unserer ersten kleinen Challenge, der Kagraner Brücke, wo wir uns links halten und unter der viel befahrenen Brücke durchpaddeln. Teilweise herrscht hier reger Wasserverkehr, wir passieren die Durchfahrtsstelle also mit Vorsicht wegen entgegenkommender Motorboote.

Wir halten uns weiterhin linksund kommen zu einer kleinen Insel, auf der sich das Gänsehäufelbad befindet. Gelegenheiten an Land zu gehen und eine Pause zu machen oder sich zu stärken gibt es hier im Überfluss. Wer einen Sprung ins kühle Nasse machen möchte, was bei einer Höchsttemperatur von 26 °C natürlich absolut nachvollziehbar ist, der ist besonders an den breiteren Stellen des Gewässers dazu angehalten, sich eher in Ufernähe aufzuhalten, denn man darf nicht vergessen, dass auch an der Alten Donau schon erstaunlich viele Schwimmer und Bootsfahrer in Seenot geraten sind. Nachdem wir die Zweiteilung der Donau hinter uns gelassen haben erblicken wir das Ende der Insel. Wir biegen also rechts, Richtung Westen, ab. Weiter entlang dieses eher schmaleren Stücks der Alten Donau machen wir uns jetzt wieder auf Richtung Norden, wo wir unter der Eingangsbrücke zum Strandbad Gänsehäufel durchpaddeln. Nach circa 500 Metern eröffnet sich links ein kleiner Kanal, in den wir hinpaddeln und so ins Kaiserwasser gelangen: Das Highlight unserer Tour. Hier hat man einen direkten Blick auf die UNO-City, auch Vienna International Center (VIC), und kann fantastische Fotos mit Paddler und Gebäuden im Hintergrund machen.

Nachdem wir ein spektakuläres Foto gemacht haben wenden wir uns wieder dem Paddeln zu und verlassen das Kaiserwasser. Richtung Norden, also links, unterfahren wir wieder die Kagraner Brücke und paddeln zurück, bis wir wieder zu unserem Startpunkt, der Romawiese kommen.

Wer echte Entspannung sucht und den regen Wasserverkehr, der normalerweise auf der Alten Donau herrscht, vermeiden möchte, der sollte schon am frühen Morgen eine Runde drehen. Man hat das Gewässer dann fast für sich alleine, man trifft nur auf den ein oder anderen Paddler, der ebenfalls diese Idylle genießt.

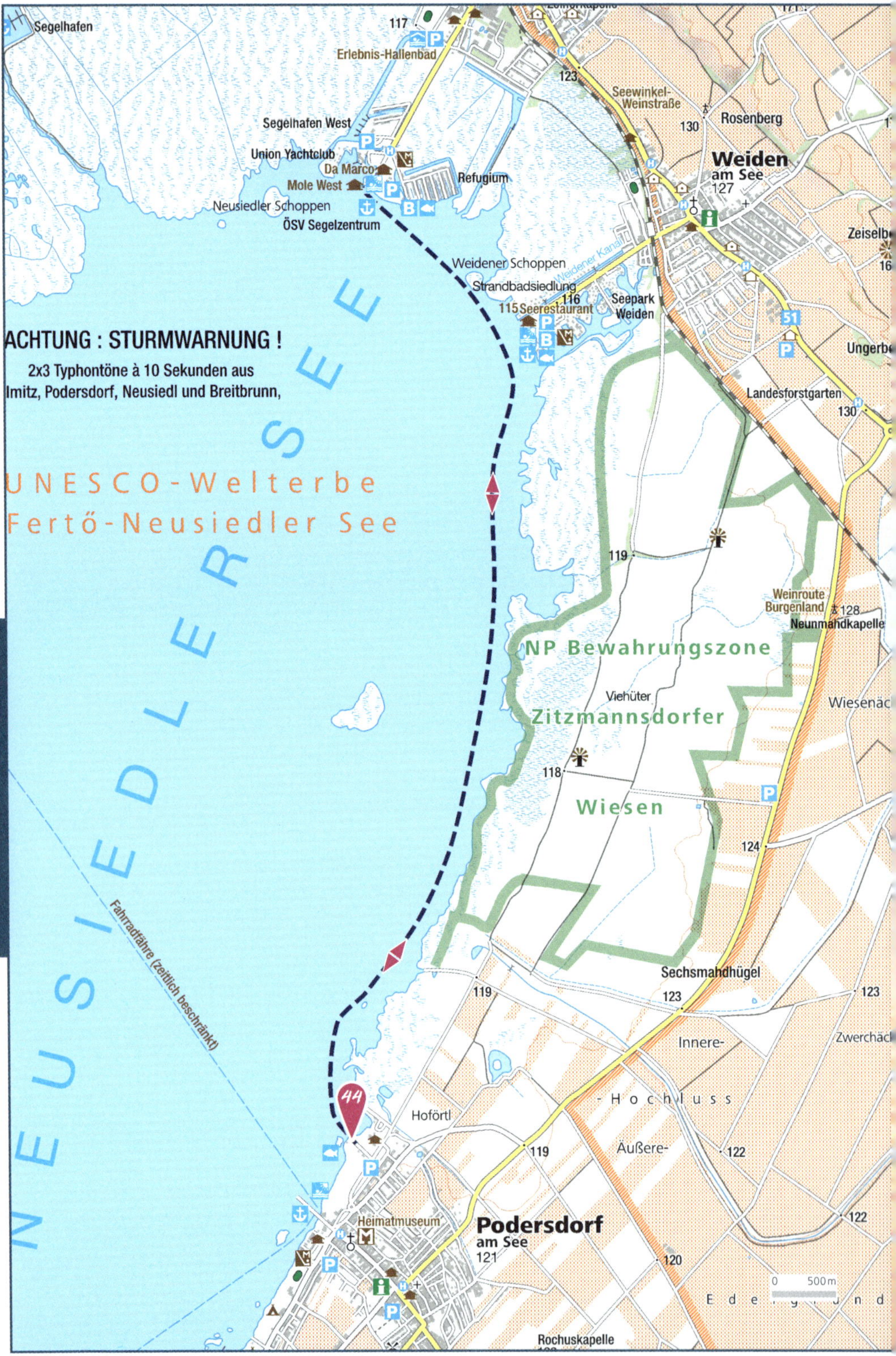

ACHTUNG : STURMWARNUNG !

2x3 Typhontöne à 10 Sekunden aus
Illmitz, Podersdorf, Neusiedl und Breitbrunn,

UNESCO-Welterbe
Fertő-Neusiedler See

NEUSIEDLER SEE

Segelhafen
117
Erlebnis-Hallenbad
Segelhafen West
Union Yachtclub
Da Marco
Mole West
Refugium
Neusiedler Schoppen
ÖSV Segelzentrum
123
Seewinkel-Weinstraße
130
Rosenberg
Weiden am See
127
Zeiselberg
Weidener Schoppen
Weidener Kanal
Strandbadsiedlung
116
115 Seerestaurant
Seepark Weiden
51
Ungerberg
Landesforstgarten
130
119
Weinroute Burgenland
128
Neunmahdkapelle
NP Bewahrungszone
Viehüter
Zitzmannsdorfer
Wiesen
Wiesenäcker
118
124
Fahrradfähre (zeitlich beschränkt)
Sechsmahdhügel
119
123
123
Zwerchäcker
Innere-
Hochluss
Hoförtl
Äußere-
119
122
Heimatmuseum
Podersdorf am See
121
122
120
0 500 m
Edelgrund
Rochuskapelle

44

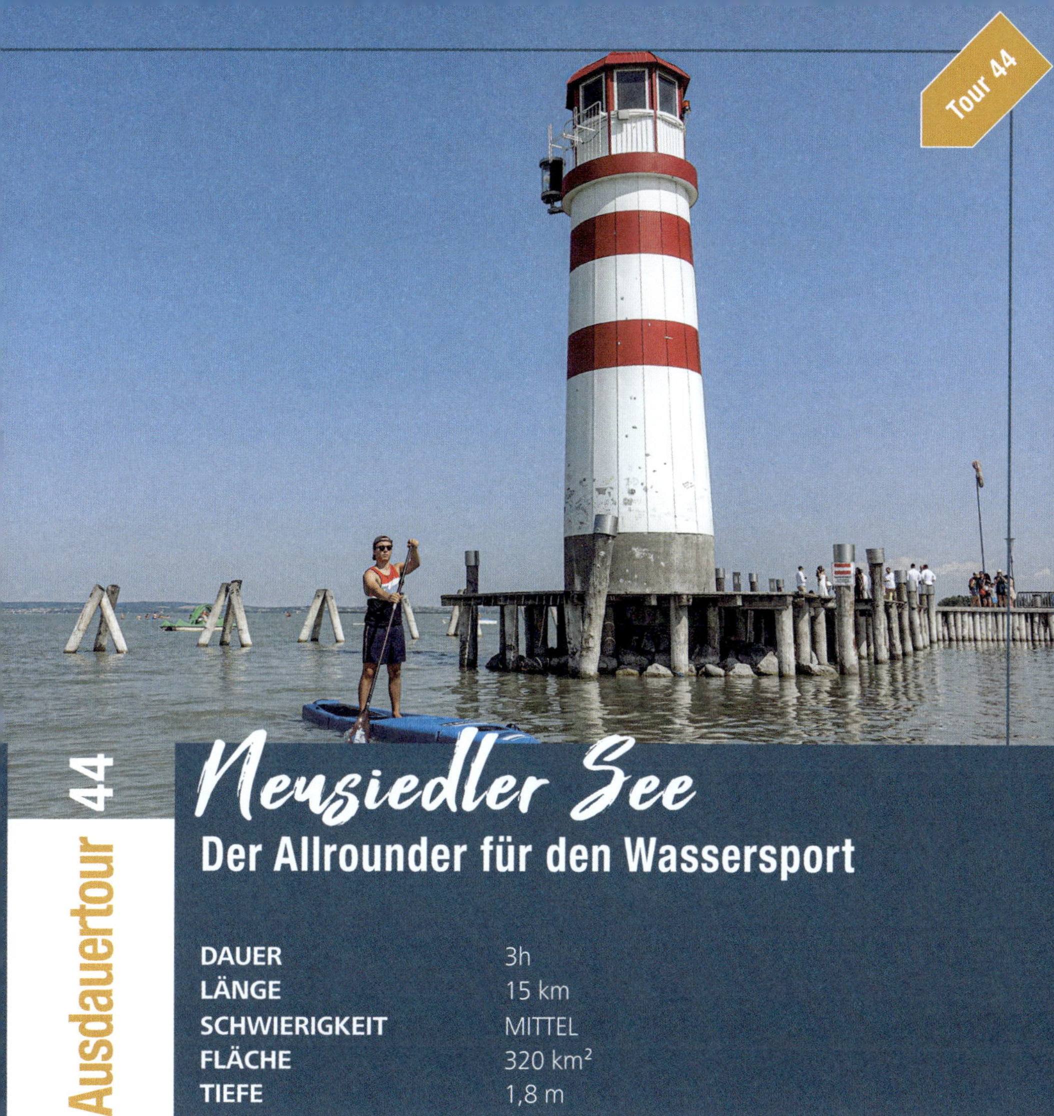

Tour 44

Ausdauertour 44

Neusiedler See

Der Allrounder für den Wassersport

DAUER	3h
LÄNGE	15 km
SCHWIERIGKEIT	MITTEL
FLÄCHE	320 km²
TIEFE	1,8 m

Das erwartet dich ...

Eine fantastische Tour um Österreichs größten und gleichzeitig flachsten See. Auch wenn viele den Neusiedler See schon kennen, das Meer der Wiener und Urlaubsziel vieler Österreicher lässt sich mit dem SUP-Board auf eine ganz neue Art und Weise erkunden und sollte auf keinen Fall verpasst werden.

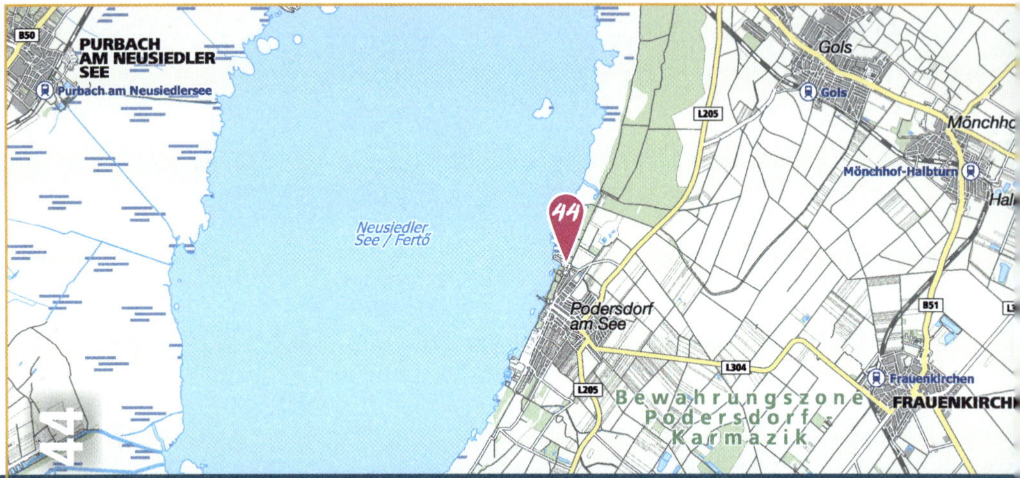

Ausdauertour 44

Start & Ziel & Anreise

Von der A4 kommend fahren wir bei der Ausfahrt Gols/Weiden ab und kommen per Autobahnzubringer in die Seeufergasse, die uns direkt zum Parkplatz des Strandbads Podersdorf führt. Parken kann man hier den ganzen Tag kostenfrei, dafür muss man für den Eintritt in das Strandbad zahlen. Ein Tagesticket kostet 6,70 Euro. Im Gegenzug dafür bekommt man Zugang zu einem gepflegten Rasen, sanitären Anlagen inklusive Duschen und Strandcafés. Per Bus mit der Linie 290 bis nach Podersdorf am See/Hauptstraße.

Tourenbeschreibung

Wir starten unsere Tour im Strandbad Podersdorf, das sich im gleichnamigen Ort am Südostufer des Sees befindet und eine der wenigen Gemeinden rund um den See mit direktem Seeanteil ist.

Nachdem wir mit unserem Board circa 200 m ins Wasser gewatet und eine ausreichende Tiefe (denn der Neusiedler See ist ja bekanntlich nicht der tiefste See Österreichs) erreicht haben, lassen wir unser Board ins Wasser und wenden uns nach Norden zu. Wir paddeln dem Ostufer entlang und lassen uns verführen von der unendlichen Landschaft des Sees und dem Horizont, wo die Sonne das eigentlich eher trübe Wasser funkeln lässt. Wer diese Tour bewältigen möchte, sollte sich keine allzu großen Hoffnungen auf viele Pausen machen, denn unser Weg führt uns an scheinbar nicht endenwollenden Schilfgürteln entlang, wo die vielen Pflanzen und Gräser als Schutz- und Lebensraum für allerlei Vogelarten dienen. Wir paddeln vorbei an einer kleinen Insel und erreichen nach circa eineinhalb Stunden das Nordende des Sees, wo wir am kleinen Schiffshafen von Weiden am See vorbeikommen und weiterpaddeln bis nach Neusiedl, wo man nach Belieben beim Strandbad Neusiedl am See (was noch 5,70 Euro kostet) oder bei der Mole West, (wo man schick essen gehen kann und bei Gelegenheit, wenn man die Tour am Nachmittag startet, einen wunderbaren Sonnuntergang genießt) eine Pause einlegen kann.

Von hier gibt es drei verschiedene Alternativen. Nummer 1: Man lässt sich von einem der Linienschiffe zurückfahren. Am Neusiedler See gibt es mehrere private Linienschiffanbieter, die uns großteils auch mit dem SUP-Board im Schlepptau für einen kleinen Aufpreis mitnehmen. (Während man paddelt, sollte man auf diese Schiffe natürlich besonders aufpassen, denn das Ausweichen liegt im Verantwortungsbereich des Stand-Up-Paddlers.) Man kann den Weg natürlich auch aus eigener Kraft zurückpaddeln, was die Tour von 7,5 auf 15 Kilometer verlängert und zusätzliche eineinhalb Stunden dauert. Wer noch nicht genug hat kann die dritte Option wählen und verlängert die Tour um ungefähr fünf Kilometer. Dafür paddeln wir zusätzlich eine Stunde, entlang dem Nordwestufer bis nach Breitenbrunn, wo es ebenfalls ein Strandbad gibt, in dem man eine Pause machen kann. Auch von hier aus fahren gelegentlich Linienschiffe: Wem die sieben Kilometer zurück über den See also schlicht zu langweilig sind, kann sich auch von hier aus gemütlich wieder zurückschippern lassen.

Autoren Tipp

Weil der Neusiedler See so groß ist, dass es fast schon unmöglich scheint, ihn unter einmal komplett abzupaddeln, bietet es sich für Neugierige, die gerne auch die Südseite des Sees mit dem SUP-Board erobern wollen an, das Strandbad Illmitz als Startpunkt zu wählen und von dort aus das weniger belebte und naturbelassenere Südende zu erkunden. Die Parkplatzgebühr beträgt 3 Euro pro Tag, der Eintritt in das Strandbad pro Erwachsenem und Tag kostet ebenfalls 3 Euro.

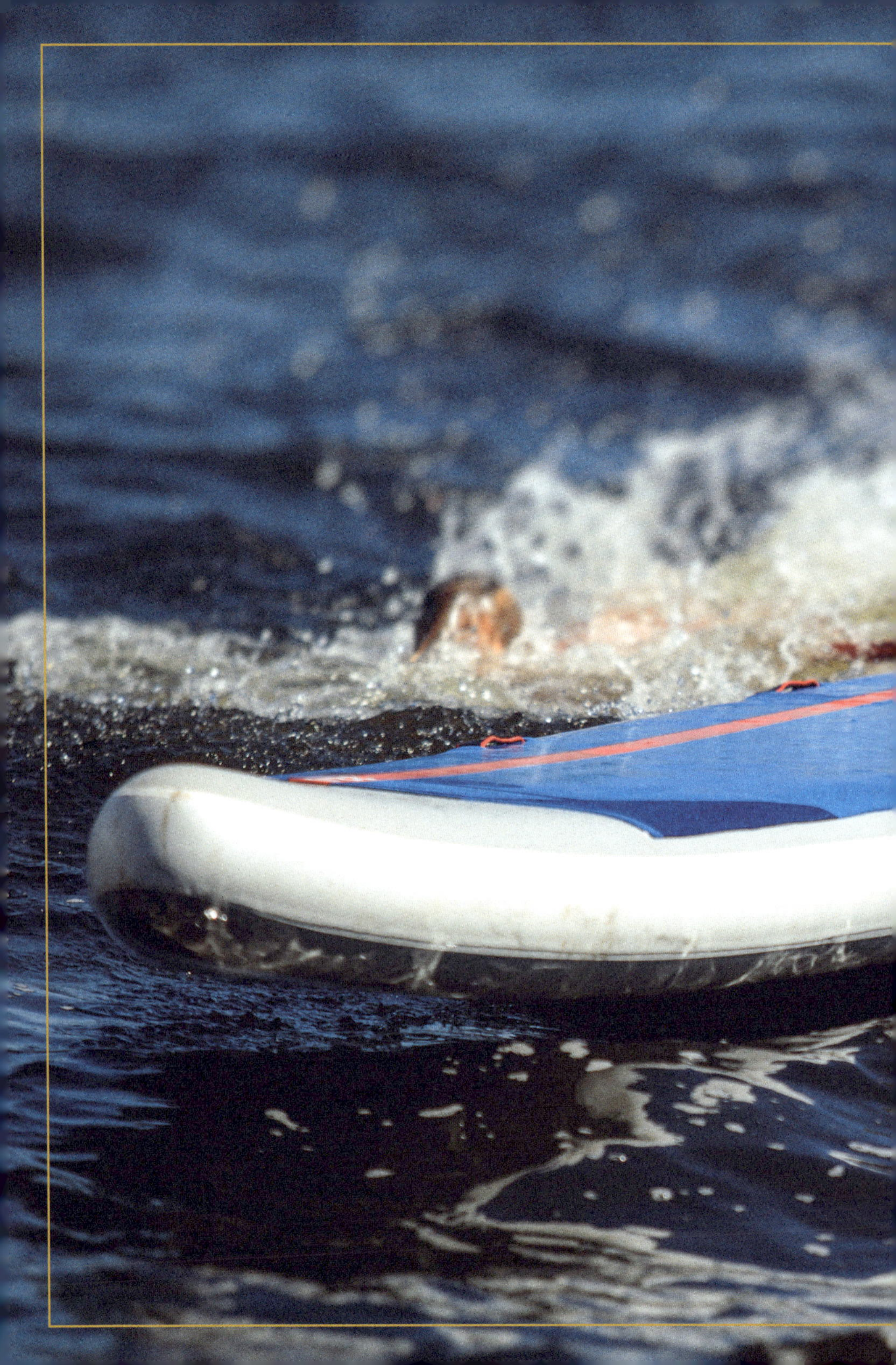

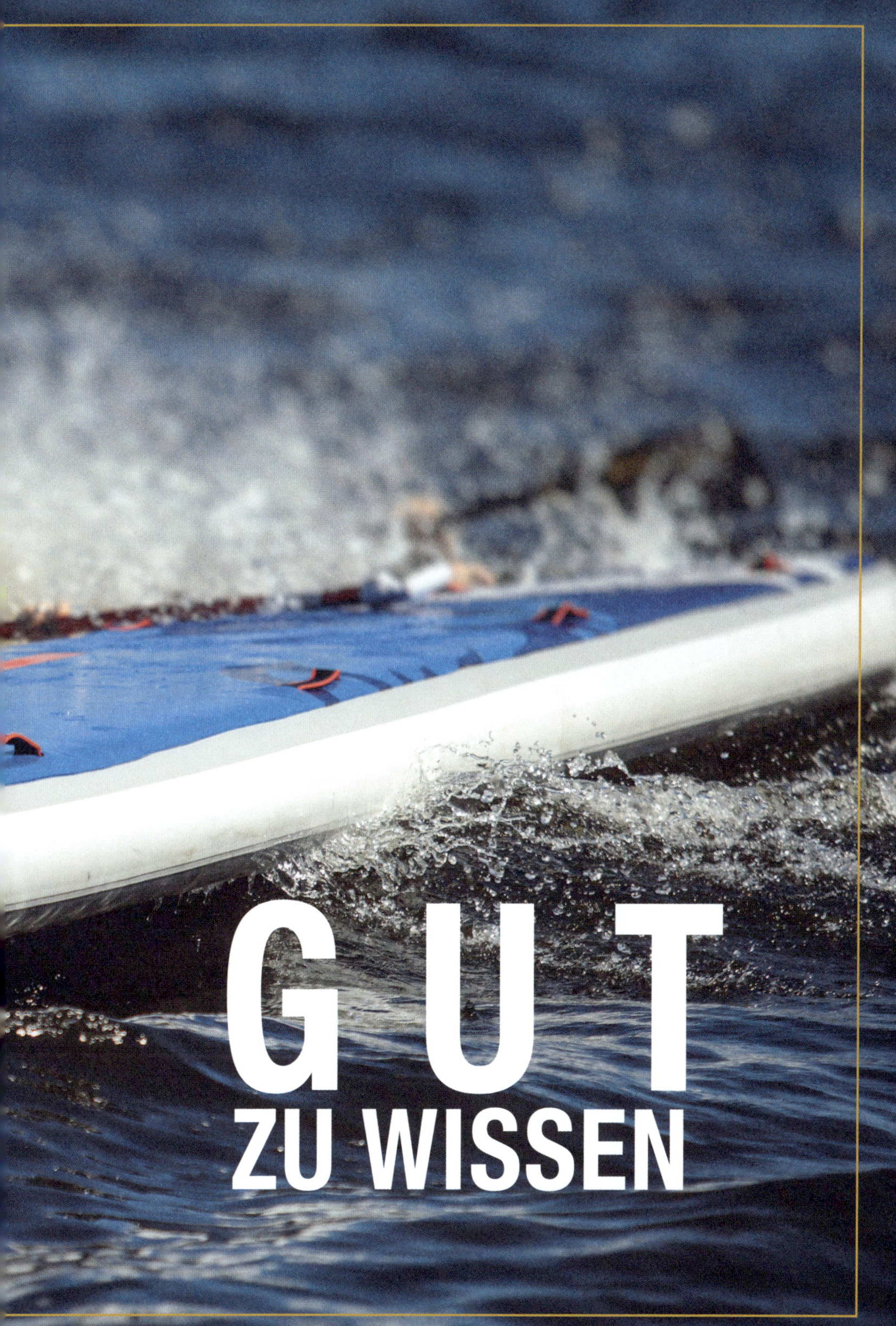

GUT ZU WISSEN

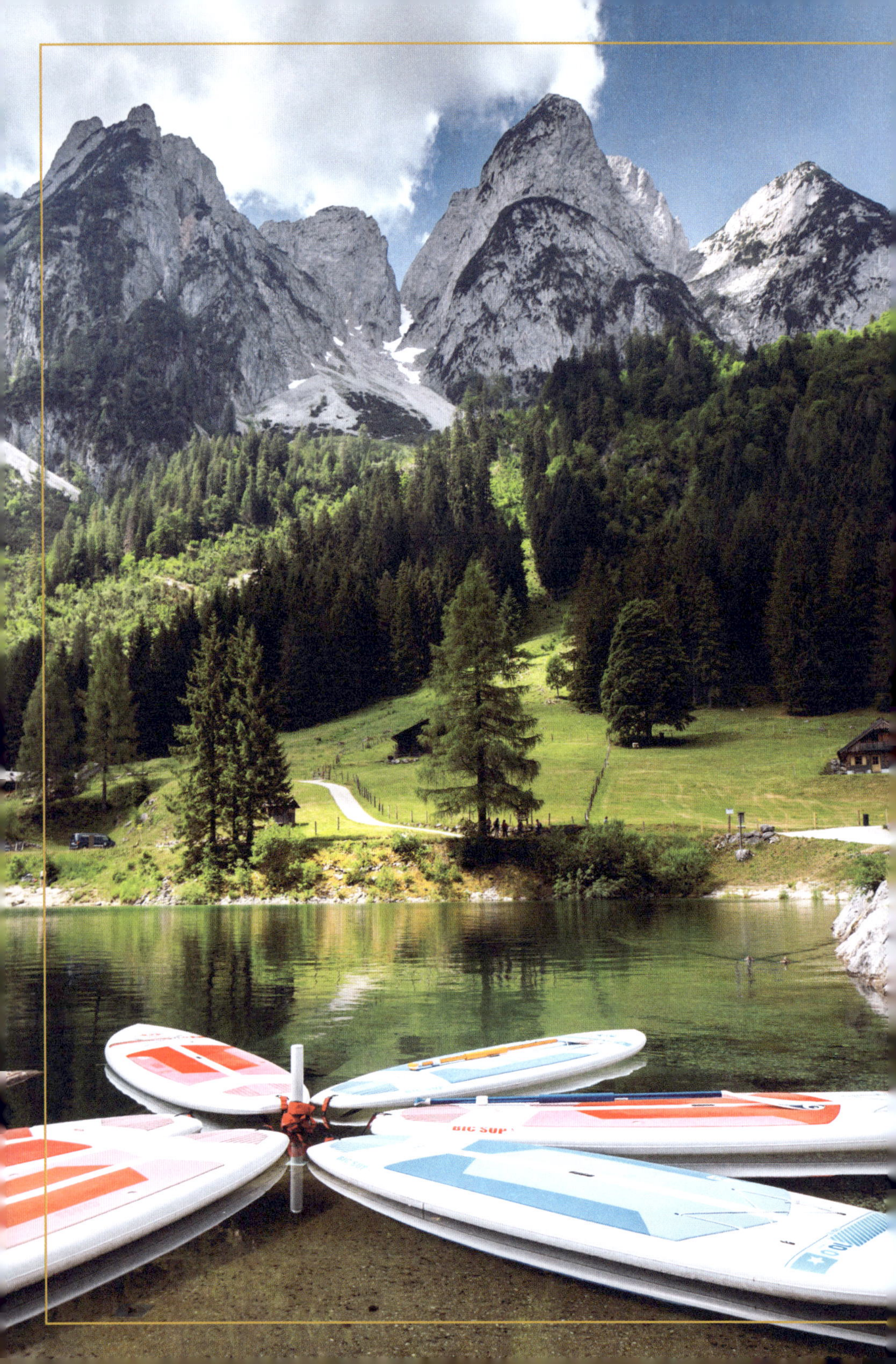
BIG SUP

Unsere Touren-Hacks

Es geht auch einfacher

HACKS

SERVUS
In Österreich werden viele Dialekte gesprochen. Mit einem „Servus!" liegst du nie falsch – wenn du offen und freundlich bist, wird man dir mit der herzlichen, alpenländischen Gastfreundschaft begegnen.

ZEITMANAGEMENT
Achte bei der Planung deiner Tour auf das Zeitmanagement. Wie lange ist die Tour? Wann solltest du am besten starten, um nicht in die Dunkelheit zu kommen? Ist das Wetter stabil und welche Temperaturen sind zu erwarten? Besonders in den Sommermonaten solltest du versuchen, die Mittagshitze auf dem Wasser zu meiden. Auch wenn es nicht immer einfach ist, sich frühmorgens aus dem Bett zu quälen: Spätestens wenn du an einem lauen Sommermorgen übers Wasser schipperst, wirst du es nicht bereuen!

ÜBERNACHTUNG
Erholsamer Schlaf ist wichtig, damit du am nächsten Tag deine Tour gestärkt und ausgeruht fortsetzen kannst. Willst du das volle Outdoor-Erlebnis, bietet sich die Übernachtung auf einem Campingplatz an. Bedenke, dass du dafür entsprechend mehr Gepäck benötigst (Zelt, Matratze, Schlafsack,...) und plane einen „Notgroschen" ein, um im Falle eines Wettereinbruchs gegebenenfalls auf eine Pension oder ein Hotel zurückgreifen zu können.

Endlich was Neues ausprobieren

Lust was Neues auszuprobieren?

WENN JA HABEN WIR EIN PAAR VORSCHLÄGE FÜR DICH.

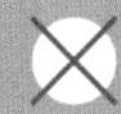

- **MOUNTAINCART:** Auf die Plätze, fertig, los! Wettrennen auf der 5 km gesicherten Strecke der Muttereralm bei Innsbruck versprechen Adrenalin pur!

- **ERFRISCHUNG:** Das SUP-Board zu Hause lassen und in einem der zahlreichen Badeseen Österreichs entspannen.

- **RAFTING & CANYONING:** Hier wird dir ein Abenteuer geboten, bei dem meist niemand trocken bleibt, aber jeder mit einem Lächeln nach Hause geht.

- **HOCHSEILGARTEN:** Unter Baumkronen schaukeln und rasante Fahrten mit dem Flying Fox in luftigen Höhen, hier ist für jedes Alter etwas dabei!

- **SOMMERRODELN:** Das bedeutet rasantes Vergnügen für alle, denn mit bis zu 40 km/h flitzt du den Berg hinunter.

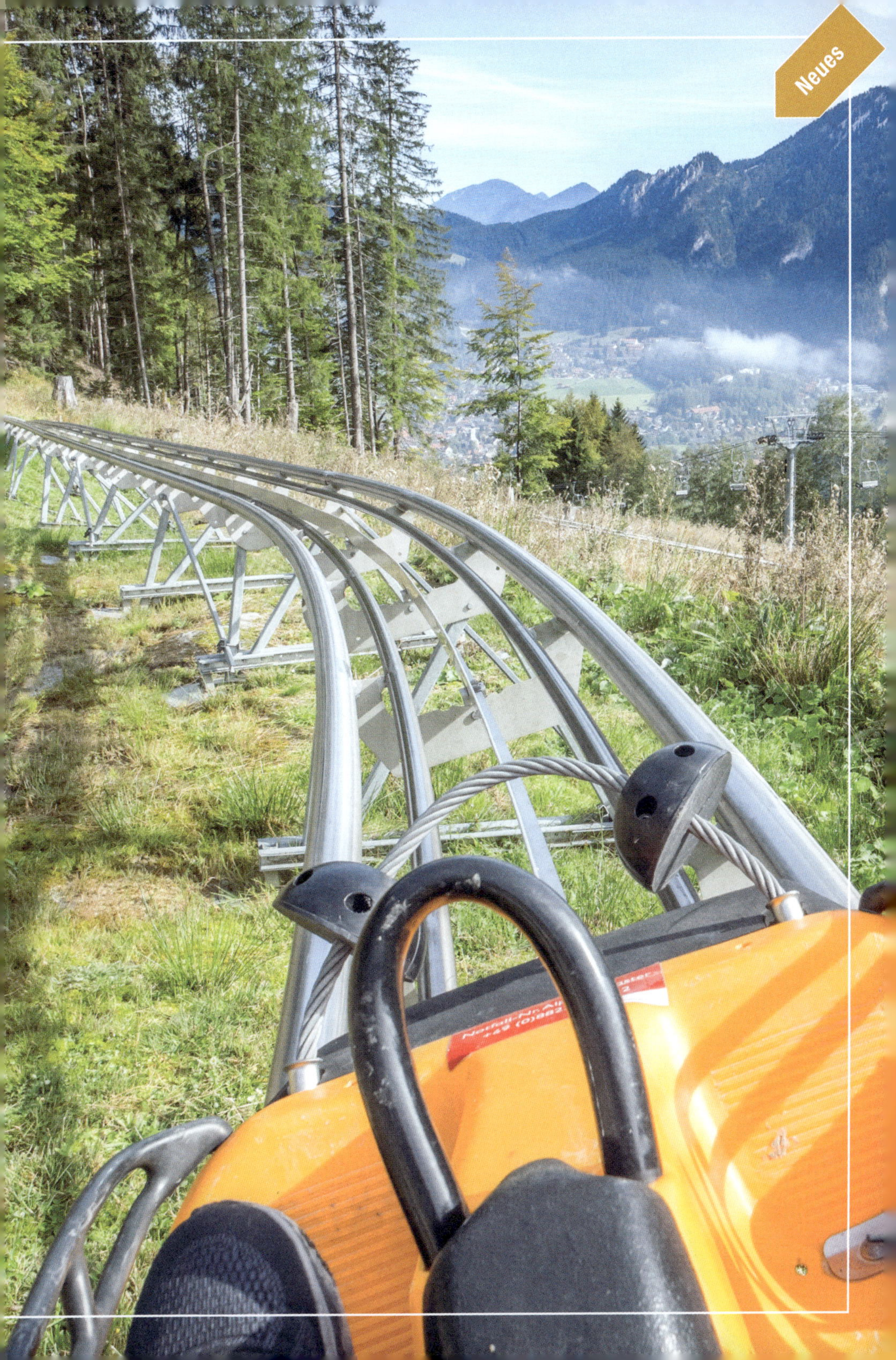
Neues

Von Vorteil

FÜR MENSCH & NATUR

Nachhaltigkeit

AUF DEM WASSER

Das SUPen an und für sich ist eine recht schonende Sportart sofern du dich nur in ausgewiesenen Bereichen bewegst und Verbote beachtest. Für die Umwelt am schädlichsten ist das Board an sich – billige Plastikboards können zum Beispiel Weichmacher enthalten und werden nicht nachhaltig produziert. Wenn du das SUPen daher nur einmal proberen möchtest, bietet es sich zunächst an, ein Board zu leihen oder dir ein gebrauchtes Board zu holen

Und das kannst du machen ...

Green-Guide

01 Nachhaltigkeit beginnt schon bei der Anreise: Je mehr Menschen mit dem Auto fahren, desto mehr CO_2-Ausstoß und desto mehr umweltschädlichen Gummiabrieb der Reifen gibt es. Doch viele Ausgangspunkte sind auch gut mit den öffentlichen Verkehrsmitteln zu erreichen. Also einfach mal das Auto stehen lassen. Oder Fahrgemeinschaften bilden.

02 Keine Einwegflaschen: Viel zu trinken ist wichtig! Doch sollte man aus Rücksicht zur Natur und sich selbst zuliebe auf Einwegflaschen aus Plastik verzichten und lieber seine eigene Trinkflasche mitnehmen.

03 Kein Verpackungsmüll: Die Verpflegung für den Hunger zwischendurch ist mindestens genauso wichtig wie das Trinken. Brotdosen bieten sich zum Transport von Proviant an oder einfach alles in ein Bienenwachstuch einwickeln.

04 Ausrüstung leihen: Gerade beim Ausprobieren einer Sportart muss nicht gleich alles neu gekauft werden, was dann vielleicht im Keller landet. Alle Ausrüstungsgegenstände fürs SUPen können auch erst einmal ausgeliehen werden. Auch ist es nicht notwendig, jedes Jahr ein neues Outfit oder Board zu kaufen. Achte schon beim ersten Kauf auf Qualität, das macht sich bemerkbar, denn qualitativ hochwertigere Produkte begleiten uns oft jahrelang.

05 Respektiere die Natur: Versuche so wenig wie nur möglich in die Natur einzugreifen. Ein Ast ist dir im Weg? Umfahre ihn! Ein Naturschutzgebiet, das nicht befahren werden darf, liegt im Weg? Steig ab und trag ein Stück! Denke daran, dass du nur zu Gast bist und es an uns allen liegt, die Umwelt zu schonen und zu schützen, um die Perlen der Natur zu erhalten.

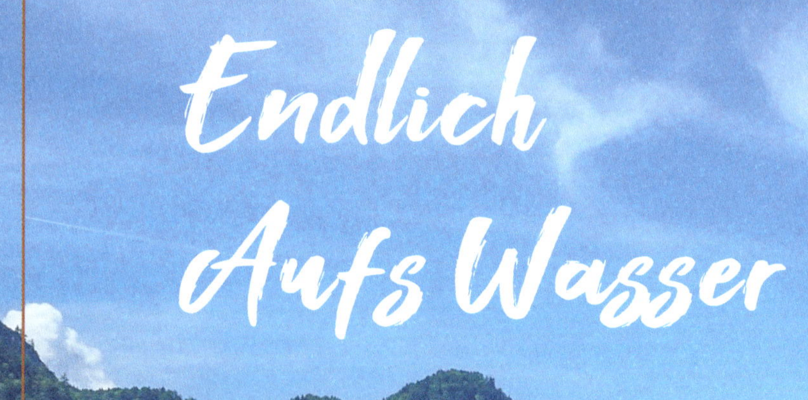
Endlich
Aufs Wasser

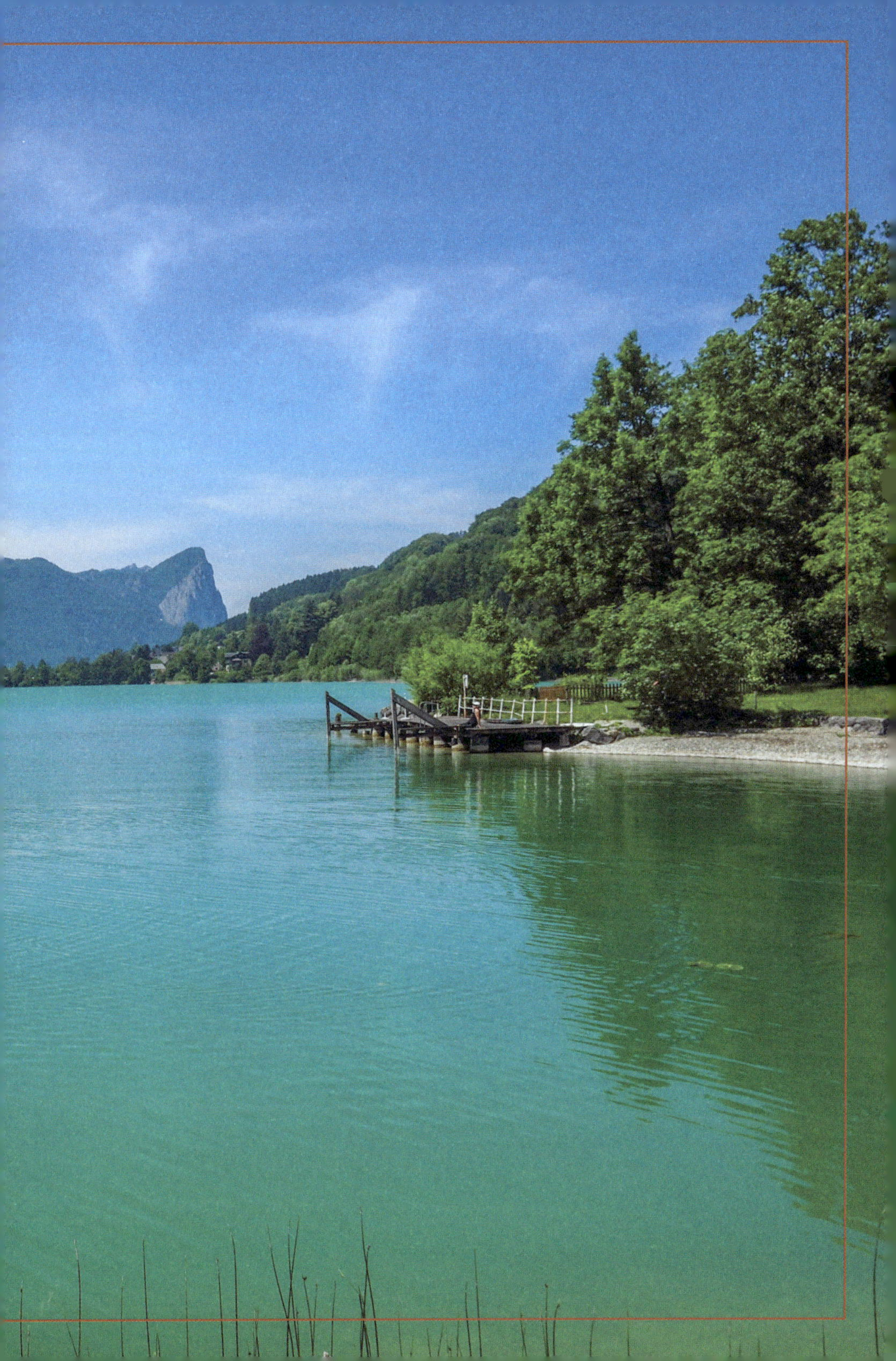

Karl-Kapferer-Straße 5, A-6020 Innsbruck

1. Auflage 2022 (22.01)
Verlagsnummer 3522
ISBN 978-3-99121-360-4

Konzept und Bildnachweis

Konzept & Gestaltung: © KOMPASS-Karten GmbH

Text: KOMPASS-Karten AutorInnen (s. Klappe)

Grafische & Kartografische Herstellung:
© KOMPASS-Karten GmbH

Kartengrundlage: © KOMPASS-Karten GmbH unter Verwendung von OpenStreetMap Contributers (www.openstreetmap.org)

Titelbild: Der Thiersee mit dem Pendling im Hintergrund; Katharina & Victoria Winklehner

Cover Rückseite: Mit dem SUP-Board unterwegs auf dem Bodensee; Katharina & Victoria Winklehner

Weiterer Bildnachweis:
S.2/3: © Sergey Nemirovskiy - stock.adobe.com
S.4/5: © Hanna Gottschalk - stock.adobe.com
S. 8/9; S.10/11: © m_haberstock - stock.adobe.com
S. 16: © Uldis Laganovskis - stock.adobe.com
S.16: © Halfpoint - stock.adobe.com
S.21: © nitikornfotolia - stock.adobe.com
S.22: © Sergei Domashenko - stock.adobe.com
S.22; S.95: © Fotolyse - stock.adobe.com
S.24/25: © Martin Dworschak - stock.adobe.com
S.43: © Simon Dannhauer - stock.adobe.com
S. 204/205: © Nilkolai Tsuguliev - stock.adobe.com
S. 206: © josefkubes - stock.adobe.com
S. 209: © eafish Ping. - stock.adobe.com
S. 210: © David Irlweg - stock.adobe.com
S. 212/213: © Ina Ludwig - stock.adobe.com

Alle weiteren Bilder in diesem Band stammen von Katharina & Victoria Winklehner

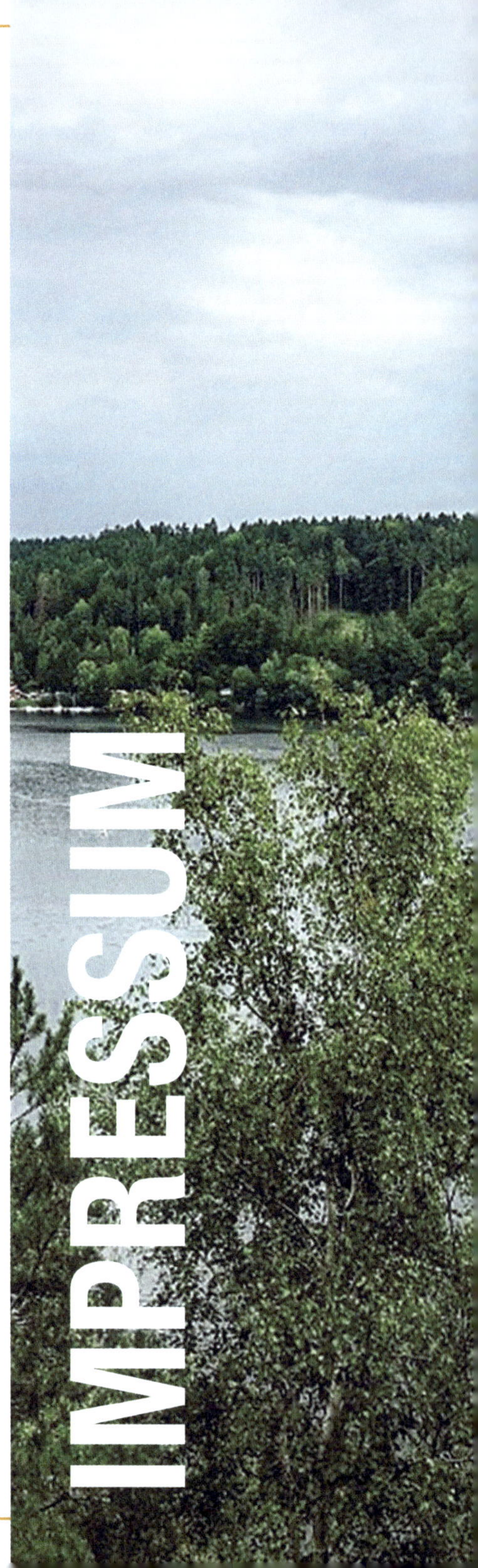

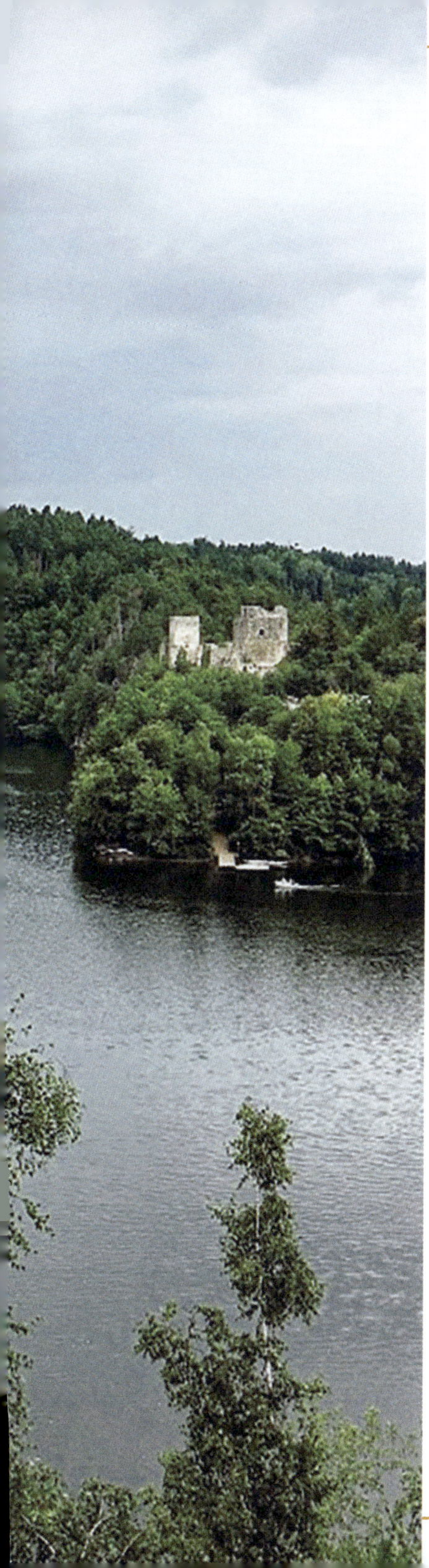

Alle Angaben und Tourenbeschreibungen wurden nach bestem Wissen gemäß unserer derzeitigen Informationslage gemacht. Die SUP-Touren wurden sehr sorgfältig ausgewählt und beschrieben, Schwierigkeiten werden im Text kurz angegeben. Es können jedoch Änderungen an Routen und im aktuellen Naturzustand eintreten. SUPer und alle Kartenbenützer müssen darauf achten, dass aufgrund ständiger Veränderungen die Routenzustände bezüglich Befahrbarkeit sich nicht mit den Angaben in der Karte decken müssen. Bei der großen Fülle des bearbeiteten Materials sind daher vereinzelte Fehler und Unstimmigkeiten nicht vermeidbar. Die Verwendung dieses Führers erfolgt ausschließlich auf eigenes Risiko und auf eigene Gefahr, somit eigenverantwortlich. Eine Haftung für etwaige Unfälle oder Schäden jeder Art wird daher nicht übernommen. Für Berichtigungen und Verbesserungsvorschläge ist die Redaktion stets dankbar. Korrekturhinweise bitte an folgende Anschrift:

KOMPASS KARTEN GMBH
Karl-Kapferer-Straße 5, A-6020 Innsbruck
www.kompass.de/service/kontakt

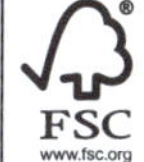

MIX
Papier aus verantwortungsvollen Quellen
FSC® C018236

Deine Orientierung

Hallo!
Ich bin deine Anleitung wie du zu den GPX-Tracks aus deinem neuen Buch kommst. Damit kannst du dir die Route in Wanderapps und Navigationsgeräte laden. Scann den QR-Code oder gehe auf folgende Website:

www.kompass.de/gpx

Für Navigationsgeräte und Apps haben wir auf unserer Webseite alle Touren im GPX-Format zum Download bereitgestellt:
Hier findet man alle weiteren Information. Einfach das richtige Produkt auf der Seite auswählen, die Daten herunterladen und auf das Zielgerät oder in die gewünschte App importieren.

Was ist ein GPX-Track? GPX ist ein Datenformat für Geodaten. Das Wort GPS steht für Global Positioning System (Globales Positionsbestimmungssystem). Mit einem GPX-Track bekommt man die rote Linie, also den Wanderpfad, als geografische Koordinaten.

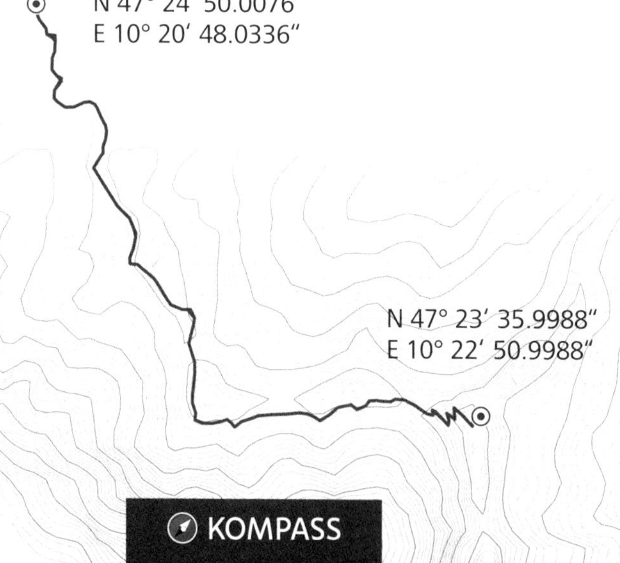